연대표: 선사 시대~기원전

(선사 시대의 경우 지역마다, 또 학자들에 따라 추정 연대가 다르기 때문에 절대적인 기준은 아니다.)

선사 시대					
구석기 시대				신석기 시대	
400만 년 전	180만 년 전	40만 년 전	20만 년 전	1만 년 전	기원전 3500년
약 400만 년 전 인류(오스트랄로피테쿠스)가 탄생하다	약 180만 년 전 호모 에렉투스가 등장하다	약 40만 년 전 호모 네안데르탈렌시스가 등장하다	약 20만 년 전 호모 사피엔스가 등장하다	약 1만 년 전 신석기시대가 시작되다	기원전 3500년경 메소포타미아 문명이 시작되다

역사 시대					
청동기 시대				철기 시대	
기원전 3000년	기원전 2500년	기원전 2000년	기원전 1500년	기원전 1000년	기원전 500년
기원전 3000년경 이집트 문명이 시작되다	기원전 2500년경 인더스 문명과 황허 문명이 시작되다	기원전 2000년경 크레타 문명이 탄생하다	기원전 1500년경 바빌로니아 왕국이 멸망하다	기원전 753년 로마가 세워지다	기원전 492~ 기원전 448년 페르시아 전쟁이 이어지다
기원전 3000년경 수메르인이 최초로 문자를 사용하다		기원전 1900년경 바빌로니아 왕국이 세워지다	기원전 1400년경 미케네 문명이 크레타 문명을 멸망시키다	기원전 700년경 그리스에서 도시국가 (폴리스)가 형성되다	기원전 334~ 기원전 30년 헬레니즘 문화가 꽃피다
		기원전 1800년경 『함무라비 법전』이 만들어지다	기원전 1300년경 인도에서 카스트 제도가 시작되다	기원전 671년 아시리아가 오리엔트 지역을 최초로 통일하다	기원전 264~146년 포에니 전쟁이 이어지다
		기원전 1600년경 상 왕조가 세워지다	기원전 1100년경 주 왕조가 세워지다	기원전 539년 페르시아 제국인 아케메네스 왕국이 세워지다	기원전 221년 진나라가 중국을 통일하다
				기원전 509년 로마에서 공화정이 시작되다	기원전 60년 로마에서 삼두정치가 시작되다
				기원전 508년 아테네에서 도편추방제가 시작되다	기원전 27년 로마에서 제정이 시작되다

그림쏙세계사

일러두기

1. 외국 인명, 지명 등은 주로 외래어표기법에 맞춰 표기했으나, 경우에 따라 통용되는 표기에 따랐다.
2. 원어는 해당 나라의 언어로 표기했으나, 경우에 따라 영어를 쓰기도 했다.
3. 작품 크기는 평면의 경우 세로×가로, 입체의 경우 높이×너비×길이 순서로 표기했다.
4. 이 책에 실린 도판 대부분은 저작권자를 밝히고 자유롭게 사용할 수 있는 이미지이나,
   일부는 저작권자를 찾지 못해 사용 허가를 받지 못했다.
   저작권자를 확인하는 대로 사용 허가 절차를 밟을 예정이다.

릴리스 지음

지식서재

차례

연대표: 선사 시대~기원전   앞면지

연대표: 기원후   뒤면지

들어가며   8

01 인류가 탄생하다
〈빌렌도르프의 비너스〉   12

02 메소포타미아 문명에서 최초로 문자를 사용하다
〈길가메시 서사시 비〉   24

03 아시리아가 오리엔트 지역을 최초로 통일하다
〈라마수 석상〉   36

04 이집트 문명이 나일 강의 기적을 이루다
〈사자의 서〉   46

05 인더스 문명에서 카스트 제도를 만들다
〈모헨조다로 인장〉   66

06 인류 최초의 제국 페르시아가 이민족을 관용으로 다스리다
〈만국의 문〉   72

07 최초의 서양 문명 크레타 문명과 미케네 문명이 탄생하다
〈아가멤논의 황금 가면〉   78

08 아테네와 스파르타라는 도시국가가 탄생하다
〈원반 던지는 사람〉   90

09 고대 아테네에서 민주주의가 싹트다
〈도편추방제 도편〉 98

10 페르시아 전쟁으로 동·서양이 처음 충돌하다
〈테르모필레 전투의 레오니다스〉 104

11 알렉산드로스 대왕이 헬레니즘 문화를 꽃피우다
〈간다라 불상〉 112

12 로마 제국이 탄생하고 발전하다
〈마르스와 레아 실비아〉 126

13 로마 공화정이 몰락하다
〈클레오파트라와 카이사르〉 138

14 로마 제정이 탄생하고 폭군 네로가 등장하다
〈콜로세움〉 150

15 사두체제가 실시되고 그리스도교가 공인되다
〈콘스탄티누스 대제의 꿈〉 162

16 서로마 제국이 멸망하고 동로마 제국이 번성하다
〈유스티니아누스 1세 모자이크〉 172

17 예언자 무함마드가 이슬람교를 창시하다
〈블루 모스크〉 182

18 게르만족이 프랑크 제국을 세우다
〈카롤루스 대제〉 190

19 중세 교회가 성장하고 십자군 전쟁이 일어나다
   〈카노사의 굴욕〉   200

20 칭기즈 칸이 몽골 제국을 세우다
   〈칭기즈 칸〉   212

21 근대 통일국가가 만들어지다
   〈샤를 7세 대관식에 참석한 잔 다르크〉   226

22 르네상스 시기에 예술과 문화의 황금기를 열다
   〈천지창조〉   244

23 신대륙이 발견되고 대항해 시대가 열리다
   〈여왕을 알현하는 콜럼버스〉   268

24 가톨릭이 타락하고 루터가 종교개혁을 주장하다
   〈95개조 반박문을 교회 문에 붙이는 루터〉   286

25 무적함대가 몰락하고 대영 제국이 번성하다
   〈잉글랜드의 엘리자베스 1세〉   304

26 프랑스에 절대왕정이 들어서다
   〈루이 14세〉   322

27 시민혁명의 시대, 미국이 독립전쟁에서 승리하다
   〈보스턴 차 사건〉   340

28 프랑스 혁명이 일어나다
   〈바스티유 감옥의 함락〉   364

29 영웅 나폴레옹이 등장하다
   〈알프스 산을 넘는 나폴레옹〉   386

30 민족주의가 탄생하고 이탈리아와 독일이 통일되다
〈밀라노의 5일〉 400

31 근대의 빛과 어둠, 산업혁명과 사회주의가 일어나다
〈런던의 수정궁〉 430

32 파리 만국박람회가 열리고 살롱 문화가 꽃피다
〈1889년 만국박람회장 입구〉 444

33 중국이 서양 열강에 침략당하다
〈아편전쟁〉 466

34 제국주의가 탄생하고 제1차 세계대전이 일어나다
〈사라예보 암살 사건〉 478

35 최초의 사회주의 국가가 탄생하다
〈볼셰비키〉 496

36 히틀러가 등장하고 제2차 세계대전이 일어나다
〈피에타〉 528

37 독일이 통일되고 소련이 해체되다
〈베를린 장벽〉 568

참고 문헌 579
찾아보기 581

들어가며

사춘기 시절 내 꿈은 소설가가 되는 것이었다. 아버지가 사 두신 한국 문학 단편소설 전집을 읽으면서 아무도 모르게 나만의 꿈을 가지고 있었다. 본격적으로 소설을 써 본 기억은 없는 것을 보니 막연하게 소설가가 멋있어 보였나 보다.

대학 졸업 후 지리산 근처의 한 중학교로 첫 발령이 났다. 출근 첫날에 교사로서 설렘이 가득했던 기억이 떠오른다. 변변한 학습 교재가 없을뿐더러 국사보다 상대적으로 어려운 세계사를 가르치는 일은 쉽지 않았다. 그래서 복잡한 내용에 치중하기보다는 올바른 역사의식을 갖도록 수업했다. 내가 가르친 제자들도 어느덧 중년 나이가 되었을 것인데, 오래전 선생님을 기억하고 있을지 모르겠다. 내 인생에서 가장 열정적인 시기를 보낸 교사 시절은 지금까지도 귀중한 경험으로 남아 있다.

결혼 후 우연한 기회에 네이버 파워 블로거가 되었고 그때부터 잊고 있었던 내 꿈이 떠올랐다. 교사였던 경험을 살려 미술사 강의를 시작했다. 강의를 하면서 소설가가 아니라 작가가 되는 꿈을 가지게 되었다. 어디서부터 시작해야 할지 몰라 무심하게 몇 년을 그렇게 보내 버렸다. 미술사 강의를 오래하다 보니 화가가 그린 그림을 제대로 이해하려면 시대적 상황도 알아야겠다는 생각이 들었다. 그래서 세계사 공부를 다시 시작했다. 전공인 세계사 공부를 하다 보니 잊고 있었던 제자들도 생각나고 그때 그 시절이 떠올라 혼자 미소 짓는 일이 많았다.

공부를 마치고 난 뒤에 '세계사로 보는 미술'이라는 강의를 시작했다. 미술사 강의만 하다가 세계사 강의를 하게 되니 재미있고 좋았다.

그러던 어느 날 출판사에서 출간 제의를 받게 되었다. 저자가 되는 것이 오랜 꿈이기는 했지만 결심하는 데 시간이 조금 걸렸다. 출판을 결정하고 나니까 과연 방대한 세계사를 집필할 수 있을까 하는 두려움마저 들었다.

집필을 시작하기 전에 독일과 오스트리아 여행을 떠났는데 여러 미술관들과 역사적인 장소를 돌아보았다. 그중에서 지금은 사진으로만 남아 있는 히틀러 지하 벙커가 가장 인상 깊었다. 일정이 좀 더 길었다면 뮌헨 다하우에 있는 나치 강제수용소에 가 보았을 것인데 그 점이 가장 아쉽다. 집필에 많은 도움을 주었던 20일간의 독일, 오스트리아 여행이었다.

문자가 없었던 선사 시대부터 시작하여 21세기 현재까지 집필하는 과정은 쉽지 않았다. 매일 도서관에 가서 참고 서적을 찾아보고 집에 와서는 열심히 글을 썼다. 그런 과정을 거치면서 어떤 역사적인 사실에는 감동받고, 어떤 역사적인 사실에는 분노하기도 했다. 어느 날은 세계사를 빛낸 영웅들이 말을 걸어오는 착각에 빠지기도 했는데, 자신들이 살아온 인생 이야기를 꼭 기억해 달라는 부탁을 하는 것 같았다.

이미 지나온 역사를 다시 쓸 수는 없지만 새로운 시각에서 역사를 바라보고자 노력했다. 중학생부터 60대까지 누구나 쉽게 이해할 수 있게 역사적인 흐름에 따라서 기술했다. 다른 역사책과는 다르게 역사적인 사실이 잘 나타나 있는 미술작품과 흥미로운 발굴 이야기, 역사적인 내용을 다룬 재미있는 영화도 여러 편 소개했다. 책을 다 읽고 나서 소개한 영화를 보면 역사적 사실을 이해하기 한층 쉬울 것이다.

특히 이 책은 이미지로 역사를 볼 수 있게 만들어져 있다. 장 처음에 나오는 도판은 그 장에서 가장 중요한 사건이나 내용을 담고 있다. 그 뒤로 이어지는 도판들은 주요 사건의 배경이나 전개 과정을 보여준다. 도판으로 먼저 역사와 친해진 뒤에 글을 읽으면 이해가 빠를 것이다. 실제로 이미지는 글보다 이해력과 기억력을 향상시킨다는 연구 결과들이 많이 있다.

21세기 국제 정세는 급변하고 있다. 과거사를 반성할 생각이 전혀 없이 '전쟁 가능한 나라'를 만들려는 일본, 차르 시대의 화려한 영광을 꿈꾸는 러시아, 세계 초강대국으로 도약하고 있는 중국, 세계 질서를 여전히 주도하고 있는 미국, EU 탈퇴를 결정한 영국, 과거사를 철저하게 뉘우치고 있는 독일, 이런 강대국들 사이에서 우리나라가 가야 할 길은 험난하기만 하다. 핵을 보유하고 있는 북한 정권의 위험성마저 마주하고 있다.

강대국의 이해관계에 끌려가기보다는 스스로의 힘을 가져야 한다. 그러기 위해서는 지속적인 경제 개발과 아울러 강인한 정신력이 필요하다. 인류는 역사 기록을 통해 과거를 기억하고 미래로 나아간다는 말이 있듯이, 급변하는 세계 정세에 잘 대처하려면 지나간 역사를 반드시 공부해야 한다. 역사 공부를 하면 삶의 지혜를 얻게 될 뿐 아니라 올바른 역사의식도 자연스럽게 갖추게 된다. 이 책이 역사를 잘 알게 되고 앞으로의 삶이 더 행복해지는 데 작은 보탬이 되었으면 한다.

이 책에서는 아시아에 대해 많이 다루지 못했는데, 이질적인 역사들을 한데 모으다 보니 이야기 흐름이 깨지는 문제가 생겼기 때문이다. 독자들의 쉬운 이해를 위해 아시아 부분은 아쉽지만 다음 기회로 넘기려 한다.

끝으로 책을 집필하는 데 많은 도움을 준 지식서재 관계자들과 아낌없는 성원을 보내 주신 릴리스 명화살롱 구독자분들, 그동안 미술과 역사 강의를 수강해 주신 모든 수강생분들께 감사 인사를 드린다.

2020년 1월
릴리스

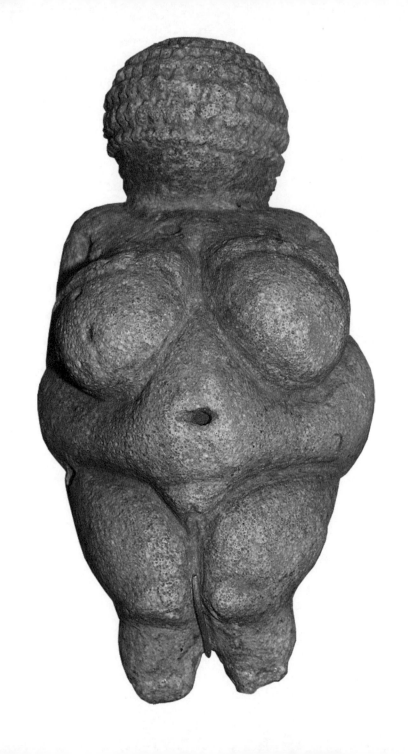

인류가 탄생하다
〈빌렌도르프의 비너스〉

옛날 옛적 동물들만 살고 있던 지구에 처음으로 인류가 나타났다. 그들은 무리 생활을 하며 문명을 조금씩 발전시켰다. 주변에서 쉽게 구할 수 있는 동물의 뼛조각이나 돌로 동물상이나 여성 조각상을 만들기도 했다. 조각상을 빚거나 깎으면서 자신들의 소망이 이루어지기를 기원했던 것으로 보인다. 원시인들은 혹독한 자연환경을 이기고 살아남기 위해 먹을거리를 풍족하게 확보해야 했고 자손을 많이 낳아야 했다. 이러한 원시인들의 삶과 생각을 엿볼 수 있게 해 주는 유물 중 하나가 〈빌렌도르프의 비너스Venus of Willendorf〉다.

이 이름은 1909년 오스트리아 빌렌도르프에서 철도 공사를 하던 인부가 우연히 발견해서 붙인 것이다. 발견된 지역에서 나지 않는 석회암으로 만들어졌기 때문에 다른 곳에서 제작되어 옮겨졌을 것으로 추정된다. 유럽 다른 지

〈빌렌도르프의 비너스〉는 초기 인류가 후손인 우리에게 남긴 소중한 유산이다.
이를 통해 우리는 당시 사람들이 어떤 삶을 살았고 무슨 생각을 했는지 추측할 수 있다.
원시인은 살아남기 위해 먹을거리를 확보하고, 노동력을 제공할 자손을 많이 낳아야 했다.
풍요와 다산이 간절했던 원시인이 자신들의 소망을 풍만한 여성 조각상에 담아낸 것이다.
기원전 2만 년경, 높이 11.1cm, 빈, 빈 자연사박물관.

역에서도 비슷한 모양의 여성상이 발견되었다.

<빌렌도르프의 비너스>를 실제로 보면 호주머니에 넣고 다닐 수 있을 정도로 작다. 높이가 11.1cm밖에 되지 않는데, 운반하기 쉽도록 작게 만든 것으로 보인다. 동그란 모양의 작고 아담한 돌에 곱슬머리를 한 여인이 새겨져 있다. 가슴과 엉덩이와 배 부분을 과장되게 묘사했는데, 풍요와 다산을 나타낸 것으로 보인다. 다리는 지나치게 짧으며 눈과 코, 입이 없는 것이 특징이다. 오스트리아의 빈 자연사박물관Wien Naturhistorisches Museum에 가면 <빌렌도르프의 비너스>를 만날 수 있다. 중요한 역사적 유물이기 때문에 보호를 위해 조명이 어두운 특별 전시실에 소장되어 있다.

우리 인류는 언제 처음 지구상에 등장했을까? 인류학자마다 추정 연대는 조금씩 다르지만 약 400만 년 전이다. 이때부터 약 1만 년 전까지를 구석기 시대라고 한다.

구석기 시기에 등장한 가장 오랜 인류는 오스트랄로피테쿠스Australopithecus다. 두개골 모양으로 보아 인간과 고릴라 중간으로 생각된다. 두 발로 걷고 간단한 도구를 사용할 수 있었다. 이후로 불을 사용할 수 있었던 호모 에렉투스Homo erectus(약 180만 년 전, '곧게 선 사람'이란 뜻으로, 화석으로 발견된 베이징인·자바인·하이델베르크인 등이 이 종에 속한다)와, 죽은 사람을 매장하는 풍습을 가지고 있던 호모 네안데르탈렌시스Homo neanderthalensis(약 40만 년 전, 호모 네안데르탈인이라고도 한다)가 나타났다가 사라졌다.

약 20만 년 전에 드디어 현생 인류인 호모 사피엔스Homo sapiens(화석으로 발견된 크로마뇽인 등이 이 종에 속한다)가 나타났다. 오늘날 인류

초기 인류의 화석이 발견된 주요 지역들 지도.
오스트랄로피테쿠스, 호모 에렉투스, 호모 네안데르탈렌시스, 호모 사피엔스
순서로 등장했다.

의 실제 조상이 호모 사피엔스인 것이다.

구석기인은 추위와 맹수들의 공격을 피하기 위해 동굴에서 살거나, 나뭇가지나 동물 뼈와 가죽을 이용하여 막집을 짓고 살았다. 무리 지어 이동 생활을 하던 그때는 겨울이 지금보다 더 길고 추웠으며 여름은 지금보다 더 더워서 하루 종일 시원한 동굴 속에서 지내는 날이 많았을 것이다. 그러다가 배가 고프면 집단으로 사냥을 하거나 산이나 들에서 자라는 열매를 따 먹고, 어떤 날은 강에서 물고기를 잡아서 먹

<알타미라 동굴 벽화>는 1879년 에스파냐에서 발견되었다.
들소, 사슴, 말, 멧돼지 등이 그려져 있는데, 그 모습이 너무나 생생해 놀라울 정도다.
특히 사진 속 벽화는 상처 입고 죽어 가는 들소의 모습을 사실적으로 묘사해 유명해졌다.
고고학자들은 처음에는 이 벽화를 그린 게 원시인들이라는 사실을 믿으려 하지 않았다.
기원전 3만~기원전 2만 5,000년. © Museo de Altamira y D. Rodríguez/
Wikimedia Commons/CC-BY 3.0

기도 했다. 사냥할 때는 돌을 깨뜨려서 날카롭게 만든 뗀석기를 사용
했다.

해가 있으면 낮이고 해가 사라지면 밤이었던 시절에 매일 무료한 시
간을 보내던 구석기인들은 어느 날 동굴 천장을 올려다보고 그곳에 그

<라스코 동굴 벽화>는 1940년 프랑스 도르도뉴에서 발견되었다.
말, 사슴, 들소, 산양 등 동물 100여 점이 그려져 있다.
이 벽화가 발견된 뒤 고고학자들은 동굴 벽화를 그린 게 원시인임을 인정하기 시작했다.
기원전 1만 5,000~기원전 1만 3,000년. ⓒ Prof saxx/Wikimedia Commons/CC-BY 3.0

림을 그리고 싶다는 생각을 했을 것이다. 자신들이 많이 사냥하고 싶었던 들소나 말, 사슴을 그린 다음 적갈색 황토를 물에 섞고 손바닥에 다 묻혀서 채색을 한 것으로 보인다. 적갈색 황토는 동굴 벽화에서 흔히 발견되는 물감 재료다.

<쇼베 동굴 벽화>는 1994년 프랑스 남부에서 발견되었다.
매머드, 곰, 코뿔소, 들소 등 동물 300여 점이 그려져 있다.
이러한 동굴 벽화들은 사냥의 성공을 기원하거나 주술 의식을 하기 위해 그려졌을 것이다.
기원전 3만 년경. ⓒ Wikimedia Commons/CC-BY 3.0

동굴 벽화는 빙하 시대 마지막 단계에 그려졌는데, 구석기인들이 동물과 다르게 자신의 생각을 자유롭게 표현할 수 있는 인간이었다는 사실을 알려 준다. 벽화를 그리기 위해서는 협동 작업이 필요했는데, 서로 의사소통을 할 수 있는 원시적인 언어를 사용했던 것으로 보인다.

에스파냐에서 발견된 〈알타미라Altamira 동굴 벽화〉는 1879년 동굴 탐사를 하던 고고학자 마르셀리노 산스 데 사우투올라Marcelino Sanz de

Sautuola의 8세 된 딸 마리아에 의해 우연히 발견되었다. 낮은 동굴 높이 때문에 키 큰 어른보다는 어린아이가 발견하기 더 쉬웠을 것이다. 딸을 통해 벽화를 마주하게 된 사우투올라는 흥분을 감추지 못했다. 동굴에 벽화를 그린 건 구석기인이라고 확신했던 그는 자신의 생각을 증명하려고 노력했지만 아무런 성과 없이 사망하고 말았다. 고고학자들은 빙하 시대의 원시인이 생동감 있는 벽화를 그렸다는 사실을 믿으려 하지 않았다. 1940년에 프랑스에서 라스코 동굴 속 벽화가 발견되면서 〈알타미라 동굴 벽화〉와 〈라스코Lascaux 동굴 벽화〉는 후기 구석기 시대에 그려진 것으로 인정받게 되었다.

1994년 프랑스에서 장마리 쇼베Jean-Marie Chauvet가 발견한 〈쇼베 Chauvet 동굴 벽화〉는 탄소 측정 결과 〈알타미라 동굴 벽화〉와 〈라스코 동굴 벽화〉보다 앞선 전기 구석기 시대에 그려진 것으로 확인되었다. 〈쇼베 동굴 벽화〉에는 매머드, 곰, 코뿔소, 들소 등 300점 이상의 동물들이 그려져 있다. 이 동굴은 약 2만 년 전에 암벽 붕괴로 입구가 폐쇄되어서 내부 기온과 습도가 일정하게 유지되었다. 덕분에 벽화는 원시 상태 그대로 안전하게 보존될 수 있었다.

세 지역에서 발견된 동물 벽화들은 사냥의 성공과 풍요를 바랐던 원시인의 간절한 희망을 표현한 것이다.

약 1만 년 전 빙하기가 끝나고 기후가 따뜻해지면서 구석기 시대가 끝나고 신석기 시대가 시작되었다. 이동 생활을 하던 구석기인과 다르게, 움집을 짓고 살게 된 신석기인은 농사를 짓고 가축을 길렀다. 처음에는 밀 농사보다는 조나 수수 등 잡곡 농사를 했던 것으로 보인다. 농사를 짓기 시작하면서 편리한 농기구가 필요했던 신석기인들은 석기를

<빗살무늬토기>는 신석기 시대에 우리 한반도에서 많이 만들어진 토기다.
신석기인은 구석기인과 달리 사냥을 거의 하지 않아서 동굴 벽화를 그릴 필요가 없었다.
따라서 신석기인들의 예술 감각은 주로 토기에 그려진 무늬에서 발휘되었다.
신석기 시대, 왼쪽 높이 38.1, 오른쪽 높이 25.9cm, 서울, 국립중앙박물관.
출처: 국립중앙박물관|공공누리

다듬어 사용할 수 있는 지혜를 가지게 되었다. 이런 석기를 간석기라고 한다.

먹고 남은 곡식을 저장하고 음식을 조리하기 위해 토기를 만들었는데, 밋밋한 토기 표면에 평행선이나 교차선을 그려 넣었다. 동물 가죽으로 옷을 만들어 입으면서 추운 날씨에도 걱정 없이 따뜻하게 지낼 수 있게 되었다.

신석기인들은 사냥을 거의 하지 않았기 때문에 동굴 벽화를 그릴 필요를 느끼지 못했을 것이다. 신석기 시대의 원시 미술은 토기에 그려진 무늬와 암각화에서 찾아볼 수 있다. 단순한 형태의 토기는 문명이 발달할수록 삼각형이나 S자 무늬, 소용돌이 무늬 등 다양한 무늬를 넣은 토기로 발전하게 되었다.

신석기인은 정착 생활을 하면서 종교적인 생각도 발전시켰다. 동물을 숭배하는 토테미즘totemism, 무생물에도 영혼이 있다고 믿는 애니미즘animism, 초자연적인 존재와 직접 교류하는 인물인 샤먼을 추종하는 샤머니즘shamanism이 이때 생겨났다.

석기 시대를 지나 청동기 시대에 접어들면서 돌 대신에 청동으로 된 무기를 만들게 되었고, 무기를 이용해 이웃 나라를 정복하기 시작했다. 이 시기에

고대인은 시대에 따라 각기 다른 재료로 만든 도구를 사용했다.
구석기 시대에는 돌을 깨뜨려서 만든 뗀석기(왼쪽)를,
신석기 시대에는 돌을 정교하게 갈아서 만든 간석기(가운데)를,
청동기 시대에는 청동으로 만든 청동기(오른쪽)를 썼다.
서울, 국립중앙박물관. 출처: 국립중앙박물관 | 공공누리

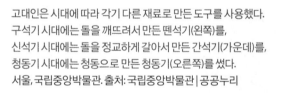

농산물 생산량이 급증하면서 자연스럽게 빈부 차이로 인한 지배 계급
과 피지배 계급이 생겨났다. 피지배 계급을 다스리기 위한 강력한 왕
권이 필요하게 되면서 국가가 발생했다. 농사에 필요한 물이 풍부한 강
주변에 사람들이 모여 살게 되다 보니 도시도 발전하게 되었다.

세계 4대 문명은 큰 강을 중심으로 발전했다. 오늘날의 이라크 지역
인 티그리스 강과 유프라테스 강 중심으로 발전한 메소포타미아 문명

세계 4대 문명이 발생한 지역들.
고대인들은 농사에 필요한 물이 있는 강 주변에 모여 살았다.
따라서 주요 문명도 큰 강 중심으로 발전했다.

(기원전 3500년경), 나일 강을 중심으로 발전한 이집트 문명(기원전 3000
년경), 인더스 강을 중심으로 발전한 인더스 문명(기원전 2500년경), 중
국에 있는 강인 황허를 중심으로 발전한 황허 문명(기원전 2500년경)이
바로 그것이다.

<길가메시 서사시 비>는 고대 수메르인의 유산으로,
인류가 문자를 쓰기 시작했음을 알려 준다.
전설적인 왕이자 영웅이었던 길가메시의 모험 이야기를 점토판 12개에 기록한 것으로,
이 서사시는 인류 최초의 문학작품으로도 알려져 있다.
기원전 2000년경, 술라이마니야, 술라이마니야 박물관The Sulaymaniayh Museum.

02

메소포타미아 문명에서
최초로 문자를 사용하다
〈길가메시 서사시 비〉

4대 문명 중에서 가장 먼저 시작된 문명은 비옥한 초승달 지역에서 발전한 메소포타미아Mesopotamia 문명이다. 메소포타미아는 '강 사이의 땅'이라는 뜻으로, 티그리스 강과 유프라테스 강 사이에 있는 지역(오늘날의 이라크 남부)을 말한다. 이집트와는 달리 개방적인 지형으로, 여러 민족이 번갈아 가며 이 지역을 차지했다. 기원전 3500년경에 처음으로 정착한 민족은 수메르인Sumer이었다.

이 시기 수메르인의 이야기를 우리에게 전해 주는 것이 <길가메시 서사시Gilgamesh Epoth>다. 수메르 남부 도시국가인 우루크Uruk의 왕 길가메시의 모험 이야기 12편을 모은 것이다. 이 서사시를 점토판에 기록한 비석이 현재 전해지는데, 이를 통해 인류가 문자를 쓰기 시작했음을 알 수 있다. <길가메시 서사시>는 인류 최초의 문학작품으로 알려져 있으며, 인간이 결코 피할 수 없는 죽음과 영원한 생명에 대한 내용을 다루고 있다.

고대 수메르인의 위대한 영웅이자
왕 길가메시로 추정되는 조각상이다.
오른손은 뱀을 잡고 있으며
왼손은 사자를 부둥켜안고 있다.
기원전 713~기원전 706년,
파리, 루브르 박물관.

<길가메시 서사시>에 대한 관심은 영국박물관British Museum의 이집트·아시리아 담당자 조지 스미스George Smith가 1862년 니네베에서 발굴된 점토판에 기록되어 있던 수메르 홍수 신화 내용을 발표하면서 확산되기 시작했다. 스미스는 수메르 홍수가 노아의 홍수보다 먼저 일어났다고 주장했다. 스미스의 주장은 고대 문명을 연구하는 학자들을 놀라게 했다. 스미스는 니네베를 발굴하다가 36세의 젊은 나이로 사망했다.

수메르인들은 관개 시설을 이용하여 강의 불규칙한 범람 시기에 대비하는 지혜를 가지고 있었다. 덕분에 부강한 도시국가로 재빨리 성장할 수 있었다. 또한 수메르인들은 인류 최초로 문자를 발명한 민족이기도 하다. 기원전 3000년경 그림문자를 사용하기 시작했고, 들고 다니기 쉬운 점토판에 이를 기록했다. 진흙을 넓게 펴고 두드려서 네모난 모양의 점토판을 만들고, 그 위에 갈대나 나뭇가지 혹은 뼛조각으로 문자를 새겼다. 처음에는 사물의 모양을 단순하게 기록했으나, 시간이 가면서 여러 개의 획으로 된 복잡한 쐐기 모양의 문자(쐐기문자 또는 설형문자)를 발전시켰다. 일종의 계약서나 무용담을 새긴 중요한 점토판은 불에 구운 뒤 항아리에 넣어 보관했다. 문자가 발명되면서 역사가 기록되기 시작했고, 이로써 선사先史 시대는 저물고 역사 시대가 시작되었다.

당시 수메르인들 가운데 부자나 특권층 집안의 아들만이 문자를 배웠는데, 이들이 서기가 되어 사회 지도층으로 성장했다. 특권층이 문자를 독점했던 것이다. 쐐기문자는 이집트인의 상형문자보다 더 어려운 문자여서 오랫동안 해독되지 못했고, 후대 사람들은 메소포타미아 문

수메르인이 만든 쐐기문자 점토판으로, 밭과 집을 매매한 내용을 기록한 영수증이다. 당시 수메르인들이 물건을 사고파는 경제 활동을 했음을 알려 준다.
슈루팍Shuruppak 지역에서 출토, 기원전 2600년경, 높이 8.5cm, 파리, 루브르 박물관.

명에 대해 잘 알지 못했다. 하지만 많은 언어학자들의 필사적인 노력 끝에 마침내 쐐기문자가 해독되었다. 덕분에 우리는 수메르인의 경제와 종교, 일상생활까지도 짐작해 볼 수 있게 되었다.

암호보다 풀기 어려운 쐐기문자를 최초로 해독한 사람은 독일의 한 고등학교 교사였던 게오르크 그로테펜트Georg Friedrich Grotefend였다. 라틴어 교사였던 그는 고대 언어에 특히 관심이 많았다. 페르세폴리스Persepolis 유적지에서 페르시아 왕들의 이름을 해독해 낸 그로테펜트는 1802년 괴팅겐 왕립과학협회에 자신의 성과를 알렸다. 하지만 협회는 무명 교사의 말을 무시하고 말았다.

이후 해독 작업은 페르시아에 파견된 언어학자 출신의 영국군 장교 헨리 롤린슨Henry Creswicke Rawlinson에게 넘어갔다. 페르시아 역사에 관심이 많았던 롤린슨은 부임하면서 이란 케르만샤 근처에 있는 유적지 베히스툰Behistun의 바위 부조에 새겨진 쐐기문자에 관심을 가지게 되었다. 롤린슨은 밧줄에 몸을 맡긴 채 허공에 매달려 부조에 새겨진 글자들을 종이에 똑같이 옮겨 그리는 작업을 시작했다. 이 작업은 오랜 시간이 걸렸다.

바위에는 알 수 없는 그림들과 고대 페르시아어, 엘람어, 아카드어가 함께 새겨져 있었다. 1855년에 롤린슨은 세 언어 중 고대 페르시아어를 먼저 해독해 냈다. 이어서 여러 언어학자에 의해 나머지 두 언어까지 해독되었다. 세 언어는 같은 내용으로, "나는 다리우스 왕. 위대한 왕. 왕 중의 왕. 페르시아 왕이다"란 뜻이다. 이들의 성과는 영국 왕립아시아학회에서 1857년에 공식적으로 인정되었다. 쐐기문자를 해독하기 위해 애썼던 여러 학자들의 노력 덕분에 베일에 가려졌던 메소포타미

독일 베를린에 있는 페르가몬 미술관Pergamonmuseum에 가면
고고학자가 수집한 여러 모양의 문자 점토판들을 볼 수 있다.
이런 유물들을 통해 우리는 메소포타미아 문명에 대해 알 수 있게 되었다.
ⓒ 릴리스

아 문명이 비로소 모습을 드러냈다.

　현재 우리에게 전해지는 수만 점의 점토판은 수메르인들이 살던 당시에 유행했던 말들도 전해 준다. 예를 들면, 맥주를 처음 만들어서 단지에 담아 빨대로 마신 수메르인은 "인생의 기쁨, 그것은 맥주"라고 적었다. 이웃 도시국가의 정벌에 대해서는 "인생의 슬픔, 그것은 원정"이라고 했고, 결혼과 이혼에 대해서는 "결혼은 기쁜 것, 그러나 이혼은 더 기쁜 것"이라고 했다. "인간은 죽는다, 그러니 쓰자. 금방 죽지 않으니 저축도 하자"는 말에서는 영원 불멸의 내세보다 현재 행복을 더 중요하게 생각한 수메르인의 인생 철학을 엿볼 수 있다. 수메르인의 쐐기문자는 페니키아인에 의해 발전하여 오늘날 알파벳의 기초가 되었다.

메소포타미아 지역 사람들은 진흙을 햇볕에 말려서 만든 벽돌로 집을 짓고 살았으며, 사막의 뜨거운 열기를 피하기 위해 시원한 지붕에서 잠을 잤다. 돌을 건축 재료로 쓴 이집트와는 달리, 수메르인의 유적지는 흙벽돌로 지어졌기 때문에 대부분 없어지거나 폐허가 되었다.

수메르인들은 예측할 수 없는 자연현상에 대한 두려움과 공포로 신의 존재를 찾기도 했다. 신의 대리자인 왕에게 모든 권한을 주는 신권정치를 행했다. 수메르인들은 태음력, 시간과 각도를 계산하는 60진법을 처음 사용했다. 이들이 발전시킨 수학, 회계학, 천문, 지리, 철학은 인류 문명에 많은 영향을 주었다.

수메르인의 도시국가로는 10여 개가 있었는데, 라가시Lagash, 우루크, 우르Ur가 대표적이다. 우르 유적지에서는 황소 머리 장식이 달린 하프, 황금 제례 용구, 황금 투구, 정교한 문양의 팔찌와 목걸이가 출토되었다. 수메르인들은 왕이 죽으면 저승에서도 똑같이 행복하게 살기를 원했기 때문에 부장품을 함께 묻어 주었다.

그들은 전쟁을 통해 얻은 포로들을 노예로 활용했는데, 노예 역사는 이때부터 시작된 것으로 보인다. 오리엔트에서 처음 생긴 노예의 역사는 서양 제국주의 시대에 와서 가장 악랄한 노예 제도로 발전했다.

수메르의 도시국가들은 주변 지역과 무역을 활발히 하면서 번성하다가 북쪽에서 내려온 아카드인Akkad의 침입으로 무너지고 말았다. 셈족 계열의 아카드인은 메소포타미아 전역을 장악하고 통일제국을 건설했다. 하지만 약 200년 만에 자그로스 산맥에 살던 구티족Guti에 의해 붕괴되고 말았다.

이 시기에 아브라함의 출생지로 알려진 우르 남부에서는 강력한 왕 우르 남무Ur-Nammu가 등장했다. 우르 남무는 수메르인과 아카드인을 지배했고, 꼭대기에 신전이 있는 3층 탑인 지구라트ziggurat를 우르 도시 중앙에 만들었다. 특히 우르 남무는 『함무라비 법전』보다도 300년 앞선 기원전 2100~기원전 2050년에 세계 최초의 법전인 『우르 남무 법전』을 만든 것으로 유명하다. 『우르 남무 법전』에는 죄를 지으면 돈으로 갚아야 한다는 내용이 들어 있다.

번성하던 도시 우르도 세력을 잃으면서 지역의 중심은 바빌론 Babylon으로 옮겨가게 되었다. 수메르인의 쐐기문자는 사라지고 셈족의 아카드어가 메소포타미아 지역 언어가 되었다. 아카드어는 수메르인들이 만든 쐐기문자를 기초로 발전시킨 문자다.

기원전 1900년경 셈족 계열의 아모리인Amorite은 바빌론에 정착하여 바빌로니아 왕국Babylonian dynasty을 건설했다. 바빌로니아 왕국의 전성기는 6대 왕인 함무라비Hammurabi 시기로, 이 시기인 기원전 1800년경에 『함무라비 법전』이 만들어졌다. 『함무라비 법전』은 총 282조로 계급에 따라서 다르게 적용되었다. 가령 귀족이 평민의 눈을 멀게 하면 벌금을 내도 되지만 평민이 귀족의 눈을 멀게 한다면 벌금형보다 훨씬 가혹한 벌을 받았다. 법전에는 여자도 재산을 소유할 수 있으며, 노예도 돈이 있으면 자유를 얻을 수 있다는 내용이 들어 있다.

검은 현무암에 아카드어로 쓰인 〈함무라비 법전 석비〉는 원래 바빌

『함무라비 법전』 서문을 새긴 점토판으로, 이 법전은 후대 법전에 영향을 주었다.
총 282조로 되어 있으며, 계급에 따라 처벌 강도를 달리했다.
기원전 1780년경, 파리, 루브르 박물관.

론 신전에 세워져 있었다. 기원전 1158년에 바빌로니아 왕국을 점령한 엘람 왕국 왕이 이를 약탈해 자신들의 수도인 수사로 가지고 갔다. 왕은 자신의 업적을 기록하기 위해 〈함무라비 법전 석비〉를 훼손했지만, 기록도 남기지 못한 채 엘람 왕국은 멸망당하고 말았다.

이후 〈함무라비 법전 석비〉는 1901년 프랑스 유물 발굴 팀에 의해 수사에서 발견되었다. 당시 프랑스는 나폴레옹 병사가 발견했던 〈로제타석〉을 영국에 빼앗긴 뒤로 1895년 이라크 지방 유물 발굴 독점권을 획득하는 등 유물 발굴에 혈안이 되어 있었다. 〈함무라비 법전 석비〉는 무게가 4톤이나 되었기 때문에 세 토막으로 잘려서 프랑스로 옮겨졌다. 이후 원래 상태로 복원

바빌론 신전에 있던 <함무라비 법전 석비>는 점령자 엘람 왕에게 약탈당했다.
이후 1901년 프랑스 발굴 팀에 의해 발견되어 프랑스로 넘어갔다.
1980년 이라크 정부에서 반환 요청을 했으나 프랑스는 아직까지 이에 응하지 않고 있다.
기원전 1792~기원전 1750년경, 높이 225cm, 파리, 루브르 박물관.

되어 현재 루브르 박물관에 소장되어 있다.

1980년 이라크 후세인 정부는 〈함무라비 법전 석비〉의 반환을 요청했으나, 프랑스는 약탈이 아니라 문화재 보호 차원에서 소장하고 있다는 입장을 발표했다. 이런 태도를 보이는 것은 프랑스만이 아니다. 영국과 독일도 제국주의 시대에 온갖 방법을 동원하여 약탈한 메소포타미아, 이집트, 그리스 등의 고대 문화재를 현재까지 반환하지 않고 있다. 그들은 앞에서는 고대 문명의 계승자를 자처하면서 뒤에서는 약탈한 유물로 이득을 취하고 있는 셈이다. 일본이 우리나라를 지배하던 시기에 약탈한 많은 문화재도 반환되지 않고 있다.

프랑스는 〈함무라비 법전 석비〉 복제품을 기증하는 차원에서 반환 요청을 마무리 지었다. 〈함무라비 법전 석비〉 복제품은 현재 이란 국립박물관Mūze-ye Millī-ye, 이스탄불 고고학박물관İstanbul Arkeoloji Müzesi, 베를린의 페르가몬 미술관 등에 소장되어 있다.

강력한 통치력을 발휘했던 함무라비 왕이 죽자, 바빌로니아 왕국은 여러 이민족의 침입으로 분열되었다. 오리엔트를 최초로 통일한 아시리아 제국의 지배를 받다가 신바빌로니아 제국으로 이어졌다. 하지만 신바빌로니아 제국은 100년도 채 못 되어 페르시아 제국에 멸망당했다. 이후 최종 승자가 된 페르시아 제국이 메소포타미아 지역을 다스렸다.

아시리아가 오리엔트 지역을
최초로 통일하다
〈라마수 석상〉

기원전 671년에 메소포타미아 지역과 이집트 지역을 합쳐 오리엔트 지역을 최초로 통일한 민족은 아시리아인Assyrian이다. 이들이 만든 궁전이나 성벽 문에는 입구를 지키는 석상이 세워져 있다. 사람의 머리에 날개를 가진 사자 상이거나, 사람의 머리에 날개를 가진 황소상이다. 님루드Nimrud 유적지에 서는 주로 날개 달린 인면人面 사자상이 발견되었고, 코르사바드Khorsabad 유 적지에서는 주로 날개 달린 인면 황소상이 발견되었다. 이런 석상을 보통 라 마수Lamassu라고 부른다. 라마수는 아시리아의 보호 신이었다.

　〈라마수 석상〉은 영국박물관, 프랑스의 루브르 박물관, 미국의 메트로

〈라마수 석상〉은 메소포타미아 지역을 처음 통일한 아시리아인이 남긴 것이다.
라마수의 종류로는 날개 달린 인면 사자상과 날개 달린 인면 황소상이 있다.
모두 사람 얼굴을 하고 있지만, 발 모양을 보면 사자상인지 황소상인지 구분할 수 있다.
사진 속 석상은 사르곤 2세 궁전에서 발견된 것으로, 발 모양에서 황소상임을 알 수 있다.
기원전 721~기원전 705년경, 파리, 루브르 박물관.

폴리탄 미술관, 독일의 페르가몬 미술관에 소장되어 있다. 루브르 박물관에서는 날개 달린 인면 황소상을 만나 볼 수 있다. 모두 사람 얼굴을 하고 있는데 사자상인지 황소상인지 어떻게 구분할까? 발을 보면 된다. 사자 발 모양과 황소 발 모양이 다르기 때문이다.

2015년 시아파 과격 단체가 아시리아인이 살던 님루드 유적지를 파괴했다는 소식이 전해졌다. 조상들의 귀중한 유물마저 파괴한 무자비한 행동에 역사학자를 비롯하여 전 세계인들은 큰 충격을 받았다.

바빌로니아 왕국의 힘이 약해지자 아시리아인이 메소포타미아 지역의 새로운 지배자로 등장했다. 아시리아는 강력한 군사력을 바탕으로 주변 나라들을 정복하고 바빌론을 차지했다.

정복사업 후 아시리아의 위대한 왕 아슈르바니팔Ashurbanipal은 방대한 점토판을 수집하여 세계 최초의 도서관을 세웠다. 점토판에는 고대 메소포타미아의 신화나 영웅 이야기가 쐐기문자로 기록되어 있어, 오늘날 메소포타미아 문명 연구에 귀중한 자료가 되고 있다. 기록하고자 하는 인간의 노력이 없었다면 우리는 고대 문명에 대해 전혀 알 수 없었을 것이다.

1932년 영국 고고학자 맥스 말로완 경Sir Max Edgar Lucien Malowan이 니네베Nineveh 유적지를 발굴하면서 아시리아가 세상에 알려지게 되었다. 아시리아 제국은 천문학과 수학, 식물학에 관한 연구를 활발하게 진행하여 황금기를 이루었다. 수도 니네베에 메소포타미아의 벽돌과 히타이트 석재를 사용하여 궁전을 지었다. 또한 강력한 군사력을 바탕으로 팔레스타인과 이집트 지역까지 정복사업을 벌이기도 했다. 하지만 이집트와 바빌론에 대한 억압적인 통치와 높은 세금의 부가로 피정복민들의 반감을 샀다.

결국 아시리아 왕 아슈르바니팔 왕이 죽은 뒤 내분이 일어났다. 이 시기에 셈족의 유목민으로 바빌로니아 남부에 거주했던 칼데아인이 나보폴라사르Nabopolassar 총독을 중심으로 세력을 넓히고 있었다. 나보폴라사르는 수도를 바빌론으로 정한 뒤 메디아 왕국과 연합해 아시리아를 멸망시키고 기원전 625년 신바빌로니아를 건국해 왕위에 올랐다.

나보폴라사르 아들인 네부카드네자르 2세Nebuchadnezzar II는 즉위 후 남아 있던 아시리아 세력을 정복하고 주변국 정벌에 나섰다. 이집트 일부 지방과 시리아, 팔레스타인, 유다 왕국의 예루살렘을 정복했다. 그는 솔로몬 성전을 파괴하고 성물을 약탈했다. 또한 유대인 귀족을 포로로 잡아 바빌론으로 끌고 왔는데, 이후 유대인들은 페르시아에 의해 자유인이 될 때까지 강제로 바빌론에서 살아야만 했다. 이 역사적 사실은 성경에 바빌론 유수란 제목으로 자세하게 기록되어 있다.

신바빌로니아의 강력한 왕 네부카드네자르 2세는 바빌로니아 왕국의 영광을 되살리기 위해 바빌론에 화려한 궁전을 짓고 〈바벨 탑Tower of Babel〉이라고 불리는 지구라트(신전탑)를 건설했다. 〈바벨 탑〉이 실제로 존재했다는 사실에는 대체로 인정하지만, 어느 지구라트가 〈바벨 탑〉인지에 대해서는 역사학자들마다 다른 의견을 제시하고 있다.

네부카드네자르 2세는 메디아에서 온 왕비의 향수를 달래기 위해 물을 끌어 올려서 공중정원을 만들기도 했다. 이라크 정부는 불가사의라고 알려진 이 공중정원을 부활시키기 위해 건축가를 찾고 있다고 한다. 16세기에 네덜란드 화가 피터르 브뤼헐 1세Pieter Bruegel the Elder

신바빌로니아 제국 때 만들어졌다고 알려진 <바벨 탑>은 한때 전설로 여겨졌다.
하지만 현재는 대부분의 역사학자들이 이 탑의 실제 존재에 대해 믿고 있다.
이 그림을 그린 화가는 <바벨 탑>에 매료되어 여러 점의 그림으로 남겼다.
피터르 브뤼헐 1세, <바벨 탑>, 1563년, 패널에 유채, 114×155cm,
오스트리아, 빈 미술사박물관.

는 신바빌로니아 제국 시기에 만들어진 〈바벨 탑〉을 상상해서 여러 점
의 그림을 그렸다. 오늘날 바벨 탑 하면 이 화가의 작품을 먼저 떠올릴
정도다. 여러 〈바벨 탑〉 중에서 한 점이 오스트리아 빈 미술사박물관
Kunsthistorisches Museum에 소장되어 있는데, 이 작품 앞에는 특히 관람

객이 많다.

1899년 독일 고고학자 로베르트 콜데바이Robert Johann Koldewey가 바빌론 유적지를 탐사하다가 사막 아래에서 수십만 점의 점토판과 무수히 많은 청색 타일 조각들을 발견했다. 이후 1917년까지 발굴이 이어졌다. 이곳에서 발견된 유물들은 성경에서만 언급되었던 바빌론 도시의 제국이 실제로 존재했다는 증거였다.

메소포타미아 지역은 돌이 귀했기 때문에 유약을 바른 타일을 벽돌처럼 만들어서 건축 재료로 사용했다. 콜데바이는 발굴된 조각들을 500개 상자에 담아서 베를린으로 돌아왔다. 그리고 수만 점의 조각을 하나씩 맞추어 나갔다. 이렇게 오랜 기간에 걸쳐서 복원된 것이 〈이슈타르 문Ischtar Tor〉이다. 전쟁의 여신 이슈타르Ischtar에게 바쳐진 문으로, 베를린의 페르가몬 미술관에 가면 14미터 높이로 복원된 상태를 확인할 수 있다. 뮌헨의 이집트 박물관이나 뉴욕의 메트로폴리탄 미술관에서도 〈이슈타르 문〉 사자 부조를 만나 볼 수 있다.

신바빌로니아 제국의 수도 바빌론으로 들어가기 위해서는 성벽을 지나 9개 성문을 통과해야 했다. 〈이슈타르 문〉은 9개 성문 중 8번째 문으로, 발견된 유물들 중 당시 모습대로 복원된 것은 이 문뿐이다.

〈이슈타르 문〉은 용, 황소, 사자 부조로 장식되어 있는데, 용은 모든 신의 우두머리인 마르두크Marduk, 황소는 자연현상의 신인 아다드Hadad, 사자는 전쟁의 여신인 이슈타르를 상징한다. 특히 마르두크는 용 머리와 뱀 꼬리를 가지고 뱀 가죽으로 뒤덮여 있으며 사자의 이빨을 가진 동물로 형상화되었다. 청색 타일에 새겨진 신성한 동물들은 왠지 모를 두려움을 불러일으킨다. 20세기의 위대한 발견이 된 〈이슈타

르 문〉은 바빌론의 귀중한 유산으로 남게 되었다.

　번성하던 신바빌로니아 제국은 사제 계급이 정치에 간섭하면서 쇠
퇴하기 시작했다. 기원전 539년, 나보니두스Nabonidus 왕 때 페르시아
키루스 대왕Cyrus the Great(키루스 2세라고도 한다)이 이끄는 군대에 의해
바빌론이 함락되었다. 이로써 신바빌로니아 제국은 멸망하고 말았다.

〈이슈타르 문〉은 신바빌로니아 제국의 번영을 보여 주는 유산이다.
신바빌로니아 제국 수도 바빌론으로 들어가기 위해서는 성벽을 지나 9개 문을 지나야 했는데,
이 문은 8번째 문이었다. 문 표면에 용, 황소, 사자 부조가 조각되어 있다.
기원전 575년, 높이 14미터, 베를린, 페르가몬 미술관.

<이슈타르 문>에 새겨져 있는 동물 부조상들로,
왼쪽 위부터 반시계 방향으로 모든 신들의 우두머리 마르두크를 상징하는 용,
자연현상의 신 아다드를 상징하는 황소, 전쟁의 여신 이슈타르를 상징하는 사자다.
기원전 575년, 이스탄불, 이스탄불 고고학박물관.

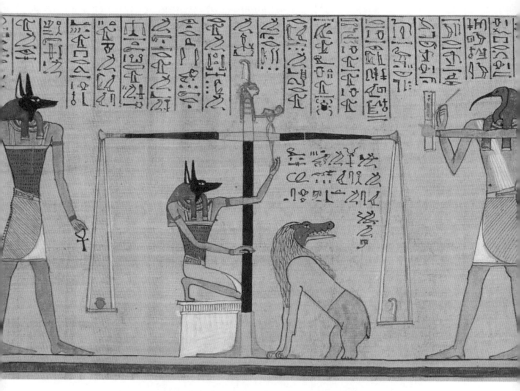

<사자의 서>는 고대 이집트 문명이 만들어 낸 일종의 사후세계 여행 안내서다.
폐쇄적 지형 탓에 외부 침입을 거의 받지 않은 이집트인들은 독특한 고유문화를 유지했다.
그중 하나가 내세관이었다. 이집트인들은 사후세계에 대한 확신을 가지고 있었다.
그림 속 장면에서는 아누비스 신이 죽은 자의 심장 무게를 깃털과 함께 달아 보고 있다.
심장이 깃털보다 무거우면 악어 머리를 가진 암무트가 심장을 삼켜 버리고,
그 심장의 주인은 내세의 삶을 보장받지 못한다고 한다.
후네페르Hunefer(궁전 필사자), <사자의 서> 중 하나, 기원전 1275년경,
높이 39cm, 런던, 영국박물관.

04

이집트 문명이
나일 강의 기적을 이루다
〈사자의 서〉

폐쇄적인 지형 탓에 초기에는 이민족의 침입을 거의 받지 않았던 고대 이집트인들은 독특한 고유문화를 유지할 수 있었는데, 그중 하나가 내세관이었다. 이집트인들은 사후세계에 대한 확신을 가지고 있어서, 죽은 자를 위해 정성을 다하여 피라미드와 미라를 만들었다.

이집트 박물관Egyptian Museum과 영국박물관에 가면 만날 수 있는 〈사자의 서Book of the Dead〉는 파피루스에 기록된 책이다. 죽은 자를 위한 사후세계 여행 안내서라 할 수 있다. 이집트인은 미라를 만들 때 내부 장기를 따로 보관했지만 심장은 남겨 두었다. 사자의 신 오시리스Osiris에게 심판받을 때 필요하기 때문이다. 아누비스Anubis 신이 깃털과 죽은 자의 심장 무게를 저울로 비교해 보고, 토트Thoth 신은 그 결과를 기록한다. 심장이 깃털보다 무거우면 악어의 머리를 한 암무트Ammut 신에게 심장을 넘겨주게 되고, 죽은 자의 내세 삶은 없게 된다. 심장이 깃털보다 가벼운 사람이 정말로 있을까 하는 생각이 들지만 착하게 살라는 뜻으로 보인다.

　이집트는 전 국토의 97%가 사막이며 연중 강수량이 100~200ml 정도로 가물다. 이처럼 비가 거의 내리지 않는데도 보리와 밀 농사가 가능했던 이유는 나일 강의 정기적인 범람 때문이다. 우기가 시작되는 7월이면 에티오피아 고원 지대와 수단에서 흘러 들어온 흙탕물이 나일 강의 수위를 높이고, 10월이 되면 물이 저절로 빠진다. 이집트 농부들은 11월경에는 범람으로 인하여 비옥해진 땅에 씨를 뿌리고 다음 해 5월에는 풍성한 수확을 했다. 큰 노력을 하지 않아도 씨만 뿌려 놓으면 저절로 수확을 할 수 있었으니 나일 강의 범람은 이집트인에게는 재앙이 아니라 축복이었을 것이다. 이렇듯 수확량이 많은 비옥한 농토를 가진 이집트는 아프리카 최대 식량 산지였다. 그러다 보니 역사적으로 침략이 많았는데, 로마 제국에 이어 이슬람 제국, 영국의 식민 지배를 받기도 했다.

　고대 이집트 문명은 기원전 3100년경에서 기원전 332년까지 거의 3,000년 가까이 지속되었으며, 30개의 왕조가 있었다. 지형이 개방적인 메소포타미아 지역과는 달리, 이집트는 지중해, 사막, 나일 강 등으로 사방이 막혀 있어 초기에는 이민족이 쉽게 들어올 수 없었다. 그래서 3,000년간 자신들만의 고유한 문화를 발전시킬 수 있었다. 최초로 상, 하 이집트를 통일한 메네스Menes 왕은 멤피스Memphis를 수도로 정하고 제1왕조를 세웠다. 이후 이집트는 고왕국 시대, 중왕국 시대, 신왕국 시대를 거친다.

　고왕국 시대(기원전 2686년경~기원전 2181년경)를 대표하는 유물은 왕

이집트 고왕국 시대를 대표하는 유물인 피라미드와 스핑크스다.
피라미드는 이집트 왕의 미라를 둔 거대한 무덤이고, 그 무덤을 지키는 수호신이 스핑크스다.
〈기자의 피라미드〉 중 〈카프레 왕의 피라미드〉와 그에 딸린 〈스핑크스〉,
기원전 2575~기원전 2465년경, 기자. ⓒ Wikimedia Commons/CC-BY 3.0

의 거대한 무덤인 피라미드Pyramid와, 피라미드를 지키는 수호신 스핑
크스Sphinx 조각상이다. 〈기자의 피라미드Pyramid of Giza〉는 기자 지역
에 모여 있는 9개 피라미드들을 가리킨다. 이 중 가장 유명한 〈카프레
왕의 피라미드Pyramid of Khafre〉는 높이 137m에 쌓은 돌의 무게만 500

만 톤 가까이 되는 엄청난 규모다. 피라미드의 건설에는 장기간의 많은 노동력이 필요하기 때문에 후대인들은 노예가 건설했을 것이라고 생각했다. 하지만 그렇지 않다는 것이 비교적 최근에 밝혀졌다. 피라미드 근처에 노동자가 모여 살던 마을이 발견되면서 노예뿐 아니라 이집트 평민들도 건설에 참여했다는 사실이 확인되었다. 이집트 평민들은 나일 강 범람 시기인 농한기 때 임금을 받고 피라미드 건설에 참여했는데, 이는 국가적인 대토목사업이었던 셈이다. 피라미드 건설 사업이 계속된 4개월 동안 이집트 왕들인 파라오Pharaoh는 이집트인의 생계를 책임졌다.

파라오는 이집트의 주신인 태양신 레Re의 아들로 여겨졌다. 이집트인들은 파라오가 죽으면 영원 불멸의 신 오시리스로 부활한다고 생각했다. 이때 온전한 신체가 있어야만 부활이 가능하므로 파라오의 시신을 방부 처리해 미라mirra로 만들었다. 시신이 오랜 시간이 지나도 썩지 않은 또 다른 이유로는 건조한 사막 기후도 한몫했을 것이다. 이집트인들은 정성스럽게 미라를 만들어 천으로 감싼 뒤 석관에 넣어 피라미드 안에 보관했다. 주변에는 파라오가 평소에 사용하던 일상용품과 식량까지 넣어 두었다. 요리사, 빵 굽는 사람, 이발사 등의 사람 모형을 무덤에 넣었다. 파라오는 살아서나 죽어서나 백성들의 보호자였으므로 무덤을 웅장하게 만들었다.

미라는 파라오뿐 아니라 귀족이나 부유한 평민들도 하는 장례 방식이었다. 전문적으로 미라를 제작하는 데 평균 3개월이 걸렸다. 먼저 약품과 향료를 구입해야 하고, 미라를 감싸는 아마 천 길이만 1km였으니 서민은 엄두를 못 낼 정도로 아주 비싼 비용이 들었다.

오랜 세월 정성스럽게 건설된 피라미드는 후대에 와서 유물을 팔아 돈을 벌려는 이집트인과 이집트에 온 영국과 프랑스 영사가 고용한 유물 사냥꾼에 의해 도굴되었다. 약탈되거나 헐값에 팔린 이집트 유물들은 영국박물관과 프랑스의 루브르 박물관, 이탈리아의 토리노 이집트 박물관으로 보내졌다.

고왕국은 권력이 강성해진 지방 귀족에 의해 멸망당하고 중왕국 시대(기원전 2040년경~기원전 1758년경)가 시작되었다. 수도가 테베Thebes로 옮겨 가면서 태양신 레와 결합한 아몬Amon 신이 등장했다. 번성하던 중왕국 시대도 힉소스Hyksos의 침입을 받게 되었다. 힉소스는 원래 팔레스타인과 시리아 지역에 살던 민족이었는데, 기술자나 상인 신분으로 이집트에 처음 들어왔다. 점차 세력을 키운 힉소스는 나일 강 하류와 멤피스를 정복하고 스스로를 파라오라고 불렀다. 힉소스의 지배는 중왕국 시대 108년 동안 계속되었다. 힉소스 세력은 통치 기간에 철제 무기를 비롯한 각종 도구와 마차 등을 도입하여 이집트의 군사 발전에 도움을 주었다. 제17왕조의 마지막 왕 카모세Kamose는 힉소스 군대와 싸움을 벌이다 전사했다. 그 뒤로 카모세의 동생 아흐모세 1세 Ahmose I가 기원전 1539년에 힉소스를 이집트에서 완전히 추방하고 제18왕조를 창시했다.

힉소스를 몰아낸 이집트는 신왕국 시대(기원전 1570년경~기원전 1070년경)에 들어와서 강력한 파라오를 탄생시켰고, 광대한 영토를 차지했다. 신왕국 시기의 파라오들은 피라미드 대신에 자신의 권위를 나타내는 수단으로 많은 신전을 세웠다. 대표적인 신전은 〈카르나크 신전 Karnak〉과 〈아부심벨 신전Abu Simbel Temples〉이다. 신전 양쪽에 세운 두

〈오벨리스크〉는 이집트 태양신을 상징하는 것으로, 파라오 업적이 상형문자로 새겨져 있다.
이집트 정복자들은 〈오벨리스크〉를 좋아해서 자기 나라로 가져가는 경우가 많았다.
현재 남아 있는 20기는 로마, 이집트, 터키, 미국, 영국, 프랑스에 흩어져 있다.
파리, 콩코르드 광장. ⓒ Connie Ma/Wikimedia Commons/CC-BY 3.0

개의 〈오벨리스크Obelisk〉는 태양신을 상징하는 것으로, 파라오의 업적
이 상형문자로 새겨져 있다. 〈오벨리스크〉는 아스완Aswan 지역에서 생
산되는 붉은 화강암으로 만들어졌고, 높이는 20m, 무게는 200~400톤
정도다. 고대 로마 황제와 제국주의자들은 〈오벨리스크〉를 광적으로

좋아했다. 그 이유는 파라오가 만든 〈오벨리스크〉를 차지한다는 것은 이집트 정복을 상징한다고 생각했기 때문이다.

현재 남아 있는 〈오벨리스크〉는 20여 개 정도로, 로마에 제일 많고 이집트를 비롯하여 터키, 미국, 영국, 프랑스에도 있다. 파리 콩코르드 광장에 있는 〈오벨리스크〉는 프랑스 언어학자 장 상폴리옹의 상형문자 해독에 대한 감사 표시로 이집트 정부에서 선물로 준 것이라고 한다. 원래는 〈오벨리스크〉 두 개를 준다고 했는데 무슨 이유인지 몰라도 하나만 받았다고 한다.

신왕국 시대의 국력이 기울어지는 때 등장한 파라오는 제18왕조의 아멘호테프 4세Amen-hotep IV다. 그는 신들을 모시는 사제들의 권력이 지나치게 커지자 이를 누르기 위해 새로운 신 아톤Aton을 유일신으로 정하고, 자신의 이름도 아크나톤Akhnaton으로 바꾸었다. 아몬을 비롯해 다른 모든 신들에 대한 숭배를 금지하고 오로지 아톤만 숭배하게 했다. 자신을 아톤의 아들이라고 주장했으며, 수도도 테베에서 현재의 아마르나 일대로 옮기고 그 이름을 아케타톤Akhetaton이라고 했다. 아크나톤은 혁신적인 개혁을 통해 사제들의 막강한 권력을 누르고 왕권을 강화시키려고 했던 것이다.

아크나톤의 개혁은 미술에도 적용되어 이 시기의 이집트 미술은 자유롭게 표현되었다. 아크나톤과 그의 가족을 그린 벽화를 보면 예전에 전통적으로 표현된 파라오의 모습과 많은 차이를 알 수 있다. 전지전능하고 권위적인 파라오의 모습이 아니라 가족과 함께 있는 다정한 아버지의 모습이 잘 나타나 있다. 새로운 형식의 이집트 미술은 아크나톤이 죽은 뒤 사라지고 이전의 미술 양식으로 돌아갔다.

제18왕조의 아크나톤은 개혁을 추구했던 혁신적인 파라오였다.
이 벽화에서도 권위적인 파라오가 아니라 아내, 세 딸과 있는 가정적인 모습으로 새겨졌다.
기원전 1340년경, 석회암, 높이 32.5cm, 베를린, 베를린 신 박물관.

아크나톤의 개혁은 귀족과 사제들의 저항을 받았고 이집트 백성들
도 과격한 정책을 이해하지 못했다. 아크나톤이 죽은 뒤 아몬을 다시
믿게 되면서 사제의 권력도 예전처럼 회복되었다. 개혁을 지지한 사람
들은 무참히 살해되었다.

유일신을 믿고자 했던 개혁자 아크나톤보다 후대에 더 유명해진

사람은 아크나톤 왕비인 네페르티티Nefertiti다. 네페르티티는 미타니 Mitanni 왕녀로 추정되며 15세 어린 나이로 아크나톤 아버지인 아멘호 테프 3세 시기에 이집트로 왔다. 아크나톤 사망 후 잊힌 존재였던 네페르티티는 1912년 독일 루트비히 보르하르트Ludwig Borchardt 발굴 팀에 의해 흉상으로 모습을 드러냈다. 보르하르트는 〈네페르티티 흉상〉에 석회를 발라 보잘것없는 유물로 보이게 해서 독일로 가지고 갔다. 10년

아크나톤의 왕비인 네페르티티는
후대에 와서 더 유명해졌다.
1912년 독일 발굴 팀에 의해
우아한 자태와 아름다운 미소를 가진
흉상이 발견되었기 때문이다.
〈네페르티티 흉상〉, 기원전 1360년경, 석회암,
높이 50.8cm, 베를린, 베를린 신 박물관.

투탕카멘은 18세에 죽어서 별다른 업적을 남기지 못했으나 무덤으로 유명해졌다.
그의 무덤에서는 황금 가면, 황금 가슴 장식, 황금 목걸이, 황금 의자 등 엄청난 금이 쏟아졌다.
특히 발굴에 참여했던 사람들이 연이어 죽으면서 '파라오의 저주'란 말까지 생겨났다.
기원전 1323년경, 금, 54×39.3×49cm, 카이로, 이집트 박물관.

간 복원 작업을 거쳐 1924년 일반인에게 공개되었는데, 2년 뒤 이집트 정부는 흉상을 반환하라고 요구했다. 독일은 이집트의 보존 환경이 자신들보다 좋지 못하다는 이유로 반환을 단호하게 거절했으며, 흉상 대여 요청도 받아들이지 않았다. 일설에 의하면 히틀러도 〈네페르티티 흉상〉을 아주 좋아해서 반환하지 말라고 했다고 한다.

〈네페르티티 흉상〉은 현재 베를린 신 박물관Neues Museum 특별전시실에서 매일 전 세계에서 몰려드는 관람객을 맞고 있다. 흉상 보호를 위해 사진 촬영은 허용되지 않는다. 최적의 보존 환경이라고는 하나 이집트 유물을 자기 나라의 유물처럼 당당하게 전시하고 있는 것을 보면 씁쓸하기만 하다.

아크나톤의 동생 또는 조카 또는 사위라고 알려진 투탕카멘 Tutankhamen은 9세 때 왕위를 계승했다. 소년 왕은 18세에 죽음을 맞았는데 사망한 원인에 대해 여러 설이 있으나 병사한 것으로 보인다. 아무런 업적을 남기지 못했던 투탕카멘은 영국인 고고학자 하워드 카터 Howard Carter에 의하여 유명해졌다. 카터는 1922년 나일 강 서쪽 왕가의 계곡에서 도굴당하지 않은 파라오의 무덤을 발견했는데, 그 무덤 주인이 투탕카멘이었던 것이다. 무덤 안에서는 순금 110kg으로 만든 황금 관이 나왔는데, 그 안에 왕의 미라에 씌운 황금 가면이 있었다. 이외에도 황금 가슴 장식, 황금 목걸이, 황금 의자 등이 출토되었다. 이집트인들은 황금이 영혼 불멸을 상징한다고 믿었던 것이다.

발굴을 지원했던 제5대 카너본 백작 조지 허버트가 모기에 물려 사망한 이후 '파라오의 저주' 때문이란 소문이 퍼졌다. 허버트와 관련한 사람들이 의문의 죽음을 맞았다. 발굴을 직접 지휘한 카터는 무사했지만, 생전에 영국이나 이집트 정부로부터 어떤 상도 받지 못했다. 1932년 영국으로 돌아간 그는 7년 뒤 쓸쓸하게 생을 마감했다. 세속적인 영광을 누리지는 못했지만 그의 이름은 투탕카멘과 함께 영원히 역사에 기록되어 남아 있을 것이다.

신왕국 시기가 끝나갈 무렵 등장한 람세스 2세Ramses II는 세티 1세의 아들이었다. 세티 1세는 정복 왕으로 리비아와 누비아를 정복하고 팔레스타인과 시리아 남부를 장악했다. 세티 1세의 호전적인 성격을 물려받은 람세스 2세는 강력해진 히타이트를 정복하기로 결정했다. 카데시Kadesh 전투에서 승부가 결정 나지 않자, 양쪽 나라의 왕은 인류 최초로 평화조약을 맺었다. 위대한 조약을 맺은 두 나라는 우호적인 관계를 성립해 이후 전투가 없었다.

람세스 2세는 웅장한 건축물을 세워서 자신의 권력을 과시했는데, 이때 누비아에 세워진 건축물이 〈아부심벨 신전Abu Simbel Temples〉이다. 〈아부심벨 신전〉은 산의 암석을 조각하여 만든 신전으로 높이가 20m나 된다. 대 신전에는 람세스 2세의 조각상, 소 신전에는 왕비 네페르타리의 조각상이 있다.

긴 세월 모래더미에 묻혀 있던 〈아부심벨 신전〉은 이탈리아 출신 유물 사냥꾼 조반니 벨초니Giovanni Battista Belzoni에 의하여 1817년 세상에 알려졌다. 벨초니는 이집트 주재 영국 영사의 부탁으로 람세스 2세의 흉상을 옮겨서 영국박물관으로 보내는 일을 도맡아 했다.

이후 〈아부심벨 신전〉은 아스완 댐 건설로 수몰 위기에 처했다. 유네스코는 세계 여러 나라의 원조를 받아 1964~1968년에 〈아부심벨 신전〉을 해체한 뒤 65m 높은 위치로 이전해 재조립했다.

<아부심벨 신전>은 람세스 2세가 권력을 과시하기 위해 세운 웅장한 건물이다.
아스완 댐 건설로 수몰 위기에 처하자 유네스코에 의해 65m 높은 위치로 이동되었다.
기원전 1264년경~기원전 1244년경, 누비아. ⓒ Wikimedia Commons/CC-BY 3.0

 람세스 2세는 자식을 100명 이상 두었으며 딸들 중 네 명과 결혼
했다. 파라오들의 근친혼은 이집트 전통이었다. 람세스 2세가 통치한
67년 동안 이집트 백성들은 안정된 생활을 할 수 있었다. 람세스 2세
가 90세 넘어서 사망하자 이집트 신왕국 시대는 막을 내렸다.
 힘이 약해진 고대 이집트는 기원전 525년 페르시아 왕 캄비세스 2세

<로제타석>은 1799년 나폴레옹의 이집트 원정 때 발견된 이집트 왕
프톨레마이오스 5세 공덕비로, 이집트 상형문자를 해독하는 데 실마리를 제공했다.
상형문자가 해독된 뒤 유럽에서는 이집트 열풍이 불었고,
이집트 양식의 건축, 인테리어, 가구, 패션 등이 유행했다.
기원전 196년, 높이 112.3cm, 런던, 영국박물관. ⓒ Wikimedia Commons/CC-BY 3.0

Cambyses II에 의해 침략당했고 수도 멤피스가 함락되었다. 고대 이집트는 역사 속으로 사라지고 페르시아의 지배를 받게 되었다.

이집트 문화를 설명할 때 빠뜨릴 수 없는 것이 히에로글리프hieroglyph, 즉 상형문자다. 히에로hiero는 '신성'을, 글리프glyph는 '새기다'를 뜻한다. 이집트 사람들은 신전이나 묘지, 〈오벨리스크〉에 상형문자로 왕의 업적이나 사후세계 내용을 새겼다.

이집트 상형문자가 대중에게 관심을 받게 된 것은 1798년 나폴레옹의 이집트 원정 이후부터다. 이집트 문명에 관심이 많았던 나폴레옹은 이집트 원정을 가면서 많은 군대와 167명의 고고학자와 언어학자를 데리고 갔다. 마음에 드는 유물이 있으면 약탈해 올 생각이었던 것이다.

이때 나폴레옹 군대를 따라간 사람 중에 특히 유명해진 사람이 있다. 드농 남작 도미니크 비방Dominique Vivant Baron Denon이다. 드농 남작은 원정에서 돌아온 후 초대 루브르 박물관 관장이 되었다가, 나폴레옹이 실각한 1815년 관장직에서 사임했다. 드농 남작은 나폴레옹이 약탈한 미술품을 반환해 달라는 나라들의 요구에 반대했다고 알려져 있다. 루브르 박물관의 드농관은 초대 관장 드농 남작의 이름을 붙인 것이다.

나폴레옹의 이집트 원정 당시로 돌아가 보자. 1799년 7월 이집트 나일 강 하구의 로제타에서 진지 구축 작업을 하던 프랑스 병사가 깨진 바위 조각 하나를 발견했다. 바위에는 문자가 가득 새겨져 있었다. 바위 조각을 조사한 학자들은 파라오 비석으로 보인다고 말했다.

현재 〈로제타석Rosetta Stone〉이라고 불리는 이 비석은 이집트 왕 프톨레마이오스 5세Ptolemy V 공덕비다. 새겨져 있는 문자는 세 종류다.

제일 위쪽에는 이집트 상형문자인 히에로글리프, 가운데는 이집트 민중문자인 데모틱demotic 문자, 아래에는 그리스 문자가 새겨져 있다. 학자들은 그리스 문자를 참고하면 나머지 문자들도 쉽게 해독할 수 있을 것이라고 생각했다. 1801년 나일 강 전투에서 영국이 승리하면서 〈로제타석〉은 영국 차지가 되었고 현재 영국박물관에서 소장하고 있다. 귀중한 고고학적 유물을 빼앗긴 프랑스인은 〈로제타석〉 탁본을 가지고 돌아올 수밖에 없었다. 상형문자 해독을 위해 영국과 프랑스 언어학자들이 노력했지만 1822년까지는 누구도 비밀을 풀 수 없었다.

프랑스 언어학자 장 프랑수아 샹폴리옹Jean François Champollion은 1801년 12살의 나이에 〈로제타석〉 복사본을 운명처럼 만나게 되었다. 신비한 문자에 매료당한 샹폴리옹은 이후 끈질긴 연구 끝에 1822년 상형문자를 해독해 냈다. 덕분에 신전이나 왕 묘의 주인공이 누구인지 알게 되었고 기념비에 쓰인 내용도 이해하게 되었다. 1828년 꿈에 그리던 이집트 땅에 도착한 샹폴리옹은 고대 도시 알렉산드리아에서 이집트 남부 아스완까지 여행하면서 상형문자에 기록된 그림이나 기호를 해석하고 그 뜻을 기록했다. 샹폴리옹의 연구로 이집트 상형문자 히에로글리프는 이집트에 있는 식물이나 동물 등 자연에서 나온 문자였다는 사실이 밝혀졌다. 샹폴리옹은 이집트 여행을 마치고 몇 개월 뒤에 과로로 인하여 사망했다. 여행에서 얻은 연구 결과는 1845년 유작 『이집트와 누비아의 유적Monuments de l'Égypte et de la Nubie』으로 세상에 알려졌다.

고대 이집트 사람들은 나일 강 습지에서 많이 자라는 식물인 파피루스papyrus로 인류 최초의 종이를 만들었다. 파피루스는 주로 밧줄이나 돗자리, 샌들, 돛 등 일상용품을 만드는 데 쓰였다. 종이가 필요했던 이집트 사람들은 파피루스 줄기를 조각으로 자르고 몇 겹으로 붙여서 건조시켰다. 파피루스 용지는 두루마리 형태로 만들어졌다. 길이는 보통 7~8m였으며 가장 긴 것은 39m에 이르렀다. 처음에는 왕실에서만 사용되던 파피루스는 그리스와 로마가 통치하던 시기와 중세에는 널리 보급되었다. 파피루스 덕분에 기록하는 일이 점토판이나 바위에 글을 새기는 것보다 훨씬 편리해졌다.

기원전 190년경 이집트가 파피루스 수출을 금지하면서 유럽으로 파피루스가 들어오지 않게 되자 양피지가 대신 쓰이게 되었다. 양피지는 페르가몬Pergamon(오늘날의 터키 베르가마)에서 처음 제작되었다. 파피루스보다 좋은 점은 오늘날 책과 같은 형태로 제본이 가능하다는 것이었다. 양피지는 주로 양 가죽, 송아지 가죽, 염소 가죽으로 만들어졌다. 서양 중세 시기에 수도사들이 제작한 채색 필사본은 보존이 잘된 상태로 남아 있지만, 파피루스는 두루마리 형태로 보관하다 보니 심하게 찢어져 글자를 알아볼 수 없는 것이 많다. 전문가들은 형체를 알 수 없는 파피루스 복원 작업에 최선을 다하고 있다.

네바문Nebamun 무덤에서 출토된 벽화는 이집트 무덤 벽화 중에서 가장 뛰어난 작품으로 평가받고 있다. 네바문은 아멘호테프 2세 때 테베 왕실에서 서기로 일했던 인물이다. 벽화 중 하나에는 작은 배를 타고 늪지에서 사냥을 하고 있는 네바문이 그려져 있다. 얼굴은 옆에서 본 모습으로, 어깨와 배는 앞에서 본 모습으로, 발은 옆에서 본 모습으로 그려졌다. 솜씨가 없어 이렇게 그린 것이 아니었다. 이집트 화가들은 신체마다 그 특징을 가장 잘 보여 줄 수 있는 시점을 선택한 뒤에 한데

합쳤다. 그러다 보니 단일한 시점으로 보는 데 익숙한 우리에게 생소하게 보일 뿐이다.

네바문 뒤에는 잘 차려입은 부인이 서 있고 네바문 다리를 붙잡고 앉아 있는 딸도 있다. 딸이 아니라 정부라는 설이 있지만, 이집트는 일부일처제였다. 벽화에서 보이는 비옥한 습지는 부활하는 장소로, 여기서 네바문이 사냥을 한다는 것은 내세에서 부활한다는 의미다.

고대 이집트에서도 메소포타미아 지역처럼 글을 읽고 쓸 줄 아는 서기는 높은 지위에 있었으며 당시 지도층과도 친하게 지냈다. 기본 월급 외에 토지와 식량, 파라오의 특별 하사금도 받았다. 서기는 역사를 기록하고 공공문서를 작성하는 일 외에 신전의 벽이나 기념비에 글을 새기는 일도 했다. 평민이 아니라 귀족의 아들이 교육을 받아 서기로 배출되었다. 서기는 당시 인기 직업이어서 부모들은 누구나 자기 자식이 서기가 되기를 희망했다. 오늘날 법조계, 의학계, 교육계에 종사하는 전문직과 같다고 생각하면 되겠다.

네바문 무덤은 1820년 테베 서쪽에서 발견되었다. 하지만 무덤에 그려져 있던 벽화들은 현재 영국박물관, 프랑스의 리옹 박물관, 베를린 신 박물관 등에 흩어져 보관되어 있다. 이집트 주재 영국 영사였던 헨리 솔트Henry Salt가 무덤 벽화들을 떼어 내 여기저기에 팔았던 것이다. 만일 무덤과 벽화가 훼손되지 않고 이집트 정부에 의해 제대로 복원되었더라면 우리는 고대 이집트에 대해 더 많은 것들을 알게 되었을 것이다.

이집트에서 발견된 <네바문 무덤 벽화> 중 하나로,
이 벽화는 이집트 무덤 벽화 중에서 가장 아름다운 작품으로 평가받는다.
이집트 왕실 서기였던 네바문이 늪지에서 사냥을 하고 있는 모습을 묘사하고 있다.
비옥한 늪지에서 사냥을 한다는 건 내세에 부활한다는 뜻이다.
뒤에 서 있는 여자는 부인이고, 아래 앉아 있는 여자는 딸이다.
기원전 1350년경, 런던, 영국박물관. ⓒ Wikimedia Commons/CC-BY 3.0

<모헨조다로 인장>은 인더스 문명의 하나인 모헨조다로 유적지에서 발굴되었다.
여기에 새겨진 인더스 문자는 4대 문명 중 유일하게 아직까지 해독하지 못한 문자다.
따라서 인장의 용도는 정확히 알 수 없으나 아마도 상거래할 때 사용했던 것으로 보인다.
현재까지 발견된 2,000여 점의 인장들은 인더스 문명이 활발한 무역을 했음을 알려 준다.
기원전 2600~기원전 1800년, 5×5cm, 카라치Karachi, 파키스탄 국립박물관.

05

인더스 문명에서
카스트 제도를 만들다
〈모헨조다로 인장〉

1922년 파키스탄(당시는 인도 땅) 남부의 인더스 강 하류에서 유적지가 발견되었다. 이 유적지에는 '죽은 자들의 언덕'을 뜻하는 모헨조다로Mohenjo-Daro라는 이름이 붙었는데, 이곳을 세운 드라비다인Dravidian들이 아리아인Aryan에 의해 멸망당했기 때문이다.

모헨조다로 유적지에서는 인더스 문명을 증명해 주는 여러 유물들이 발굴되었다. 그중에서 인상적인 것이 2,000여 개나 발견된 인장들이다. 당시 메소포타미아 지역과 무역을 하던 상인들이 사용했던 것으로 보인다. 당시 인더스 문명이 주변국들과 활발한 교역 활동을 했음을 알려 준다. 인장에 새겨진 그림과 글자들은 아직 해독되지 못했다. 인더스 문자는 4대 문명의 문자 중 아직까지 해독되지 못한 유일한 문자다. 이 문자가 해독되는 날이 오면 우리는 인더스 문명에 대해 더 많은 것을 알게 될 것이다.

하라파 유적지는 인더스 문명지 중에서 처음 발견된 곳이다.
700개의 우물과 대형 목욕탕, 창고, 포장된 도로와 완벽한 하수도 시설이 발굴되었으며,
고도로 발달한 문명사회임을 알려 주는 그림문자도 나왔다.
기원전 2500~기원전 1800년.

인더스 문명은 기원전 2500년경 원주민 드라비다인에 의해 인더스 강을 중심으로 발전했다. 인더스 강은 이집트 나일 강보다 수량이 더 풍부하여 수박, 오이, 호박 생산량이 높았다. 드라비다인은 먹고 남은 농산물을 주변국에 팔았는데, 강을 이용해 메소포타미아 지방과 무역했다. 인더스 문명을 대표하는 유적지는 하라파, 모헨조다로 등이 있다.

인더스 문명을 대표하는 유적지 모헨조다로는 '죽은 자들의 언덕'이란 뜻이다.
이곳 문명을 세운 드라비다인이 아리아인에 의해 멸망당했기 때문이다.
모헨조다로는 철저한 계획 도시로 지어졌으며 벽돌로 건물을 세웠다.
뛰어난 목욕탕, 배수 시설도 발견되어, 1980년 유네스코 세계문화유산에 등재되었다.
기원전 2600~기원전 1800년. © Junhi Han/Wikimedia Commons/CC-BY 3.0

하라파Harappa 유적지는 1921년 영국 고고학자인 존 마셜John
Marshall에 의해 발굴되었다. 기원전 2500~기원전 1800년경 번성했던
유적지로, 인더스 문명지 중에서 처음으로 발견되었다. 원주민이 사용
했던 것으로 보이는 항아리와 돌 목걸이가 출토되었다. 700개의 우물
과 대형 목욕탕, 창고, 심지어 포장된 도로와 완벽한 하수도 시설까지

인도의 신분 제도인 카스트 제도.
아리아인이 인도에 정착하면서 원주민을 통치하기 위해 이 제도를 도입했다.
자신들은 제1~3계급을 차지했고, 원주민은 제4계급인 천민으로 전락시켰다.

발굴되었다. 이곳에 고도로 발달한 문명사회가 있었음을 알려 주는 그림문자도 발견되었다.

모헨조다로Mohenjo-Daro 유적지는 1922년 인도인에 의해 발견되었고 존 마셜에 의해 본격적으로 발굴되기 시작했다. 철저한 계획 도시로 지어졌으며, 벽돌을 이용해 건물을 세웠다. 하라파 유적지와 마찬가지로 뛰어난 대형 목욕탕 시설, 배수 시설이 발견되었다. 1980년 유네스코 세계문화유산에 등재되었다.

기원전 1500년경 드라비다인이 강의 범람과 기후 변화로 몰락하고 나서 인더스 강을 차지한 민족은 아리아인이었다. 아리아인은 중앙아시아에 살았던 백인으로, 철기문화를 가지고 있었다. 아리아인은 인도 유럽어족에 속하는 인종으로, 아리아란 단어는 '고귀함'을 뜻한다. 20세기에 와서 히틀러는 아리아인이 다른 인종보다 우월하다고 생각하고 아리아인의 순수성을 지키기 위해 유대인과 집시를 대량 학살하는 만행을 저지르기도 했다.

아리아인이 인도에 정착하면서 원주민을 원활하게 통치하기 위해 신분 제도인 카스트 제도caste를 도입했다. 제1계급은 브라만(사제), 제2계급은 크샤트리아(왕족, 귀족, 무사), 제3계급은 바이샤(평민), 제4계급은 수드라(천민)였다. 제1~3계급은 아리아인이 차지했고, 원주민은 제4계급인 천민으로 전락했다. 계급은 세습되었으며 각 계급 간 결혼도 금지되었다.

오늘날 인도에는 여전히 카스트 제도가 존재하고 있다. 아무리 법으로 금지한다고 해도 인도 사회에 뿌리 깊게 남아 있는 신분제 차별을 없애기는 쉽지 않을 듯하다.

페르세폴리스 유적지에 있는 <만국의 문>은 페르시아 제국의 번영을 알려 준다.
페르시아 제국은 강력한 군사력으로 주변 나라들을 정복했지만,
피정복민을 관용으로 다스렸다.
많은 나라의 사신들이 페르시아 왕을 알현하기 위해 이 문을 통과했다.
이 문을 건설한 크세르크세스 1세의 이름을 따서 <크세르크세스의 문>이라고도 한다.
기원전 486~기원전 465년, 파르스. ⓒ Alborzagros/Wikimedia Commons/CC-BY 3.0

06

인류 최초의 제국 페르시아가
이민족을 관용으로 다스리다
〈만국의 문〉

페르시아 제국(오늘날의 이란)은 여러 문화권을 통합한 인류 최초의 제국으로, 이후 이슬람 문화로 이어졌다. 페르세폴리스Persepolis 유적지는 이란 파르스 지방에 남아 있는 고대 페르시아 유적지다. 페르세폴리스란 '페르시아의 도시'를 뜻하는 그리스어로, 기원전 518년 페르시아 왕 다리우스 1세Darius I가 아케메네스 왕조Achaemenes의 수도로 세운 도시 이름이다. 페르세폴리스의 웅장한 왕궁은 다리우스 1세부터 지어지기 시작해 아들 크세르크세스 1세Xerxes I 때 완공되었다. 아케메네스 왕조의 알현식 장소, 연회장, 여러 나라 사신들을 접견했던 아파다나 궁전Apadana Palace이 유명하다. 또한 유적지에 남아 있는 〈만국의 문Gate of All Nations〉은 고대 페르시아 제국의 번영을 우리에게 알려 준다. 많은 나라의 사신들이 페르시아 왕을 알현하기 위해 이 문을 통과했다.

페르세폴리스에 있던 궁전은 알렉산드로스 대왕에 의하여 불타 버렸다고 하는데, 술에 취한 병사들이 방화했다는 설도 있다. 일부 남아 있는 유적지는 1979년 유네스코 세계문화유산에 등재되었다.

신바빌로니아 왕국은 네부카드네자르 2세가 죽은 뒤로 힘이 약해지다가 기원전 539년 페르시아에게 함락당했다. 아리아족의 후예들이 세운 페르시아는 강력한 군사력을 바탕으로 아케메네스 왕국을 건설했다.

인류 역사상 위대한 왕으로 칭송받는 키루스 대왕Cyrus the Great(키루스 2세)은 왕권을 강화하는 한편, 정복한 민족들에게 관용 정책을 썼다. 키루스 대왕은 이와 관련해 칙령을 발표했는데, 〈키루스 칙령〉이라고 불린다. 그 내용은 피정복지 주민의 생계를 보호하고 종교의 자유를 허락하며 포로는 본국으로 돌려보낸다는 것이다. 정복자는 자신이 정복한 민족을 대량 학살하고 재물을 약탈하는 것이 일반적인 데 반해, 키루스 대왕은 달라도 너무 달랐다. 오리엔트를 통일한 아시리아가 식민지에 대한 가혹한 정책으로 인해 결국 멸망하고 말았다는 것을 키루스 대왕은 잘 알고 있었을 것이다.

〈키루스 칙령〉으로 바빌론에 억류되어 있던 유대인은 해방되어 고향으로 돌아갈 수 있었다. 유대인들이 자신들을 바빌론으로 끌고 온 신바빌로니아 왕 네부카드네자르 2세를 나쁘게 평가하고 아무런 조건 없이 자신들을 해방시킨 페르시아 왕 키루스를 좋게 평가하는 것은 어쩌면 당연한 것으로 보인다.

〈키루스 칙령이 새겨진 원통형 문서Cyrus Cylinder〉는 1879년 바벨 탑 남쪽 사원 벽에서 1/4가량 부서진 채 영국인에 의해 발견되었다. 영국박물관에 소장되어 있다가 1970년 예일 대학교에 있는 조각과 합쳐졌

<키루스 칙령>은 피정복민 관용 정책을 담아 인류 최초의 인권선언이라고 평가받는다.
이 칙령이 새겨진 <원통형 문서>가 1879년 바벨 탑 남쪽 사원 벽에서 나왔다.
<원통형 문서> 복제본은 현재 뉴욕 유엔본부에 보관되어 있다.
기원전 6세기, 런던, 영국박물관.© Prioryman/Wikimedia Commons/CC-BY 3.0

<키루스 칙령이 새겨진 원통형 문서>로 꾸며진 1971년 10월 발행 우표다.
이란의 페르시아 제국 건국 2500주년 기념으로 만들어졌다.

다. 〈키루스 칙령〉은 오늘날 인류 최초의 인권선언이라고 평가받는 등, 고대 페르시아를 계승하는 현재 이란의 자부심이다. 이란은 〈키루스 칙령이 새겨진 원통형 문서〉의 반환을 요구했지만 영국은 문화재란 국경을 초월하는 인류 공동의 소유라는 이유로 반환을 거부하고 있다. 이 원통형 문서는 이란에서 발행하는 우표와 지폐에도 나와 있다.

지혜로웠던 키루스 대왕은 이집트 정복을 이루지 못하고 죽었다. 왕위는 키루스의 아들 캄비세스 2세Cambyses II가 이어받았다. 캄비세스 2세는 이집트를 정복하고 난 뒤 아버지 키루스 대왕과는 다르게 강경 정책을 썼다. 이집트인이 믿는 신앙을 인정하지 않았고 신전의 재산을 몰수한 뒤 신전에 불을 지르고 신관들을 잔인하게 죽였다. 캄비세스 2세는 페르시아에서 반란이 일어나고 직접 계획한 에티오피아 원정도 실패하자 극심한 우울증으로 인하여 자살하고 말았다.

후계자 자리를 놓고 혼란이 계속되는 가운데 새로 왕이 된 인물은 다리우스 1세Darius I였다. 캄비세스 2세보다는 나았지만, 다리우스 1세도 이집트인을 가혹하게 통치하기는 마찬가지였다. 찬란했던 이집트 문명이 사라지고 페르시아 제국의 식민도시로 추락한 이집트는 저항할 기회를 엿보게 되었다.

다리우스 1세는 이집트를 포함한 정복지 주민에게 과도한 세금을 매겨 정복사업을 계속할 수 있었다. 기원전 480년경까지 인도에서 지중해까지 영토를 확장했다. 광대한 영토를 원활하게 통치하기 위하여 다리우스 1세는 왕의 대로를 만들었다. 리디아의 수도 사르디스에서 페르시아의 수도 페르세폴리스까지 장장 2,600km에 해당하는 길을 연결했다. 오늘날 여러 나라를 통과하는 고속도로라고 생각하면 될 것 같

페르시아 종교인 조로아스터교를 창시한 인물은 조로아스터다.
조로아스터교는 이후 그리스도교 발전에도 영향을 주었다.
이 그림은 조로아스터의 모습을 후대 화가가 상상해서 그린 것이다.
별들이 그려진 천구의를 들고 있는 수염 난 남자가 조로아스터다.
라파엘로 산치오, <아테네 학당> 부분, 1509~1510년, 프레스코화,
바티칸 시국, 바티칸 박물관.

다. 20km마다 휴게소가 있고 언제든지 바꿔 타고 갈 날쌘 말도 준비되
어 있어서, 터키에서 이란까지 6~7일이면 도착할 수 있었다.

페르시아인들은 아시리아와 바빌로니아 요소를 통합한 메소포타미
아 문명을 계승했다. 많은 유물에서 볼 수 있는 고대 페르시아어도 수
메르인의 쐐기문자에서 발달한 것이다. 페르시아 종교는 불을 숭배하
는 배화교로, 예언자 조로아스터Zoroaster(자라투스트라라고도 함)에 의
해 만들어졌다. 조로아스터교는 그리스도교 발전에도 영향을 주었다.

<아가멤논의 황금 가면>은 미케네 문명의 화려함을 전해 주는 유물이다.
1876년 발굴된 왕족 무덤에서 시신 얼굴을 덮은 황금 가면 5개가 발견되었는데, 그중 하나다.
발굴자는 가면 주인이 트로이 전쟁 영웅 아가멤논이라고 믿고 유물에 그의 이름을 붙였다.
하지만 실제로는 무덤 주인이 누구인지 아직 밝혀지지 않았다.
기원전 1550~기원전 1500년, 금, 아테네, 국립고고학박물관.

07

최초의 서양 문명
크레타 문명과 미케네 문명이 탄생하다
〈아가멤논의 황금 가면〉

최초의 서양 문명은 청동기 시대인 기원전 2000년경, 그리스의 크레타Creta 섬을 중심으로 생겨났다. 이를 크레타 문명(또는 미노스 문명, 미노아 문명) 이라고 한다. 기원전 1400년경에는 미케네인Mycenaean이 쳐들어와 크레타 문명을 멸망시키고 자신들의 미케네 문명을 확장했다. 그 과정에서 미케네 문명은 크레타 문명을 이어받았다. 미케네 문명을 대표하는 유물이 바로 〈아 가멤논의 황금 가면Mask of Agamemnon〉이다.

　1876년 야심 많은 아마추어 고고학자인 하인리히 슐리만Heinrich Schliemann은 미케네 유적지라고 생각하던 그리스 도시 아르고스Argos 평원 을 발굴했다. 그곳에서 다량의 유물을 발견했는데, 그중 하나가 〈아가멤논의 황금 가면〉이었다. 그 외에 금으로 만든 세공품이 14kg이나 발굴되었다. 〈아 가멤논의 황금 가면〉은 슐리만의 기증으로 그리스 아테네에 있는 국립고고 학박물관National Archaeological Museum에 소장되어 있다. 〈아가멤논의 황금 가면> 복제품이 2019년 우리나라에 와서 전시되기도 했다.

크레타 섬은 그리스에서 가장 큰 섬으로, 에게 해 남쪽에 있다. 지리적인 위치 때문에 일찍부터 이집트와 교류가 있었고 해상무역의 중심이었다. 이곳에서 최초의 서양 문명인 크레타 문명이 발달했다. 이 시기 가장 유명한 통치자가 미노스Minos 왕이어서 미노스 문명이라고도 한다. 미노스 왕은 방이 1,400~1,500개가 있는 미궁이라고 불리는 크노소스 궁전Palace at Knossos을 짓고 호화로운 생활을 했다고 알려져 있다.

크노소스 궁전에는 전설 하나가 전해 내려온다. 미노스 왕은 왕이 되기 전에 바다의 신에게 약속을 했다. 왕이 되면 신이 자신에게 보낸 아름다운 황소를 제물로 바치겠다는 것이다. 하지만 막상 왕이 되자 황소가 탐난 미노스는 다른 황소를 바쳐서 신의 노여움을 샀다. 미노스 왕을 용서할 수 없었던 바다의 신 포세이돈은 미노스의 왕비가 황소와 관계를 맺게 하여 괴물 미노타우로스를 태어나게 했다. 당황한 미노스 왕은 괴물을 가두기 위해 미궁을 만들었다. 그리고 자신이 정복한 지역인 아테네에 젊은 청년과 처녀를 괴물의 제물로 바치라고 요구했다.

이때 아테네 왕 아이게우스의 아들 테세우스가 등장한다. 테세우스는 괴물의 제물로 자원해서 크레타 섬에 온다. 이때 미노스 왕의 딸 아리아드네가 테세우스를 보고 첫눈에 반했다. 아리아드네는 아버지 몰래 테세우스에게 실 뭉치를 주면서 미궁은 한 번 들어가면 빠져나오기 어려우니 실타래를 풀면서 들어갔다가 괴물을 죽이고 나면 실을 따라서 미궁을 빠져나오라고 알려 주었다. 미궁에서 탈출한 테세우스는 아

크노소스 궁전의 북쪽 주랑현관Portico(기둥과 지붕만 있고 벽은 없는 현관)으로,
이 궁에는 방이 1,400~1,500개 있었다고 한다. 크레타 문명의 화려함을 잘 전해 준다.
또한 이 궁전에는 미궁에 갇힌 괴물과 그 괴물을 죽인 영웅 이야기가 전해 내려온다.
ⓒ Bernard Gagnon/Wikimedia Commons/CC-BY 3.0

리아드네를 데리고 크레타 섬을 벗어나서 낙소스 섬으로 갔다. 낙소스
섬에서 변심한 테세우스는 잠든 아리아드네를 버리고 떠났다. 이 대목
에서 두 가지 설이 있다. 아버지를 배신한 아리아드네가 신의 노여움을
사서 죽었다는 설과, 테세우스에게 버림받은 아리아드네가 바쿠스 신
을 만나서 새로운 사랑을 하게 되었다는 설이다. 테세우스와 아리아드

크노소스 궁전에 얽힌 테세우스와 아리아드네 전설은 여러 화가들에 의해 그려졌다.
아리아드네는 사랑하는 테세우스에게 실 뭉치를 주며 미궁에서 나오는 법을 알려 준다.
하지만 결국 버림받는다.
장바티스트 르뇨Jean-Baptiste Regnault, <테세우스와 아리아드네Ariadne and
Theseus>, 18세기 후반~19세기 초반, 루앙Rouen, 루앙 미술관Musée de Beaux-Arts.

네에 관한 이야기는 화가들에게 영감을 주어서 여러 작품으로 제작되
었다.

크레타 문명은 영국 고고학자 아서 에번스Arthur John Evans에 의해
세상에 알려졌다. 그는 크노소스 궁전이 있을 것으로 추정되는 언덕을
사들여 1900년부터 10년간 발굴을 했다. 황소 머리 모양의 술잔, 뱀의

크노소스 궁전 벽화 중 하나로, <황소 뛰어넘기 프레스코화>라고 불린다.
크레타인이 소를 숭배했다는 사실을 우리에게 알려 준다.
기원전 1450년, 프레스코화, 78.2×104.5cm, 이라클리온Heraklion,
이라클리온 고고학박물관Heraklion Archaeological Museum.
ⓒ Jebulon/Wikimedia Commons/CC-BY 3.0

여신 조각상 등 크노소스 궁전 유적지에서 발굴된 유물들은 로마와
그리스에서는 볼 수 없는 독특한 양식이었다. 에번스는 발굴한 벽화에
상상력을 더해 복원을 했는데, 이것이 나중에 많은 논란을 낳았다. 전
문가들이 보기에는 크레타인이 그린 것과는 큰 차이가 있었을 것이다.

크레타 궁전 유적지에서 발견한 벽화인 <황소 뛰어넘기 프레스코화
Bull-Leaping Fresco>는 크레타인이 소를 숭배했다는 것을 보여 준다. 아무
런 무기 없이 공중회전을 해 전속력으로 달려오는 황소의 등에 올라타
는 것은 상당히 위험한 경기였다. 벽화에는 세 명의 선수가 등장한다.

한 선수는 황소의 뿔을 잡고 있고, 다른 선수는 뒤에서 황소 등에 올라타는 선수의 발꿈치를 들어 주고 있다. 오늘날 에스파냐에 가면 볼 수 있는 투우 경기의 일종으로 보인다.

이처럼 화려한 문명을 꽃피웠던 크레타 문명은 기원전 1400년경 그리스 본토에 살던 미케네인의 침입으로 멸망했다. 이후 미케네 문명은 크레타 문명을 받아들이면서 발전했고, 지중해 동부의 해상 강국으로 성장했다. 크레타 문명과 미케네 문명은 모두 에게 해 주변 지역을 중심으로 발달했기 때문에 이 둘을 묶어 에게 문명이라고 한다.

크레타 문명을 발굴한 사람이 영국 고고학자 아서 에번스라고 하면, 미케네와 트로이 유적을 발굴한 사람은 앞에서 언급한 독일 고고학자 하인리히 슐리만이다. 슐리만은 1822년 독일의 가난한 목사 아들로 태어났다. 어린 시절 호메로스의 서사시 『일리아스』를 읽고 미케네 문명과 트로이 전쟁이 실제로 있었던 사실임을 굳게 믿게 되었다. 단순히 믿는 데에서 그치지 않고 호메로스의 서사시가 신화가 아닌 역사적인 사실을 기록한 것임을 증명하고 싶어 했다. 당시에는 고대 도시 트로이가 실제로 존재했다는 것을 믿는 사람은 아무도 없었다. 슐리만은 잡화점 점원에서 상점 직원이 되고 다시 경리로 일하면서 틈틈이 어학을 공부하며 자신의 꿈을 이룰 날을 기다렸다. 슐리만은 열심히 노력하면 바라던 꿈을 이룰 수 있을 것이라고 확신하고 15개 국어를 공부했다. 고대 유물을 발굴하려면 외국어 공부가 반드시 필요하다고 생각했기 때문이다. 슐리만은 6개월만 열심히 공부하면 외국어를 말하고 쓸 수 있었다고 한다.

사업 성공으로 큰돈을 모은 슐리만은 1868년 마침내 터키로 향했다. 러시아 출신 첫 부인과 이혼한 슐리만은 1869년 그리스 출신 17세의 소피아와 재혼했다. 어쩌면 발굴 허락을 쉽게 해 줄 수 있는 그리스 출신 부인이 그에게는 더 필요했는지 모른다. 용의주도한 슐리만은 콘스탄티노플 주재 미국 공사관의 도움으로 터키 정부의 허락을 받아서 1870년부터 발굴을 시작했다. 발굴은 3년 동안 계속되었다. 그 과정에서 슐리만은 터키의 히사를리크Hisarlik 유적지에서 황금 술잔, 왕관, 팔찌, 목걸이 등 트로이 유물들을 발굴했다. 이를 바탕으로 1874년에 세계 역사학자들을 놀라게 한 저서 『트로이 유적Trojanische Altertümer』을 출간했다. 4차와 5차 발굴이 1878~1889년 동안 이어졌다.

슐리만은 발굴한 트로이 유물 중 일부를 프로이센 왕 빌헬름 1세에게 기증했다. 이 유물들은 처음에는 1830년 개관한 베를린 구 박물관Altes Museum에 소장된 것으로 보인다. 제2차 세계대전 때 사라졌다가 1995년 에르미타주 미술관Hermitage Museum과 푸시킨 미술관Pushkin Museum에서 열린 트로이 유물 전시에 등장하면서 세상에 알려졌다. 독일이 유물 반환을 강력하게 요구하자 나치에 의한 피해를 기억하는 러시아 국민들은 문화재 반환을 반대했다. 이후 유물 일부가 반환되어 현재 베를린 신 박물관에 소장되어 있다.

누구도 시도하지 못했던 선사 문명의 연구는 슐리만이 미케네 왕궁을 발굴하면서 시작되었다. 생애 마지막까지 발굴에 대한 열정을 가지고 있었던 슐리만은 1890년 수술 후유증으로 사망했다. 한때는 무모해 보였던 슐리만의 열정이 없었더라면 미케네 문명과 트로이 전쟁은 세상에 알려지지 않았을 것이다.

트로이 전쟁Trojan War은 미케네인과 트로이인이 충돌한 10년 전쟁으로, 트로이 왕자가 스파르타 왕비 헬레네를 납치하면서 일어났다. 아내를 빼앗긴 스파르타 왕 메넬라오스는 트로이를 정벌하러 가면서 형인 아가멤논(우리가 이 장 처음에 보았던 유물 〈아가멤논의 황금 가면〉의 그 아가멤논이다)에게 도움을 청했다. 아가멤논은 그리스 연합군을 결성해 트로이로 쳐들어간다. 트로이는 그리스 연합군의 공격에 항거했지만 결국 불바다로 변하고 말았다. 그리스인들이 두고 간 목마를 성안으로 들였는데, 목마 안에 숨어 있던 그리스 군사들이 기습 공격을 하는 바람에 저항도 못 해 보고 패배하고 말았던 것이다. 이것이 우리가 잘 알고 있는 '트로이 목마'다.

아가멤논은 트로이 전쟁을 승리로 이끌었지만, 미케네로 돌아와 아내와 아내의 애인에게 암살되고 말았다. 아가멤논이 전쟁을 나가기 전 배를 안전하게 띄우기 위해 자신의 딸 이피게네이아를 제물로 바쳤는데 이에 아내가 앙심을 품었던 것이다.

이 이야기는 '그리스 로마 신화'라는 형태로 전해지고 있는데, 어디까지가 역사적 사실이고 어디까지가 신화인지 구분하기 쉽지 않다. 다만 슐리만의 발굴로 트로이 전쟁이 있었다는 사실은 대부분의 역사학자들이 인정하는 바다. 동서양 무역 중심지였던 트로이는 해상무역을 통해 지중해에서 이집트, 메소포타미아, 시리아까지 영향을 미친 해상 강국이었다. 엄청난 부를 가지고 있었던 트로이를 차지하고 싶었던 그리스가 트로이 전쟁을 일으켰다는 설이 타당해 보인다.

트로이 전쟁은 예술가들에게도 영감을 주어 유명한 작품들이 많이 만들어졌다. 기원전 40~30년경 헬레니즘 시기에 만들어진 〈라오콘 군상Laocoön〉은 뱀에게 죽임을 당하고 있는 인간의 고통을 잘 보여 주는

트로이 전쟁 때 목마를 성안으로 들이지 말라고 조언한 사제 라오콘과 그 아들들의 죽음을
극적으로 표현한 뛰어난 조각품이다. 죽어 가는 인간의 고통을 잘 보여 준다.
아게산드로스Hagesandros, 아테노도로스Athenodoros, 폴리도로스Polydoros, <라오콘 군상>,
기원전 150년경 작품을 기원전 40~30년경에 복제, 대리석, 높이 240cm, 바티칸, 바티칸 박물관.

조각품이다. 트로이 전쟁 당시 사제였던 라오콘은 그리스인이 두고 간 목마를 성안으로 들이지 말라고 조언했다. 라오콘의 행동은 트로이를 멸망시키고자 계획한 신의 뜻을 거스른 것이었기 때문에, 라오콘 사제는 두 아들과 함께 뱀에 물려 죽임을 당했다.

고대 그리스 지역에서는 크레타 문명과 미케네 문명의 흔적을 보여 주는 선형문자 점토판들도 발견되었다. 크레타 섬에서 발견된 선형문자 A는 해독되지 않았고, 미케네 섬에서 발견된 선형문자 B는 1952년 마이클 벤트리스Michael George Francis Ventris에 의해 해독되었다. 선형문자 B는 선형문자 A에서 영향을 받은 것으로 보이는데, 언어학자들이 추가로 연구해야 할 부분이다.

크레타 문명을 멸망시키고 꽃피었던 미케네 문명도 기원전 1100년경 남하한 도리스인Dorians에게 멸망당한다. 도리스인들이 철기 문명으로 무장하고 그리스 본토를 침입한 이 사건은 '헤라클레스 자손의 귀환'이라고도 불린다.

산토리니 섬에 있는 고대 티라Ancient Thira 유적지는 도리스인들의 문명을 알려 주는 곳이다. 1967년에 벽화로 장식된 집, 창고, 커다란 항아리와 그림이 그려진 토기들이 발굴되었다.

고대 티라 유적지(오늘날의 산토리니에 위치)는 미케네 문명을 멸망시킨 도리스인들의 문화를 알려 주는 곳이다. 사진은 티라 유적지에서 발견된 벽화로, 어부를 그렸다는 설도 있고 종교 행사에서 물고기를 바치는 남자를 그렸다는 설도 있다. 기원전 1600~기원전 1500년경, 아테네, 국립고고학박물관.

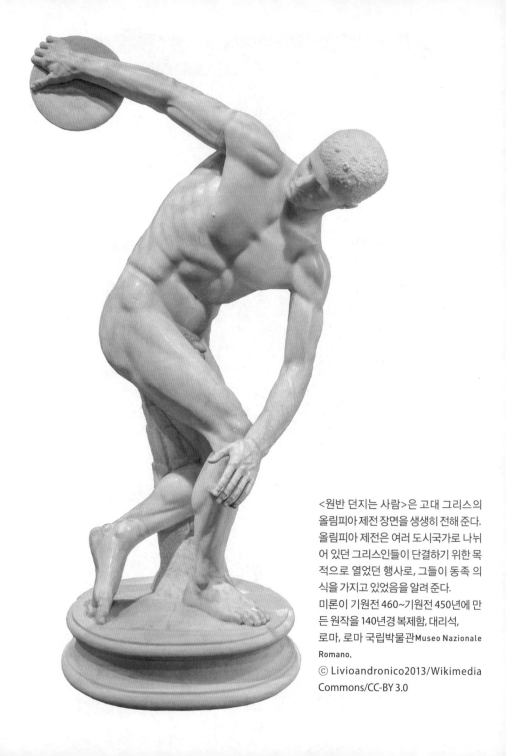

<원반 던지는 사람>은 고대 그리스의 올림피아 제전 장면을 생생히 전해 준다. 올림피아 제전은 여러 도시국가로 나뉘어 있던 그리스인들이 단결하기 위한 목적으로 열었던 행사로, 그들이 동족 의식을 가지고 있었음을 알려 준다.
미론이 기원전 460~기원전 450년에 만든 원작을 140년경 복제함, 대리석, 로마, 로마 국립박물관Museo Nazionale Romano.

08

아테네와 스파르타라는
도시국가가 탄생하다
〈원반 던지는 사람〉

고대 그리스 하면 올림픽의 시초가 된 올림피아 제전Olympia을 빼놓을 수 없다. 기원전 776년부터 그리스에서는 제우스 신을 숭배하고 서로 다른 도시국가에 사는 그리스인들의 단결을 위한 목적으로 4년마다 올림피아 제전을 개최했다. 제전은 5일간 계속되었으며, 경기 종목은 달리기, 창던지기, 멀리뛰기, 원반던지기, 레슬링이었다. 그리스 성인 남자는 누구나 참가할 수 있었지만, 이방인이나 노예뿐 아니라 여자도 경기에 참가할 수 없었다. 특히 여자는 경기를 보는 것도 제약받는데, 결혼하지 않은 여자들만 경기를 볼 수 있었다. 모든 선수들은 나체 상태로 경기에 참가했으며, 우승한 선수에게는 올리브 잎으로 만든 관을 씌워 주었다. 올림피아 제전은 1,000년간 유지되다가 로마 시기에 중단되었다. 1896년에 근대 올림픽으로 부활되어 현재는 4년마다 열리는 전 세계인의 축제가 되었다.

올림피아 제전에 참가한 선수가 경기를 하는 모습은 그리스에서 발굴된 조각품이나 도기에서 흔히 찾아볼 수 있다. 특히 <원반 던지는 사람 Discobolus>은 고대 그리스 조각가 미론Myron의 명작이다. 원본은 현재 남아 있지 않지만 고대 로마 시대에 만들어진 복제품이 여러 점 전해진다.

그리스는 서양 문명의 발상지로, 발칸 반도 남쪽에 위치하며 수많은 섬에 둘러싸여 있는 나라다. 고대 그리스 시기는 기원전 1100~기원전 146년인데, 이는 청동기 시기에 해당한다. 에게 문명을 거쳐 그리스 문명이 생겨난 때부터 코린토스 전투로 고대 그리스가 고대 로마에 정복당하는 기원전 146년까지를 말한다. 이 시기에 그리스 본토로 남하하여 고대 그리스인이 되었던 부족은 인도유럽어족에 속하는 이오니아인, 아카이아인, 도리스인 등이었다.

기원전 1100년경 미케네 문명이 그리스 본토에서 남하한 도리스인에게 멸망당하고 400년간 암흑기가 찾아왔다. 이후 기원전 700년경 고대 그리스 문명이 독립적인 도시국가, 즉 폴리스polis(고대 그리스의 도시국가를 가리킨다)를 중심으로 형성되었다. 그리스는 주로 산악 지형이다 보니 국경선이 자연스럽게 형성되어 폴리스 단위로 생활했다. 폴리스에 사는 사람들은 누구의 지배도 받지 않는 자유 시민이었다. 하지만 각각 다른 폴리스에 살았던 그리스인들은 언어와 종교가 서로 같았기 때문에 동족 의식을 가졌다. 그래서 이민족과 구별해서 자신들을 '헬레네스Hellenes'(헬렌의 자손이라는 뜻으로 고대 그리스 부족의 명칭이다)라고 불렀다.

평야보다 산지가 많은 척박한 땅을 가진 그리스에서 주요 농산물은 올리브와 포도였다. 그리스인은 올리브유를 수출하고 주식인 빵을 만들 수 있는 밀을 수입해야만 했다. 그리스에서 생산되는 올리브유는 품질이 좋아 그리스를 대표하는 수출품으로 알려졌다. 국내에서 소비되는 포도주나 올리브유는 염소나 돼지 가죽으로 만든 부대에 담고, 수출하는 포도주나 올리브유는 커다란 도기에 담았다. 포도주나 올리브유 수출을 위해 상인 계급이 생겨났고 해운업과 도기 산업이 발전하게 되었다.

고대 그리스인들의 모습을 보여 주는 조각상이 여러 점 전해지는데, 젊은 남자의 나체상은 쿠로스kuros, 소녀상은 코레kore라고 한다. 나체로 남성미를 강조한 쿠로스에 비하여 코레는 언제나 옷을 단정하게 입고 있고 입가에 미소를 띠고 있다. 헬레니즘 시기에 오면 얌전한 느낌의 코레 대신에 과감하게 옷을 벗은 비너스상이 등장한다.

100여 개나 되는 도시국가 중에서 가장 발전한 곳은 아테네Athenae와 스파르타Sparta였다. 민주주의 정치를 한 아테네, 군국주의 정치를 한 스파르타는 서로 경쟁 관계였다. 초반에는 아테네가 강력한 지배력을 휘두르다가 후반에 스파르타가 아테네를 제압해서 도시국가들의 맹주가 되었다.

아테네는 여러 도시국가 중에서 가장 먼저 그리스의 패권을 쥔 강자였다. 처음에는 왕정을 실시했으나 9명의 집정관이 통치하는 귀족정으로 바뀌었다. 기원전 7세기경부터 상공업이 발달하면서 부유한 평민들이 많아졌는데, 그들은 정치적 권리를 더 많이 요구하기 시작했다. 귀족과 평민 간의 몇 차례 갈등을 거쳐 아테네에서는 민주정이 정착되었다. 고대 그리스에서 직접민주주의가 시작되었다고 말하는 이유다. 하지만 아테네의 민주정은 지금 우리가 말하는 직접민주주의와는 거리

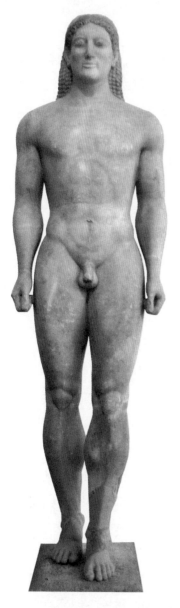

고대 그리스인의 실제 모습을 추측할 수 있게 하는 조각상이다.
왼쪽의 남성상은 쿠로스, 오른쪽의 여성상은 코레라고 한다.
나체로 남성미를 강조한 쿠로스에 비해, 코레는 언제나 옷을 단정하게 입고 있다.
왼쪽: 기원전 530년경, 파로스산産 대리석, 아테네, 국립고고학박물관,
오른쪽: 기원전 530년경, 파로스산 대리석, 아테네, 아크로폴리스 박물관 Mouseio Akropolis.

가 멀다. 노예, 여성, 외국인은 제외되고 인구 10%에 해당하는 남성 시민만 권리를 가졌기 때문이다.

결혼한 아테네 여인은 집안에서만 생활했으며 가정 내에서는 절대적인 권위를 가지고 있었다. 집안일은 주로 노예가 도맡아 했는데, 부유한 시민들은 노예를 천 명 이상 거느렸고 보통 시민들도 노예를 50여 명 가지고 있었다. 노예들은 문지기, 요리사, 보모 등의 역할을 하기도 했으며, 소소한 집안일과 베 짜는 일도 했다. 아주 가난한 집을 제외하고는 빵도 직접 굽지 않았다고 한다. 아테네 남자들은 먹고 자는 시간 외에는 대부분의 시간을 바깥에서 보냈다. 오늘날에도 그리스에서는 남자들이 주부를 대신해 장 보는 것이 일반화되어 있다. 자녀는 보통 1남 1녀를 두었는데 양육에 대한 부담감이나 재산 상속 때문으로 보인다. 낙태나 영아 유기는 합법적이었고, 비합법적으로 태어난 아이들은 종종 버려졌다.

스파르타는 기원전 10세기에 도리스인이 정착해서 만든 도시국가다. 도리스인은 메세니아를 정복하고 비옥한 라코니아 평야를 차지한 뒤 원주민을 모두 노예로 만들었다. 노예의 수가 시민보다 훨씬 많았기 때문에 군국주의 정책을 시행할 수밖에 없었다. 모든 남자 시민에게 혹독한 군사 훈련을 했기 때문에 그리스 최강의 육군을 보유하게 되었다. 스파르타는 비옥한 평야를 가지고 있어서 자급자족이 되었기 때문에 주변 폴리스와 교류할 필요성을 크게 느끼지 못했다.

아테네가 민주주의와 많은 예술품들을 남긴 것에 비해, 펠로폰네소스 내전으로 승자가 된 스파르타는 역사적인 기록도, 특별한 유물도 남기지 못했다. 역사의 진정한 승자가 누구인지 다시 한 번 생각해 보

중세 시대 때 상상으로 그려진 스파르타의 모습.
스파르타는 아테네를 이기고 펠로폰네소스 내전의 승자가 되었지만,
패자인 아테네에 비해 후대에 많은 유산을 남기지 못했다.
『뉘른베르크 연대기|Nuremberg Chronicle』의 삽화, 1493년.

게 된다.

스파르타에서는 아이가 태어나면 부족의 연장자에게 데리고 갔다.
연장자는 신체에 장애가 있거나 병약한 체질의 아이이면 스파르타 전
사로 클 자질이 없다고 판단해 절벽에서 버렸다. 아이 엄마는 신생아
를 물이 아닌 포도주로 씻겼는데, 이는 허약한 체질을 타고난 아이를

알아내는 방법이었다. 간질이 있거나 허약한 아이는 경련을 일으켰다고 한다. 스파르타 어린이는 어릴 때부터 세 가지 규칙을 지켜야 했다. 절대 울지 않기, 시끄럽게 하지 않기, 음식에 욕심내지 않기다. 부모는 아이가 규칙을 지키도록 엄하게 가르쳤다.

남자아이는 7살이 되면 단체 생활을 해야 했고 13살부터 혹독한 훈련을 받았다. 예를 들면 아무리 추운 겨울에도 속옷을 입지 못했으며 신발도 신지 않았고 식사도 항상 모자라게 먹어야 했다. 배가 고파 음식을 훔쳐 먹는 행동도 일종의 훈련으로 생각되었다. 19세가 되면 전사가 되고 30세가 되면 스파르타 시민권이 주어졌으며 민회에도 참석할 수 있었다. 30세 이후에는 행동이 자유로워지지만, 군사 훈련은 노인이 될 때까지 계속되었다.

주로 집안에서만 생활했던 아테네 여성들과는 다르게, 스파르타 여성들은 비교적 자유롭게 살았다. 건강한 자녀를 출산하기 위하여 운동 경기로 신체 단련을 했으며, 국가의 이익을 위해서라면 언제라도 자신의 아이도 버릴 수 있다는 생각을 했다. 아마도 스파르타 여성들은 자식이 국가의 재산이라고 여겼던 것 같다. 이후 군국주의 스파르타는 힘이 약해진 아테네를 제압하고 그리스 본토에서 가장 힘이 센 폴리스가 되었다.

09

고대 아테네에서
민주주의가 싹트다
〈도편추방제 도편〉

오늘날 직접민주주의의 시초라고 할 수 있는 도편추방제ostrakismos는 기원
전 508년 아테네에서 클레이스테네스Cleisthenes에 의해 시작되었다. 도편추
방제란 시민들이 모여 국가에 위협이 될 만한 사람의 이름을 도기 조각이나
조개껍질 즉 도편陶片에 적어 낸 뒤, 6,000표를 넘긴 사람을 10년간 국외로 추
방하는 제도다. 추방이 결정된 사람은 10일 안에 아테네를 떠나야 하지만 시
민권과 재산은 그대로 유지되었다.

도편추방제는 독재자를 막는 방법으로 시행되었지만, 뒤로 갈수록 정적
을 몰아내기 위한 수단으로 악용되었다. 정적이 도편으로 추방되지 않으면
살해까지 했다고 한다. 사람들을 매수하기도 했다고 하니 그 당시에도 편법

<도편추방제 도편>으로, 국가에 위협이 된다고 여겨졌던 사람 이름을 적은 일종의
투표용지다. 6,000표를 넘긴 자를 10년간 국외로 추방한 이 제도는 직접민주주의의 시초로
평가받는다. 사진 속 도편들은 아크로폴리스 근처 우물에서 발견되었다.
기원전 482년, 아테네, 고대 아고라 박물관Ancient Agora Museum.

이 통하는 세상이었나 보다. 페르시아 전쟁으로 영웅이 된 그리스 명장 테미스토클레스Themistocles와 아테네 정치가인 페리클레스Perikles도 도편추방을 당한 인물이다. 좋은 제도도 악용된다면 문제가 생기는 법, 도편추방제는 결국 폐지되고 말았다.

도시국가 아테네가 발전하면서 도시 시민들은 부유층과 빈민층으로 나뉘게 되었다. 올리브와 포도는 심는다고 바로 수확할 수 있는 게 아니기 때문에 대규모로 경작하는 부유한 농부에게 유리했다. 특히 올리브 나무 열매는 수확하려면 약 10~15년의 성장기를 기다려야 했다. 점점 부유해진 농민들은 투구와 방패와 창을 마련해서 중무장 보병이 되었고 더 많은 정치적 권리를 요구하기 시작했다. 반면에 가난의 늪에 빠진 농민들은 빚이 늘게 되었고 심지어 노예로 전락하는 경우도 있었다.

기원전 6세기 초에 아테네 정치가이자 시인인 솔론Solon이 획기적인 개혁을 추진했다. 솔론은 아테네 시민의 재산을 네 등급으로 나누어 차등적인 권리를 부여했다. 부자이거나 재산을 어느 정도 가진 사람만 정치에 참여할 수 있게 한 것이다. 대신에 노예가 된 사람들을 해방시키고 아테네 시민이 빚 때문에 노예가 되는 것을 금지했다. 솔론의 개혁은 부자들도, 가난한 사람들도 만족시키지 못했으며, 결국 귀족들의 반발로 실패하고 말았다. 솔론의 개혁은 실패하기는 했지만 아테네 민주주의의 기초를 놓았다고 할 수 있다.

개혁정치의 실패 이후 서민층의 지지를 얻어 무력으로 정권을 장악한 후 독재정치를 하는 참주정치가 시행되었다. 기원전 6세기 후반에 쿠데타로 아테네 참주가 된 페이시스트라토스Peisistratos는 솔론의 개

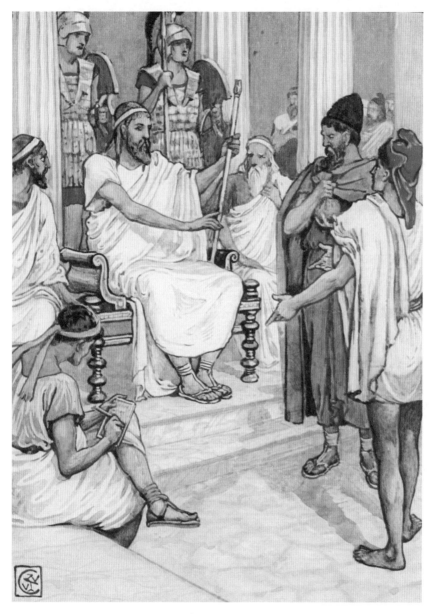

솔론이 현명한 아테네 지도자로 그려진 삽화다.
솔론은 개혁에는 실패했지만, 아테네 민주주의의 기틀을 닦은 이로 평가받는다.
월터 크레인Walter Crane, 1910년대, 『소년 소녀들을 위한 그리스 이야기The Story of Greece,
Told to Boys and Girls』의 삽화.

혁을 이어받았다. 소농민에게 농사 자금을 빌려주는 등 농민을 보호하고 농업을 장려했다. 그는 제우스에게 바치는 올림포스 신전을 짓기 시작했고 아크로폴리스에 아테네 신전을 건축했다. 인간에게 올리브 나무를 주었다고 알려진 전쟁과 지혜의 여신 아테나는 아테네 주신이다. 기원전 8세기의 시인 호메로스Homeros의 시 『일리아스Ilias』와 『오디세이아Odysseia』는 구전되어 내려오다 이 시기에 문자로 기록되었다.

아테네 정치인 클레이스테네스Cleisthenes는 독재정치인 참주정을 반대하다 페이시스트라토스에 의해 아버지와 함께 추방당해 20년간 아테네로 돌아오지 못했던 인물이다. 페이시스트라토스의 아들 히피아스Hippias가 권력을 이어받고 추방당했던 아테네 귀족들을 다시 받아들일 때 아테네로 돌아왔다. 히피아스는 아버지와 달리 폭정을 했고 클레이스테네스는 또 다시 추방당했다. 우여곡절 끝에 아테네로 돌아온 클레이스테네스는 스파르타의 도움을 받아 기원전 510년에 히피아스를 내쫓는 데 성공했다. 이후 귀족 세력 대표인 이사고라스가 실각하자 권력을 장악하게 되었다.

기원전 508년 독재자 참주의 재등장을 막기 위해 새로운 개혁인 도편추방제를 실시했다. 오늘날 도편추방제가 실시된다면 추방당하지 않을 정치인이 얼마나 있을까 하는 생각이 든다.

고대 그리스의 최고 시인 호메로스를 후대에 와서 묘사한 그림이다.
호메로스는 눈이 멀었기 때문에 시종의 도움을 받고 있는 모습으로 그려져 있다.
호메로스의 서사시 『일리아스』와 『오디세이아』는 구전되어 내려오다가
아테네 민주주의가 발전하던 기원전 6세기 후반에 문자로 기록되었다.
이 작품들 때문에 우리는 그리스 신화에 대해 많은 것을 알게 되었다.
윌리앙아돌프 부그로William-Adolphe Bouguereau, <호메로스와 안내자Homer and his Guide>, 1874년, 위스콘신, 밀워키 미술관Milwaukee Art Museum.

아테네 민주주의를 꽃피운 것은 역설적이게도 페르시아 전쟁이었다.
전쟁에서 이긴 그리스가 페르시아의 전제주의적 지배에서 벗어날 수 있었고,
전쟁에 참여했던 시민들이 세력을 키워 정치력을 높일 수 있었기 때문이다.
이 그림은 페르시아 전쟁 중 일어났던 테르모필레 전투를 그린 것이다.
스파르타 왕 레오니다스와 그리스 연합군 300명이
페르시아 왕 크세르크세스 1세의 대군 30만 명에 맞서 싸우다 결국 전멸했다.
덕분에 아테네 시민들은 피난 갈 시간을 벌 수 있었다.
국가를 위해 자신을 희생한 이 군인들의 이야기는 2006년 영화 <300>으로도 만들어졌다.
자크루이 다비드, <테르모필레 전투의 레오니다스>, 1814년,
캔버스에 유채, 395×531cm, 파리, 루브르 박물관.

10

페르시아 전쟁으로
동·서양이 처음 충돌하다
〈테르모필레 전투의 레오니다스〉

아테네의 민주주의를 꽃피게 한 것은 역설적이게도 페르시아 전쟁이었다. 이 전쟁은 페르시아가 지중해로 진출하는 과정에서 그리스와 충돌하면서 시작되었다. 기원전 492년~기원전 448년까지 44년간 이어졌으며, 동양과 서양의 첫 충돌로 기록되고 있다.

　페르시아 전쟁에서 가장 유명한 싸움은 테르모필레 전투Battle of Thermopylae다. 스파르타 왕 레오니다스와 그리스 연합군 300명이 페르시아 왕 크세르크세스 1세의 대군 30만 명에 맞서 싸우다 전멸한 전투다. 프랑스 신고전주의 화가 자크루이 다비드Jacques-Louis David는 이를 기려 〈테르모필레 전투의 레오니다스Léonidas aux Thermopyles〉라는 그림을 남겼다. 2006년 영화 〈300〉도 테르모필레 전투를 다루고 있는데, 페르시아 제국을 지나치게 야만적으로 묘사해서 서구우월주의라는 비판을 받기도 했다.

발전해 가고 있던 아테네에 생각하지 않았던 최대 위기가 찾아왔다. 기원전 499년 소아시아 해안의 이오니아 지역에 살던 그리스인들이 페르시아 지배에 항거하는 반란을 일으켰다. 당시 페르시아 제국은 지중해로 영토를 확장하면서 이오니아 지역을 차지한 상태였다. 그리스 식민도시들은 페르시아에 항거하기 위해 아테네에 구원을 요청했고, 아테네는 20척의 군함을 보냈다. 이 사실을 알게 된 페르시아 왕 다리우스 1세는 아테네를 공격하여 그리스 본토를 지배하기로 결정했다. 기원전 492년 다리우스 1세는 그리스 본토를 공격했지만 폭풍 때문에 제대로 싸워 보지도 못하고 돌아가고 말았다.

2년 후인 기원전 490년 다리우스 1세는 2만 명 군사를 이끌고 마라톤Marathon 평원에 도착했다. 수적으로 열세였던 아테네는 스파르타에 원군 요청을 하기 위해 병사 페이디피데스Pheidippides를 보냈다. 이때 병사가 달려간 거리는 241.4km였다. 스파르타는 축제 기간이라는 이유로 요청을 거절했고, 아테네는 탁월한 전술로 페르시아군을 격퇴했다. 이 일화는 근대 올림픽을 창시한 쿠베르탱 남작에 의해 '승전 소식을 알리고 죽은 병사 이야기'로 왜곡되었다. 1896년 제1회 근대 올림픽 때 마라톤은 경기 종목으로 채택되었다.

다리우스 1세는 이집트 반란을 진압하던 중 사망했다. 왕좌를 이어받은 아들 크세르크세스 1세는 그리스 도시국가를 지원하는 아테네에 보복하기로 결심했다. 기원전 480년 크세르크세스가 30만 대군을 이끌고 육군과 해군으로 나누어 공격해 왔다. 스파르타 왕 레오니다스가 이끄는 그리스 연합군 300명은 그리스로 가는 통로인 테르모필레 지역을 지키고자 했지만, 페르시아 육군에게 전멸당하고 말았다.

마라톤 전투에서 아테네 병사들은 적은 수로 페르시아 대군을 물리쳤다.
이 과정에서 아테네 병사 하나가 원군 요청을 하기 위해 먼길을 달려갔다.
이 일을 기념해 1896년 근대 올림픽에서는 마라톤을 경기 종목으로 채택했다.
조르주 로슈그로스Georges Rochegrosse, <마라톤 전투의 영웅들>, 1859년.

　　테르모필레 전투에서 승리한 페르시아 군대가 곧 쳐들어올 것을 안
아테네 시민들은 테미스토클레스Themistocles의 지휘 아래 살라미스
Salamis 섬으로 서둘러 피난을 갔다. 아테네에 도착한 페르시아군은 텅
빈 아테네 시가지에 불을 질렀다. 나중에 알렉산드로스 대왕은 페르시
아의 페르세폴리스를 불태운 것으로 아테네 방화를 복수했다.

살라미스 해전은 페르시아 전쟁에서 그리스가 승리를 차지한 전환점이 되었다.
뒤이은 전투에서도 패배한 페르시아 군대는 결국 그리스에서 물러나고 말았다.
빌헬름 폰 카울바하Wilhelm von Kaulbach, <살라미스 해전>, 1868년.

　기원전 480년 살라미스 해전Battle of Salamis에서 그리스 해군은 페르
시아의 대규모 함대에 맞서서 잘 싸웠다. 전쟁에서 진 크세르크세스
1세는 페르시아로 돌아가면서 마르도니우스Mardonius 장군에게 전투
를 맡겼다. 기원전 479년 플라타이아이Plataiai 평원에서 다시 전투가 벌
어졌다. 살라미스 해전에서 자신감을 상실한 페르시아 육군은 이 전투
에서도 패배하고 말았다. 이로써 페르시아 군대는 그리스 땅에서 완전
히 물러났다.

이후 전쟁은 그리스 연합군의 영토 확장으로 양상이 바뀌었다. 페르시아의 패배로 소아시아 연안의 그리스 도시들은 페르시아 지배에서 벗어났다. 페르시아 전쟁은 서방의 그리스 도시국가들이 동방의 페르시아 제국을 물리친 위대한 항쟁으로 기록되었다. 이는 또한 서방 민주주의를 동방 전제주의로부터 지킨 사건이었다. 동서양의 첫 대립인 이 전쟁은 서양의 승리로 끝났다. 이후 이슬람 제국, 몽골 제국도 유럽 대륙을 차지하기 위해 노력했지만 모두 실패했다.

페르시아 전쟁에서 승리한 기념으로 지어진 것이 파르테논 신전 Parthenon이다. 아테네인들이 페르시아 전쟁을 승리로 이끌어 준 아테나 여신에게 바치는 신전으로 건축한 것이다. 유네스코 세계문화유산의 엠블럼으로도 사용되는 파르테논 신전은 도리스 양식으로 건축되었다. 17세기 후반에 와서 아테네를 침공한 베네치아인에 의해 파괴되었다. 이후 파르테논 신전을 장식한 조각상들이 1801년 영국 대사이자 엘긴 백작인 토머스 브루스Thomas Bruce, 7th Earl of Elgin에 의해 약탈되어 현재 런던 영국박물관에 소장되어 있다. 그리스가 독립한 뒤인 1832년에 반환을 요구했지만, 영국은 약탈한 신전 조각품(약탈자의 이름을 따서 '엘긴 마블스Elgin Marbles'라고 불린다)을 돌려주지 않았다. 2007년 그리스 정부는 파르테논 신전에 남아 있던 조각들을 박물관으로 옮겼으며 파르테논 신전을 계속 복원작업하고 있다.

기원전 478년 그리스인들은 페르시아의 재침략에 대비하기 위해 아테네를 중심으로 델로스 동맹Delian League을 결성했다. 이 동맹에 가입한 여러 폴리스들의 기금은 아폴론의 출생지라고 알려진 신성한 섬 델로스의 아폴론 신전에 보관되었다. 대부분의 폴리스들은 군비를 현금

파르테논 신전은 그리스인이 페르시아 전쟁에서 이긴 기념으로 지은 것이다.
그리스인들은 이 신전을 전쟁에서 승리하게 도와준 아테나 여신에게 바쳤다.
기원전 448~기원전 432년. ⓒ Steve Swayne/Wikimedia Commons/CC-BY 3.0

으로 납부했는데, 동맹 기금은 날이 갈수록 늘어 갔다.

이때 새롭게 등장한 위대한 정치가가 페리클레스Perikles다. 페리클
레스는 아테네 민주주의를 전성기에 올려놓은 인물이다. 이 시기 아테
네에서는 성인 남자 시민이라면 누구나 민회에 참석해서 정치적 행위
를 할 수 있었다. 하지만 당시 민주주의는 수많은 노예를 지배하고 있
던 체제 아래 성립된 것으로, 여성, 외국인, 노예에게는 권리를 주지 않
았다. 모든 사람이 평등한 권리를 가지는 오늘날의 민주주의와는 많이
달랐던 것이다.

페리클레스는 기원전 449년 페르시아와 평화조약을 맺고 델로스 섬

원래는 파르테논 신전에 장식되어 있던 조각들 중 일부로,
1801년 엘긴 백작에 의해 약탈되어 현재는 런던에 있는 영국박물관에 있다.
약탈된 이 조각들은 약탈자의 이름을 따서 엘긴 마블스라고 불린다.
페이디아스Pheidias, 기원전 447~기원전 438년, 대리석, 런던, 영국박물관. © Andrew Dunn

에 있던 동맹 금고를 아테네로 옮겼다. 그리고 이 기금을 아테네 시민들의 복지 정책에 사용하기 시작했다. 공급 유용에 불만이 커진 폴리스들은 스파르타를 중심으로 펠로폰네소스 동맹Peloponnesian League을 만들었다. 델로스 동맹의 맹주인 아테네와 펠로폰네소스 동맹의 맹주인 스파르타가 기원전 431년 마침내 충돌하게 되었다. 바로 펠로폰네소스 전쟁Peloponnesian War이다.

쉽게 끝날 것 같았던 내전은 27년이나 이어졌다. 페리클레스는 전쟁 중에 병사했고, 아테네의 기세는 꺾이기 시작했다. 기원전 404년 아테네는 스파르타에 항복하고 말았다. 스파르타는 모든 성인에게 어릴 때부터 전쟁 준비를 위한 군사 훈련을 실시해서 강력한 육군을 가지고 있었다. 게다가 아테네는 전염병으로 인구가 1/4이나 줄어들었고 유능한 정치가 페리클레스도 사망한 탓에 스파르타를 이길 힘이 남아 있지 않았던 것이다. 스파르타는 전쟁 승리 후 테베와 세력 다툼을 벌이다가 그리스 변방이었던 마케도니아Macedonia에 점령당하고 말았다.

머리만 있는 이 불상은 인도 간다라에서 만들어졌지만, 얼굴이 그리스인을 닮았다.
간다라 불상은 동양과 서양 문화의 조화를 보여 주는 사례로, 마케도니아의
알렉산드로스 대왕이 꽃피운 헬레니즘 문화가 사방으로 퍼져 나갔음을 증명해 준다.
<부처 머리Head of the Buddha>, 4~5세기, 런던, 빅토리아 앤드 앨버트 미술관.
ⓒVictoria and Albert Museum

11

알렉산드로스 대왕이
헬레니즘 문화를 꽃피우다
〈간다라 불상〉

마케도니아 알렉산드로스 대왕Alexandros the Great의 위대함을 증명하기 위
해서는 정복했던 영토의 크기보다 헬레니즘Hellenism 문화의 전파력을 언급
하는 게 더 적절할 것이다. 헬레니즘 시기는 학자마다 차이는 있지만 대략 기
원전 334년 알렉산드로스 대왕의 동방 원정부터 이집트가 로마에 지배당하
는 기원전 30년까지를 말한다. 알렉산드로스 대왕과 그 후계자들은 정복 전
쟁을 통해 사방에 그리스 문화를 퍼뜨렸는데, 이 과정에서 그리스 문화와 동
방 문화가 결합해서 만들어진 것이 바로 헬레니즘 문화다.

이 시기 미술도 비약적으로 발전했다. 헬레니즘 미술은 제국이 확장되면
서 사방으로 퍼져 나갔는데, 그 증거가 간다라 미술Gandhara art이다. 간다라
미술은 헬레니즘의 영향을 받아서 인도 간다라 지방에서 발전한 그리스 로
마풍 불교미술 양식을 말한다. 이를 통해 동양과 서양 문화가 서로 융합되었
음을 알 수 있다. 간다라 양식의 불상은 우아한 미소와 그리스인에 가까운 외

모가 특징이다. 인도와 중앙아시아, 중국의 불상, 심지어 우리나라 석굴암에
도 영향을 끼쳤다.

기원전 367년 테베에 인질로 잡혀 있던 마케도니아 왕자 필리포스
2세Philippos II가 고국으로 돌아왔다. 형의 왕위를 이어받은 필리포스
2세는 금광을 개발하고 테베에서 배운 군사 전술을 자기 병사들에게
훈련시키는 등 마케도니아를 부강한 나라로 발전시켰다. 기원전 357년
에페이로스Epeiros 출신의 올림피아스Olympias와 결혼했는데, 두 사람
사이에서 태어난 아들이 위대한 왕 알렉산드로스 대왕이다.

어린 시절부터 영특한 아이였던 알렉산드로스는 호메로스의 시집
을 즐겨 읽고 운동과 군사 훈련을 게을리하지 않았다. 필리포스 2세는
아들에게 최상의 교육 환경을 제공하기 위해 위대한 철학자 아리스토
텔레스를 가정교사로 모셔 왔다. 아리스토텔레스는 알렉산드로스에게
정치학, 윤리학, 철학, 역사학 등을 가르쳤다. 알렉산드로스는 아버지의
철저한 교육 덕분에 명석한 머리와 탁월한 지도력을 가진 인재로 성장
했다.

소년 시절 알렉산드로스가 얼마나 뛰어났는지를 알려 주는 일화가
있다. 알렉산드로스는 말장수가 팔려고 가지고 온 거칠고 난폭한 말을
길들여서 주변 사람을 놀라게 했다. 그 말은 알렉산드로스의 애마 부
세팔루스Bucephalus가 되었다. 알렉산드로스와 생사고락을 같이한 애

아직 소년티를 벗지 못한 알렉산드로스가 사나운 말을 길들이고 있다.
이 말은 알렉산드로스의 애마 부세팔루스가 되어 그와 함께 전장을 누볐다.
에드가 드가, <알렉산드로스와 부세팔루스Alexander and Bucephalus>, 1861~1862년,
캔버스에 유채, 115×89cm, 워싱턴 D.C., 워싱턴 국립미술관The National Gallery of Art.

마 부세팔루스는 인더스 강 근처에서 부상을 입고 죽었다. 알렉산드로스는 애마를 기리기 위해 인도에 부케팔라Bucephala라는 도시를 세웠다. 알렉산드로스와 애마의 일화는 인상주의 화가 에드가 드가Edgar De Gas의 그림으로도 남아 있다.

기원전 340년 16살이 된 알렉산드로스는 아버지가 그리스 여러 도시를 정벌하는 것을 싫어했다. 아버지가 자신의 앞길을 가로막고 있다는 이야기를 공공연하게 하고 다녔을 정도다. 드디어 알렉산드로스에게도 기회가 찾아왔다. 기원전 338년 필리포스 2세가 아들에게 마케도니아 기병대 지휘권을 맡긴 것이다. 당시 18세였던 알렉산드로스는 카이로네이아 전투Battle of Chaeroneia에서 아버지를 도와 큰 공을 세웠다.

마케도니아 중장 보병의 특징은 그리스 연합군과는 다르게 4~5m 길이의 긴 창을 사용했다는 것이다. 긴 창을 들기 위해서는 체계적인 군사 훈련이 필요했는데, 숙달되기만 하면 긴 사정거리를 확보할 수 있었다. 덕분에 마케도니아는 아테네와 테베 연합군을 물리치고 그리스 본토를 장악하게 되었다.

필리포스 2세가 마케도니아 순수 혈통인 에우리디케와 결혼한 것을 계기로 부자 사이는 악화하기 시작했다. 새 왕비가 아들을 출산하면 알렉산드로스의 왕위 계승이 위태로워지기 때문이다. 기원전 336년 필리포스 2세가 부하에 의해 암살되고 말았다. 암살의 배후는 밝혀지지 않았지만, 알렉산드로스의 어머니 올림피아스가 의심을 받았다. 하지만 내막은 밝혀지지 않았고, 유능한 전사 알렉산드로스는 20세 나이로 왕위를 계승하게 되었다.

1977년 그리스 북부의 베르기나Vergina에서 필리포스 2세의 무덤이

그리스 북부의 베르기나에서 발견된 필리포스 2세의 무덤 입구다.
필리포스 2세의 암살 배후에 누가 있었는지는 밝혀지지 않았지만,
이 죽음으로 가장 큰 이득을 본 이들은 알렉산드로스와 그의 모친 올림피아스였다.
ⓒ Panegyrics of Granovetter/Wikimedia Commons/CC-BY 3.0

발굴되었다. 무덤은 신전 형식으로 되어 있었고, 시신은 화장하여 순
금으로 된 유골함에 담겨 있었다. 필리포스 2세의 순금 관, 투구, 방패,
갑옷, 칼 등 많은 부장품도 출토되었다. 무덤 발굴지는 오늘날 고고학
박물관으로 조성되어 있다.

왕위를 계승한 알렉산드로스는 탁월한 통솔력을 가진 왕이라는 사
실을 증명해야만 했다. 기원전 335년 페르시아 원정을 떠나기 전 델포
이 신전에 신탁을 받으러 간 그는 신관에게서 "누구도 당신을 정복할

폼페이 벽화에 그려진 이소스 전투 장면이다.
이 전투에서 페르시아군을 물리친 알렉산드로스 대왕은 기세를 몰아 동방 원정을 가속화했다.
기원전 100년경, 나폴리, 국립고고학박물관Museo Archeologico Nazionale di Napoli.

수 없을 것"이라는 이야기를 듣고 자신을 신의 아들이라고 생각하기 시작했다.

기원전 333년 이소스 전투Battle of Issos에서 하얀 깃털이 달린 투구를 쓰고 병사들 앞에서 진두지휘를 한 알렉산드로스 대왕은 수적인 열세에도 불구하고 페르시아군을 무찔렀다. 당황한 페르시아 왕 다리우스 3세Darius III는 부하들과 가족을 버리고 도망가 버리고 말았다. 독일 화가 알브레히트 알트도르퍼Albrecht Altdorfer는 알렉산드로스 대왕과 다리우스 3세의 이소스 전투를 실감나게 표현했다.

세계에서 가장 강력한 군대를 물리친 알렉산드로스는 지중해 연안

폼페이 벽화에 그려진 이소스 전투 장면 중 알렉산드로스 대왕을 확대한 부분.
대왕은 자신을 눈에 띄게 하기 위해 전쟁터에서 하얀 깃털 달린 투구를 썼다고 한다.
이 벽화에서는 투구를 쓰지 않은 모습으로 그려졌다.

도시를 정복하고 티루스Tyrus 섬으로 향했다. 오늘날 레바논 남부 도시
인 티루스 섬은 전략적 요충지로 높은 성벽에 둘러싸여 있었다. 티루
스 섬을 정복하기 위해 알렉산드로스 대왕은 800m 길이의 방파제를
만들었다. 이 방파제로 인하여 티루스 섬은 육지와 연결되었다. 알렉산
드로스 대왕이 지나갔던 열주도로와 극장 등에서는 훗날 그리스와 로
마 유적이 발굴되었다.

 불가능한 일을 가능하게 만든 알렉산드로스의 전략은 오늘날에도
최고 전술로 평가받고 있다. 티루스 섬을 정복한 알렉산드로스 대왕은
평화협정을 거절한 보복으로 도시를 불태우고 만 명이 넘는 티루스인

역사적으로 유명한 이소스 전투를 후대 화가가 그린 그림으로,
양측 군사를 구분해서 그렸다. 알렉산드로스 대왕의 보병들은 완전무장을 하고 있는 반면,
페르시아 왕 다리우스 3세의 군사들은 터번을 쓰고 있다.
이 전투에서 승리한 알렉산드로스 대왕은 페르시아를 장악할 수 있었다.
알브레히트 알트도르퍼, <알렉산드로스 대왕의 전투Alexanderschlacht>, 1528~1529년,
패널에 유채, 158.4×120.3cm, 뮌헨, 알테 피나코테크Alte Pinakothek.

들을 학살했다. 다음에는 이집트로 향했다. 페르시아의 지배에 시달리던 이집트인은 그를 '아몬 신의 아들' 파라오로 대접했다. 자신이 그토록 원하던 '신의 아들'이 된 것이다.

기원전 331년에 알렉산드로스 대왕은 가우가멜라 전투Battle of Gaugamela에서 다리우스 3세와 다시 격돌했다. 처절한 전투 끝에 다리우스 3세는 타고 있던 전차와 갑옷, 무기를 버리고 또 도망치고 말았다. 가우가멜라 전투의 사상자는 마케도니아 병사가 천여 명인 반면에 페르시아 병사는 수만 명이었다. 알렉산드로스 대왕은 이소스 전투와 가우가멜라 전투의 승리로 페르시아 제국을 장악하게 되었다.

기원전 330년 페르시아 수도 페르세폴리스에 도착한 알렉산드로스 대왕은 4개월간 머물면서 많은 재물을 약탈하고 도시를 파괴했다. 일부 역사학자는 알렉산드로스는 파괴할 마음이 없었는데 이성을 잃은 부하들이 파괴를 일삼았다고 전한다. 이후 알렉산드로스는 다리우스 3세를 살해한 베누스를 죽이면서 합법적으로 페르시아 왕이 될 수 있었다.

내분을 진압한 알렉산드로스 대왕은 기원전 327년 인도 원정길에 나섰고 코끼리 부대를 가진 포로스Poros 왕을 격퇴시켰다. 알렉산드로스는 포로스 왕에게 원래 왕국을 다스리게 하고 부하들에게 약탈 금지를 명했다. 전리품 획득에 눈이 먼 병사들은 강하게 반발했고 고향으로 돌아갈 것을 요구했다. 알렉산드로스는 제안을 받아들여 회군했다. 기원전 323년 바빌론에 머물던 알렉산드로스는 아라비아 정복 계획을 세우던 중 사망하고 말았다. 학자들마다 여러 가지 설을 주장하고 있지만, 오랜 원정으로 심신이 지친 알렉산드로스가 지나친 음주와 부상으로 병사한 것으로 보인다.

알렉산드로스 대왕은 12년의 정복 전쟁으로 마케도니아를 비롯한 그리스, 이집트, 인도에 이르는 대제국을 통치했다. 33세 나이로 요절하지 않았더라면 더 많은 영토를 지배했을 것이다. 알렉산드로스의 사망 이후 대제국은 부하들에 의해 세 제국으로 분리되었다.

알렉산드로스의 시신은 미라로 만들어져 마케도니아로 오던 중에 약탈되어 이집트로 갔고 알렉산드리아에 매장되었다. 알렉산드로스 시신을 약탈한 프톨레마이오스Ptolemaios는 이후 이집트에서 이집트 문화와 그리스 문화를 융합한 프톨레마이오스 왕조를 열었다. 이 왕조는 300년간 지속되었다.

프톨레마이오스 1세가 된 그는 세계 최초의 등대이자 10대 불가사의인 알렉산드리아의 파로스 등대Pharos of Alexandria와 20만 권의 귀중한 저서를 보관한 알렉산드리아 도서관Library of Alexandria을 설립했다. 파로스 등대는 지진으로 무너졌고 알렉산드리아 도서관은 화재로 소실되었다. 번성하던 프톨레마이오스 왕조는 클레오파트라의 자살로 로마 제국에 복속되었다. 클레오파트라의 사망 후 알렉산드로스 무덤도 사라지고 말았다.

알렉산드로스 대왕이 역사적으로 중요한 이유는 페르시아와의 전쟁에서 승리하면서 동서 문화를 융합했다는 것이다. 정복지를 지키는 병사들에게 이민족 여인들과 결혼할 것을 장려했으며 자신도 박트리아 왕의 공주인 록사나Roxana of Bactria와 결혼했다.

신으로 대접받기 원했던 알렉산드로스 대왕은 페르시아 복장을 하고, 모든 신하들에게 자신 앞에서 무릎 꿇게 했으며 거역하는 신하는

이집트 왕 프톨레마이오스 1세는 기원전 288년에 알렉산드리아 도서관을 설립했다.
당시 세계 최대 규모로, 희귀 서적들을 많이 소장하고 있어 당대 지식인들의 주목을 받았다.
후에 불타 역사 속으로 사라졌다가 2002년 신 알렉산드리아 도서관이 세워지면서 부활했다.
그림은 알렉산드리아 도서관 내부 풍경을 상상으로 그린 것이다.
오토 폰 코르벤Otto von Corven, 19세기 판화.

살해했다. 또한 다리우스 3세처럼 365명의 후궁을 두었으며 방탕한 생활을 하기 시작했다. 하지만 그는 위대한 군 지휘관이자 정복자였다. 두려움을 한 번도 가져 본 적이 없던 그는 대단히 열정적인 사람으로 요절할 운명을 타고난 것 같다.

올리버 스톤이 감독하고 콜린 파렐이 주연한 2004년 영화 〈알렉산더〉는 극적인 재미를 위해 역사적인 사실을 일부 왜곡한 부분이 있지만, 알렉산드로스 대왕의 페르시아 원정을 이해하는 데 도움을 준다. 가우가멜라 전투를 묘사한 장면에서는 알렉산드로스 대왕과 다리우스 3세를 비교해 볼 수 있다.

알렉산드로스 대왕과 그 후계자들은 동방 원정을 통해 그리스 문화를 사방에 퍼뜨렸는데, 이로써 그리스와 동방 문화가 결합된 헬레니즘 문화가 만들어졌다. 이 시기를 대표하는 조각품은 루브르 박물관에 소장되어 있는 〈밀로의 비너스Vénus de Milo〉와 87쪽에서 살펴본 〈라오콘 군상〉이다. 〈밀로의 비너스〉는 1920년 에게 해 밀로스Milos 섬에서 농부에 의하여 발굴되어 프랑스 군인의 손에 들어갔다가 루브르 박물관으로 왔다. 발굴 당시는 상체와 허리 아랫부분이 나누어져 있는 상태였는데, 복원 작업을 거쳐 공개되었다. 1964년 일본 도쿄로 나들이한 이후 루브르 박물관을 떠난 적이 없다고 한다.

알렉산드로스 대왕과 그 후계자들은 동방 원정을 통해 그리스 문화를 사방에 퍼뜨렸다. 이로써 그리스와 동방 문화가 결합된 헬레니즘 문화가 만들어졌다. 이 조각은 헬레니즘 미술을 대표하는 작품으로, 알렉산드로스 대왕의 영향력을 잘 보여 준다. <밀로의 비너스>, 기원전 2~기원전 1세기, 대리석, 높이 204cm, 파리, 루브르 박물관.

전쟁의 신 마르스가 여사제 레아 실비아에게 반해 그녀를 유혹하고 있다.
둘 사이에서 태어난 쌍둥이 로물루스와 레무스는 커서 도시국가 로마를 세운다.
페테르 파울 루벤스, <마르스와 레아 실비아Mars and Rhea Silvia>, 1617년,
캔버스에 유채, 208×272cm, 빈, 리히텐슈타인 궁전 박물관.

12

로마 제국이
탄생하고 발전하다
〈마르스와 레아 실비아〉

그리스 문명을 계승한 로마 문명은 기원전 753년 로물루스가 도시국가 로마를 건국할 때부터 5세기까지 1,200여 년간 길고도 긴 세월을 이어 갔다. 로마를 이야기할 때 제일 먼저 나오는 것은 신비스러운 건국 신화다.

트로이 장군 아이네아스Aeneas는 트로이 전쟁에서 그리스 연합군에 패하자 가족과 추종자들을 데리고 성을 탈출했다. 카르타고에 잠시 머문 뒤 로마 티베르 강가에 도착해서 그곳을 지배하고 있던 노인의 딸 라비니아와 결혼하게 되었다. 이후 원주민과 아이네아스 이주민은 서로 뒤섞여 평화롭게 살아갔다. 아이네아스 13대 후손이자 알바 롱가Alba Longa의 왕 프로카스 Procas 시기부터 이야기가 본격화된다.

프로카스 왕에게는 두 아들 누미토르Numitor와 아물리우스Amulius가 있었다. 장자인 누미토르가 왕위를 계승하자 아물리우스가 반란을 일으켰다. 아물리우스는 누미토르를 외국으로 추방한 뒤 누미토르의 아들을 죽이고 딸 레아 실비아Rhea Silvia를 베스타 여신의 여사제로 만들어 버렸다. 여사 제가 되면 결혼을 못 하기 때문에 왕위를 빼앗길 염려가 없기 때문이다. 이때 신화 속의 인물인 전쟁의 신 마르스가 등장한다. 레아 실비아의 매력에 빠진 마르스는 그녀를 유혹하여 쌍둥이를 낳았다. 바로 로마를 건국한 로물루스 Romulus와 그의 동생 레무스Remus다. 로물루스와 레무스는 반신반인半神半人 의 존재로 그려진 것이다.

바로크 미술을 대표하는 화가 페테르 파울 루벤스Peter Paul Rubens는 마 르스가 레아 실비아를 만나는 장면을 그림으로 남겼다. 스펙터클한 장면을 연출한 루벤스의 화풍이 엿보이는 작품으로 빈에 있는 리히텐슈타인 궁전 박물관Liechtenstein Museum에 가면 만나 볼 수 있다.

로물루스와 레무스가 태어난 사실을 알게 된 아물리우스 왕은 아기 들을 당장 죽이라고 명령했다. 명령을 받은 신하들은 어린 생명을 차 마 죽이지 못하고 바구니에 넣어 티베르 강에 띄워 보냈다. 아기가 강 에 버려진다는 상황은 유대인의 아들로 태어난 모세가 파라오의 위협 을 피해 나일 강에 버려진 것과 대단히 비슷하다. 모세는 목욕하던 이 집트 공주에 의해 발견되어 이집트 궁정에서 성장하게 된다. 후일 자신 이 유대인의 자식이라는 사실을 알게 되고 이집트에서 유대인을 구하 게 되는 사명을 하느님에게 부여받는다.

티베르 강에 버려진 쌍둥이의 사연은 더 극적이다. 물가로 내려온 암늑대에 의해 발견되었던 것이다. 아기들은 늑대 젖을 먹으며 지내다 가 양치기 파우스툴루스에 의해 발견되고, 양치기의 양자로 성장하게 되었다.

막 태어난 로물루스와 레무스 형제는 티베르 강에 버려졌다.
하지만 암늑대에 의해 발견되어 그 젖을 먹고 살아남아 후에 도시국가 로마를 세웠다.
<카피톨리나의 암늑대상Lupa Capitolina>, 기원전 5세기, 높이 85cm, 로마, 카피톨리니
박물관Musei Capitolini. ⓒ Jean-Pol GRANDMONT/Wikimedia Commons/CC-BY 3.0

　　로물루스와 레무스 형제는 출생의 비밀을 알고 난 뒤 아물리우스
왕을 죽이고 할아버지의 원수를 갚았지만, 어머니인 레아 실비아는 이
미 사망한 뒤였다. 로물루스 형제는 새로운 나라를 세우려고 생각하고,
누가 지도자가 될 것인가를 두고 싸우다가 결국 로물루스가 레무스를
살해하고 말았다. 로물루스는 기원전 753년 4월 21일 자신의 이름을
딴 도시국가 로마Roma를 건국했다. 이날은 현재 이탈리아 국경일로 지

정되어 있다.

새로 건설된 도시국가 로마에는 인구가 부족했는데, 이 문제에 대해 고민하던 로물루스는 비열한 해결 방법을 생각해 냈다. 당시 로마 남자들은 포악한 기질로 주변 부족 여인들에게 인기가 없어 결혼하기 쉽지 않았다. 로물루스의 해결 방법은 축제를 구실로 사비니Sabini 부족 여인들을 초대해서 축제에 온 아름다운 처녀들을 겁탈하자는 것이었다. 사비니 부족은 이런 계략이 있는 줄 모르고 축제에 와서 마음껏 즐기다가 봉변을 당하고 말았다. 로마인들은 마음에 드는 사비니 부족 여인들을 납치하여 언덕으로 끌고 가서 겁탈했으며, 사비니 부족 여인들은 결국 마음에도 없는 로마인과 결혼을 하게 되었다. 엄청난 일을 당한 사비니 부족은 몇 년 후 공격을 해 왔다. 하지만 이미 로마인과 결혼해 아이까지 둔 사비니 여인들은 양쪽을 중재했고, 전쟁은 평화롭게 해결되었다. 이후 로마는 사비니 부족장 타티우스와 로물루스가 공동 통치를 하게 되었고, 사비니 부족은 로마 시민으로 받아들여졌다.

이후 17세기에 프랑스 고전주의 화가 니콜라 푸생Nicolas Poussin은 〈사비니 여인들의 납치The Abduction of the Sabine Women〉를 그렸으며, 18세기에는 신고전주의 화가 자크루이 다비드가 푸생의 작품에서 영감을 받아 〈사비니 여인들의 중재The Intervention of the Sabine Women〉를 그렸다. 두 그림은 모두 로마인과 사비니 부족 간의 역사적인 사건을 알아야만 이해할 수 있는 작품이다.

로물루스는 3,000명의 라틴족과 양치기를 거느리고 팔라티노 언덕에 나라를 세울 당시 18세였다. 이후 30여 년간 로마를 다스리다가, 전해지는 말로는 군대 사열 중에 폭풍우 속으로 사라지고 말았다고 한

로물루스는 로마를 건국한 뒤에 인구 부족 문제에 시달렸다.
로마 남자들은 포악한 기질로 주변 부족 여자들에게 인기가 없었던 것이다.
이에 로물루스는 이웃에 있는 사비니 부족 여인들을 납치할 계획을 세운다.
니콜라 푸생, <사비니 여인들의 납치>, 1634~1635년, 캔버스에 유채, 154.6×209.9cm,
뉴욕, 메트로폴리탄 미술관Metropolitan Museum of Art.

다. 로물루스 이후 7명의 왕이 차례로 통치를 했다. 왕정이 끝난 뒤 공
화정이 500년 동안 이어졌다. 왕의 독재를 막기 위하여 왕정 시기의 원
로원 외에도 추가로 1년 임기의 집정관 두 명을 두게 되었다.

　새로운 정치 체제는 혼란을 가져왔고 갈리아족Gauls의 침입으로 로

납치 사건이 있고 몇 년 후 사비니 부족이 여자들을 되찾기 위해 로마를 공격했다.
하지만 로마인과 이미 가족을 이룬 사비니 여인들의 중재로 전쟁은 평화롭게 마무리되었다.
자크루이 다비드, <사비니 여인들의 중재>, 1799년, 385×522cm, 파리, 루브르 박물관.

마는 점점 힘을 잃어 갔다. 하지만 삼니움족Samnium과의 전투에서 전
쟁 기술을 터득한 로마는 대제국으로 나아가는 발판을 마련하게 되었
다. 기원전 270년 이탈리아 반도를 통일한 로마는 동맹 시에 자치권을
주고 고유한 관습과 종교적 자유를 허용하는 대신에 세금을 걷고 전쟁
이 일어나면 군대를 제공받았다.

당시 로마와 북아프리카 지역에 살던 카르타고Carthago는 평화롭게 공존하고 있었는데, 한 사건으로 인해 포에니 전쟁Punic Wars(기원전 264~기원전 146년)을 시작하고 지중해 해상권 독점을 위해 싸우게 되었다. 시칠리아 시라쿠사의 왕이 고용한 용병들은 왕이 사망하자 고향으로 돌아가다가 메시나Messina를 지나게 되었다. 용병들은 스스로를 마르스의 아들이라는 뜻의 '마메르티니Mamertini'라고 부르면서 20년 동안 메시나를 점령하고 온갖 횡포를 부렸다. 이들의 횡포를 두고 볼 수 없었던 시라쿠사의 왕은 카르타고에 원정을 요청했고 이들을 토벌하기 시작했다. 놀란 용병들은 로마에 지원군을 요청하기에 이른다. 카르타고와 전쟁을 할 기회를 엿보고 있던 로마는 절호의 기회를 놓칠 수 없었고 즉각 2개 군단의 병력을 보냈다. 시칠리아에 상륙한 로마군은 강한 해군력을 보유한 카르타고 세력을 몰아냈다. 그 결과 시칠리아는 로마의 식민지가 되었으며 사르데냐와 코르시카도 로마가 점령하게 되었다. 이것이 1차 포에니 전쟁이다.

1차 포에니 전쟁이 로마의 승리로 돌아가자 카르타고의 사령관 하밀카르 바르카Hamilcar Barca는 전쟁 배상금 지불을 위해 히스파니아(에스파냐와 포르투갈)를 식민지로 개척하게 되었고, 은광 개발로 국력을 회복했다. 하밀카르가 죽은 뒤 그의 장남 한니발Hannibal Barca 장군이 히스파니아에 있는 로마 동맹 시 사군토Sagunto를 공격하면서 2차 포에니 전쟁이 일어나게 된다. 기원전 218년 8개월 만에 사군토를 함락한 한니발은 로마를 공격하기 위한 작전을 개시했다. 10만 명에 달하는 병력과 50마리의 코끼리(코끼리 수에 대해서는 여러 설이 있다)를 이끌고 알프스 산맥을 넘어 이탈리아 북부 평원에 도착했다. 눈과 추위로 인하여 남은 병사는 보병 26,000명, 기병 4,000명, 코끼리 20마리 정도였다. 당시 코끼리 부대는 일종의 전차 부대라고 생각하면 될 듯하다. 날쌘 말보다 훨씬 몸집이 큰 코끼리에 훈련된 병사가 타고 있다면 적군 입장에서는 공포감이 상당했을 것이다. 코끼리는 육중한 덩치와 코의 힘 덕분에 보급품 수송에도 요긴하게 사용되었다.

이탈리아에 들어온 한니발은 트라시메노 전투Battle of Lake Trasimeno에서 대승을 거두었다. 로마 군사가 트라시메노 호숫가의 좁은 길을 지나가다가 한니발의 주요 전술인 기습 작전에 휘말리게 된 것이다. 첫 전투에서 대승을 거둔 한니발은 병사 3만 5천 명을 이끌고 칸나이 평원에 도착했다. 로마는 바로와 파울루스 두 집정관과 원로원 80명이 8만 대군을 이끌고 출정했지만 칸나이 전투Battle of Cannae에서도 많은 희생자를 내고 대패하고 말았다.

거듭되는 승리에 도취한 한니발은 로마 동맹 도시들이 이탈하면 로마는 쉽게 무너진다고 생각했다. 하지만 동맹 도시들은 로마를 배신하지 않았다. 그 이유는 로마 시민권에 있었다. 로마 시민권 제도는 아테네와 스파르타 시민권과는 다르게 비록 전쟁에서 적으로 싸웠던 민족이라 해도 기꺼이 로마 시민으로 받아들였으며, 노예 생활 10년 후에는 해방노예가 될 수 있게 했고 자식에게는 시민권을 주었다. 개인의 혈통이나 문화, 배경, 종교는 상관없이 로마를 위해 무엇을 했는지를 더 중요하게 생각했다. 로마 시민권 제도는 다양한 인종이 모여 살고 있는 미국 시민권과 굉장히 유사하다. 미국 시민권은 로마 시민권에서 영감을 받아서 채택한 것으로 보인다. 한니발은 알렉산드로스 대왕의 전술을 연구했지만 로마 시민권에 대해서는 몰랐던 것이다.

카르타고의 위대한 장군 한니발은 코끼리 부대를 이끌고 로마를 공격했다. 하지만 로마에는 두텁게 결속된 동맹 도시들이 있었고, 한니발은 로마 정복의 꿈을 접어야 했다. 자코포 리판다Jacopo Ripanda, <알프스 산을 넘는 한니발Hannibal Crossing the Alps>, 1510년경, 로마, 카피톨리니 박물관.

카르타고군의 보급로를 차단한 로마군은 반격에 나섰고 카르타고 자마에서 다시 전투가 벌어졌다. 바로 자마 전투Battle of Zama다. 자마 전투에서 한니발은 자신의 전술을 역이용한 스키피오Publius Cornelius Scipio 장군에게 패배하고 말았다. 14년간 이탈리아 도시들을 전전하던 한니발은 로마 정복의 꿈을 이루지 못하고 기원전 203년 이탈리아를

튀니지에 남아 있는 카르타고 유적지. 로마는 3차 포에니 전쟁에서 이긴 뒤
카르타고에 풀 한 포기 자라지 못하도록 소금까지 뿌렸다고 한다.

떠났다.

카르타고에 도착한 한니발은 로마와 화평하기를 원했지만 뜻대로 되지 않았다. 한니발은 이후 카르타고의 지도자가 되었지만 반대파에 의해 망명길에 올랐다. 기원전 183년 로마의 끈질긴 추격을 피하다 64세 나이로 자살하고 말았다.

로마는 다시 3차 포에니 전쟁을 일으키게 되는데 카르타고 시민들은 3년 이상 치열하게 저항했다. 하지만 기원전 146년 성은 함락되고

튀니지 디나르Tunisian dinar 화폐에 인쇄되어 있는 한니발.
튀니지인은 자신들이 한니발의 후예라는 사실을 자랑스럽게 생각한다고 한다.

시가지는 불탔으며 많은 사람들이 죽었고 생존자는 노예로 끌려갔다.
로마군은 폐허가 된 카르타고에 풀 한 포기 자라지 못하도록 소금까지
뿌렸다고 한다. 긴 세월이 지난 후 카르타고는 로마의 식민지로 복구되
었다.

카르타고는 오늘날 튀니지 지역으로, 수도 튀니스 근처에 카르타고
유적지가 있다. 튀니지인들은 자신들이 위대한 장군 한니발의 후예라
는 사실을 자랑스러워한다고 한다.

13

로마 공화정이 몰락하다
〈클레오파트라와 카이사르〉

로마 공화정 말기에 가장 중요한 인물은 위대한 정치가이자 장군인 율리우스 카이사르Gaius Julius Caesar다. 그는 폼페이우스Gnaeus Pompeius Magnus, 크라수스Marcus Licinius Crassus와 함께 3명이 권력을 나누어 다스리는 삼두정치三頭政治, triumvirate를 실시하고, 공화정 최고 직위인 집정관consul에 오른다. 하지만 권력은 부모 자식 간에도 나누기 어려운 법. 얼마 못 가 삼두 동맹은 깨지고 카이사르와 폼페이우스의 사이는 악화된다. 폼페이우스를 추격해 이집트까지 간 카이사르는 그곳에서 클레오파트라 7세를 만나게 된다. 두 사람은 서로의 목적을 위해 가까워졌고 연인 관계로 발전한다.

19세기 프랑스 화가 장레옹 제롬Jean-Léon Gérôme이 그린 〈클레오파트라

로마에 삼두정치를 도입한 카이사르는 폼페이우스와의 동맹이 깨지자
그를 정벌하기 위해 이집트까지 따라간다. 그곳에서 이집트 여왕 클레오파트라를 만나
사랑에 빠지게 된다. 이후 카이사르는 폼페이우스의 남은 세력들을 소탕하고
1인 독재체제를 마련한다. 이렇게 로마 공화정은 내리막길로 접어든다.
장레옹 제롬, 〈클레오파트라와 카이사르〉, 1866년, 캔버스에 유채, 183×129cm, 개인 소장.

와 카이사르Cleopatra and Caesar>를 보면 카펫으로 몸을 숨기고 몰래 카이사르를 만나러 온 고혹적인 클레오파트라의 모습이 잘 나타나 있다. 그녀는 서양 역사상 최고 미인이라고 알려져 있지만, 우리가 생각하는 절세미인은 아니었다고 한다. 클레오파트라의 진짜 매력은 지성과 정치적 감각이었다. 화가는 클레오파트라를 최고 미인으로 묘사하고 있다.

포에니 전쟁의 승리로 막대한 부가 들어온 로마는 중소 농민층의 몰락을 겪게 되었다. 로마 세습 귀족들은 많은 노예들을 이용해 대농장을 경영했으며 경작지를 잃은 농민들은 날이 갈수록 가난해져 갔다. 이들을 '가진 재산이라고는 오직 자식밖에 없다'는 뜻으로 '프롤레타리우스proletarius'라고 불렀는데, 근대에 무산계급을 가리키는 말 '프롤레타리아proletariat'가 여기서 유래했다.

이 시기부터 로마로 들어온 노예의 수는 기하급수적으로 증가하여 아우구스투스 황제 시기에는 로마 시민 세 명 중 한 명이 노예 신분이었다. 노예들은 다양한 직업으로 로마 시민에게 착취당했다. 교육을 받은 노예들은 그리스어를 가르치는 교사로, 하인으로, 의사로 고용되었고, 일부는 인정도 받았다. 여자 노예들은 무용수나 요리사, 미용사, 보모로 이용되었으며 성적 노리개로 취급당하기도 했다. 노예는 언제나 사고팔 수 있는 물건으로 거래되었고, 일부 소수 노예만이 해방노예가 되어 사람답게 살 수 있었다.

기원전 134년 호민관에 당선된 티베리우스 그라쿠스Tiberius Sempronius Gracchus는 토지 개혁 방안을 민회에 제출했다. 개인의 토지 소유와 재산 소유를 제한하고 농민에게 토지를 분배해야 한다는 농지

법이었다. 하지만 기원전 133년 기득권 세력인 원로원 보수주의자들에 의해 티베리우스는 살해되고 말았다. 티베리우스의 동생 가이우스 그라쿠스Gaius Gracchus는 호민관에 당선되자 로마 시민에게 곡물을 싸게 공급하는 곡물법을 제안했지만 역시 실패했다. 결국 가이우스는 자살하고 말았다. 그라쿠스 형제의 노력은 비록 실패로 끝났지만 농민을 구제하기 위한 개혁을 시도한 업적만은 역사적으로 높이 평가받고 있다.

그라쿠스 형제의 개혁 실패 이후 로마는 더욱 혼란에 빠졌고 독재 정치가가 등장하게 되었다. 평민파를 대표한 마리우스Gaius Marius와 귀족파를 대표한 술라Lucius Cornelius Sulla가 대립하면서 사회 불안은 더 커졌다. 두 사람이 모두 사망한 이후인 기원전 60년에 카이사르, 폼페이우스, 크라수스에 의한 1차 삼두정치가 시작되었다.

로마 귀족 가문에서 태어난 카이사르는 술라가 사망하자 망명 생활을 청산하고 로마로 돌아왔다. 스파르타쿠스 노예 반란을 진압한 폼페이우스, 대부호 크라수스와 함께 삼두정치를 실시하기로 동맹을 맺고, 기원전 59년 집정관에 당선되었다. 집정관을 역임한 카이사르는 원로원으로부터 3년 임기의 군사지휘권을 받고 갈리아 정복에 나서게 되었다. 9년에 걸친 갈리아 정복에서 엄청난 전리품을 획득하고 정복지에 대한 과세로 많은 돈을 모을 수 있었다. 카이사르는 축적한 부를 부하들에게 아낌없이 나누어 주어 갈수록 인기가 높아졌다. 이 소식을 들은 원로원은 카이사르에게 군대를 해산하고 로마로 귀환할 것을 명령했다. 크라수스는 이미 사망했고 폼페이우스는 원로원 편이 되어 있었다. 고민하던 카이사르는 군대를 이끌고 루비콘Rubicon 강을 건너 로마로 진격하기로 결정했다. 요샛말로 쿠데타를 결심한 것이다. 이때 카이

카이사르는 원로원의 군대 해산 명령에 불복하기로 결심한 뒤
군사들을 이끌고 루비콘 강을 건너 로마로 진격한다. 이렇게 로마 역사는 새로 쓰였다.
제이컵 애벗Jacob Abbott, <루비콘 강 건너기Crossing the Rubicon>, 1849년.

사르는 그리스 희곡에 나오는 대사를 인용해 "주사위는 던져졌다"라고 말했다고 한다. 오늘날 루비콘 강은 작은 개울로 보이지만, 당시에는 로마 국경 지대에 있는 작은 강이었다.

군사를 이끌고 로마로 들어간 카이사르는 폼페이우스와 전투를 벌여 대승을 거두었다. 폼페이우스는 부하들을 데리고 이집트로 도망가 버렸다. 카이사르는 폼페이우스를 추격하여 이집트까지 갔는데, 이때 남편이 된 남동생과 이집트를 공동통치하고 있던 클레오파트라 7세를 만나게 된다.

당시 권력에서 밀려나 있던 클레오파트라는 카이사르에게 남편 프톨레마이오스 13세를 제거하고 단독으로 이집트를 통치하게 도와 달라고 부탁했다. 카이사르는 1년 이상을 이집트에 머물면서 프톨레마이오스 군대를 물리치고 매력적인 클레오파트라와 꿈같은 시간을 보냈다. 당시 카이사르의 나이는 52세로 유부남이었고 클레오파트라는 21세로 꽃다운 나이였다. 이 소식을 들은 원로원과 로마 시민은 이민족 여왕과 사랑에 빠진 카이사르를 미워하기 시작했다.

다시 로마로 돌아온 카이사르는 두 차례 독재관을 지낸 후 스스로 종신 독재관이 되었다. 공화정 시기였지만 카이사르는 이미 황제와 다름없는 권력을 누리고 있었다. 카이사르의 권력이 강해지는 것을 두려워한 브루투스Marcus Junius Brutus 일당은 기원전 44년 3월 15일 독재자 카이사르를 암살했다. 카이사르의 시신은 로마 시민들의 생활 중심지였던 포로 로마노Foro Romano 안에서 화장되었다. 이때 안토니우스Marcus Antonius는 카이사르의 유언장을 발표했는데, 그 내용은 '자신의 재산을 로마 시민에게 바치겠다'는 것이었다. 로마 시민들은 카이사르

포로 로마노는 로마 시민들의 생활 중심지로 주요 시설들이 모여 있었다.
신전, 공회당, 감옥, 아우구스투스의 개선문, 일상 시설 등의 흔적이 남아 있다.
특히 이곳의 공회장에서 민주주의가 꽃피었다.
ⓒ 지식서재

를 암살한 자들에게 분노했다. 독재자를 죽였다고 자부했던 브루투스
일당은 비난이 쏟아지자 당황했고 뿔뿔이 흩어지고 말았다.

　카이사르 사후에 2차 삼두정치가 시작되었는데, 이때는 권력을 안
토니우스, 옥타비아누스, 레피두스가 잡았다. 카이사르의 충실한 부하
였던 안토니우스는 클레오파트라를 직접 만나고 싶었다. 타르수스에

포로 로마노에 있는 카이사르 화장터로, 그를 기리는 꽃다발이 놓여 있다.
카이사르를 암살한 브루투스 일당은 예상과 달리 로마 시민들의 비난을 받자 당황했다.
카이사르는 비록 독재자였지만 로마를 위해 자신의 모든 것을 헌신한 정치인이었던 것이다.

클레오파트라는 든든한 후원자였던 카이사르를 잃게 되자
새 로마 지도자로 부상한 인물 안토니우스를 유혹한다.
로렌스 앨머 태디마, <안토니우스와 클레오파트라의 만남The Meeting of Antony and Cleopatra>,
1885년, 패널에 유채, 36×65.4cm, 개인 소장.

서 만난 두 사람은 사랑에 빠지게 되었고 안토니우스는 카이사르가 그
랬던 것처럼 이집트에서 한동안 클레오파트라와 밀월을 즐기게 되었다.
클레오파트라는 사망한 카이사르를 대신할 강력한 지지 세력을 원했기
때문에 수단과 방법을 안 가리고 안토니우스를 유혹한 것으로 보인다.

　19세기 네덜란드 출신 화가 로렌스 앨머 태디마Lawrence Alma Tadema

는 안토니우스와 클레오파트라가 처음 만나는 장면을 그림으로 남겼다. 클레오파트라는 화려하게 장식한 배를 타고 타르수스에 도착하고 있으며, 안토니우스는 요염한 클레오파트라를 맞이하고 있다.

안토니우스가 클레오파트라와 사랑에 빠져 이집트로 가 버리자 로마 시민들은 안토니우스에게 배신감을 느꼈고 그가 로마를 버렸다고 생각했다. 그리고 카이사르의 양자인 옥타비아누스Gaius Octavianus가 안토니우스를 처벌해 줄 것을 바랐다. 옥타비아누스는 악티움 해전Battle of Actium에서 안토니우스와 클레오파트라 연합군을 물리친 뒤 클레오파트라를 인질로 생포하기 위해 이집트로 갔다. 전투에서 패배한 안토니우스와 클레오파트라는 옥타비아누스가 이집트에 도착하기 전에 자살로 생을 마감하고 말았다. 클레오파트라의 죽음에 대해서는 여러 설들이 있다. 클레오파트라가 옥타비아누스마저 유혹하려 했지만 실패하자 자살했다는 설도 있고, 옥타비아누스에 의해 죽임을 당했다는 설도 있다.

1963년 영화 〈클레오파트라〉는 당대 최고 스타 엘리자베스 테일러를 주연으로 제작했는데, 비교적 역사적인 고증이 잘된 영화다. 클레오파트라가 카이사르의 아들 카이사리온을 데리고 로마에 도착하는 장면은 당시 실제로 벌어진 상황처럼 연출되었다.

기원전 29년 이집트에서 로마로 돌아온 옥타비아누스는 원로원에게서 '프린켑스princeps'라는 칭호를 받게 된다. 이는 '1인자'라는 뜻으로, 이로써 로마에서는 500년 공화정 역사가 막을 내리고 제정이 시작되었다. 로마 초대 황제가 된 옥타비아누스는 아우구스투스Augustus(존엄한 자라는 뜻이다)로 이름을 바꾸었다. 이후 200년간 로마에는 평화가 찾

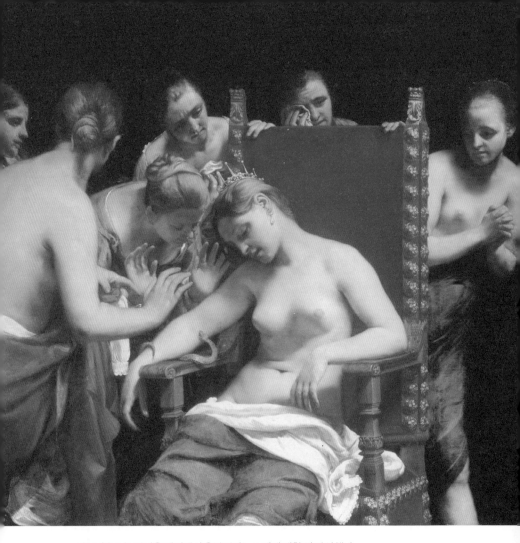

안토니우스는 악티움 해전에서 옥타비아누스에게 패한 뒤 자살했다.
정치적 후원자였던 안토니우스가 죽자 클레오파트라도 죽기로 결심한다.
클레오파트라의 죽음은 많은 예술가들의 작품으로 묘사되었다.
그중 하나는 시녀들에게 둘러싸인 채 독사에 의해 죽어가는 모습으로 표현되었다.
귀도 카냐치 Guido Cagnacci, <클레오파트라의 죽음 The Death of Cleopatra>, 1659년 이후,
캔버스에 유채, 153×168.5cm, 빈, 빈 미술사박물관.

아라 파키스 아우구스타이(아우구스투스의 평화의 제단)는
로마의 평화 시기인 팍스 로마나가 시작되었음을 상징적으로 알려 주는 유물이다.
기원전 13년. ⓒ Rabax63/Wikimedia Commons/CC-BY 3.0

아왔는데, 이 시기를 팍스 로마나Pax Romana라고 한다.

아우구스투스는 카이사르를 신격화하기 위해 카이사르 신전Temple
of Caesar을 지었다. 기원전 13년에는 에스파냐, 갈리아 원정에서 돌아
온 아우구스투스를 기리기 위해 원로원에서 아라 파키스 아우구스타
이Ara Pacis Augustae(아우구스투스의 평화의 제단)를 세웠다. 평화 시대를
연 황제에게 어울리는 선물이라고 할 수 있겠다. 현재 이 제단은 아우
구스투스 영묘 유적 옆에 미국 건축가가 설계한 건축물 안에 보존되어
있다.

폭군 네로가 죽은 뒤 혼란스러운 로마를 안정시킨 이가 베스파시아누스다.
베스파시아누스는 왕위에 오르면서 민심을 수습할 목적으로 <콜로세움> 건설을 명했다.
<콜로세움>은 네로의 황금궁전이 있던 자리에 지어졌는데,
이는 왕이 아닌 시민에게 공간을 돌려준다는 의미를 상징하는 것이었다.
<콜로세움>을 포함한 로마 역사 지구는 1980년 유네스코 세계문화유산에 등재되었다.
10년 뒤인 1990년에는 주변 지역까지 확장해 재등재되었다.
70~80년, 로마. ⓒ Alessandroferri/Wikimedia Commons/CC-BY 3.0

14

로마 제정이 탄생하고
폭군 네로가 등장하다
〈콜로세움〉

초대 황제 아우구스투스를 시작으로 로마는 제정 시기에 접어든다. 이 시기를 대표하는 건축물이 베스파시아누스Titus Flavius Vespasianus 황제가 착공한 원형경기장 〈콜로세움Colosseum〉이다. 베스파시아누스는 폭군 네로 황제가 죽고 나서 혼란에 빠진 로마를 평정하면서 황위에 올랐는데, 〈콜로세움〉 건설도 민심을 안정시키는 방법 중 하나였다.

〈콜로세움〉의 원래 이름은 플라비우스 원형경기장Amphitheatrum Flavium으로, 네로의 황금궁전 자리에 건설되었다. 베스파시아누스의 아들 티투스 황제 시기에 3층 규모로 완공되었다가 베스파시아누스의 또 다른 아들 도미티아누스 황제 시기에 4층으로 증축되었다. 이후 지진으로 파괴되어 건설될 당시의 웅장한 모습은 볼 수 없게 되었다. 고대에는 〈콜로세움〉 내부에서 검투사들의 경기, 사형수들의 처형, 모의 해전 등이 펼쳐졌다.

<콜로세움> 내부로, 이곳에서 검투사 경기, 사형수 처형, 모의 해전 등이 펼쳐졌다.
특히 모의 해전 때는 중앙 무대에 물을 채운 뒤 배를 띄워 스펙터클한 장면을 연출했다.
ⓒ 지식서재

초대 황제 아우구스투스는 내전을 끝내고 로마에 평화를 가져온 뒤 대규모 국가 재건 사업을 추진했다. 그는 로마 군대를 정규군과 보조군, 근위군으로 분류했는데, 총 병력은 35만 명 정도였다. 정규군은 시민권을 가진 자였고, 보조군은 속주민 가운데에서 선발되었는데 속주민이 25년간 군복무를 하면 로마 시민권을 주었다. 근위군은 황제의 친위대로 수도 로마의 치안 유지를 담당했다. 로마 제정 시기에 친위대가 황제를 살해하는 일이 자주 일어났는데, 아우구스투스는 이런 점을 전혀 예상하지 못했을 것이다.

또한 민생 안정을 위해 이집트와 아프리카에서 곡물을 수입했으며 빈민들에게는 무료로 식량을 배급했다. 국가 재정 수입원은 속주민에게 부과되는 토지세와 인두세, 그 외 관세, 노예 해방세 등이었다.

이 시기 문화도 발전했는데, 시인 베르길리우스, 문학가 호라티우스와 오비디우스, 철학자 세네카, 역사가 리비우스와 타키투스가 나왔다. 아우구스투스는 로마를 한층 품위 있는 도시로 만들었는데, 그 자신이 이렇게 말했다고 한다. "나는 진흙과 벽돌로 된 로마를 물려받아서 대리석으로 된 로마를 남겼다."

아우구스투스가 집권한 45년간은 모든 것이 순조로웠는데, 단지 후계자는 마음대로 되지 않았다. 친자식은 두 번째 부인이 낳은 딸 율리아뿐이었고 세 번째 부인 리비아에게서는 자녀를 얻지 못했다. 우여곡절 끝에 리비아가 이혼한 전 남편에게서 얻은 티베리우스 카이사르 아우구스투스Tiberius Caesar Augustus가 아우구스투스의 양자가 되어 황위를 이어받았다. 아우구스투스는 티베리우스와 공동통치를 하다가 은퇴했으며 14년 77세 나이로 사망했다.

티베리우스는 로마 명문가 클라우디우스Claudius 가문이었지만 황제로서는 부족함이 많은 인물이었다. 14년 56세 나이로 즉위했지만, 제국을 통치할 능력도 생각도 없었기 때문에 수도 로마를 근위대장에게 맡기고 카프리 별장에서 은둔 생활을 하게 되었다. 근위대장은 반란 음모로 처형되었고, 별다른 업적을 남기지 않은 티베리우스는 37년 사망하고 말았다.

티베리우스의 뒤를 이어 황위에 오른 사람은 아우구스투스의 혈통인 칼리굴라Caligula였다. 황제가 된 칼리굴라는 집권 초기에는 로마 시민들이 좋아할 만한 정책들을 내놓았고 의욕적으로 황제직을 수행했다. 시민들을 위한 검투사 시합도 다시 열었고 이집트에서 〈오벨리스크〉를 제작해 와서 테베레 강 부근의 개인 경기장 앞에다 자랑스럽게 세워 놓기도 했다. 하지만 중병을 앓고 난 다음에 칼리굴라는 정신이 이상해졌다고 한다. 성도착증 증세가 심해진 그는 자신을 이집트 파라오로 생각해서 누이동생 드루실라Drusilla와 관계를 맺어 임신까지 시켰다. 무자비하고 잔인한 행동을 일삼던 칼리굴라는 41년 근위대장에 의하여 암살되고 말았다.

칼리굴라 뒤를 이어 41년 황위를 계승한 사람은 삼촌 클라우디우스Claudius다. 소아마비 증세로 잘 걷지 못하고 말도 더듬었지만 아주 똑똑한 사람이었다고 한다. 그는 정치와 외교에 탁월한 능력을 발휘했으며, 능력 있는 해방노예들을 기용했다. 기용된 이들은 부유한 귀족들의 재정을 담당하던 노예로 10년을 근무해서 해방노예가 된 사람들이었다. 클라우디우스는 신체적 장애에도 불구하고 43년 브리타니아(영국)를 정벌했으며 3년 뒤에는 트라키아(불가리아)까지 정복해 로마 식민지로 편입시켰다.

클라우디우스 황제의 업적 중에는 수도교 건설이 있는데, 수도교란 강이나 도로 위를 지나는 수로를 받치기 위해 만든 다리를 말한다. 〈클라우디우스 수도교Aqua Claudia〉는 원래 38년 칼리굴라 황제가 수도 로마에 깨끗한 물을 공급하기 위해 착공하기 시작한 것으로, 14년 뒤

<클라우디오스 수도교>는 수도 로마에 깨끗한 물을 공급하기 위해 건축한 다리다.
이렇게 로마 시대에 만들어진 많은 수도교들이 유럽 곳곳에서 발견된다.
ⓒ Chris 73/Wikimedia Commons/CC-BY 3.0

클라우디오스 황제 시기에 완공되었다. 길이가 69km나 된다고 한다.
로마의 건축술은 로마 최초의 고속도로인 아피아 가도Via Appia를 비롯
해 도로, 극장, 전차 경기장, 수도교 등으로 대표된다. 오늘날 로마 제국
이 다스렸던 유럽 각 지역에 가면 로마의 놀랄 만한 건축들을 쉽게 찾
아볼 수 있다.

　이렇듯 완벽하게 로마를 다스리고 있던 클라우디오스 황제에게도
골칫거리가 있었으니 바로 세 번째 부인인 메살리나Valeria Messalina였
다. 메살리나는 16세 어린 나이로 30년 이상 연상인 클라우디오스 황
제와 결혼하여 1남 1녀를 낳았다. 사치가 심하고 방탕한 그녀는 매춘
행위를 하여 성추문을 일으키기도 했다. 로마의 이름난 매춘부와 하룻
밤에 얼마나 많은 남자를 상대할 수 있는지 대결을 벌이기도 했다는
데, 승리는 과다성욕자인 황후 메살리나에게 돌아갔다.

로마를 잘 다스린 황제 클라우디우스의 부인 메살리나는 방탕함의 대명사로 악명을 날렸다. 유명한 매춘부와 하룻밤에 얼마나 많은 남자를 상대할 수 있는지 대결을 벌이기도 했다. 한스 마카르트Hans Makart, <메살리나로 분장한 샤를로테 볼터Charlotte Wolter als Messalina>, 1875년경, 캔버스에 유채, 142×223cm, 빈, 빈 미술사박물관.

품위에 어긋나는 행동을 일삼던 황후 메살리나는 결국 처형되었고 네 번째 부인이 들어왔다. 칼리굴라의 누이동생인 소小 아그리피나Julia Agrippina Minor(어머니의 이름도 아그리피나여서 대 아그리피나와 소 아그리피나로 구분해 부른다)였다. 그녀는 첫 남편과의 사이에서 아들을 하나 두고 있었는데, 그 아들을 황제로 만드는 것이 유일한 목적이자 꿈이었다. 아그리피나는 아들을 황제의 양자로 입적시키고 황제의 딸과 결혼도 시켰다. 이제 모든 준비가 끝나고 클라우디우스가 사망하는 것만 기다리면 되었다. 목적을 위하여 수단과 방법을 가리지 않았던 아그리피나는 결국 아들을 황위에 올렸다. 그가 바로 폭군 네로Nero다.

54년 17세 나이로 황위를 계승한 네로는 집권 초기 8년간 로마 제국의 평화와 안정을 위해 황제직을 충실히 수행했다. 권력욕이 강했던 아그리피나는 사사건건 아들의 일에 간섭했다. 사이가 안 좋아진 모자 관계는 네로가 아그리피나를 암살하면서 끝이 났다. 모친을 암살한 네로는 이때부터 온갖 악행을 저지르기 시작했다. 오토 장군의 아내인 포파이아에게 반해 그녀를 남편과 강제로 이혼시키고 부인으로 삼았다. 황후 옥타비아는 간통죄로 몰아 살해했으며 임신 중인 포파이아도 발로 차서 죽이고 말았다. 이런 악행에도 불구하고 네로는 자신을 예술가라고 생각했다. 사람들을 모아 놓고 자작시를 발표하고 스스로 배우가 되어 연극 무대에 출연하기도 했다.

64년 네로가 황제에 오른 지 10년 되던 해 로마에 큰 화재가 발생했다. 네로는 화재 진압에 앞장섰지만, 후대 역사가들은 사실을 왜곡했다. 문학적인 소양이 풍부한 네로가 시상을 떠올리기 위해 방화를 한 뒤 그 죄를 그리스도교인들에게 뒤집어씌웠다는 것이다. 당시 체포된 방화범 중에 그리스도교인들이 있기는 했지만 소수에 불과했다고 한다. 네로가 그리스도교인들을 탄압했다는 것은 역사적으로 맞지 않는다는 의견이 지배적이다.

정작 네로가 역사적으로 지탄받는 것은 불탄 로마 시를 복구하는 대신에 자신을 위한 황금궁전(도무스 아우레아Domus Aurea)을 지은 행동 때문이었다. 4년에 걸쳐 지어진 황금궁전은 아름다운 벽화가 가득한 방을 150개 가지고 있었으며, 뱃놀이를 할 수 있는 넓은 인공호수와

네로가 황제에 오른 지 10년 되던 해 로마에 큰 화재가 발생했다.
네로는 화재 진압에 앞장섰지만, 역사가들은 사실을 왜곡하고 네로를 방화범으로 몰았다.
카를 테오도르 폰 필로티Carl Theodor von Piloty,
<불탄 로마 시내를 시찰하는 네로 황제Nero Views the Burning of Rome>, 1861년경.

황금으로 만들어진 거대한 네로 조각상이 있었다. 2000년부터 황금궁전 복원 작업이 진행되고 있는데 최근 비밀의 방이 발견되었다. 비밀의 방은 정교한 프레스코 벽화로 장식되어 있었다고 한다.

68년 갈리아 반란에 이어 에스파냐에서도 반란이 일어나자 갈바Servius Sulpicius Galba 총독이 황제로 추대되었다. 근위대도 폭군 네로에

네로 황제의 황금궁전을 상상해서 만들어 놓은 모형이다.
네로는 불탄 로마를 복구하는 대신 화려한 황금궁전을 지었고, 여론은 점점 악화되었다.
로마, 로마 문명박물관Museo della Civiltà Romana.

게 등을 돌리고 갈바에게 충성을 맹세하기에 이른다. 사태의 심각성을
알게 된 네로는 68년 30세의 나이로 자살하고 말았다. 네로가 사망하
면서 율리우스 클라우디우스 왕조도 멸문하게 되었고, 1년 동안 황제
가 네 번이나 바뀌는 혼란기가 왔다.

이 혼란을 끝낸 인물이 60세의 베스파시아누스 장군이었다. 베스파
시아누스는 아들 티투스와 예루살렘을 정복하고 있었는데, 69년 황제
추대를 받고 급히 로마로 돌아왔다. 아들 티투스는 70년 예루살렘 성

을 함락하고 유대인을 살육했으며 성전에서 값진 보물들을 약탈해서 로마로 개선했다. 유대로부터 많은 노예들과 재물을 얻은 베스파시아 누스 황제가 한 일은 로마 시민을 위한 경기장을 건설하는 것이었다. 네로의 황금궁전을 헐고 그 자리에 티투스 목욕탕을 세우고 인공호수 가 있던 자리에는 〈콜로세움〉을 착공했다. 로마 시민 5만 명이 들어갈 수 있는 규모로, 신분에 따라 자리가 정해졌다.

베스파시아누스 황제가 〈콜로세움〉을 세운 이유는 자신의 정치적인 입지를 다지기 위해서였다. 로마의 명문 가문이 아닌 중인 출신이었기 때문에 원로원을 비롯한 로마 시민에게 황제로 당당히 인정받고 싶었 을 것이다. 하지만 베스파시아누스 황제는 〈콜로세움〉 완공을 보지 못 하고 79년 사망하고 말았다. 〈콜로세움〉은 아들 티투스 황제에 의하여 완공되었고, 완공 기념으로 백일 축제가 벌어졌다.

포악한 인물로 알려진 티투스는 황제가 되고 난 뒤 자비로운 사람이 되었고 황제직을 의욕적으로 수행했다. 티투스 황제가 다스리던 시기 에 로마 제국에는 세 가지 큰 사건이 일어났다. 티투스가 황위에 오른 79년에는 베수비오 화산이 갑자기 폭발했고, 다음 해는 로마에 대화재 가 일어났으며, 81년에는 로마에 전염병이 돌아서 많은 사람들이 죽었 다. 티투스 황제는 구제 사업에 힘쓰던 중인 81년 42세의 젊은 나이로 갑작스럽게 사망하고 말았다. 그는 로마 시민들에게는 인기 많은 황제 였지만, 유대인들에게는 예루살렘 성전을 파괴한 침략자로 증오의 대 상이었다.

티투스 황제가 재위 2년 만에 사망한 뒤 황위는 그의 동생이자 베스 파시아누스의 둘째 아들인 도미티아누스에게 계승되었다. 도미티아누스 황제는 팔라티노 언덕에 황궁을 지었으며 〈콜로세움〉 경기장도 4층으로 증축했다. 신변의 위협을 느끼며 생활했던 황제는 96년에 암살되고 말았다. 아우구스투스 황제 이후 10명의 황제 중에서 7명이나 암살되었으니 당시의 혼란을 짐작할 수 있다.

　원로원은 원로의원 네르바를 황제로 추대했고 도미티아누스 황제의 기록을 모두 삭제했다. 네르바 이후로 로마의 전성기인 오현제五賢帝, Five Good Emperors 시기(96~180)가 이어진다. 오현제란 '5명의 현명한 황제'를 뜻하는 말로, 네르바Marcus Cocceius Nerva 황제, 트라야누스Marcus Ulpius Trajanus 황제, 하드리아누스Pablius Aelius Hadrianus 황제, 안토니누스 피우스Antoninus Pius 황제, 마르쿠스 아우렐리우스Marcus Aurelius 황제를 가리킨다. 하지만 오현제의 마지막 황제 마르쿠스 아우렐리우스를 계승한 그의 아들 코모두스Lucius Aelius Aurelius Commodus 황제 시기부터 로마는 다시 혼란에 빠지게 된다.

사두체제가 실시되고
그리스도교가 공인되다
〈콘스탄티누스 대제의 꿈〉

로마 제국 말기에 중요한 두 명의 황제가 등장한다. 디오클레티아누스Gaius
Aurelius Valerius Diocletianus 황제와 콘스탄티누스 대제Constantine the Great(콘
스탄티누스 1세라고도 함)다. 디오클레티아누스는 정치적인 방법으로, 콘스탄
티누스는 종교적인 방법으로 무너져 가는 로마 제국을 되살리려 했다. 특히
콘스탄티누스 대제는 신앙의 자유를 인정하는 밀라노 칙령Edict of Milano 등
을 발표했는데, 이는 로마 사회에서 그리스도교가 국교화되는 길을 열었다.

　　콘스탄티누스는 중요한 전투를 앞둔 어느 날 꿈에서 십자가를 보았다고
한다. 르네상스 화가 피에로 델라 프란체스카Piero della Francesca가 이 장면

로마 제국 말기에 쓰러져 가는 로마를 되살리려 노력한 황제들이 등장했다.
그중에서 종교로 문제를 해결하려 했던 황제가 콘스탄티누스 대제다.
그는 중요한 전투를 앞두고 꿈에서 십자가를 보았다고 한다.
그림에는 막사에서 잠든 콘스탄티누스와 하늘에서 십자가를 들고 내려오는 천사가 있다.
피에로 델라 프란체스카, <콘스탄티누스 대제의 꿈>, 1460년경, 프레스코화,
아레초, 성 프란체스코 성당.

을 그림으로 남겼다. 호위병이 지키고 있는 가운데 콘스탄티누스 황제는 막사에서 잠이 들었고, 천사는 십자가를 들고 내려오고 있다. 이탈리아 아레초 Arezzo에 있는 성 프란체스코 성당Basilica di San Francesco의 벽화 중 일부다.

오현제 다음에 등장한 황제 코모두스는 국정을 멀리하고 쾌락에만 빠져 국고를 탕진했다. 그는 자신을 헤라클레스의 화신이라고 생각했는데, 심지어 검투사로 분장해 검투사 경기에 출전하기도 했다. 결국 그는 암살당했는데, 혼란한 이 시기를 평정한 인물이 아프리카 출신 군인인 셉티미우스 세베루스Lucius Septimius Severus다.

북아프리카 지역의 비천한 가정에서 출생해서 193년 황위에 오른 그는 의욕적으로 황제직을 수행했다. 211년 두 아들에게 로마 제국을 공동으로 통치할 것을 유언으로 남기고 65세 나이로 사망했다. 이후 왕위를 계승한 아들 카라칼라 황제를 비롯하여 몇 명의 황제를 거친 후 235년부터 284년까지 26명의 황제가 난립하는 군인 황제 시대가 시작되었다.

이때 기울어져 가는 로마 제국을 구원해 줄 디오클레티아누스 황제가 등장했다. 디오클레티아누스 황제는 발칸 반도 달마티아 지방의 해방노예 집안 출신이었다. 군인이 되고 나서 누메리아누스 황제의 근위대장을 지내기도 했다. 황제가 피살된 뒤 284년 그 자리를 이어받은 그는 광활한 로마 제국을 효율적으로 통치하기 위해 수도를 소아시아의 니코메디아Nicomedia(오늘날의 터키 이즈미트)로 옮겼고, 제국을 동부와 서부로 나누었다. 그리고 동부와 서부에 각각 황제와 부황제를 두어 모두 4명의 통치자가 다스리는 사두체제(테트라르키아Tetrarchia)를 도입

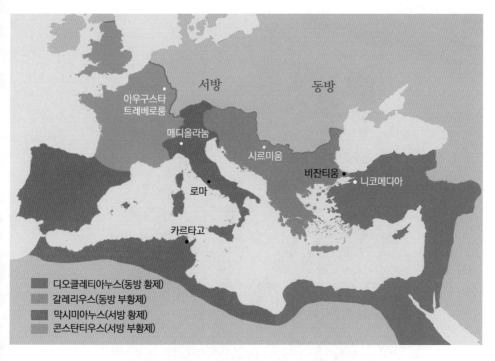

디오클레티아누스(동방 황제)
갈레리우스(동방 부황제)
막시미아누스(서방 황제)
콘스탄티우스(서방 부황제)

디오클레티아누스 황제 시기의 사두체제를 보여 주는 지도(293~305년).
그는 방대한 로마 제국 영토를 효율적으로 다스리려고 통치자 4명을 세우는 획기적인
사두체제를 도입했다. 흰색 원이 분할 지역의 수도들이다.

했다.

사두체제를 상징적으로 보여 주는 조각상이 베네치아의 산 마르코 성당San Marco 모서리에 붙어 있다. 이 조각상은 4세기 소아시아에서 생산된 돌로 만들어졌다. 원래는 콘스탄티노플(비잔티움)에 세워져 있었지만, 제4차 십자군 원정 당시 베네치아군에게 약탈당한 것으로 보인다.

디오클레티아누스 황제가 실시한 사두체제는 획기적인 정책으로 보

이탈리아 베네치아의 산 마르코 성당 벽 모서리에 붙어 있는 조각상으로,
사두체제를 나타내기 위해 네 사람이 끌어안고 있는 형태로 만들어졌다.
이 조각상은 4세기 소아시아에서 생산된 돌로 만들어졌는데,
십자군 전쟁 시기에 콘스탄티노플에서 약탈당해 이탈리아로 건너온 것으로 보인다.

디오클레티아누스 황제는 죄 없는 그리스도교 신자들을 잔인하게 죽였지만,
말년에는 크로아티아 스플리트에 거대한 궁전을 짓고 꽃과 양배추를 기르며 살았다.
사진은 디오클레티아누스 황제의 궁전터 입구다.

이지만, 실질적으로는 동방과 서방 사이의 경쟁심을 일으켰다. 게다가
그는 그리스도교를 탄압한 마지막 황제로 유명하다. 모든 그리스도교
집회가 금지되었고 죄 없는 그리스도교 신자들이 체포되어 비참하게
죽임을 당했다.

　20년 임기를 채우고 305년에 은퇴한 황제는 고향 스플리트Split에
1만 2천 평에 달하는 거대한 궁전을 짓고 꽃과 양배추를 기르며 살다
가 316년 사망했다. 스플리트는 크로아티아의 주요 관광지로, 특히 디

콘스탄티누스 대제는 한 제국에 두 명의 황제가 필요하지 않다고 생각하고
정적들을 하나씩 제거했다. 그중 한 명이 이탈리아를 다스리고 있던 막센티우스 황제였다.
이로써 사두체제는 막을 내리고 모든 권력이 한 명의 황제에게 집중되었다.
라차로 발디Lazzaro Baldi, <콘스탄티누스와 막센티우스의 전쟁Battle of Constantine
and Maxentius>, 1650년경, 에든버러, 에든버러 대학교University of Edinburgh.

오클레티아누스 황제의 궁전터가 인기 있다.

디오클레티아누스 황제의 죽음 이후 사두체제에 문제가 생기기 시작했다. 306년 서방에서는 콘스탄티우스 황제 뒤를 이어 아들 콘스탄티누스가 황위에 올랐다. 네 통치자 사이의 갈등은 점점 더 심해졌다. 312년 마침내 콘스탄티누스 대제는 이탈리아를 다스리던 막센티우스Marcus Aurelius Valerius Maxentius 황제와 일대 결전을 벌였다. 이때 꿈에 보았던 십자가를 방패에 그려 넣고 전투를 한 끝에 수적인 열세에도 불구하고 대승을 거두었다. 이제 남은 정적은 리키니우스Valerius Licinianus Licinius 황제밖에 없었다. 콘스탄티누스 황제는 누이동생인 콘스탄티아와 리키니우스를 정략결혼시켰고, 두 정적은 처남 매부 사이가 되었다.

313년 콘스탄티누스 대제는 리키니우스와 함께 밀라노 칙령을 발표해 그리스도교를 인정했다. 오랜 기간 핍박받던 그리스도교에 신앙의 자유를 선물한 것이다. 325년에는 니케아 공의회Councils of Nicaea에서 삼위일체설을 주장한 아타나시우스Athanasius파를 정통으로 인정하고 삼위일체설을 부정한 아리우스Arius파를 이단이라고 발표했다. 이후 테오도시우스 황제 때 그리스도교는 국교로 지정되기까지 했다.

한 제국에 두 명의 황제가 필요하지 않다고 생각한 콘스탄티누스 황제는 매부인 리키니우스를 제거하고 그의 아들도 살해했다. 남편과 아들을 잃은 콘스탄티아는 콘스탄티누스 황제의 궁에서 평생 살았다고 한다. 콘스탄티아가 비정한 오빠를 용서했는지는 알려져 있지 않다.

330년 콘스탄티누스 대제는 로마 제국 수도를 그리스인들의 식민 도시였던 비잔티움Byzantium으로 옮기고, 도시 이름을 콘스탄티노플

325년 니케아 공의회를 묘사한 이콘icon이다.

초기 그리스도교에서 '성부, 성자, 성령은 하나'라는 삼위일체설은 중요한 논쟁거리였다.

니케아 공의회에서 삼위일체설을 부정한 아리우스파를 이단으로 규정하면서 논쟁은 정리되었다.

이 공의회를 연 이는 콘스탄티누스 황제로, 그는 종교 문제를 해결해 로마를 안정시키려 했다.

Constantinople(오늘날의 터키 이스탄불)로 바꾸었다. 비잔티움은 기원전 660년부터 그리스인이 정착해서 살았던 지리적인 요충지로, 마르마라 Marmara 해와 골든 혼Golden Horn 만 사이에 위치해 있다. 특히 이곳은 유럽과 아시아가 만나는 위치에 자리하고 있기 때문에, 오래전부터 유럽과 아시아를 오가던 육상무역, 흑해와 보스포루스 해협을 오가던 해상무역의 중심지였다.

콘스탄티누스 대제는 로마 제국의 유일한 통치자가 된 뒤에도 권력을 장악하기 위해 측근들을 하나씩 제거해 나갔다. 황후 파우스타와 전처에게서 출생한 아들 크리스푸스에게 불륜 혐의를 씌워 모두 없앴고, 파우스타의 오빠인 정적 막센티우스와 전쟁을 해 전사하게 했다. 그리스도교를 공인한 황제였지만 그가 세례를 받은 건 사망하기 직전이라고 알려져 있다.

콘스탄티누스 대제가 죽은 뒤 황후 파우스타의 자식인 세 아들은 권력 투쟁을 했다. 결국에는 세 아들이 제국을 분할 통치하게 되었다.

로마 제국은 테오도시우스 1세의 죽음 이후 동과 서로 분열되었다.

유스티니아누스 1세는 동로마 제국 황제 중 가장 중요한 인물이다.

이민족에게 약탈당한 서로마 제국 영토 대부분을 되찾은 뒤 라벤나에 총독부를 두었다.

또한 과거 로마법을 집대성해 여러 법전을 펴냈는데,

이를 『유스티니아누스 법전』이라고 통칭한다. 이 법전의 영향력은 당대에 그치지 않고

후대까지 이어져 많은 근대 국가들이 법 체제를 세울 때 도움을 주었다.

모자이크에서 머리에 후광이 있는 사람이 유스티니아누스 1세다.

<유스티니아누스 1세 모자이크>, 547년경, 라벤나, 산 비탈레 성당.

16

서로마 제국이 멸망하고
동로마 제국이 번성하다
〈유스티니아누스 1세 모자이크〉

영원할 것 같았던 로마 제국도 테오도시우스 1세Theodosius I가 죽은 뒤 동과 서로 분열되었다. 황제의 큰아들 아르카디우스Flavius Arcadius는 동로마 제 국을, 둘째 아들 호노리우스Flavius Honorius는 서로마 제국을 차지했던 것이 다. 동로마 제국은 수도 비잔티움의 이름을 따서 비잔티움 제국이라고도 한다.

동로마 황제 중에 가장 중요한 인물은 유스티니아누스 1세Justinianus I다. 그는 콘스탄티누스 황제를 모범으로 삼았으며, 이민족에게 약탈당했던 서 로마 영토 대부분을 되찾은 뒤 553년 라벤나Ravenna에 총독부를 두었다. 아 드리아 해에 위치한 라벤나는 404년 서로마 황제 호노리우스에 의해 수도가 되었다가 동고트족 테오도리크 왕에 의해 점령당한 도시다. 라벤나에는 내 부가 화려한 모자이크로 장식된 성당이 많다. 대표적인 곳이 산 비탈레 성당 Basilica of San Vitale으로, 유네스코 세계문화유산에 등재되어 있다.

산 비탈레 성당은 성인 비탈레가 순교한 곳에 547년경 세워졌으며, 팔각

모자이크에서 머리에 후광을 두른 이가 유스티니아누스 1세의 황후 테오도라다.
황제와 황후는 예수와 성모가 아니기 때문에 원래는 후광 두른 모습으로 표현될 수 없다.
하지만 당시 동로마 황제는 교회보다 우월한 위치에 있었기 때문에 이런 표현이 가능했다.
<테오도라 황후 모자이크>, 547년경, 라벤나, 산 비탈레 성당.

형 형태를 하고 있다. 당시 모자이크는 그림보다 값이 비쌌기 때문에 왕족이
나 권력자들에게 인기가 있었고 솜씨 좋은 모자이크 장인들이 많이 배출되
었다. 산 비탈레 성당 내부의 모자이크에는 유스티니아누스 1세와 황후 테오
도라Theodora가 머리에 후광을 두른 채 성찬 예식에 바칠 빵과 포도주를 들
고 서 있다. 황제와 황후는 예수와 성모가 아니기 때문에 원래는 후광 두른 모
습으로 표현될 수 없다. 하지만 당시 동로마 황제는 교회보다 우월한 위치에
있었기 때문에 이런 표현이 가능했던 것으로 보인다. 유스티니아누스 황제
부부는 자신들의 모습이 있는 이 성당에 한 번도 오지 않았다고 한다.

유스티니아누스 황제 부부의 모자이크가 있는 산 비탈레 성당.
유네스코 세계문화유산에 등재되어 있다.
526~547년, 라벤나.

콘스탄티우스 2세를 계승한 사촌 율리아누스Flavius Claudius Julianus 황제는 그리스도교를 탄압하는 정책을 썼다. 그는 그리스 고전 문학과 철학에 심취해 있었고 그리스도교보다는 로마 전통 종교가 로마인에게는 더 좋다고 생각했다. 황위에 오른 지 2년 만에 페르시아와 전투를 벌이다 적이 던진 창에 맞아 죽었다. 율리아누스 황제가 죽은 뒤 로마 제국은 이민족 침입으로 급격하게 쇠퇴하기 시작했다.

아시아에서 온 훈족은 계속 이동하면서 게르만족 일파인 서고트족을 밀어냈다. 거주지를 찾던 서고트족은 로마 제국 영토를 요구하기 시작했다. 로마 제국이 어쩔 수 없이 이주를 허가하자 다른 이민족들도

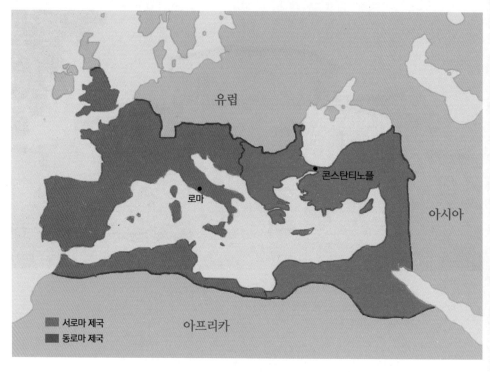

테오도시우스 1세가 사망한 395년 이후에 동서로 나뉜 로마 제국 지도.

몰려들었다. 이를 막기 위해 출정한 발렌스 황제는 서고트족과 전투를
벌이다가 전사하고 말았다.

이런 혼란 속에서 황위에 오른 테오도시우스 1세는 382년 고트족에
게 도나우 강 남쪽을 주고 자치를 허용했다. 395년 죽음을 앞두고 큰
아들 아르카디우스에게는 동방을, 둘째 아들 호노리우스에게는 서방
을 통치하라고 유언을 남겼다. 아들들의 나이가 어렸으므로 동방에서
는 근위대장 루피누스를, 서방에서는 장군 스틸리코Flavius Stilicho를 아
들들의 보필자로 내세웠다. 스틸리코는 반달족 출신의 서로마 장군으

로, 게르만인이었지만 로마에 끝까지 충성한 인물이다. 이로써 로마 제국은 서로마와 동로마로 양분되었다.

5세기에 들어와서 게르만족의 침입이 계속되었다. 410년에는 서고트족 족장 알라리크Alaric가 처남인 아타울프Athaulf와 병사들을 데리고 로마로 쳐들어왔다. 로마는 무방비 상태가 되었고 로마 수비대는 도망가기 바빴다. 2년 전 알라리크는 호노리우스 황제의 후견인이었던 스틸리코와 협상을 했는데, 이후 스틸리코는 호노리우스 황제의 간신배에게 모함을 받아 암살되고 말았다. 로마를 수호한 애국적인 장군이었던 스틸리코가 없는 서로마는 알라리크의 침입 앞에 무방비 상태였다. 로마 시를 점령하고 재물을 약탈한 알라리크는 이탈리아 남부 칼라브리아 지방에서 병으로 사망했다. 알라리크의 후계자인 처남 아타울프는 고트족을 이끌고 남부 갈리아 지방으로 넘어갔다.

서로마 제국의 몰락에 원인을 제공했다고 평가받는 호노리우스 황제는 39세 나이로 사망했다. 이후 황위는 누이동생 갈라 플라키디아Galla Placidia의 아들 발렌티니아누스 3세Valentinianus III에게 이어졌다. 새 황제는 통치 능력이 없었기 때문에 어머니인 갈라 플라키디아가 25년간 섭정을 했다. 그녀가 사망한 이후 서로마는 452년 훈족 왕 아틸라Attila의 공격을 받게 되었다. 위기를 느낀 발렌티니아누스 3세는 교황 레오 1세에게 도움을 청했고, 교황의 설득 때문인지는 몰라도 아틸라는 병사를 이끌고 되돌아갔다. 아틸라의 침공 이후에는 반달족이 침입해 왔다. 서로마 제국은 강력한 황제 없이 혼란을 거듭하다가 476년 게르만 용병 오도아케르Odoacer에게 멸망당했다.

오도아케르는 서로마가 다스리던 지역을 통치했지만, 황제에 오르지

서로마 제국 황제 호노리우스는 이민족 침입에 대처하지 못한 무능한 통치자였다.
닭 키우는 게 취미였던 그는 결국 서로마 제국의 몰락을 앞당긴 인물이 되고 말았다.
존 윌리엄 워터하우스 John William Waterhouse, <호노리우스 황제의 취미
The Favorites of the Emperor Honorius>, 1883년, 캔버스에 유채, 119.3×205cm,
애들레이드 Adelaide, 사우스 오스트레일리아 미술관 Art Gallery of South Australia.

않고 동로마 제국에서 임명한 총독 지위에 만족했다. 하지만 동로마 황
제 제논은 동고트족 왕 테오도리쿠스 Teodoricus에게 오도아케르의 토벌
을 제안했다. 493년 테오도리쿠스는 오도아케르를 물리치고 라벤나에
수도를 정한 뒤 동고트 왕국을 세웠다. 테오도리쿠스 왕은 콘스탄티노
플에서 교육받은 인물로 그리스 문화와 로마 제도를 받아들였다. 그런
그의 지위를 동로마 제국에서는 인정해 주었다.

　서로마 제국은 476년 멸망했지만, 동로마 제국은 이후 1,000년간 유
지되면서 로마 제국의 명맥을 이어 갔다. 동로마 제국은 발칸 반도, 소

아시아 반도, 시리아, 이집트, 이렇게 네 개의 지역에 걸쳐 있었다.

동로마 제국의 전성기는 유스티니아누스 1세 시기였다. 526년 무능했던 유스티누스 1세는 조카 유스티니아누스를 공동황제 자리에 올렸는데, 당시 실질적인 권력자는 조카였던 것이다. 527년 유스티누스 1세가 세상을 떠나자 유스티니아누스는 유일한 권력자가 되었다. 유스티니아누스 황제는 삼촌과는 달리 강력한 지도력에 깊은 학식을 지닌 사람이었다. 테오도시우스 2세가 시도하다가 중단했던 로마법 집대성 작업을 진행해 마침내 여러 법전들을 편찬했다. 이를 『유스티니아누스 법전』(『로마법대전Corpus Juris Civilis』이라고도 한다)이라고 통칭한다. 이 법전의 영향력은 동로마 제국에 그치지 않고 근대 국가들의 법 체계까지 이어졌다.

532년 유스티니아누스 황제는 높은 세금에 불만을 가진 사람들이 전차 경기장에서 일으킨 니카의 반란Nika riots을 진압했다. 처음에는 무서워서 도망가려고 했지만 황후 테오도라의 설득으로 용기를 냈던 것이다. 이때 3만 명이 살해되었다. 반란을 진압한 6주 후 황제는 살해된 무수한 사람들의 영혼을 달래 줄 목적이었는지, 아야소피아 Ayasofya(하기아 소피아Hagia Sophia, 성 소피아라고도 한다) 성당을 재건하기 시작했다. 아야소피아 성당은 360년 콘스탄티우스 2세 시기에 처음 건축되었으나 404년 방화로 소실되었다. 415년에 재건되었지만 반란으로 인해 다시 무너져 버렸던 것이었다. 아야소피아 성당은 5년 만에 완공되었다. 로마 바실리카 구조에 중앙에는 지름 32.5m의 돔이 있고 사각 평면에 큰 기둥 네 개가 받치고 있는 구조로 설계되었다. 르네상스 이전까지 가장 큰 성당이었다고 한다. 이후 900여 년간 성당으로 사용

동로마 제국의 유스티니아누스 황제에 의해 재건된 아야소피아.
이 건물이 있는 도시 이스탄불은 시대에 따라 그리스도교도와 이슬람교도의 지배를 받았다.
도시의 이런 운명에 따라 아야소피아도 성당, 모스크, 박물관 등으로 바뀌다가
2020년 7월 모스크로 다시 변경되었다.
© Mertaydintr/Wikimedia Commons/CC-BY 3.0

되다가 오스만 제국이 정복한 이후에는 모스크 사원으로 쓰이기도 했다. 1935년 박물관으로 바뀌었다. 오늘날 터키를 여행하는 관광객들에게는 꼭 찾아가 봐야 할 인기 명소가 되었다.

유스티니아누스 황제는 서방교회와 동방교회의 분열을 극복하려고 노력했다. 그럼에도 로마를 중심으로 한 서방교회는 정통 가톨릭을, 콘스탄티노플을 중심으로 한 동방교회는 그리스 정교를 믿게 되었다. 두

지역은 언어도 달랐는데, 서로마 지역에서는 라틴어를, 동로마 지역에서는 그리스어를 사용했다.

로마 가톨릭과 그리스 정교가 대립한 가장 큰 이유는 교황과 황제의 지위 때문이었다. 로마 가톨릭에서는 교황의 권위가, 그리스 정교에서는 황제의 권위가 절대적이었다. 또한 로마 가톨릭에서는 영성체에 발효되지 않은 빵을 사용했지만 그리스 정교에서는 발효된 빵을 사용했다. 사제 제도에서도 다른 점이 있었다. 그리스 정교 사제들은 로마 가톨릭 사제와는 달리 위계질서가 약했다. 검은 사제복을 입고 수염을 기를 수 있으며 결혼도 할 수 있었다.

유스티니아누스 황제는 12년 동안 반달족, 동고트족, 서고트족을 몰아내고 이탈리아 반도, 사르데냐, 시칠리아, 북아프리카 연안, 이베리아 반도까지 모두 수복했다. 565년 황제가 죽자 3년 후 랑고바르드족 Langobards이 공격해 왔고 이탈리아 반도 대부분을 다시 상실하게 되었다. 동로마 제국은 점점 힘을 잃어 갔다. 570년 아라비아 반도의 메카 Mecca에서는 새로운 흐름의 역사가 시작되고 있었다. 무함마드라고 불리는 사내아이가 태어난 것이다.

이슬람교는 610년 예언자 무함마드가 만든 종교로, 그는 포교를 위해 전쟁을 일으켰다.
이후 이슬람 문명은 1,000년간 세계를 지배했으며, 현재 57개 나라, 약 12억 인구에 해당한다.
사진은 이스탄불에 있는 이슬람 사원 <블루 모스크>로,
원래 이름은 아흐메드 1세의 이름을 따서 <술탄 아흐메드 모스크>다.
무슬림들은 하느님과 직접 소통하기 위해 하루 다섯 번 성지 메카를 향해 기도를 올리는데,
무슬림들을 위한 주요 기도 장소가 바로 모스크다.
1609~1616년, 이스탄불. ⓒ Dersaadet/Wikimedia Commons/CC-BY 3.0

17

예언자 무함마드가
이슬람교를 창시하다
〈블루 모스크〉

610년 이슬람교를 창시한 무함마드Muhammad는 포교를 위해 전쟁(지하드 Jihad)을 시작했다. 이후 이슬람 문명은 1,000년 동안 세계를 지배했다. 아라 비아어 '이슬람Islam'은 복종을 뜻하며, '무슬림Muslim'은 이슬람교를 믿는 사 람을 가리킨다. 이슬람교에는 예언자 무함마드의 설교를 모아 둔 경전인 코란 이 있지만, 다른 종교와는 다르게 성직자가 없다. 인간과 하느님(알라)을 연결 해 주는 매개체는 필요하지 않으며 하느님과 직접 소통한다는 것이다. 무슬 림들은 예배를 알리는 아잔adhān 소리가 들리면 어디에서든지 예배용 깔개 만 깔고 성지 메카를 향해 하루 다섯 번 기도를 하면 된다.

이스탄불에는 3천여 개의 모스크가 있다. 가장 유명한 것은 아흐메드 1세 가 자신의 이름을 따서 건설한 〈술탄 아흐메드 모스크Sultan Ahmed Mosque〉 다. 내부 유리창과 벽면이 푸른색이기 때문에 〈블루 모스크Blue Mosque〉라고 도 불린다. 1609년 착공하여 1616년에 완공했다. 아흐메드 1세는 〈블루 모스

터키의 국기로 이슬람교를 상징하는 초승달이 그려져 있다.
이것은 예언자 무함마드가 계시를 받은 날 하늘에 떠 있던 초승달을 의미한다.

크>가 완공된 지 1년 만에 27세 젊은 나이로 사망했다.

　　570년 4월에 태어난 무함마드는 2개월 만에 아버지를 잃고 6살 되
던 해에 어머니와도 사별했다. 의지할 곳이 없던 무함마드는 삼촌과 같
이 살았다. 성년이 되어 부자들의 염소지기로 살았으며 삼촌의 권유로
25세 나이에 부유한 미망인 카디자Khadija bint Khuwaylid와 결혼했다. 이
후 카디자와 15년간 풍족한 삶을 살다가 40세에 인생의 진리를 찾고자
수행 생활을 시작했다. 동굴에서 수행하던 중에 나타난 가브리엘 천사
의 계시로 인하여 무함마드는 예언자가 되기로 결심했다. 무함마드가

무함마드가 가브리엘 천사에게 계시를 받고 있다.
이 일을 계기로 무함마드는 예언자가 되었고 이슬람교를 창시하게 된다.
1307년, 『집사集史, Jami' al-tawarikh』에 실린 삽화.

계시를 받던 날 떠 있었다는 초승달은 이슬람교의 상징이 되었다. 초승
달은 이슬람교를 믿는 국가의 국기에서 쉽게 찾아볼 수 있다.

　무함마드는 유일신 알라Allāh야말로 진정한 하느님이라고 생각했다.
그리고 알라 앞에서는 신분의 높고 낮음에 상관없이 누구나 평등하며,
알라를 믿고 올바른 행동을 하면 누구든 천국에 갈 수 있다고 믿었다.
하지만 다신교를 믿고 있던 메카 사람들은 무함마드의 설교에 귀 기

무함마드는 이슬람교를 전파하기 위해 여러 전투를 벌였고,
승리를 지켜본 많은 아랍인들은 이슬람교로 개종했다.
<우후드 전투 중인 예언자 무함마드와 무슬림 군사들The Prophet Muhammad and the
Muslim Army at the Battle of Uhud>, 1595년, 『시예르이 네비Siyer-i Nebi』에 실린 삽화.

울리려고 하지 않았다. 그는 박해를 피하여 622년 메디나Medina로 도피했는데 이슬람인들은 이 해를 기원원년으로 계산하고 있다. 무함마드는 이슬람교의 전파를 위해 여러 전투를 벌였고 승리를 지켜본 많은 아랍인들이 이슬람교로 개종했다. 630년 메카로 진격한 무함마드는 무혈 입성을 했고, 2년 후인 632년 사망했다.

무함마드가 죽은 뒤 이슬람 공동체를 다스리는 지도자 칼리파Khalīfah('신의 사도의 대리인'이라는 뜻으로 영어로는 칼리프라고 한다)가 1대부터 4대까지 선출되었다. 이들은 무함마드의 정복사업을 이어받아 영토를 확장해 나갔다. 시리아와 이집트, 페르시아를 장악하면서 지중해 해상권은 이슬람인이 차지하게 되었다.

661년 4대 칼리파 알리가 암살당한 뒤 정적 무아위야Muawiyah가 왕권을 잡았다. 이때부터 칼리파를 세습하는 우마이야 왕조Umayyad dynasty가 시작되었고, 이슬람 세력도 둘로 나뉘었다. 즉 칼리파 세습제를 지지한(즉 무함마드 혈족만 칼리파로 인정한) 시아파와, 칼리파 선출제를 주장한 수니파로 분열한 것이다. 두 세력은 지금까지도 이슬람 세계의 갈등 요인으로 작용하고 있다. 우마이야 왕조는 북아프리카와 이베리아 반도(포르투갈과 에스파냐)까지 굴복시키는 등 대제국을 건설했다.

이슬람 군대는 이교도를 정복하면서 강제적 개종보다는 낮은 세금을 통한 지속적인 포용 정책을 썼다. 스스로 개종을 선택한 사람들에게는 자유와 평등이 주어졌으므로 이슬람교는 무서운 속도로 전파되기 시작했다. 이슬람 군대가 무력으로 개종시켰다는 이야기는 십자군 이후 이슬람 세력의 확산을 막기 위해 신학자 토마스 아퀴나스가 거짓으로 꾸민 것이라는 설이 지배적이다. 이슬람 세력이 쇠퇴한 이후에도

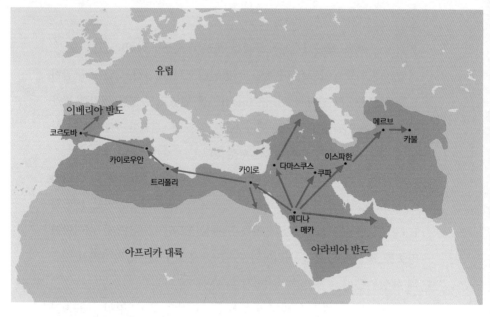

이슬람 제국의 확장을 보여 주는 지도.
진한 갈색 부분이 750년경에 이슬람 제국이 차지한 영토다.
이슬람 군대는 이교도를 정복할 때 낮은 세금을 통한 포용 정책을 썼다.
스스로 개종을 선택한 사람들에게 자유와 평등이 주어졌으므로
이슬람교는 무서운 속도로 전파되었다.

이슬람교도들이 종교를 바꾸지 않은 것을 보면 잘 알 수 있다.

무함마드가 알라를 유일신으로 하여 만든 이슬람교는 그리스도교에 바탕을 두고 있지만 다른 점이 많다. 우선 무슬림이 지켜야 할 5행은 신앙 고백, 하루에 다섯 번 예배, 라마단 기간에 금식, 희사(기부), 일생에 적어도 한 번은 메카 순례를 가는 것이다. 하루에 다섯 번 예배를 드리는 시간은 해 뜨기 전, 정오, 오후, 해 진 후, 밤중이다. 기도 횟수가 다른 종교에 비해 많아 보이지만, 무슬림들은 알라 신이 내리는

무한한 은총에 비해서는 적다고 생각한다.

무슬림은 옆으로 한 줄로 서서 예배를 보는 것이 특징이다. 모스크 공간이 넓으면 줄이 더 많아진다. 이슬람교의 지도자인 이맘Imām이 설교하는 금요일 예배가 가장 중요하다고 한다.

예언자 무함마드가 알라로부터 첫 계시를 받은 날을 기념하는 라마단Ramadan은 한 달 동안 금식을 비롯해 물질적인 것을 자제하는 기간이다. 이슬람력으로 9월에 해당한다. 라마단 기간에 무슬림은 빈곤한 자의 고통을 경험하며 배고픔과 음식의 소중함을 체험한다. 해가 뜨기 전 새벽 4시경 가볍게 아침을 먹은 후 낮 동안 물 한 모금 마시지 않고 해가 진 후 저녁 식사를 한다. 모스크 앞에서는 무료 식사가 가능한데, 식사비는 부자들이 부담한다고 한다. 무슬림에게 라마단은 고통의 달이 아닌 축제이자 나눔의 달이다. 음식은 곧 하느님의 축복이며 모두와 함께 나눌 때 행복하다는 것을 깨닫게 된다고 믿는다.

이슬람교는 술을 금하기 때문에 담배와 커피가 기호식품으로 발전했다. 커피는 이슬람 상인에 의해 유럽으로 전파되어 우리나라를 비롯한 전 세계인이 즐기는 음료가 되었다. 또한 이슬람인들이 중국인 전쟁포로에게서 배운 제지술과, 페르시아인과 그리스인과 인도인에게서 전달받아 발전시킨 사상과 학문은 세계사적으로 많은 영향을 끼쳤다.

카롤루스 대제는 게르만족 나라인 프랑크 왕국을 제국으로 발전시켰다. 서유럽 대부분을 정복하고 이슬람 세력의 확장을 막는 등 유럽 정통성을 지켜 프랑스, 독일, 이탈리아 등 현재 서유럽 국가들이 형성되는 데 기초를 닦았다. 알브레히트 뒤러, <카롤루스 대제>, 1511~1513년, 석회에 유채와 템페라, 215×115cm, 뉘른베르크, 게르만 국립박물관.

18

게르만족이
프랑크 제국을 세우다
〈카롤루스 대제〉

게르만족이 세운 나라 중에서 가장 번성했던 왕국이 프랑크 왕국Frankenreich
이다. 이 왕국을 제국으로 발전시킨 인물은 47년간 왕좌에 있던 카롤루스 대
제Carolus Magnus(또는 프랑스식으로 샤를마뉴 대제Charlemagne라고도 한
다)다. 그는 10차례 정복 전쟁을 통해 영국과 이탈리아 등 서유럽 대부분을
차지했지만, 이슬람의 지배를 받고 있던 에스파냐에서는 큰 성과를 거두지
못했다. 그럼에도 이슬람 세력의 확장을 막고 유럽 정통성을 지켰으며, 프랑
스·독일·이탈리아 등 현재 서유럽 국가들의 기초를 닦았다는 점에서 '유럽
의 아버지'라고 불린다. 이후 여러 기사 문학에 등장하는 전설이 되기도 했다.

독일 르네상스 화가 알브레히트 뒤러Albrecht Dürer가 그린 초상화 <카롤
루스 대제>를 보면 금과 은으로 손잡이가 장식된 칼을 들고 금실로 짠 값비
싼 예복을 입고 보석이 박힌 왕관을 쓰고 있다. 그는 체격이 건장하고 성격도
활달했으며 9명 왕비와의 사이에서 20명의 자손을 두었다. 사후에 그려진 초

상화로, 뉘른베르크의 게르만 국립박물관Germanisches Nationalmuseum과 빈의 호프부르크 왕궁 보물관Kaiserliche Schatzkammer Wien에 가면 만나 볼 수 있다.

　게르만족Germanic peoples은 원래 북유럽 발트 해 연안에 살던 민족이었다. 그들은 따뜻하고 농사 짓기 좋은 땅을 찾아 기원전 2~기원전 1세기에 이동하기 시작했다. 그중 일부가 로마 제국 영토로 들어왔다. 375년 훈족이 동유럽으로 쳐들어오자 더 많은 게르만족이 로마 제국으로 몰려왔다. 이 사건을 '게르만족의 대이동Völkerwanderung'이라고 한다. 새로운 정착지를 찾아 가족을 데리고 이주한 게르만족 중에서 프랑크족은 갈리아 북쪽, 부르군트족은 남프랑스 론 강 일대, 서고트족은 에스파냐, 앵글로색슨족은 브리타니아, 반달족은 아프리카에 자신들의 왕국을 세웠다. 이 중에서 가장 강력한 나라는 프랑크 왕국이었다.

　갈리아 남부 지방인 론 강 지역에는 부르군트족이 이주했지만 얼마 가지 않아 프랑크족에 의해 제압당했다. 5세기 말 프랑크족의 클로비스 1세Clovis I는 메로빙거 왕조Merovingian dynasty를 창건했고 갈리아 주변 지역으로 영토를 넓혔다. 여러 부족을 합쳐 통일국가로 만든 클로비스는 다른 게르만족과 달리 정통 아타나시우스파로 개종했다. 클로비스의 이 결단으로 프랑크 왕국은 제국으로 나아갈 발판을 마련하게 되었다. 이후 로마 교회와 로마 귀족들의 지원을 받아 오늘날 벨기에와 프랑스에 해당하는 지역 대부분을 차지하게 되었다.

　클로비스가 사망한 이후 네 명의 아들에 의해 분할 통치되는 혼란한 시기를 겪게 되었다. 이때 등장한 인물이 궁재(메로빙거 왕조의 재상)

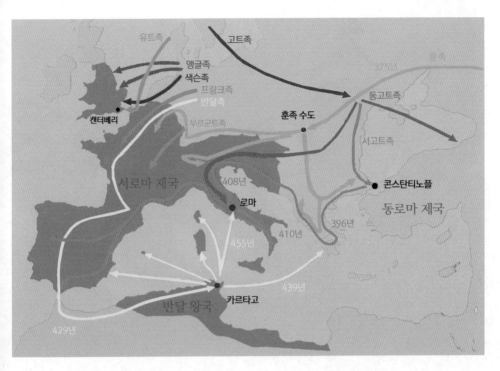

100~500년 동안 게르만족의 이동 경로를 보여 주는 지도. ⓒ MapMaster

카를 마르텔Karl Martell이다.

　카를 마르텔은 732년 투르-푸아티에 전투Battle of Tours-Poitier에서 이슬람 군대를 맞아 물리쳤다. 이를 계기로 이슬람 군대는 유럽 정복의 꿈을 버려야 했다. 카를 마르텔이 아니었다면 프랑스와 독일도 어쩔 수 없이 이슬람 제국의 지배를 받았을 것이다. 카를 마르텔이 죽자 아들 피핀Pippin der Jüngere이 프랑크 왕국의 궁재가 되었다가 751년 스스로 왕위에 올라 카롤링거 왕조Carolingian dynasty를 열었다.

　이탈리아를 지배하고 있던 동고트 왕국이 무너지고 난 뒤 그 지역

프랑크 왕국의 궁재 카를 마르텔은 투르-푸아티에 전투에서 이슬람군을 물리쳤다.
이를 계기로 이슬람군은 유럽 정복의 꿈을 버렸고,
프랑스와 독일은 이슬람의 침략에서 벗어날 수 있었다.
샤를 드 스투벵Charles de Steuben, <투르-푸아티에 전투 중인 카를 마르텔Charles
Martel in the Battle of Tours-Poitier>, 1837년, 캔버스에 유채, 460×540cm,
베르사유 궁 박물관Musée du Château de Versailles.

을 차지한 랑고바르드족은 8세기 초 세력을 확장하기 시작했다. 교황 스테파노 2세는 피핀에게 도움을 청했다. 피핀은 교황의 부탁을 받아들여 랑고바르드족을 물리치고 라벤나 지역을 교황에게 기증했다. 이 지역은 로마 주변 영토와 함께 교황령이 되었다(이후 교황령은 1870년 이탈리아가 통일되면서 박탈되었다가 1929년 무솔리니와 맺은 라테란 협정으로 교황 주권을 인정받게 되었다. 이때 이탈리아에서 독립해 교황이 다스리는 국가인 바티칸 시국이 세워졌다).

피핀의 아들 카롤루스 대제는 26세에 왕위를 계승해 프랑크 제국을 더욱 발전시켰다. 800년 성탄절에는 로마 교황 레오 3세Leo Ⅲ에게서 서로마 황제의 관을 받기도 했다. 교황이 이민족인 카롤루스 대제와 손을 잡은 가장 큰 이유는 동로마 황제에 맞서 자신을 보호해 줄 강력한 힘이 필요했기 때문이다. 당시 교황과 동로마 제국은 갈등 관계에 있었다.

726년 동로마 황제 레오 3세Leo Ⅲ는 성상 숭배를 금지하는 우상 파괴령을 발표했다. 이에 로마 교회의 수장 그레고리우스 2세 교황은 게르만족 포교에 꼭 필요했던 성상의 파괴에 반대한다는 입장을 주장했다. 의견 차이를 보이던 서로마 교회와 동로마 교회가 점점 멀어지게 되었던 것이다. 이민족에 불과한 게르만족이 서로마를 계승한다는 것은 동로마 황제로서는 인정하기 어려운 일이었다. 802년 카롤루스 대제와 동로마 제국은 결국 전쟁을 벌이게 되었다. 10년 뒤인 812년 평화 협정이 체결되었다. 카롤루스 대제는 자신이 점령한 이탈리아 지역들을 되돌려주는 대신에 동로마 제국으로부터 황제 지위를 인정받았다.

카롤루스 대제는 영토 확장이 어느 정도 마무리되자 문예 부흥에 힘쓰기 시작했다. 당시 중세 때는 대다수 사람들이 문맹이었는데, 카롤

프랑크 제국을 발전시킨 카롤루스 대제는 중세 기사 문학에도 등장한다.
중세 서사시 <롤랑의 노래>는 카롤루스 대제의 에스파냐 정벌 때 있던 한 전투를 다룬다.
카롤루스의 조카 롤랑은 경쟁자의 계략으로 죽어가면서도 충성스런 기사의 모습을 보인다.
롤랑의 이런 모습은 후일 중세 기사의 모범이 되었다고 한다.
장 푸케Jean Fouquet, <롤랑의 죽음Mort de Roland>, 1455~1460년, 필사본 삽화.

루스 대제 역시 많은 노력을 했지만 글을 익히지 못했다고 한다. 그럼에도 그는 일생 동안 배우는 것을 즐긴 학구적인 황제였다. 수도 아헨에 궁정학교를 설립하고 곳곳에 수도원을 세웠으며, 고전 문헌을 널리 수집하고 연구하도록 장려했다. 중세 문화가 꽃피었던 이 시기를 카롤링거 르네상스Carolingian Renaissance라고 부른다. 당시 수도원 수도사들에 의해 필사된 서적들은 오늘날 중세 고전 연구에 많은 도움을 주고 있다.

카롤루스 대제는 많은 중세 기사 문학에도 등장한다. 그중 특히 유명한 이야기가 서사시 〈롤랑의 노래La Chanson de Roland〉다. 〈롤랑의 노래〉는 778년 카롤루스 대제의 에스파냐 정벌에서 벌어진 한 전투 이야기를 다루고 있다. 카롤루스의 조카인 롤랑은 이슬람 군대와의 강화조약에 반대하지만, 카롤루스는 휴전을 맺고 철수하기로 결정한다. 롤랑을 시기 질투하고 있던 가느롱의 계략으로 롤랑의 후위대는 철수 중에 기습공격을 당하고 만다. 롤랑이 롱스보 고개에서 죽어 가면서 보인 충성스러운 기사의 모습은 후일 중세 기사의 모범이 되었다고 한다. 프랑스 파리의 노트르담 대성당 옆에는 카롤루스 대제와 뿔피리(혹은 뿔나팔)를 지닌 롤랑의 모습이 조각되어 있다.

로마 가톨릭과 게르만족을 하나로 결합했다는 평가를 받는 카롤루스 대제는 814년 사망했다. 왕위는 아들 경건왕 루도비쿠스Ludovicus Pius에게 이어졌다. 그는 별다른 업적을 남기지 못하고 사망했고, 프랑크 제국은 세 아들에 의해 분할되었다. 843년 베르됭 조약Treaty of Verdun으로 첫째는 중부, 둘째는 동부, 셋째는 서부를 차지했다. 870년 메르센 조약Treaty of Mersen으로 중 프랑크의 영토가 좁아지는 대신에

파리 노트르담 대성당 광장에 가면 중세 기사 문학의 등장인물이 된
카롤루스 대제와 그의 조카 롤랑의 조각상을 볼 수 있다.
말 탄 이가 카롤루스 대제이고, 옆에서 말고삐를 잡은 이가 롤랑이다.
카롤루스 대제는 이처럼 문학작품에도 등장할 만큼 중세 사람들에게 많은 사랑을 받았다.

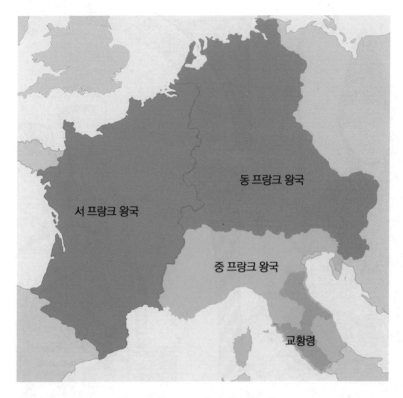

 내 지도 라벨 텍스트:

서 프랑크 왕국

동 프랑크 왕국

중 프랑크 왕국

교황령

870년 메르센 조약으로 나뉜 중 프랑크, 동 프랑크, 서 프랑크 지도.
세 영토는 근대에 들어와서 각각 이탈리아, 독일, 프랑스가 되었다.

동 프랑크와 서 프랑크의 영토는 한층 넓어졌다. 이후 중 프랑크는 이
탈리아, 동 프랑크는 독일, 서프랑크는 프랑스가 되었다. 이렇게 현재 우
리가 알고 있는 서유럽 나라들의 영토가 정해졌다.

REX ROGAT ABBATEM. MATHILDIM SUPPLICAT ATQ

19

중세 교회가 성장하고
십자군 전쟁이 일어나다
〈카노사의 굴욕〉

918년 동 프랑크에 독일 왕국Regnum Teutonicorum이 세워졌다. 936년 오토 1세Otto I는 왕위에 오른 뒤 962년 교황으로부터 황제 관을 받게 되었다. 이를 계기로 오토 1세는 독일 왕국을 접고 신성로마제국을 세웠다.

이 시기인 10세기부터 유럽 사회는 안정기에 접어들었다. 농업 생산력이 증가하면서 인구도 많이 늘었다. 당시 사람들의 정신적 지주는 가톨릭 신앙이었는데, 교황의 권한은 국왕보다 절대적이었다. 중세라 불리는 이 시기의 특징을 잘 보여 주는 사건이 〈카노사의 굴욕Humiliation at Canossa〉이다.

1075년 신성로마제국 황제 하인리히 4세Heinrich IV는 성직자 임명권을 두고 교황 그레고리우스 7세Gregorius VII와 충돌했다. 교황이 황제의 성직자

이 그림이 묘사하고 있는 〈카노사의 굴욕〉은 교황과 황제의 대립에서
교황이 승리한 사건이다. 중세 교회가 왕권을 지배하기 시작한 것이다.
무릎을 꿇고 있는 이가 신성로마제국 황제 하인리히 4세이고,
오른쪽 의자에 앉아 있는 이가 교황 측근이자 카노사 성주인 마틸데다.
12세기, 필사본 삽화.

임명권을 박탈하자 하인리히 4세가 교황을 폐위시키기로 결의한 것이다. 이에 교황도 지지 않고 하인리히 4세를 파문했다. 하인리히 4세는 제후들이 자신의 뜻에 동조하지 않고 교황의 편을 들자 위기감을 느꼈다. 1077년 황제는 교황을 만나기 위해 이탈리아에 있는 카노사 성으로 찾아갔다. 3일간 성문 앞에서 눈물을 흘리며 용서를 빈 끝에 파문을 간신히 면했다. 신권과 왕권의 충돌에서 신권이 승리를 거둔 것이다.

이 사건은 여러 화가들에 의해 그림으로 그려졌다. 19세기 화가 에두아르트 슈보이저Eduard Schwoiser가 그린 작품을 보면 호위병이 지켜보는 가운데 허름한 옷에 맨발인 하인리히 4세가 성문 앞에 서 있다. 카노사 성안에는 교황 그레고리우스 7세와 카노사 성주인 토스카나의 마틸데가 이야기를 나누며 서 있다.

카노사의 굴욕 사건은 여기서 끝나지 않는다. 교황의 용서를 받고 귀국한 하인리히 4세는 복수를 다짐했다. 3년 후인 1080년, 하인리히 4세는 자신을 지지하는 세력을 모아 교황을 폐위했다. 이번에는 왕권이 신권을 이긴 셈이다.

이 싸움은 두 사람이 모두 사망한 뒤에야 끝을 보았다. 1122년 교황은 성직자 임명권을 갖고 국왕은 성직자 소유의 토지 소유권을 갖는다는 내용의 보름스 협약Concordat of Worms이 맺어졌다. 서로 한 발씩 양보한 것이다.

카노사의 굴욕이 일어난 지 20년이 지난 1095년경, 교황의 절대적인 권위를 나타내는 또 다른 일이 발생했다. 이슬람 지배 세력인 셀주크 투르크족Seljuk Turks이 콘스탄티노플을 위협하자 동로마 황제 알렉시우

카노사의 굴욕 사건은 여러 화가들에 의해 그려졌다.
여기서는 하인리히 4세가 허름한 옷차림에 맨발로 성문 앞에 서 있는 모습으로 그려졌다.
에두아르트 슈보이저, <카노사의 하인리히Heinrich vor Canossa>, 1862년경,
뮌헨, 막시밀리아네움 재단Stiftung Maximilianeum.

스 1세Alexius I는 당시 교황이었던 우르바누스 2세Urbanus II에게 잘 훈련된 기사 300명을 보내 달라는 편지를 보냈다. 우르바누스 2세는 그레고리우스 7세 교황의 대리인을 거쳐 46세에 교황으로 선출된 입지전적 인물이었다. 편지를 받은 우르바누스 2세는 알렉시우스 1세가 처한 국가적인 위기를 기회로 이용하기로 결심하고 클레르몽 공의회Council of Clermont를 소집했다. 당시 정치적인 힘이 부족했던 교회가 다시 힘을 얻을 절호의 기회였던 것이다.

1095년 11월 대성당 앞에는 귀족, 기사, 성직자, 일반인들이 모여들었다. 교황 우르바누스 2세는 셀주크투르크족이 성지 예루살렘을 점령하여 순례를 방해하고 있으니 반드시 성지 탈환을 해야 한다고 강조했다. 당시 5대 교구 중 로마와 콘스탄티노플 교구를 제외한 안티오키아, 예루살렘, 알렉산드리아 교구는 이슬람 세력이 지배하고 있었다. 특히 예루살렘이 문제였다. 예루살렘은 세 개의 종교가 각자의 성지로 받드는 도시다. 유대교에서는 헤롯 왕과 솔로몬 왕의 신전이 있는 곳이고, 이슬람교에서는 예언자 무함마드가 승천한 곳이며, 그리스도교에서는 예수가 순교한 곳이다. 그러다 보니 역사적으로 이 도시를 차지하기 위한 싸움이 자주 벌어졌다. 당시 예루살렘은 4세기 동안 로마의 지배를 받다가 7세기경부터 이슬람이 차지하고 있었다.

교황은 이슬람이 지배하는 소아시아에는 엄청난 재물이 있으며 십자군에 영혼을 바치는 자는 모든 죄가 없어져 천국으로 간다고 주장했다. 또한 살인하지 말라는 교리는 이교도에게는 해당되지 않는다고 했으며, 십자군 전쟁은 성스러운 전쟁이라고 거듭 강조했다. 사실 전쟁이라는 것은 결코 성전이 될 수 없으며, 죽이는 자와 죽는 자가 있을 뿐

십자군 전쟁은 성지 예루살렘 탈환이라는 그럴듯한 종교적 명분을 내세웠지만, 실제로는 무차별적으로 끔찍하게 행해진 대량 학살과 약탈 행위였다.
에밀 시뇰Émile Signol, <1099년 7월 15일 예루살렘을 탈환한 십자군Taking of Jerusalem by the Crusaders, 15th July 1099>, 1847년, 베르사유 궁 박물관.

이다. 하지만 당시 유럽인들에게 교황 우르바누스 2세의 말은 하느님 말씀처럼 들렸다. 교황은 "하느님이 원하신다"는 말을 끝으로 카리스마 넘치는 긴 연설을 마쳤다.

교황의 연설에 크게 감동받은 귀족과 일반 그리스도교인들은 1년 후인 1096년, 가진 재산을 처분하여 3,000마일 원정길을 출발했다. 11세기부터 13세기에 걸친 십자군 원정 중 제1차 원정이 시작된 것이다. 모든 기사와 병사들은 천으로 만든 빨간 십자가를 붙이고 있었기 때문에 십자군이라고 불렸다.

출발한 지 6개월 후 십자군이 콘스탄티노플에 도착했다. 그들을 본 동로마 황제 알렉시우스 1세는 경악하고 말았다. 300명의 기사를 보내 달라고 했는데 수많은 사람들이 메뚜기 떼처럼 몰려왔기 때문이다. 제1차 십자군의 수는 과장되어서 확실하지는 않지만 대략 6만 명 정도일 것으로 추정된다. 성문을 열어 주지 않은 채 고민에 빠진 알렉시우스 1세는 십자군 지도자를 불러서 협상을 했다. 식량과 선박을 지원해 줄 것이니 앞으로 차지하는 영토는 동로마 제국의 땅으로 인정한다는 충성 서약을 쓰라고 강요받았다. 대안이 없었던 십자군은 서약에 서명을 하고 식량과 선박을 얻어서 소아시아 땅으로 출발했다.

니케아Nicaea(오늘날의 터키 이즈니크)에 도착한 십자군은 총공격 준비를 마쳤다. 이른 아침 성벽을 바라본 십자군은 높은 탑 위에서 나부끼고 있는 동로마 제국 깃발을 발견하고 놀라고 말았다. 알렉시우스 1세가 파견한 밀사가 니케아 영주의 항복을 이미 받아 낸 것이다. 배신감에 충격을 받은 십자군은 마음을 가다듬어서 안티오키아Antiochia에 도착했다. 잠시 설명을 덧붙이자면, 안티오키아는 현재 안타키아 Antakya로 불리는 터키의 작은 도시로, 시리아와의 국경 근처에 있다. 알렉산드로스 대왕이 사망한 뒤 부하인 셀레우코스가 수도로 정한 곳으로, 로마 제국 시기에는 군사적, 경제적 요충도시였다. 초기 그리스도 교회가 포교 활동을 시작한 이곳은 그리스도교 5대 교구 중 하나에 속하는 종교적인 도시이기도 했다.

하지만 1084년부터 이슬람이 지배하고 있던 안티오키아는 십자군이 공격을 감행한 당시에는 종교적인 자유를 누리며 살고 있었다. 성벽이 견고했던 탓에 전투의 대치 상태가 길어졌다. 십자군은 굶주림과 질병으로 매일 죽어 갔다. 십자군은 이슬람 내부의 반역자를 이용해 안티오키아 함락에 성공했다. 마침내 성안으로 들어간 십자군은 이슬람인뿐 아니라 그리스도교인을 비롯해 유대인, 어린이, 부녀자 모두를 잔인하게 죽였다.

십자군의 극악무도한 행동은 안티오키아에서 100km 떨어진 마아라트 알누만Maarrat al-Numan(오늘날의 시리아 소도시)에서도 일어났다. 십자군은 이슬람이 지배하고 있던 이곳을 점령하고 나서 1개월 동안 온갖 악행을 저질렀다. 모든 이슬람인들을 약탈하고 살인했으며 심지어 인육을 먹기도 했다. 이런 행동들은 적들에게 극도의 공포심을 갖게 하려는 의도였다.

그리스도교인이라는 사실을 잊은 십자군은 살인과 약탈을 계속하면서 1099년 6월 예루살렘에 도착했다. 원정을 시작한 지 3년이 지난 시점이라, 십자군은 의욕도 상실하고 숫자도 많이 줄어 있었다. 계속된 격렬한 전투 끝에 7월 15일 십자군은 예루살렘을 탈환했고, 예루살렘 왕국을 건설했다. 예루살렘이 탈환되었다는 소식이 로마에 전해진 며칠 후, 교황 우르바누스 2세는 세상을 떠났다.

제1차 십자군의 성공은 오래가지 못했다. 1187년 예루살렘은 새로운 이슬람 지도자인 살라딘Saradin에게 점령당하고 말았다. 십자군 원정은 이후로도 계속되었다. 1096년부터 1270년까지 200년간 8차례 이루어졌지만, 제1차 십자군 원정 외에는 단 한 번도 성공하지 못했다. 이 전쟁은 이슬람교의 상징인 초승달과 그리스도교의 상징인 십자가의 충돌이었다.

십자군 원정 중에서 가장 추악했던 제4차 원정은 1202년 교황 인노

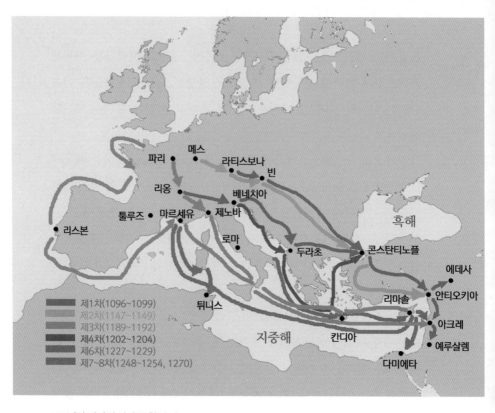

200년간 이어진 십자군 원정 지도.
원정은 총 8차례 이루어졌지만 제1차 외에는 단 한 번도 성공하지 못했다.

켄티우스 3세Innocentius III의 제안으로 성립되었다. 제4차 원정을 앞두
고 모인 병력이 예상보다 부족했던 탓에 수송을 담당한 베네치아에 줄
수송 비용이 마련되지 않았다. 출발이 지연되면서 빚은 늘어만 갔다.
이때 베네치아 상인들이 해결책을 내놓았다. 아드리아 해 북부에 있는
그리스 도시인 자라Zara(오늘날의 크로아티아 자다르)를 점령해서 넘겨
주면, 수송비는 십자군이 정복으로 얻게 되는 수입에서 정산하는 조건

208

이었다. 조건을 받아들인 제4차 십자군은 자라를 포위 공격했다. 이 소식을 들은 교황 인노켄티우스 3세는 당장 철수하라고 명령을 내렸다. 하지만 십자군은 교황의 말에 따르지 않았다.

이 무렵 폐위된 동로마 황제 아들인 알렉시우스 4세Alexius IV는 십자군이 콘스탄티노플을 공격해서 자신을 황제로 올려주면 베네치아에 진 빚도 갚아 주고 십자군 원정도 재정적으로 지원해 주겠다는 제안을 해 왔다. 매력적인 제안을 받아들인 십자군은 예루살렘이 아닌 콘스탄티노플로 공격해 들어갔다. 권력을 잡고 있던 알렉시우스 3세 군대는 항거했지만 십자군에 패하고 말았다. 알렉시우스 4세는 자신이 원하던 대로 황제가 되었다. 하지만 곧이어 발생한 반란으로 감금되었다가 죽임을 당하고 말았다. 많은 보수를 약속했던 알렉시우스 4세가 죽자 이성을 잃은 베네치아 병사들은 콘스탄티노플을 약탈하기 시작했다. 십자군에 의하여 점령된 콘스탄티노플에는 라틴 제국Latin Empire이 세워졌다. 이후 쇠약해진 콘스탄티노플은 1453년 오스만 제국 메흐메드 2세Mehmed II에게 함락되고 말았다.

베네치아 십자군은 콘스탄티노플에서 약탈한 온갖 값비싼 보물들을 베네치아로 가지고 왔다. 그중에는 콘스탄티노플의 히포드롬Hippodrome(전차 경기장)에 서 있던 네 마리의 말 청동상도 포함되어 있었다. 말 청동상은 1797년 베네치아를 정복한 나폴레옹 군대에 의해 프랑스로 옮겨졌고, 나폴레옹 실각 후 1815년 베네치아에 반환되었다. 현재 네 마리 말 청동상은 베네치아에 있는 산 마르코 성당Basilica di San Marco 박물관 안에 소장되어 있다. 성당의 정문 위 테라스에는 이 청동상의 복제품이 세워져 있다.

제4차 십자군 원정 때 베네치아 병사들은 온갖 보물들을 약탈해 고국으로 가져왔다.
그중 하나인 네 마리의 말 청동상으로, 콘스탄티노플에서 약탈되어 베네치아로 온 것이다.
현재는 산 마르코 성당 박물관 내부에 소장되어 있다.

십자군의 약탈품에는 말 청동상 외에 만호석(성혈을 상징하는 적갈색) 성배와 금은 향로, 황금장식 팔라 도로Pala d'Oro도 있었다. 이후 팔라 도로는 산 마르코 성당 제단화의 일부가 되어 오늘에 이르고 있다.

십자군 원정은 유럽에 많은 변화를 가져왔다. 제일 먼저 나타난 것은 교황권의 추락과 중세 기사 계급의 몰락이다. 십자군이 지나갔던 도시들은 발전했고, 상인들의 세력이 커지게 되었다. 중세는 십자군 원

산 마르코 성당의 정문 위 테라스에는 네 마리의 말 청동상 복제품이 세워져 있다.
ⓒ Andreas Volkmer/Wikimedia Commons/CC-BY 3.0.

정을 기점으로 서서히 몰락하기 시작했다.

칭기즈 칸이
몽골 제국을 세우다
〈칭기즈 칸〉

인류 역사상 가장 거대한 제국을 건설한 영웅 칭기즈 칸Chingiz Khan, 成吉思汗('위대한 칸'이라는 뜻으로 사후에 원나라가 세워지면서 태조로 추대되었다)은 몽골의 한 부족장 아들로 태어났다. 아버지를 일찍 여의고 살아남기 위해 온갖 고생을 한 끝에 몽골국 최고 지위인 칸에 올랐다. 이후 칭기즈 칸과 그 후예들인 여러 칸들은 중국, 러시아, 동유럽, 심지어 바그다드까지 점령하는 등 세계를 지배했다. 몽골 제국이 번성하던 13~14세기에 중국과 이슬람 지역의 많은 문물들이 유럽에 전해졌다. 새로운 문화에 자극을 받은 유럽인들은 중세를 끝내고 르네상스와 신항로 개척 시대를 열었다.

칭기즈 칸은 인류 역사상 가장 거대한 제국인 몽골 제국을 건설한 군주다.
불우한 환경에서 성장했지만, 몽골의 여러 부족을 통합하고 최고 자리인 칸에 올랐다.
이후 칭기즈 칸과 그 후예들은 중국, 러시아, 동유럽, 바그다드까지 점령하고,
세계를 지배했다. 이들에 의해 중국과 이슬람 문물이 유럽에 전해지면서
유럽인들은 새로운 자극을 받았고 신항로 개척 시기를 열 수 있었다.
작가 미상, 〈칭기즈 칸Chingiz Khan, 元太祖〉, 14세기(원나라),
비단에 먹, 59.4×47cm, 타이베이, 국립고궁박물원國立故宮博物院.

칭기즈 칸의 실제 모습을 그린 초상화는 존재하지 않는다. 오늘날 남아 있는 초상화는 상상화로, 그의 손자들이 다스린 중국 원나라 시기와 일한국 시기에 그려진 것들이다. 가장 유명한 초상화가 14세기 원나라 때 그려진 것인데, 정복자의 용맹함보다는 군주의 근엄함을 강조했다.

1162년 몽골 오논Onon 강 주변의 한 부락에서 사내아이가 태어났다. 전설에 따르면 손에는 핏덩이를 쥐고 있었다고 한다. 아버지는 보르지긴족 부족장 예수게이Yesugei였다. 보르지긴 테무친Borjigin Temüjin이란 이름을 가지게 된 아이는 9세 이전까지는 별걱정 없이 살았다. 9세 무렵 아버지가 타타르족에 의해 독살되면서 운명이 바뀌었다. 부족은 가장이 없어진 테무친 가족을 버리고 다른 곳으로 떠나 버렸다. 1년 중 겨울이 9개월이나 되며 기온이 영하 40도까지 내려가는 혹한의 지역에 버려졌다는 것은 죽음과도 같았다. 남겨진 예수게이의 두 부인과 일곱 아이들은 사냥과 채집으로 하루하루를 연명했다. 이때 테무친 형제 중 한 명이 굶주림으로 사망했다고 한다. 어려운 환경에도 불구하고 테무친은 주변 평판이 좋았고 위기 상황에 대처하는 능력이 뛰어난 인물로 성장했다. 하지만 그는 고생을 많이 한 탓에 다혈질이고 잔인한 성격의 소유자이기도 했다. 충성을 바치는 사람에게는 친절했지만 만약 배신을 하면 죽여 버리는 행동도 서슴없이 했다.

1178년 16세의 테무친은 아버지가 미리 정해 두었던 보르테Börte와 결혼했다. 그러던 어느 날 메르키트Merkit 부족의 습격을 받아서 새 신부인 보르테가 납치되고 말았다. 테무친의 어머니 호엘룬Hoelun은 원래 메르키트 부족 사람의 아내였는데 20년 전에 아버지 예수게이에게 납치되었던 사연을 가지고 있었다. 그 보복으로 메르키트족이 보르테를 납치한 것이다. 9개월 후 보르테는 집으로 돌아왔고 얼마 후 첫아들 주치Juchi를 낳았다. 주변에서는 보르테가 납치된 후 동거했던 남자가 아이의 친아버지라고 생각했다. 테무친은 주치를 아들로 받아들였지만 가장 사랑한 아들은 막내 툴루이Tului였다. 테무친은 장남 주치 외에 차가타이Chaghatai, 오고타이Ogotai, 툴루이를 두었다.

1203년 주변 부족들을 정복해 가던 중 양아버지 옹 칸Ong Khan의 배신으로 쫓기는 신세가 되었다. 테무친을 따라 몽골 초원의 발주나Baljuna 호수에 도착한 전사 19명은 출신 씨족이나 종교가 각기 달랐지만 테무친에 대한 충성심만은 오직 한마음이었다. 배신자 옹 칸과 의형제 자무카Jamuqa에 대한 복수를 다짐한 테무친은 19명 전사와 흙탕물을 나누어 마시며 충성 서약을 했다. 발주나 맹약으로 용기를 얻은 테무친은 반대 세력을 모두 제거하고 마지막으로 나이만족Naimans까지 정복하면서 몽골족의 지도자가 되었다. 1206년 부족장 회의인 쿠릴타이Khuriltai에서 '칸'에 선출되면서 칭기즈 칸으로 불리게 되었다. 나이 44세에 몽골 제국의 최고 지위에 오른 것이다.

칭기즈 칸은 부족 간에 납치를 하거나 몽골인을 노예로 삼는 것을 금지하고, 종교가 다르다는 이유로 사람을 괴롭혀서는 안 된다는 종교의 자유를 선포했다. 이렇게 초원을 떠돌며 살던 유목민이었던 몽골족이 통일된 나라인 '예케 몽골 울루스Yeqe Mongol Ulus'('큰 몽골 나라'라는 뜻으로 오늘날에는 몽골 제국이라고 부른다. 칭기즈 칸 사후에는 후손들이 땅을 물려받으면서 원, 일 한국, 오고타이 한국, 차가타이 한국, 킵차크 한국 등 다섯 나라로 분리되었다)를 세웠다.

칭기즈 칸은 여러 몽골 부족들을 통일해 대몽골 제국을 세운 뒤에,
1211년 10만 대군을 이끌고 금나라로 쳐들어간다.
<몽골·중국 전쟁Battle between Mongols & Chinese>, 1430년, 『집사』에 실린 삽화.

　칭기즈 칸은 100만 명의 인구와 10만 명의 정규군이 있었던 몽골을
유지하기 위해 정복 전쟁에 나섰는데, 제일 먼저 정벌한 곳은 서하였
다. 나이만족의 잔당들이 있는 서하를 6번이나 공격해서 항복을 받고
복속시켰다. 그다음 정복지는 금나라였다. 금나라는 몽골을 가볍게 보
고 신하가 되라고 요구했지만, 칭기즈 칸은 1211년 10만 대군을 데리고
쳐들어갔다. 이때 칭기즈 칸은 후계자 선정을 위해 네 아들 주치, 차가
타이, 오고타이, 툴루이를 싸움터에 데리고 갔다. 금나라는 100만 명
군사들로 맞섰지만 전투에 단련된 몽골군을 이길 수는 없었다. 많은
군사를 잃은 금나라 황제 선종은 몽골에 항복하고 강화조약을 맺었다.

1215년 몽골군은 금나라 수도였던 연경(베이징)을 함락시켰다.
1234년에는 수도를 개봉으로 옮긴 금나라를 멸망시켰다.
이후 세계 정복의 꿈을 안고 유라시아 지역까지 진출했다.
<연경 포위 Siege of Beijing>, 1430년, 『집사』에 실린 삽화.

이후 선종은 수도를 연경燕京(오늘날의 베이징)에서 개봉開封(오늘날의 카이펑)으로 옮기고 몽골의 재침입에 대비했다. 하지만 여러 노력에도 불구하고 1215년 몽골에 의해 연경이 함락되었다. 1234년 애종 때에는 개봉마저 포위당했다. 몽골은 남송과 연합군을 결성해 개봉을 공격했고, 결국 금나라는 무너지고 말았다.

몽골이 다음 정복할 대상은 동서 무역으로 부를 쌓은 호라즘 Khorazm 왕국이었다. 호라즘은 중앙아시아 아랄 해 남쪽의 투르크계 이슬람 왕국이었다. 칭기즈 칸은 수교를 목적으로 수백 명의 대상隊商 (사막 지역을 오가며 장사하던 상인 무리)을 보냈다. 값진 물건을 실은 대상 일행을 본 오트라르 성주 이날추크는 욕심에 눈이 멀어 그들을 살해했다. 소식을 들은 칭기즈 칸은 사신을 보내 호라즘 왕 무함마드 2세에게 정중하게 사과할 것을 요구했다. 하지만 이번에도 사신들 중 일부가 살해당하고 일부는 수염이 깎여서 돌아왔다. 당시 수염이 깎인다는 것은 몽골 남자로서는 대단한 치욕이었다. 두 번이나 호라즘에 당한 칭기즈 칸은 12만~15만 대군을 이끌고 호라즘으로 쳐들어갔다. 당시 호라즘 군사는 40만~45만 정도였다고 한다. 이날추크 성주는 대상들을 죽인 죄로 눈과 귀에 펄펄 끓는 은을 붓는 형벌을 당해 무참히 죽어 갔다. 사마르칸트Samarkand 성이 함락되자 무함마드 2세는 도망가고 말았다. 추격대에 쫓기던 무함마드 2세는 1220년 카스피 해 근처에 있는 섬에서 폐렴으로 사망했다. 호라즘 왕국을 정복한 몽골군은 악의 화신이 되어 두 발로 걷는 것은 다 죽이는 무시무시한 대학살을 벌였다. 무자비한 학살을 한 이유는 주변에 몽골군에 대한 공포심을 불러일으켜 미리 항복하게 만들려는 고도의 심리전 전술이었다.

폐허로 변한 호라즘 왕국에서는 무함마드 2세 아들 잘랄 웃딘Jalāl al-Dīn Menguberdi이 왕위를 계승하고 저항을 시작했다. 잘랄 웃딘은 인더스 강까지 후퇴하면서 몽골군에 대항했지만 결국 패배하고 암살당했다. 칭기즈 칸은 잘랄 웃딘의 용맹성을 높이 평가하며 아들을 얻으려면 잘랄 웃딘 같은 영웅을 얻으라고 말했다고 한다.

말 위에서 먹고 자고 싸우는 전사들인 몽골군에게 대적할 적은 없었다.
몽골군은 초원에서 단련된 말을 타고 중국, 러시아, 동유럽까지 거침없이 나아갔다.
14세기 초, 『집사』에 실린 삽화, 베를린, 베를린 주립도서관 Staatsbibliothek zu Berlin.

몽골군은 호라즘 왕국을 정복한 뒤 캅카스 산맥 너머의 러시아와 크림Crimean 반도는 물론, 볼가Volga 강까지 진출했다. 정복한 나라 사람들을 무참히 학살한 후 많은 전리품을 약탈해서 몽골로 돌아갔다.

몽골군이 연전연승했던 것은 뛰어난 군사 전술, 적의 무기를 적극 활용한 응용력, 초원 생활로 단련된 전사와 말 덕분이었다. 몽골군은 병사를 나누어서 공격하는 각개격파 전술과 거짓 후퇴 작전인 망구다이 Mangudai, 矇古歹 전술을 주로 사용했다. 망구다이 전술은 선발대가 싸우다가 후퇴하는 척하며 적을 유인하면, 정예병이 따라온 적들을 소탕하는 작전을 말한다. 망구다이란 '붉은 병사'란 뜻으로, 선발대 대부분이 유인 과정에서 죽기 때문에 이런 이름이 붙었다고 한다. 초원에서 부족끼리 싸운 경험이 많은 몽골인들에게는 익숙한 전술이었던 것으로 생각된다.

몽골군이 가진 것은 처음에는 말과 화살뿐이었지만 곧 다른 민족이 가진 신무기를 최대한 활용했다. 중국의 첨단 무기인 투석기와 화약은 바그다드 성을 함락할 때 사용했으며, 남송을 함락할 때는 아랍 기술자를 이용하여 신식 투석기인 회회포回回砲를 사용했다.

특별히 훈련받은 몽골의 준마는 160km를 지치지 않고 달릴 수 있었고 척박한 환경에서도 알아서 먹이를 찾아냈다. 하루에 30~50km를 달리고 건초만 먹는 러시아 말과는 많이 달랐다. 몽골인들은 어린 시절부터 초원에서 살았기 때문에 시력이 보통 2.0~4.0으로 아주 좋았다. 7살 무렵이면 말을 능숙하게 탔으며 달리는 말 위에서 활쏘기도 자유자재로 할 수 있었다. 식량 보급 문제가 가장 중요한 장거리 전투에서 몽골군은 말 젖으로 만든 치즈, 소고기와 양고기로 만든 육포(보르츠borts)를 가지고 다녔다. 이런 음식은 잘 상하지 않고 휴대도 간편하기 때문에 전투 식량으로서는 최고였다. 말 위에서 먹고 자고 싸운다 해도 과언이 아닌 몽골군에게는 대적할 만한 전사들이 없었다.

7년간의 원정을 마치고 돌아온 칭기즈 칸은 좋아하던 사냥을 하다가 말에서 떨어졌다. 낙마 후유증으로 인해 1227년 65세로 사망했다. 묘소를 아무에게도 알리지 않기 위해 시신을 운반하던 길에 만났던 사람들을 모두 죽였으며, 시신을 운반한 50명의 병사도 같이 묻었다고 전해진다. 칭기즈 칸의 묘소가 어디인지 밝혀진다면 몽골 제국이 약탈한 많은 전리품의 행방도 알 수 있을지 모른다. 일부 학자들은 값비싼 보물들을 칭기즈 칸과 같이 묻었을 것이라고 생각하고 있다.

부인이 500명이나 된다고 하는 칭기즈 칸은 본부인 보르테가 낳은 네 아들에게만 방대한 제국을 상속해 주었다. 칸의 자리는 예상과는 다르게 셋째 아들 오고타이Ogotai, 高潤台에게 돌아갔다. 오고타이는 포악한 성격의 형제들과는 다르게 온순하고 포용력 있는 인물이었다. 대몽골 제국을 통치하기 위해서는 오고타이 같은 신중한 성격의 인물이 필요하다는 것을 칭기즈 칸은 잘 알고 있었을 것이다.

44세의 젊은 나이에 몽골 제국의 칸이 된 오고타이는 금나라 정복을 끝낸 후 조카 바투를 총사령관으로, 명장 수부타이를 부사령관으로 임명해 유럽을 정복하게 했다. 칭기즈 칸의 장남 주치의 아들인 바투는 수부타이에 비해 성격이 포악하고 욕심이 많은 인물이었다. 전투 능력마저 없었지만 칭기즈 칸의 손자였기 때문에 총사령관으로 임명되었던 것이다.

1236년부터 1246년까지 10년간 계속된 유럽 원정으로 키예프 공국을 비롯해 러시아 공국들, 폴란드, 헝가리를 정복했다. 중세 시기였던 유럽은 잔인한 몽골군의 침략에 속수무책으로 당하기만 했다. 폴란드 공격 당시 믿고 있었던 튜튼 기사단의 참패는 유럽인들에게 극도의 공포심을 불러일으켰다. 중세 유럽 기사들이 입었던 갑옷의 무게는 70kg 정도인 데 비해 몽골군의 경우는 40kg이었다. 무거운 갑옷을 입은 기사들은 말에서 떨어지면 쉽게 일어나지 못했다고 한다. 기사들을 기다리고 있던 것은 잔인한 몽골군에 의한 처참한 죽음뿐이었다.

칭기즈 칸의 왕좌를 이어받은 오고타이 칸은 유럽 정복에 나섰다.
10년간의 정복 전쟁으로 키예프 공국, 러시아, 폴란드, 헝가리를 점령했다.
무거운 갑옷을 입고 있던 유럽 기사들에 비해 몸이 날쌔고 가벼웠던 몽골군들은
자유자재로 말을 타면서 유럽 땅을 마음대로 유린했다.
작가 미상, <사도크와 산도미에스의 도미니크 수도사 48명의 순교
Sadok and 48 Dominican martyrs from Sandomierz>, 17세기.

몽골 제국이 가장 번성했던 1279년경 지도. 칭기즈 칸 사후에 몽골 제국은
원, 차가타이 한국, 오고타이 한국, 킵차크 한국, 일 한국으로 나뉘었다.
진한 갈색 부분이 이 몽골 제국들의 영토다.
영토가 중국에서 러시아, 동유럽, 바그다드, 다뉴브 강까지 이어져 있다.

1241년 오스트리아 근처 다뉴브Danube 강(또는 도나우 강)에 도착한
몽골군은 뜻밖의 소식을 들었다. 오고타이 칸이 사망했으니 모든 군대
는 철수하여 몽골로 돌아오라는 것이었다. 불안에 떨던 유럽은 며칠을
기다려도 몽골군이 쳐들어오지 않자 하느님의 돌보심으로 인하여 몽
골군이 물러갔다고 생각했다. 만약 이때 오고타이 칸이 사망하지 않았
더라면 서유럽은 몽골군에게 점령당했을 것이다. 아마도 드넓은 오스
트리아 평원은 몽골 준마를 위한 목초지가 되었을지도 모른다.

오고타이가 사망한 후 칸의 자리를 놓고 권력 다툼이 심해졌다. 오

2006년 몽골 건국 800주년을 기념해 수도 울란바토르 인근에 세운 칭기즈 칸 동상.
40m 높이로, 기마상으로는 세계 최고 크기다.
아래의 기념관 건물, 행인들과 비교해 보면 동상의 엄청난 크기를 짐작할 수 있다.
2006~2008년. ⓒ Alastair Rae/Wikimedia Commons/CC-BY 3.0

고타이의 아들인 귀위크Güyük가 계승했으나 3년 만에 사망하자, 칭기즈 칸의 막내아들 툴루이의 아들 몽케Möngke가 바투의 도움으로 계승했다. 1259년 몽케가 죽자 그의 동생 쿠빌라이Khubilai가 몽골 제국의 다섯 번째 칸이 되었다.

몽골 제국은 동쪽으로는 중국을 정복해 원이라는 나라를 세웠으며, 서쪽으로는 이슬람 지역을 비롯해 러시아와 동유럽까지 광활한 영토를 지배했다. 지배를 원활하게 하기 위해 역참 제도를 도입했다. 그물망처럼 연결된 교통·통신 조직으로 50km마다 400마리의 말이 대기하고 있었다.

몽골은 잔인한 정복자였지만 정복이 끝난 후에는 영토에 살고 있던 민족에게 자치권을 허용했다. 수도 카라코룸Karakorum에서는 신앙의 자유가 보장되었으며 무슬림, 불교도, 도교도, 유대교도, 조로아스터교도, 마니교도, 힌두교도, 그리스도교도들이 평화롭게 살았다. 오늘날 많은 민족이 신앙의 차이로 고초를 겪는 데 반해, 당시 몽골인들은 자신과 다른 종교를 믿는 민족들을 인정하는 넓은 마음을 가지고 있었다.

몽골의 유적지는 한때 번성하던 대제국이었다는 사실이 무색할 정도로 찾기에 쉽지 않다. 그 이유는 유목 생활을 하던 민족이어서 삶의 흔적을 소중하게 남겨 놓지 않았기 때문이다.

몽골이 세계를 지배한 13~14세기 동안 동서 문화의 교류를 통해 중국과 이슬람 문물이 유럽으로 전해졌다. 미지의 세계에 관심을 가지게 된 유럽인들은 중세를 끝내고 르네상스와 신항로 개척 시대를 열었다.

오늘날 몽골인은 자신들을 칭기즈 칸의 후예라고 생각하고 있다. 2006년 몽골 건국 800주년을 기념해서 수도 울란바토르Ulaanbaatar의 인근 도시 총징 볼독Tsonjin Boldog에 칭기즈 칸의 동상을 세웠다. 40m 높이로, 기마상으로는 세계 최고 크기라고 한다.

근대 통일국가가 만들어지다
〈샤를 7세 대관식에 참석한 잔 다르크〉

중세 말기에 영국(잉글랜드)과 프랑스 사이에 일어난 백년전쟁Hundred Years' War(1337~1453)은 유럽의 강자 쟁탈전이었다. 두 나라는 왕이 바뀌는 상황에 서도 대를 이어 무려 100년 동안 싸움을 이어 나갔다. 그 과정에서 민족의식을 드높일 수 있었는데, 이는 영국과 프랑스가 근대 통일국가로 발전하는 데 밑거름이 되었다.

백년전쟁을 이야기할 때 빼놓을 수 없는 인물이 잔 다르크Jeanne d'Arc다. 잔 다르크는 17세의 어린 나이로 조국 프랑스를 위해 백년전쟁에 참전했다가 화형당한 영웅이었다. 프랑스 신고전주의 화가 장 오귀스트 도미니크 앵그르

중세 말에 일어난 백년전쟁은 영국(잉글랜드)과 프랑스에 민족의식을 불어넣었다.
프랑스 영웅 잔 다르크는 이를 상징하는 인물이었다.
17세 나이로 조국을 위해 전쟁터에 나섰다가 화형당한 그녀는 프랑스인들의 자부심이었다.
백년전쟁 이후로 기사 계급이 몰락하고 근대 통일국가 시대가 열렸다.
장 오귀스트 도미니크 앵그르, <샤를 7세 대관식에 참석한 잔 다르크Jeanne d'Arc au sacre du roi Charles VII>, 1854년, 캔버스에 유채, 240×178cm, 파리, 루브르 박물관.

Jean Auguste Dominique Ingres가 그린 잔 다르크는 샤를 7세가 랭스 대성당에서 대관식을 거행할 때 옆에서 지켜보는 모습으로 그려졌다. 갑옷 차림에 깃발을 들고 있는 모습이 앳된 소녀보다는 여전사처럼 보인다.

　유럽 서북쪽에 위치한 영국은 잉글랜드, 스코틀랜드, 북아일랜드, 웨일스로 이루어진 섬나라다. 그래서 정식 명칭이 '그레이트 브리튼 및 북아일랜드 연합왕국United Kingdom of Great Britain and Northern Ireland'이다. 13세기에 웨일스, 18세기에 스코틀랜드, 19세기에 아일랜드와 합쳐지면서 형성된 나라가 영국인 것이다. 따라서 합병 이전의 영국이라 하면 잉글랜드를 가리킨다.

　잉글랜드에 처음 정착한 민족은 확실하지는 않지만, 이베리아인 계통으로 추측된다. 그 뒤를 이어 기원전 6세기부터 기원전 4세기 사이에 켈트족Celts이 침입해 와서 정착했다. 로마는 켈트족이 살고 있던 잉글랜드를 정복하기 위해 노력했지만 번번이 실패하다가 43년 클라우디우스 황제 시기에 와서 정복에 성공했다. 이후 로마는 잉글랜드에 목욕탕, 신전, 회의장을 짓고 켈트족을 그리스도교로 개종시켰다. 로마의 하드리아누스 황제는 130년경 북쪽 세력의 남하를 막기 위해 성벽을 세웠는데, 이 성벽은 이후 스코틀랜드와 잉글랜드를 가르는 경계선이 되었다. 로마가 멸망한 뒤 게르만족 일파인 앵글로색슨족Anglo-Saxon이 잉글랜드를 지배했다. 이때 잠시 평화 시기가 찾아왔다.

　8세기 중반 스칸디나비아 반도를 거주지로 하는 바이킹족Viking이 용머리로 장식한 큰 배를 타고 잉글랜드 앞바다에 나타났다. 그들은 잉글랜드를 지배했던 다른 어떤 민족과도 비교할 수 없을 정도로 거칠

윌리엄 1세는 잉글랜드에 노르만 왕조를 세운 뒤 정복지를 효과적으로 통치하기 위해
『둠즈데이 북』이라는 토지대장을 만들었다.
이 토지대장에는 잉글랜드에 사는 거의 모든 사람들의 재산이 기록되어 있었다.
『둠즈데이 북』 중에서 워릭셔Warwickshire 지역을 다룬 면, 11세기.

었다. 주목적은 약탈이었지만, 주민을 만나면 물물교환을 하기도 했다. 바이킹족은 프랑스 샤를 3세로부터 노르망디를 얻게 되면서부터 프랑스 땅에 정착했다. 이때 바이킹 우두머리 롤로는 노르망디 공작 자리를 얻었다.

11세기에 노르망디 공작 윌리엄은 잉글랜드 왕이 되겠다는 야심을 갖고 잉글랜드 왕 에드워드의 왕위를 무력으로 빼앗은 뒤 노르만 왕조Norman dynasty를 세웠다. 이렇게 해서 윌리엄 공은 정복왕 윌리엄William the Conqueror, 또는 윌리엄 1세로 불리게 되었다. 그는 원래 로베르 공의 사생아로 귀족들의 천대를 받으면서 자랐다. 이런 혹독한 시련을 통해 훌륭한 통치자로 성장할 수 있었던 것이다.

윌리엄 1세는 정복지를 효과적으로 통치하기 위해 1086년 『둠즈데이 북Domesday Book』이라고 불리는 토지대장을 만들었다. 양피지 2권에 라틴어로 쓰인 토지대장에는 잉글랜드에 살고 있는 거의 모든 사람들의 인적 사항과 그들의 재산이 기록되어 있었다.

윌리엄 1세 시기부터 잉글랜드에서는 프랑스어가 통용되었으며, 웅장한 교회와 성곽들이 들어섰다. 윌리엄 1세는 21년간 통치를 한 뒤 둘째 아들 루푸스에게 왕위를 물려주었다. 윌리엄 2세가 된 루푸스의 사후에는 동생 헨리 1세가 왕위를 계승했다. 헨리 1세가 죽고 딸 마틸다가 후계자에 오르자 윌리엄 1세의 외손자인 스티븐이 왕위계승권을 주장하고 나섰다. 19년간의 혼란 끝에 1154년 왕위에 오른 건 마틸다의 아들 헨리 2세였다. 이로써 노르만 왕조는 끝나고 플랜태저넷 왕조Plantagenet dynasty가 시작되었다.

플랜태저넷 왕조에서 가장 유명한 왕은 아마도 에드워드 3세Edward

잉글랜드 왕 에드워드 3세는 자신들보다 인구도 많고 생활 수준도 훨씬 높은
프랑스를 상대로 백년전쟁을 시작했다. 누가 보더라도 무모한 싸움이었다.
하지만 실제 전투에 들어가자 예상과 다른 상황이 벌어졌다. 잉글랜드가 거듭 승리한 것이다.
<잉글랜드 왕 에드워드 3세Edward III of England>, 1430~1440년경,
『브루지스 가터 북Bruges Garter Book』에 실린 세밀화, 런던, 영국도서관British Library.

III일 것이다. 그가 그 유명한 백년전쟁을 일으켰기 때문이다.

당시 잉글랜드와 프랑스 사이에는 여러 가지 미묘한 문제가 있었다. 특히 프랑스의 지배를 받고 있었지만 경제적으로는 잉글랜드 영향권 아래에 있던 플랑드르Flandre가 뜨거운 감자였다. 당시 플랑드르는 모직물 제조 산업으로 유명했는데, 그 재료가 되는 양모를 수출하고 있던 나라가 잉글랜드였다. 잉글랜드는 양모 수출 관세로 많은 돈을 벌고 있었기 때문에 플랑드르가 프랑스 지배권 아래 놓인 것을 두고 볼 수 없었다.

에드워드 3세의 지위도 문제였다. 그는 잉글랜드 왕이었지만 동시에 프랑스 신하인 노르망디 공작이기도 했다. 그러니 여건만 된다면 프랑스를 정복하고 싶었을 것이다. 프랑스 왕 샤를 4세가 자식 없이 사망하자 기회를 엿보고 있던 에드워드 3세는 프랑스 왕위계승권이 자신에게 있다고 나섰다. 이를 구실로 삼아 1336년 에드워드 3세는 프랑스 왕위에 오른 필리프 6세에게 선전포고를 했다. 백년전쟁의 시작이었다.

백년전쟁 전에는 여러 면에서 프랑스가 잉글랜드를 능가했다. 당시 잉글랜드 인구는 350만~400만 명인 데 반해 프랑스 인구는 3,200만 명이었으며, 생활 수준도 프랑스가 잉글랜드보다 훨씬 높았다. 하지만 실제 전투에 들어가자 상황은 달라졌다. 실전 경험이 없었던 프랑스 기사와는 달리, 잉글랜드군은 여러 지역의 반란을 진압하면서 전투력을 키운 상태였다. 게다가 프랑스는 기사들로 이루어진 기병 중심인 반면, 잉글랜드군은 기병에 농민과 사냥꾼으로 이루어진 보병까지 투입해서 체계적인 전투가 가능했다. 특히 잉글랜드의 궁병이 사용한 신무기 장궁은 프랑스군의 석궁에 비해 성능이 뛰어났다. 사정거리가 길고 발사

속도가 빠르며, 기사들의 갑옷을 뚫을 정도로 파괴력이 강했다.

1340년 슬라위스 해전Battle of Sluis에서 크게 승리한 잉글랜드는 1346년 크레시 전투Battle of Crécy에서 도버 해협을 건너가서 교두보 역할을 하던 칼레Calais 시를 공격했다. 칼레는 잉글랜드에서 최단 거리에 있는 프랑스 북부 항구 도시로, 잉글랜드 도버에서 배를 타고 가면 한 시간 반 만에 도착할 수 있었다. 10개월 동안 잉글랜드군에 항전하던 칼레 시민들은 결국 항복하고 말았다. 자비를 구하는 칼레 시민들에게 에드워드 3세는 시민대표 6명만 처형하고 나머지 시민들은 모두 살려 주겠다고 제안했다. 이때 시민대표로 처음 나선 사람은 칼레 시에서 가장 부유한 생 피에르였다. 생 피에르의 희생정신을 따르는 시장, 법률가, 귀족 등 5명이 추가로 자원했다. 그들은 자신들의 희생으로 무고한 칼레 시민들을 구하고 싶었던 것이다.

처형식 날 아침 칼레 시민대표 6명은 머리에 아무것도 쓰지 않고 맨발로 교수형에 쓸 밧줄을 메고 광장으로 나왔다. 이 광경을 안타깝게 지켜보던 칼레 시민들에게 뜻밖의 소식이 전해졌다. 임신 중인 에드워드 3세의 왕비가 칼레 시민대표를 처형하면 아기에게 나쁜 영향을 줄 수 있다고 왕을 설득해서 처형하지 않기로 했다는 것이다. 칼레 시민대표의 고결한 희생정신은 오늘날 높은 신분의 사람들이 가져야 할 도덕적 의무를 뜻하는 '노블레스 오블리주noblesse oblige'의 시초가 되었다.

500여 년이 지난 1884년 칼레 시는 의로운 칼레 시민대표 6명을 기념하기 위해 조각상을 공모했다. 당시 유명 조각가였던 오귀스트 로댕Auguste Rodin이 〈칼레의 시민Les Bourgeois de Calais〉 조각상을 제작하게 되었다. 1895년 완성된 조각상은 칼레 시청 앞에 서 있는데, 로댕의 제

잉글랜드 왕 에드워드 3세는 프랑스 칼레 시를 점령한 뒤 시민대표 6명만 처형하고
나머지 시민은 살려 주겠다고 말했다. 이에 사회 지도층 6명이 죽기를 자처하고 나섰다.
이들은 오늘날 높은 신분의 사람들이 가져야 할 도덕적 의무를 뜻하는
'노블레스 오블리주'의 시초가 되었다. 용감한 시민대표 6명의 모습은
500여 년이 지난 뒤 유명 조각가 로댕에 의해 조각상으로 만들어졌다.
오귀스트 로댕, <칼레의 시민>, 1884~1895년, 청동, 파드칼레Pas-de-Calais, 칼레 시청 광장.
ⓒ Radomir Vrbovsky/Wikimedia Commons/CC-BY 3.0

안에 따라 높은 기단 대신 맨땅에 낮은 받침대를 놓고 그 위에 놓였다.
보통 조각상과는 다르게 관람자의 눈높이에서 바라볼 수 있게 된 것
이다. 〈칼레의 시민〉 조각상은 이후 복제되어 전 세계에 12점이 남아
있다.

칼레의 점령에 충격을 받은 프랑스 왕 필리프 6세는 사망하고, 선량왕 장 2세John the Good가 즉위했다. 장 2세는 잉글랜드를 상대로 푸아티에 전투Battle of Poitiers를 치렀다. 이때 등장한 인물이 에드워드 3세의 아들 흑태자 에드워드Edward the Black Prince다. 흑태자란 별명은 검은 갑옷을 입어서 붙은 것이다. 흑태자는 잘생긴 외모에 예의 바르고, 무엇보다 용맹한 중세 기사였다. 흑태자는 7천 명의 군사를 가진 반면, 장 2세는 세 배나 많은 2만 대군을 거느리고 있었다. 수적인 열세에도 불구하고 흑태자가 지휘하는 잉글랜드군이 승리를 거두었고, 장 2세는 포로로 붙잡혔다. 흑태자는 많은 전리품과 포로가 된 장 2세를 데리고 런던으로 개선하여 많은 환호를 받았다.

1360년 흑태자는 아버지 에드워드 3세와 적인 장 2세의 휴전협상을 중재했다. 프랑스는 왕의 몸값으로 많은 돈과 아키텐 지방을 잉글랜드에 양도하기로 약속했다. 프랑스로 돌아간 장 2세는 자기 대신 인질로 보냈던 아들이 탈출하자, 기사의 명예를 더럽혔다며 자진해서 런던으로 돌아가 포로가 되었다가 1364년 런던 탑에서 사망했다. 선량왕이란 별명은 장 2세의 이해할 수 없는 행동을 비꼰 것이라는 평이 많다. 장 2세가 죽은 뒤 샤를 5세가 왕위를 계승했다.

잉글랜드에서는 흑태자가 아버지보다 먼저 죽고 에드워드 3세마저 세상을 떠나자, 1377년 흑태자의 아들 리처드 2세Richard II가 어린 나이에 왕위에 올랐다. 흑태자의 이른 사망 원인으로는 흑사병이라는 설이 있다. 당시 잉글랜드에서는 흑사병으로 인해 200만 명이 사망했다고 한다. 리처드 2세는 헨리 4세에 의해 왕위를 빼앗긴다.

프랑스에서는 샤를 5세가 죽고 1380년 샤를 6세가 왕위를 계승했다.

하지만 샤를 6세가 정신병 증세를 나타내자, 후계자 문제를 두고 오를레앙 공작 지지파와 부르고뉴 공작 지지파가 대립했다. 두 나라는 혼란스러운 상황에서 전쟁을 일시 중단했고, 휴전은 1396~1415년 동안 이어졌다.

1415년 헨리 4세를 계승한 호전적 인물인 헨리 5세가 아쟁쿠르 전투 Battle of Agincourt를 일으켰다. 이 전쟁에서 대승한 잉글랜드는 1420년 프랑스와 트루아 조약Treaty of Troyes을 체결했다. 조약 내용은 헨리 5세가 프랑스 왕 샤를 6세의 딸 카트린과 결혼하고, 이후 프랑스 왕위를 계승한다는 것이었다. 공교롭게도 2년 뒤 장인과 사위 사이였던 샤를 6세와 헨리 5세가 사망했고, 생후 9개월이었던 헨리 6세가 잉글랜드와 프랑스 왕위를 겸하게 되었다. 사태를 지켜보던 오를레앙 공작파는 샤를 6세의 아들인 샤를 왕태자를 내세워 트루아 조약의 무효를 선언했다. 오를레앙 공작파와 경쟁하던 부르고뉴 공작파는 잉글랜드와 연합했고 다시 전투가 벌어졌다. 프랑스군은 패전을 거듭했고 오를레앙 지역이 잉글랜드군에게 포위되었는데, 이때 등장한 17세 소녀가 잔 다르크다.

잔 다르크Jeanne d'Arc는 '아르크의 잔'이라는 뜻으로, 프랑스 동부 동레미Domrémy의 소작농 딸이었다. 어느 날 프랑스를 지키라는 천사의 계시를 받고 시농 성에 있던 샤를 왕태자를 찾아갔다. 잔은 어린 나이에도 불구하고 갑옷을 입고 용감하게 전쟁터에 나섰다. 잔의 애국심에 용기를 얻은 프랑스군은 오를레앙을 포위한 잉글랜드군을 물리치고 랭스로 진격했다. 잔은 랭스 지역을 탈환하자 샤를 왕태자의 대관식을 추진했다. 1429년 랭스 대성당Cathédrale Notre-Dame de Reims에서 대

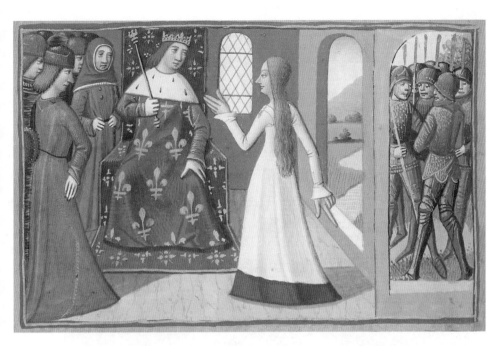

잔 다르크는 열세에 몰려 있던 샤를 왕태자의 편에 서서 그를 샤를 7세에 올렸다.
하지만 왕이 된 샤를 7세는 잔 다르크가 잉글랜드군 포로로 잡혀 화형당하게 방치했다.
<샤를 7세에게 트루아 포위 공격을 계속하라고 설득하는 잔 다르크
Jeanne d'Arc convainc Charles VII de poursuivre le siège de Troyes>, 1484년경,
『샤를 7세의 기도Les Vigiles de Charles VII』에 실린 필사본 세밀화,
파리, 프랑스 국립도서관Bibliothèque nationale de France.

관식이 열렸고, 샤를 왕태자는 샤를 7세가 되었다. 랭스 대성당은 프랑
스 왕이 전통적으로 즉위식을 하는 장소로 알려져 있는데, 이후에 나
폴레옹은 랭스에 가는 대신에 파리 노트르담 대성당에서 대관식을 거
행했다.

　잔은 샤를 7세를 왕위에 올렸지만, 샤를 7세는 자신을 도와준 잔을
배신했다. 신의 계시를 받았다는 잔은 샤를 7세에게 점점 부담스러운

백년전쟁에서 지고 있던 프랑스군은 잔 다르크의 등장으로 전세를 역전시킬 수 있었다.
하지만 프랑스 왕은 포로가 된 잔을 구하지 않았고, 잔은 마녀로 몰려 화형당했다.
쥘 외젠 르느프뵈Jules Eugène Lenepveu, <루앙의 마르셰 광장에서 화형당하는 잔
Jeanne sur le bûcher place du Vieux Marché à Rouen>, 1886~1890년, 파리, 팡테옹Panthéon de Paris.

존재가 되어 가고 있었다. 당시 잔은 파리를 재탈환하자는 전쟁파인데 반해 프랑스 왕실은 평화협정을 맺자는 휴전파였다. 1430년 잔은 공비에뉴 전투에서 패하고 부르고뉴 군대의 포로가 되었다. 부르고뉴 공작은 몸값을 받고 잔을 잉글랜드에 넘겼고, 잉글랜드는 다시 프랑스에 몸값을 지불하면 잔을 풀어 주겠다고 제안했다. 하지만 샤를 7세는 그 제안에 응하지 않았다. 잔은 잉글랜드의 점령지인 루앙에서 종교재판을 받게 되었다. 여기서 마녀로 몰렸고, 1431년 결국 화형에 처해졌다. 샤를 7세는 1456년 뒤늦게 잔의 마녀 혐의를 풀어 주었고, 1920년 교황 베네딕투스 15세는 잔을 성인으로 축성했다. 오늘날 잔 다르크는 프랑스를 위기에서 구한 강인한 영웅으로 존경받고 있다. 영웅이 필요했던 시기에 프랑스에서 잔 다르크라는 가공 인물을 만들었다는 설도 있다.

잔 다르크가 화형당한 후 전세는 프랑스군에 유리하게 돌아갔고 잉글랜드군이 점령한 도시들을 하나씩 수복하기 시작했다. 프랑스군은 1450년 노르망디에서 이긴 뒤 계속 승리를 거두었다. 1453년 백년전쟁은 드디어 끝이 났다.

1347년 백년전쟁이 시작되고 얼마 되지 않아서 이탈리아 전역에 흑사병이 퍼졌다. 흑사병은 페스트의 일종으로, 발병한 지 24시간 이내에 사망하는 무서운 전염병이다. 다음 해에는 프랑스 마르세유와 아비뇽에 퍼졌고, 곧 잉글랜드로 건너갔다. 1350년 북부 유럽과 러시아까지 이르러서 유럽인들은 흑사병 공포에 시달려야 했다. 흑사병으로 인해 전 유럽 인구의 3분의 1이 감소했다고 한다.

이런 어려운 시기에 농민 반란도 일어나게 되는데, 1323년 플랑드

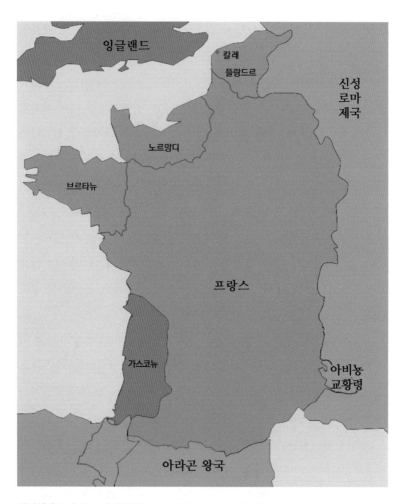

백년전쟁 초기 지도. 파란색이 프랑스 영토, 빨간색이 영국(잉글랜드) 영토다.
이 시기에는 영국이 프랑스 안의 영국령(가스코뉴)을 가지고 있었다.
하지만 전쟁에서 진 뒤로 칼레 외에 프랑스 안의 모든 영토를 잃고 말았다.
이로써 프랑스는 완전한 영토를 가진 통일국가로 나아갈 수 있었다.

르 지방에서 일어난 난이 시작이었다. 1358년 프랑스에서 자크리의 난 Jacquerie, 1381년 잉글랜드에서 와트 타일러의 난Wat Tyler's Rebellion이 일어났다. 농민 반란이 일어난 원인은 흑사병으로 인해 인구가 줄어들자 농민들은 처우 개선을 요구한 반면에 영주는 착취를 강화했기 때문이다.

백년전쟁의 결과로 영국(잉글랜드)은 칼레 외에 프랑스에 남아 있던 영토를 모두 잃게 되었고, 프랑스는 완전한 영토를 가진 통일국가로 나아가는 기틀을 마련하게 되었다. 이후 영국과 프랑스는 독일이 강대국으로 부상하는 19세기 말에 연합하기도 했지만, 오늘날 영원한 경쟁 국가로 남아 있다.

백년전쟁은 왕권 강화와 교황권 추락에도 영향을 미쳤다. 사실 그 징조는 전쟁 전부터 나타나고 있었다. 십자군 원정이 실패한 뒤 유럽에서는 황제의 지위가 높아졌다. 1309년 교황이 프랑스 왕의 기세에 눌려 로마로 돌아가지 못하고 프랑스 아비뇽에 머무르는 사태까지 발생했다. '아비뇽 유수Avignonese Captivity' 또는 '교황의 바빌론 유수'라고 불리는 이 사태는 백년전쟁 기간인 1377년까지 계속되었다. 이 기간에 교황은 프랑스 국왕의 감시를 받는 등 포로 신세나 마찬가지였다. 심지어 로마와 아비뇽에 두 명의 교황이 존재하기도 했다.

백년전쟁이 잉글랜드의 패배로 끝난 후 잉글랜드에서는 가문 사이의 전쟁인 장미전쟁Wars of the Roses(1455~1485)이 일어났다. 붉은 장미가 가문 상징인 랭커스터 가문House of Lancaster과 흰 장미가 가문 상징인 요크 가문House of York이 왕위계승권을 두고 치열하게 싸웠다. 두 가문의 문장紋章(가문이나 나라를 나타내는 표식으로, 오늘날의 엠블럼과 비슷

윌리엄 셰익스피어의 『헨리 6세』에 나오는 한 장면을 묘사한 이 그림에는
랭커스터 가문을 상징하는 붉은 장미와 요크 가문을 상징하는 흰 장미가 그려져 있다.
『헨리 6세』는 장미전쟁을 배경으로 헨리 6세의 이야기를 다룬 희곡이다.
헨리 페인Henry Payne, <오래된 사원 정원에서 붉은 장미와 흰 장미를 꺾기
Plucking the Red and White Roses in the Old Temple Gardens>, 1908년경,
버밍엄, 버밍엄 미술관Birmingham Museum and Art Gallery.

하다)이 장미였기 때문에 이런 이름이 붙었다.

시작은 백년전쟁 말기에 생후 9개월의 나이로 잉글랜드와 프랑스 왕위에 오른 헨리 6세다. 앞에서 이미 언급했던 인물인 그는 랭커스터 가문 출신으로, 20년간 잉글랜드를 통치했지만 무능한 왕이었다. 백년전쟁의 패배로 프랑스 안 영토를 잃었으며, 외할아버지 샤를 6세의 병을 물려받았는지 정신병까지 앓았다. 이에 요크 가문의 리처드 공이 군사를 일으켰다. 리처드가 죽은 뒤 아들 에드워드가 싸움을 이어받았고, 그가 결국 에드워드 4세로 등극했다. 이후 요크 가문은 에드워드 5세, 리처드 3세로 왕위를 이어가다가 랭커스터 가문의 헨리 튜더에게 패했다. 헨리 튜더는 헨리 7세Henry VII로 왕위에 올랐다.

랭커스터 가문인 헨리 7세가 요크 가문 에드워드 4세의 딸 엘리자베스와 결혼하면서 장미전쟁은 막을 내렸다. 1485년 헨리 7세는 영국에서 가장 위대한 튜더 왕조Tudor dynasty를 열었다. 헨리 7세의 둘째 아들이 바로 여섯 차례의 결혼과 영국 국교회의 창시자로 유명세를 떨친 헨리 8세다.

백년전쟁과 장미전쟁 이후로 중세 기사가 몰락하고 새로운 세력인 시민 계급이 등장했다. 시민 계급은 경제력을 바탕으로 국왕을 도와 국가 경제를 강화시켰다. 중세 봉건제는 몰락하고 근대가 시작되면서 민족의식도 생겨나기 시작했다.

14세기 후반 유럽은 과학, 예술, 문화, 학문 등 모든 분야에서 활기를 띠기 시작했다.
중세 때 잊힌 고대 그리스·로마 문화를 부활시키고 신이 아닌 인간 중심 세계관을 내세우며
새 시대를 열었던 것이다. 이를 르네상스라 한다.
르네상스를 대표하는 이가 미켈란젤로다. 그는 시스티나 예배당에 최고 작품을 남겼는데,
그중 하나가 최초 인간인 아담이 탄생하는 장면이다.
이 그림은 새로운 시대의 새 인간상이 등장했음을 알리는 신호이기도 했다.
미켈란젤로 부오나로티, <천지창조> 중 <아담의 창조>, 1511년경, 프레스코화,
230.1×480.1cm, 바티칸 시국, 시스티나 예배당.

22

르네상스 시기에
예술과 문화의 황금기를 열다
〈천지창조〉

14세기 후반 유럽은 과학, 예술, 문화, 학문 등 모든 분야에서 활기를 띠기 시작했다. 중세 때 잊혔던 고대 그리스·로마 문화를 부활시키면서 신이 아닌 인간 중심의 세계관을 내세우고 새로운 시대를 열었던 것이다. 이를 르네상스Renaissance라 한다.

르네상스를 대표하는 예술가가 미켈란젤로 부오나로티Michelangelo Buonarroti다. 16세기 이탈리아 화가이자 최초 미술사가인 조르조 바사리에 의하면, 미켈란젤로는 미술사상 가장 위대한 화가이자 조각가, 건축가, 시인, 사상가다. 미켈란젤로를 대표하는 두 작품이 바티칸 시국의 시스티나 예배당Cappella Sistina에 있다. 예배당 천장에 그려진 <천지창조>와 벽에 그려진 <최후의 심판>이다. 두 작품은 같은 공간에 위아래로 배치되어 있다. <천지창조>는 1508년 로마 교황 율리우스 2세의 주문에 의해 20m 높이의 천장에 그려진 세계 최대 벽화다. 4년 5개월의 제작 기간에 걸쳐 완성되었다. 천장 중심에 배치된 <아담의 창조>는 우리에게 잘 알려진 작품이다. 특히 신의 집게손가락과 아담의 집게손가락이 만나는 장면은 스티븐 스필버그 감독이 영화 <E.T.>에서 패러디한 것으로 유명하다.

제작 초기에는 미켈란젤로가 여러 명의 조수를 두고 작업했던 것으로 보이며, 후반에 가서야 혼자 작업했다는 설이 지배적이다. 미켈란젤로는 천장화 <천지창조>의 제작을 끝내고 나서 시력 약화를 비롯해 여러 가지 질병에 시달렸다. 주문자인 교황 율리우스 2세는 1512년 10월 천장화 제막식에 참석하고 두 달 뒤 몸져누웠으며, 1513년 2월 선종했다.

천장화가 완성된 지 400여 년 만인 1980년, 일본 방송 NHK의 후원으로 대대적인 복원 작업이 시작되었다. 14년에 걸친 힘든 작업 끝에 1994년 드디어 천장화가 세상에 공개되었는데, 불행하게도 복원 전 고상한 색은 모두 사라지고 지나치게 화려한 색채가 두드러졌다. 이런 결과를 놓고 열띤 공방이 벌어졌지만 되돌릴 방법은 없었다. 필자도 몇 년 전 천장화를 실제로 보았는데 차라리 복원을 하지 말았으면 하는 생각마저 들었다. 시스티나 예배당 천장화의 촬영권은 복원을 담당한 일본 방송사와 교황청에 있다고 하니 함부로 촬영해서는 안 된다. 천장화 앞에 마련된 의자에 앉아 열심히 천장을 올려다보았지만 그림이 자세히 보이지 않아 다소 실망스러웠던 기억이 난다.

15세기에 들어서자 유럽은 흑사병 공포에서 벗어나고 백년전쟁도 끝내면서 안정기에 접어들었다. 인구도 많이 증가했으며, 중세 세계관에서 벗어나 인간 본연의 모습을 찾기 시작했다. '그리스 로마의 고전문화를 재생하다'라는 뜻을 가진 르네상스는 로마 제국이 있었던 이탈리아에서 먼저 시작되었다. 476년 서로마가 게르만 민족에 의해 멸망한

시스티나 예배당에서는 천장과 벽을 가득 메우고 있는 미켈란젤로 작품들을 볼 수 있다.
<천지창조>부터 <예수의 생애>, <최후의 심판>까지 성경 속 장면이 이어진다.
사진에서 정면에 파란 바탕 위로 그려진 그림이 <최후의 심판>이다.
ⓒ Antoine Taveneaux/Wikimedia Commons/CC-BY 3.0

후 중세 천 년 동안 잠자고 있던 문예가 부활한 것이다. 1453년 동로마
제국이 오스만 제국에 의해 몰락하면서 그리스 철학자들이 대거 이탈
리아로 망명한 일도 이탈리아에서 르네상스가 먼저 일어난 계기가 되
었다.

르네상스는 보통 15세기부터 16세기로 알려져 있다. 하지만 좀 더 넓
게 보면 피렌체 화가 치마부에와 조토가 활동하던 14세기부터 라파엘
로가 사망한 1520년을 지나 틴토레토가 사망한 1594년까지를 가리킨

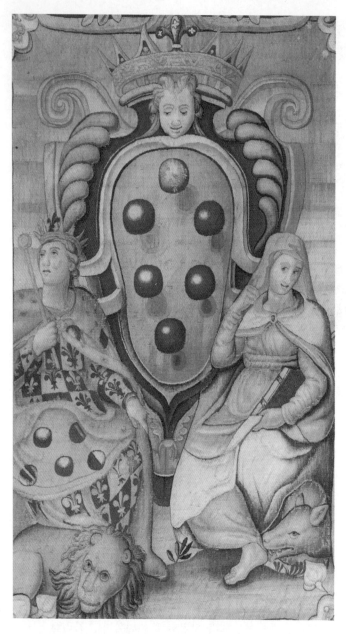

토스카나 대공 페르디난도 1세 데 메디치의 결혼 기념으로 제작된 태피스트리다.
가운데에는 구 5개와 푸른 원 안에 세 송이 백합을 묘사한 메디치 가문 문장이 있다.

다. 지중해 무역으로 번성한 이탈리아 도시국가 중에서 부유한 상인이 많은 피렌체Firenze가 중심이었다. 피렌체는 1982년 도시 전체가 유네스코 세계문화유산으로 지정되었다.

특히 피렌체에는 양모 사업을 하다가 은행업으로 막대한 부를 축적한 메디치 가문Medici family이 있었다. 이 가문은 르네상스 문화의 발전에 큰 역할을 했다. 메디치 가문을 상징하는 문장을 보면, 구 5개와 푸른 원 안에 세 송이 백합이 그려져 있다. 백년전쟁을 승리로 이끈 프랑스 왕 샤를 7세의 아들인 루이 11세가 메디치 가문에 백합 문장을 사용하도록 허락했다고 한다. 당시 메디치 가문의 권력은 엄청났는데, 돈의 위력 앞에서는 높은 신분을 가진 이도 자유롭지 못했을 것이다. 이후 메디치 가문에서는 3명의 교황과 2명의 프랑스 왕비가 배출되었다.

메디치 가문을 이탈리아의 유력 가문으로 만든 이는 조반니 디 비치 데 메디치Giovanni di bicci de' Medici다. 조반니는 평범한 집안에서 태어났지만, 가문 이름을 딴 은행을 설립하면서 엄청난 부를 모으기 시작했다. 특히 곤경에 처한 교황 요한 23세를 보호해 준 게 행운의 기회로 돌아왔다. 그 보상으로 교황청 재산 관리를 맡았고, 유럽 부자들은 경쟁하듯이 메디치 은행과 거래하기 시작했다. 거부가 된 그는 늘 겸손한 자세로 살았으며, 아들 코시모 데 메디치Cosimo de' Medici에게 막대한 유산을 물려주었다.

코시모는 피렌체의 통치자이자 아버지처럼 은행가였지만, 정치나 사업보다는 인문학에 더 관심을 보였다. 여러 분야의 예술가들과 학자들을 지원했고, 희귀 서적과 고문서들을 소장하는 데 열의를 보였다.

피렌체 통치자이자 사업가였던 코시모 데 메디치는 자신의 재산을 아낌없이 사용해서
학문과 예술을 지원했다. 그 덕분에 르네상스가 꽃을 피울 수 있었다.
코시모는 사후에 국부라는 칭호를 받았다.
자코포 폰토르모Jacopo Pontormo, <코시모 데 메디치Portrait of Cosimo de' Medici the Elder>,
1518~1520년경, 패널에 유채, 86×65cm, 피렌체, 우피치 미술관Galleria degli Uffizi.

1443년에는 메디치 가문 도서관Bibliotecha Mediceana Laurenzians을 세웠
는데, 이곳에 보관된 서적들을 통해 르네상스가 꽃을 피울 수 있었다.
죽은 뒤에는 피렌체 시민들에 의해 '파테르 파트리아이Pater Patriae(국부
國父)'라는 칭호를 받았다.

코시모가 죽고 나서 피렌체 통치자의 자리는 아들 피에로 데 메
디치Piero di Cosimo de' Medici와 손자 로렌초 데 메디치Lorenzo di Piero de'
Medici에게로 이어졌다. 로렌초는 '일 마그니피코Il Magnifico(위대한 자)'
라고 불릴 정도로, 당대 정치와 문화에 큰 영향을 끼쳤다.

로렌초의 후원에 힘입어 활동한 초기 르네상스 화가로는 산드로 보
티첼리Sandro Botticelli가 있다. 보티첼리는 메디치 가문 별장에서 개최
한 플라톤 아카데미에 참석해 많은 영향을 받았고, 유명한 작품 〈비너
스의 탄생The Birth of Venus〉도 제작하게 되었다. 신화에 따르면, 하늘을
상징하는 신 우라노스의 남근이 잘려 바다로 떨어졌는데, 그 주위로
물거품이 일더니 미와 사랑의 여신 비너스(베누스)가 태어났다고 한다.
이 장면을 그리고 있는 〈비너스의 탄생〉은 우피치 미술관을 대표하는
작품으로, 해마다 엄청난 수의 관람객을 끌어들이고 있다.

하지만 르네상스 예술가 하면 가장 먼저 떠오르는 이들은 역시 레오
나르도 다 빈치, 미켈란젤로 부오나로티, 라파엘로 산치오다. 이들 삼총
사는 천재라는 찬사가 아깝지 않게 다방면에서 최고 실력을 보였다.

레오나르도 다 빈치의 정식 이름은 레오나르도 디 세르 피에로 다
빈치Leonardo di ser Piero da Vinci로, '빈치 출신의 세르 피에로의 아들 레
오나르도'란 뜻이다. 그는 1452년 피렌체 근처 빈치 마을에서 공증인
의 서자로 태어났다. 아버지는 세르 피에로이고 어머니 카타리나는 소

'위대한 자'라고 불리던 로렌초 데 메디치는 당시 정치와 문화에 큰 영향을 미쳤다.
특히 많은 예술가들을 후원해서 르네상스 문화가 꽃피는 데 많은 역할을 했다.
조르조 바사리, <로렌초 데 메디치Portrait of Lorenzo de' Medici>, 1533~1534년, 피렌체, 우피치 미술관.

화가 보티첼리는 메디치 가문의 후원을 받은 대표적 인물이다.
이 그림은 보티첼리의 대표작으로, 미의 여신 비너스가 물거품에서 탄생하는 장면을
보여 준다. 그림 안에 등장하는 월계수와 오렌지나무는 메디치 가문을 상징한다.
관능과 이상을 모두 갖춘 비너스의 누드는 인본주의라는 새 시대가 열렸음을 알려 준다.
산드로 보티첼리, <비너스의 탄생>, 1485년경, 캔버스에 템페라, 172.5×278.5cm,
피렌체, 우피치 미술관.

작농의 딸로 알려져 있다. 아버지는 네 번이나 결혼했는데, 서자인 레
오나르도는 학교 교육을 제대로 받지 못하고 아버지 집에서 성장했다.
1504년 10남 2녀를 둔 아버지가 사망했을 때 레오나르도는 유산 상속
에서 제외되었다. 다행히도 생전에 아버지는 아들의 예술적 소질을 발
견하고 피렌체에서 활동하던 화가 베로키오에게 제자로 보냈다. 스승
베로키오는 자신이 그리다가 중단했던 그림 <그리스도의 세례>를 레오

나르도와 보티첼리가 훌륭하게 완성한 것을 보고 레오나르도의 천재성을 알아보았다.

1482년 서른 살의 레오나르도는 밀라노 공작인 루도비코 스포르차 Ludovico Sforza의 초청을 받아 밀라노로 갔다. 그곳에서 토목 설계와 제도 작업을 하는 틈틈이 제자들에게 회화와 조각을 가르쳤다. 밀라노 대성당 근처의 오페라 극장 앞에 가면 레오나르도와 제자들의 동상을 볼 수 있다.

1495~1498년 불후의 명작 〈최후의 만찬The Last Supper〉을 산타 마리아 델레 그라치에Santa Maria delle Grazie 성당의 식당 벽에 그려 넣었다. 〈최후의 만찬〉은 몇 차례 복원을 거듭했지만 여전히 훼손이 심하다. 직접 보려면 예약을 해야 하며 관람 시간도 15분으로 제한되어 있다.

1516년 로마에 머물고 있던 레오나르도는 프랑스 왕 프랑수아 1세의 초청을 받고 프랑스로 가게 되었다. 이때 〈모나리자Mona Lisa〉도 함께 프랑스로 건너갔다. 프랑수아 1세가 하사한 클로 뤼세 성Le Clos Lucé에서 3년을 보낸 레오나르도는 프랑수아 1세에게 몇 작품을 남기고 사망했다.

프랑스에 묻히기를 원했던 레오나르도의 유언대로, 그는 생플로랑탱 Saint-Florentin 수도원에 안장되었다. 이탈리아 정부는 레오나르도의 명성에 걸맞게 로마 국제공항에 그의 이름을 붙였다. 몽골에 있는 칭기즈 칸 국제공항, 뉴욕에 있는 존 F. 케네디 국제공항, 파리에 있는 샤를 드 골 국제공항도 유명인의 이름을 붙인 경우다.

레오나르도는 정규 교육을 받지 않았는데도 다방면에 관심이 많았던 예술가이자 과학자였다. 제작한 회화 작품은 30여 점이지만 메모를

밀라노에 있는 산타 마리아 델레 그라치에 성당의 식당 벽에 그려진 이 벽화는
레오나르도 다 빈치의 대표작이다. 하지만 훼손이 심해 관람 시간이 15분으로 제한되어 있다.
안료를 달걀 노른자와 물에 풀어 칠하는 템페라 기법으로 그려졌는데,
이 기법은 프레스코화에 비해 보존에 취약한 것으로 알려져 있다.
예수가 십자가에 못 박혀 죽기 전에 제자들과 마지막으로 함께한 식사 장면을 묘사하고 있다.
레오나르도 다 빈치, <최후의 만찬>, 1495~1498년, 벽화, 460×880cm,
밀라노, 산타 마리아 델레 그라치에 성당.

남긴 노트는 7,200쪽이나 된다. 그는 노트 글자를 좌우 반전해서 적었
기 때문에 거울에 비춰 보지 않으면 읽기가 어렵다고 한다. 나폴레옹
은 1796년 이탈리아 원정 때 남아 있던 레오나르도의 노트를 모조리
파리로 가지고 갔다. 이후 프랑스 학사원에서 관리하게 되면서 여러 곳
으로 흩어져 버렸다. 1994년 레오나르도를 존경하던 빌 게이츠가 경매
에 나온 72쪽 분량의 레오나르도 노트 『코덱스 레스터Codex Lecester』를
3,080만 달러(약 340억 원)에 구입해 화제가 되기도 했다.

앵그르는 레오나르도 다 빈치가 죽는 순간을 상상해서 그림으로 남겼다.
프랑스 왕 프랑수아 1세가 레오나르도의 임종 순간을 지키고 있다.
프랑수아 1세는 레오나르도와 그의 대표작인 <모나리자>를 프랑스로 오게 한 장본인이다.
현재 <모나리자>가 루브르 박물관에 소장되어 있는 이유다.
장 오귀스트 도미니크 앙그르, <레오나르도 다 빈치의 마지막 숨을 거두어 주는 프랑수아 1세
François ler reçoit les derniers soupirs de Léonard de Vinci>, 1818년,
캔버스에 유채, 40×50.5cm, 파리, 프티 팔레Petit Palais.

    르네상스 미술가 삼총사 중 한 명인 미켈란젤로 부오나로티는 1475년
아레초 근처 카프레세에서 카노사 백작 후손인 지방행정관의 아들로
태어났다. 어머니가 6세 때 사망하여 세티냐노에 사는 석공의 아내 손

에서 컸는데, 어린 시절부터 대리석과 친숙하게 자란 게 조각을 좋아한 계기가 되었다고 한다. 아들이 가업을 계승하기를 바랐던 아버지는 미켈란젤로가 예술가가 되는 것에 반대했다. 하지만 미켈란젤로는 라틴어 공부에는 관심이 없었고 그림 그리는 것을 좋아했다.

미켈란젤로는 13세에 화가 기를란다요의 제자로 있으면서 1년가량 미술의 기초인 드로잉과, 초기 르네상스 선구자인 조토와 마사초의 벽화를 모사하는 것을 배웠다. 이때 프레스코화를 그리는 기법도 익혔을 것으로 보인다. 회화에 큰 흥미를 느끼지 못한 미켈란젤로는 조각 학교에 입학하기 위해 기를란다요 공방을 나와 버렸다.

미켈란젤로는 로렌초 데 메디치가 후원하는 산 마르코 성당 정원에서 열리는 조각 학교에 다니기 시작했다. 이 시기에 미켈란젤로의 천재성을 알아본 로렌초는 미켈란젤로를 양자로 삼았다. 로렌초의 세 아들과 함께 살게 된 미켈란젤로는 메디치 가문이 소장하고 있던 그리스와 로마 조각들을 보고 큰 감동을 받았을 것으로 추측된다. 또한 이 시기에 미켈란젤로는 당대 최고 신플라톤 철학자들과, 메디치 가문의 후원을 받는 화가들과 교류했다. 미켈란젤로의 철학과 미학은 이때 형성된 것으로 보인다. 한평생 그는 육체의 아름다움은 내적 아름다움과 순수한 영혼의 결합으로 만들어진다고 생각했다.

1492년 강력한 후원자였던 로렌초 데 메디치가 사망하자 로렌초 아들들의 멸시를 견디지 못한 미켈란젤로는 저택을 떠났다. 하지만 메디치 가문과의 인연은 한동안 이어졌다.

1496년 로마 추기경 리아리오는 미켈란젤로의 천재성을 알아보고 그를 로마로 초청했다. 미켈란젤로는 4년간 로마에 머물게 된다. 이 시

성모 마리아가 죽은 예수를 안고 있는 장면은 여러 예술가들에 의해 작품화되었다.
하지만 이 작품이 가장 유명한 이유는 슬픔을 절제한 채 우아한 아름다움을 보여 주기 때문이다.
성모의 몸이 예수에 비해 크게 표현되었는데, 이것이 오히려 구도에 안정감을 부여했다.
당대에 성모 얼굴이 너무 어려 보인다는 비판이 있자, 미켈란젤로의 한 제자가
"순결한 여자들은 순결하지 않은 여자들보다 젊음을 더 잘 유지한다"라고 변호했다고 한다.
미켈란젤로 부오나로티, <피에타>, 1498~1499년, 대리석, 높이 174cm,
바티칸 시국, 성 베드로 대성당.

기에 로마에 체류 중이던 프랑스 생드니 수도원장 장 드 빌레르Jean de Bilhères가 자신의 무덤을 장식하기 위해 미켈란젤로에게 〈피에타Pietà〉를 주문했다. '피에타'란 슬픔, 비탄, 연민, 자비 등을 뜻하는 이탈리아 어로, 성모 마리아가 죽은 아들 예수를 안고 있는 모습을 묘사한 예술 작품을 가리키는 용어이기도 하다. 당시 23세였던 미켈란젤로는 대리 석 산지 카라라로 가서 작품 제작에 필요한 대리석을 직접 고르고 로 마로 옮겨 왔는데, 그 기간만 9개월이 걸렸다. 미켈란젤로는 여러 점의 〈피에타〉를 조각했지만, 이때 제작한 최초의 작품이 가장 유명하다. 깊 은 슬픔을 절제한 채 우아한 자태로 아들 예수의 시신을 안고 있는 성 모 마리아는 미켈란젤로가 아니면 표현할 수 없을 것이다. 〈피에타〉는 이후 주문자가 있는 프랑스로 가지 않고 바티칸 시국의 성 베드로 대 성당Basilica di San Pietro에 남게 되었다. 〈피에타〉는 1972년 정신병자에 의해 심하게 파손되었지만 복원을 거친 후에 방탄유리 안에서 관람객 을 맞고 있다.

피렌체로 돌아온 미켈란젤로는 피렌체 공화국의 이상을 표현한 최 고 걸작 〈다비드David〉를 시작으로 많은 작품을 완성했다. 평생 독신 으로 살았던 미켈란젤로가 동성애자라는 설도 있지만 확인되지는 않 았다. 1564년 미켈란젤로는 〈론다니니의 피에타Pietà Rondanini〉를 미완 성작으로 남겨 놓고 89세 나이로 사망했다.

평생 7명의 교황에게 봉사한 미켈란젤로의 시신은 그의 유언대로 피 렌체로 옮겨졌고, 산타 크로체 성당Chiesa di Santa Croce에 안치되었다. 산타 크로체 성당은 이탈리아를 빛낸 예술가와 역사가, 철학자 276명 의 묘가 있는 성당이다. 갈릴레이와 마키아벨리를 비롯하여 『신곡』의

저자 단테의 가묘 등이 있다. 실제 단테의 묘소는 라벤나에 있기 때문에 어쩔 수 없이 가짜 묘를 만들었다고 한다.

오늘날 전 세계 미술 애호가들의 사랑을 받고 있는 미켈란젤로는 이탈리아 관광 수입의 일등 공신이다. 이탈리아 정부는 미켈란젤로 탄생 400주년을 기념하여 피렌체 광장 중앙에 복제로 만든 〈다비드〉 조각상을 세웠다. 조각상 너머로 보이는 아름다운 도시 피렌체는 누구라도 가 보고 싶은 관광 명소다.

영화 〈벤허〉로 유명한 미국 배우 찰턴 헤스턴은 1965년 영화 〈고뇌와 환희The Agony and the Ecstasy〉에서 미켈란젤로 역을 맡았다. 이 영화에는 시스티나 예배당 천장화를 작업하는 장면과, 라파엘로가 〈아테네 학당〉을 제작하는 장면이 들어 있다.

르네상스 미술가 삼총사 중 막내로, 노년까지 작품 활동을 한 레오나르도와 미켈란젤로와는 달리 37세의 젊은 나이로 생을 마감한 화가가 라파엘로 산치오Raffaello Sanzio다. 라파엘로는 1483년 예술과 문화의 중심지 우르비노에서 몬테펠트로 공작의 궁정화가 조반니 산티의 아들로 태어났다. 화가 아버지에 의해 미술 수업을 받다가 11세의 나이에 유명 화가 페루지노의 공방에 도제로 들어갔다.

미켈란젤로는 못생긴 외모에 까칠한 성격으로 알려져 있지만, 라파엘로는 잘생긴 외모에 자상한 성격을 가졌기 때문에 로마 교황은 물론

성경 속 인물인 다윗(다비드)을 조각한 작품으로,
다윗은 양을 칠 때 사용하는 돌팔매로 거인 적장 골리앗을 쓰러뜨리고 조국을 구했다.
이 작품이 만들어진 당시에 피렌체 시민들은 폭정을 행하던 사보나롤라를 화형에 처하고
공화국의 이상을 지켜 냈다. 이 조각상은 독재자를 물리친 공화국의 승리를 잘 상징하고 있다.
미켈란젤로 부오나로티, 〈다비드〉, 1501~1504년, 대리석, 517×199cm,
피렌체, 아카데미아 미술관Galleria dell'Accademia.

고대 그리스의 여러 철학자와 사상가들을 그려 넣은 이 작품은
고대 인문·예술을 부활시키려 했던 르네상스 정신을 잘 보여 준다.
화면 중앙에서 손으로 하늘을 가리키는 이가 플라톤이고 땅을 가리키는 이가 아리스토텔레스다.
이 외에도 피타고라스, 유클리드, 아르키메데스, 프톨레마이오스, 자라투스트라 등이 그려져 있다.
심지어 라파엘로는 자신의 모습도 슬쩍 그려 넣었다.
라파엘로 산치오, <아테네 학당>, 1509~1510년, 프레스코화, 579.5×823.5cm,
바티칸 시국, 바티칸 박물관.

이고 피렌체와 로마에 사는 상류층과도 쉽게 친해졌다. 페루지노의 공방에서 일찍부터 두각을 나타냈고 곧 스승을 능가하기 시작했다. 이후 피렌체로 가서 레오나르도와 미켈란젤로의 작품을 보게 되면서 많은 예술적인 영감을 받았다.

1508년 라파엘로의 명성을 들은 교황 율리우스 2세는 라파엘로를 로마로 불러서 바티칸 궁전Vatican Palace에 있는 서명의 방에 그려 넣을 벽화 〈아테네 학당Scuola di Atene〉 제작을 주문한다. 철학자 플라톤과 아리스토텔레스를 중심으로 많은 그리스 사상가들이 등장하는 〈아테네 학당〉은 라파엘로의 천재성을 잘 보여 준다.

교황 율리우스 2세는 숙부였던 교황 식스투스 4세의 후광을 입고 교황이 된 입지전적인 인물이다. 브라만테, 미켈란젤로, 라파엘로를 기용하여 로마 가톨릭 교회의 위대함을 나타내려 애썼다. 호전적이고 고집스러운 성격이지만 화가들로 하여금 후세에 길이 남을 명작을 제작하게 한 인물로 평가받는다.

라파엘로가 아름다운 연인에게 영감을 받아 제작한 〈성모자상〉은 40여 점에 이른다. 그중 가장 유명한 작품 〈시스티나 성모Sistine Madonna〉는 1513~1514년 제작되어 처음에는 피아첸차의 성 식스투스 수도원에 소장되었다. 1753년 작센의 아우구스투스 3세가 거금을 주고 구입했다. 현재는 츠빙거 궁전Palais Zwinger 안에 위치한 드레스덴 국립미술관Staatliche Kunstsammlungen Dresden에 소장되어 있다. 필자는 드레스덴 국립미술관에서 이 작품을 실제로 보았는데, 구름 위 커튼 사이로 모습을 드러낸 매혹적인 성모 마리아가 아기 예수를 안고 걸어오는 듯했다. 성모 마리아의 모델은 라파엘로의 연인 마르게리타 루티로 추

라파엘로는 많은 <성모자상>을 남겼는데, 그중 가장 유명한 작품이다.
커튼 아래로 모습을 드러낸 성모와 예수도 우아한 모습이지만,
특히 인기가 많은 것은 화면 아래쪽에 그려진 귀여운 아기 천사들인 푸토putto다.
라파엘로 산치오, <시스티나 성모>, 1513~1514년, 캔버스에 유채, 265×196cm,
드레스덴, 드레스덴 국립미술관.

정되는데, 그녀는 시에나 출신의 제빵사 딸이었다. 마르게리타는 라파엘로의 임종을 지킨 여인이라고 알려져 있다.

이 외에도 라파엘로의 우아한 〈성모자상〉들은 세계 유명 미술관에 소장되어 미술 애호가들의 많은 사랑을 받고 있다.

1520년 지나치게 연애에 몰두한 라파엘로가 열병으로 사망하자 교황청을 비롯한 전 로마 시민이 애도했다. 라파엘로의 시신은 신전인 판테온에 안치되었다.

앞서 설명한 네 작가(보티첼리, 레오나르도, 미켈란젤로, 라파엘로) 외에 더 많은 르네상스 작가에 대해 알고 싶으면 르네상스 미술 관련 서적들을 참고하면 도움이 될 듯하다.

르네상스 시기는 미술 외에도 금속, 자수, 직물, 도자기 공예가 활발하게 발전했다. 그중에서 가장 뛰어난 공예품은 금세공사였던 벤베누토 첼리니Benvenuto Cellini가 프랑스 왕 프랑수아 1세를 위해 1543년에 완성한 〈황금 소금그릇Saliera〉이다. 바다의 신 포세이돈과 아내 암피트리테가 조각되어 있다. 샤를 9세 때 오스트리아 합스부르크 가문에 선물로 전해져서 현재는 빈 미술사박물관에 소장되어 있다. 2003년 도난당했다가 다시 찾은 〈황금 소금그릇〉의 시가는 약 1,000억 원으로 추정되고 있다.

미술 외에 정치 사상 분야도 발전했다. 대표적인 인물이 『군주론Il principe』의 저자 니콜로 마키아벨리Niccolò Machiavelli다. 그는 1513년 『군주론』을 완성한 뒤 통치자 로렌초 2세 데 메디치에게 바쳤다. 하지만 로렌초 2세는 책을 거들떠보지도 않았다고 한다. 마키아벨리 사후에 출판된 『군주론』은 통치자란 수단과 방법을 가리지 않고 국가 이익을

르네상스 시기에 만들어진 대표적인 공예품으로, 황금으로 만든 소금그릇이다.
그리스 신화에 나오는 바다의 신 포세이돈과 아내 암피트리테가 조각되어 있다.
벤베누토 첼리니, <황금 소금그릇>, 1540~1543년, 26×33.5cm, 빈, 빈 미술사박물관.

추구해야 한다고 주장하는 등 파격적인 내용을 담고 있어 오랫동안 금서로 지정되었다. 오늘날에 와서는 인간 본성에 충실한 현실적인 통치론이라는 평가를 받는다.

이 시기에 활동한 인문학자로는 『우신예찬』의 저자 데시데리위스 에라스뮈스Desiderius Erasmus, 『유토피아』의 저자 토머스 모어Thomas More가 있다. 문학가로는 4대 비극으로 유명한 영국의 윌리엄 셰익스피어William Shakespeare, 소설 『돈 키호테』를 쓴 에스파냐의 미겔 데 세르반테스Miguel de Cervantes가 있다.

이탈리아에서 시작된 르네상스는 16세기에 이르러 유럽 북부까지 전파되었다. 침울했던 중세 분위기는 서서히 사라지고 이때부터 인간 본질에 대한 생각을 하게 되었다.

이탈리아 탐험가 콜럼버스는 대서양 항해 계획을 세우고 여러 나라에 지원 요청을 하지만,
모두 거절당했다. 1492년 마침내 후원자를 찾아내는데, 에스파냐 여왕 이사벨 1세다.
여왕 덕분에 콜럼버스는 아메리카 신대륙을 발견할 수 있었다.
이후 유럽에서는 대항해 시대가 본격적으로 시작되었다.
엠마누엘 로이체, <여왕을 알현하는 콜럼버스Columbus Before the Queen>, 1843년,
캔버스에 유채, 96.5×127cm, 뉴욕, 브루클린 미술관Brooklyn Museum.

23

신대륙이 발견되고
대항해 시대가 열리다
〈여왕을 알현하는 콜럼버스〉

대항해 시대에서 가장 먼저 떠오르는 인물은 위대한 항해가인 크리스토 퍼 콜럼버스Christopher Columbus(이탈리아식으로는 크리스토포로 콜롬보 Cristoforo Colombo)다. 콜럼버스는 대서양을 항해할 계획을 세우고 영국, 포르 투갈, 프랑스 등에 지원 요청을 하지만 번번이 거절당했다. 1492년 마침내 후 원자를 찾아내는데, 바로 에스파냐 여왕 이사벨 1세Isabel I였다.

19세기 미국에서 활동한 독일 화가 엠마누엘 로이체Emanuel Leutze는 이 사벨 1세를 알현하고 있는 콜럼버스를 그림으로 남겼다. 이탈리아 평민 출신 인 콜럼버스의 얼굴은 상상으로 그려진 것으로, 실제 모습은 알려져 있지 않 다. 독학자였던 콜럼버스는 생전에 15,000여 권의 서적을 가지고 있었는데, 현재 남아 있는 2,000권은 콜럼버스의 무덤이 있는 세비야 대성당Catedral de Sevilla에 소장되어 있다.

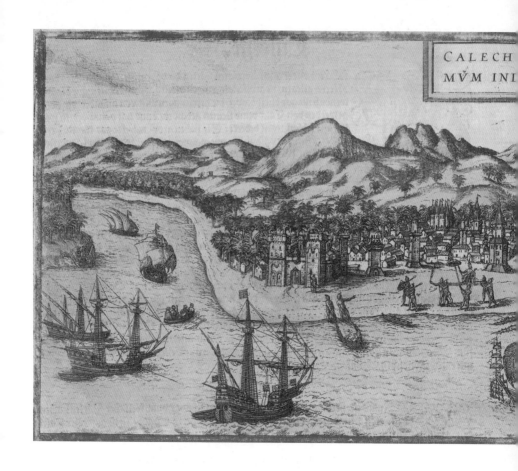

CALECH
MVM INI

   15세기 유럽의 경제 중심지는 지중해로, 베네치아, 제노바, 피렌체 상
인이 활동하고 있었다. 이들은 인도에서 가져온 향신료를 비롯해 중국
에서 들어오는 비단, 차, 의약품 등에 많은 이익을 붙여 비싼 값으로
팔고 있었다. 특히 육류의 느끼함을 없애 주는 후추는 부자들만이 살
수 있던 값비싼 향신료였다. 인도에서 생산되는 후추가 여러 경로를 거
쳐 유럽에 오면 산지 가격의 50배가 넘는 가격으로 거래되었다.
   1453년 오스만 제국이 동로마 제국을 정복하자 무역 항로가 차단되

15~16세기 유럽은 인도로 가는 신항로를 개척하기 시작했다.
큰 이익을 낳던 향신료 무역이 오스만 제국에 의해 막히자 다른 항로를 뚫기 시작한 것이다.
그림은 16세기 인도 서남부 도시 캘리컷Calicut(오늘날의 코지코드) 풍경으로,
유럽 각지에서 온 무역 배들 여러 척이 말라바르Malabar 해안에 떠 있다.
1617년 발간된 『세계의 도시들Civitates orbis terrarum』에 실린 삽화.

었다. 향신료를 구하는 게 어렵게 되자 유럽인들은 방법을 생각하기 시작했다. 이 시기에 고대 그리스 천문학자이자 지리학자인 클라우디오스 프톨레마이오스Claudios Ptolemaeus가 쓴『지리학Geographia』이 인쇄술의 발달로 출간되면서 유럽인들은 지리학에 관심을 갖기 시작했다.『지리학』에 기술된 오류는 이후 직접 항해를 한 포르투갈 항해사에 의해 하나씩 밝혀지게 되었다.

값비싼 향신료를 독점할 목적으로 시작한 신항로 발견의 선두에는 유럽 최초의 통일국가인 포르투갈이 있었다. 유럽의 끝인 이베리아 반도에 있는 포르투갈은 1179년 교황에 의해 왕국으로 승인받은 작은 가톨릭 국가였다. 1415년 포르투갈 왕 주앙 1세João I는 셋째 아들인 항해왕자 엔히크Infante Dom Henrique, o Navegador와 함께 전략적 요충지이자 상업 중심지인 세우타Ceuta(아프리카 대륙에 위치한 도시로 오늘날 에스파냐의 땅이다)를 공격했다. 포르투갈의 최초 식민지가 된 세우타는 대규모 군사 훈련 기지가 되었다. 엔히크 왕자는 자원이 없는 포르투갈이 강대국으로 발전하려면 신항로를 개척하는 방법밖에 없다고 생각했다. 엔히크 왕자가 이끄는 탐험대에 의해 대항해 시대가 열리게 되었고, 세우타를 시작으로 포르투갈의 식민지 건설이 시작되었다. 1960년 포르투갈은 엔히크 왕자의 서거 500주년을 기념하여 리스본에 탐험기념비를 세웠다. 탐험기념비에는 엔히크 왕자를 선두로 하여 33명의 항해 관련 영웅과 후원자가 조각되어 있다.

그리스도교 기사단장이었던 엔히크 왕자는 왕실과 기사단의 지원을 받아 1418년 사그레스Sagres에 항해학교와 항해연구소를 세우고 지리학과 항해술 연구를 시작했다. 사그레스 항해연구소에는 국적, 나이, 신

포르투갈의 항해왕자 엔히크는 자원이 부족한 조국이 강대해지기 위해서는
신항로를 개척해야 한다고 생각했다. 엔히크 왕자의 탐험대에 의해 대항해 시대가 열렸다.
사진은 엔히크 왕자 서거 500주년을 기념하여 1960년 리스본에 세워진
<탐험기념비El Monumento a los Descubrimientos>다. 가장 앞에 있는 조각상이 엔히크 왕자다.

15세기 포르투갈 탐험대가 아프리카 대륙에서 잡아 온 원주민들은
사람이 아닌 상품으로 거래되었다.
이후 노예무역은 식민지 건설에 나선 여러 나라들에 의해 자행되었다.
프랑수아오귀스트 비아르François-Auguste Biard, <노예무역The Slave Trade>, 1833년경,
캔버스에 유채, 162.5×228.6cm, 헐Hull, 윌버포스 생가 박물관Wilberforce House Museum.

분에 상관없이 유럽 최고 전문가들이 초빙되었다. 또한 라고스Lagos에
항구와 조선소를 세우고 본격적인 항해 준비를 했다. 하지만 엔히크 왕
자는 한 번도 항해를 하지 않았다고 한다. 건강이 좋지 못했던 왕자는
뒤에서 든든한 후원자 역할을 하는 데 만족했던 것이다.

포르투갈 탐험대는 1418년 마데이라Madeira 제도를 정복하고 1427년

아조레스Azores 제도를 정복했으며, 1434년에는 서아프리카 보자도르 곶Cabo Bojador에 도착했다. 세상의 끝이라고 여겼던 보자도르 곶을 지나 아프리카 대륙을 남하하다가 1456년 베르데Verde 제도를 발견했다. 이때 황금, 상아, 후추와 원주민을 잡아서 배에 싣고 돌아왔다. 잡혀온 노예들은 인간이 아니라 상품으로 거래되었다. 아프리카는 다양한 인종과 문화와 문명이 존재하는 곳이었지만 탐욕스러운 유럽인에 의해 무참히 약탈당하고 파괴되었다. 이 시기에 형성된 라고스의 노예시장은 노예무역의 출발점이 되었다.

독신으로 일생을 신항로 개척에 바친 엔히크 왕자는 1460년 사그레스에서 사망했다.

1481년 포르투갈 왕위에 오른 주앙 2세는 1487년 바르톨로뮤 디아스Bartolomeu Diaz를 선장으로 한 탐험대를 아프리카 서쪽 해안으로 보냈다. 갖은 고생을 한 디아스는 1488년 드디어 아프리카 최남단 희망봉에 도착했다.

한편, 마르코 폴로의 『동방견문록』에 심취해 있던 이탈리아 항해사 콜럼버스는 '지구가 둥글다'는 주장을 믿고 대서양 서쪽으로 항해를 하면 인도에 도착할 수 있다는 생각을 하게 되었다. 콜럼버스는 자신의 항해를 도와줄 지원자를 찾아 나섰다. 항해 계획을 들은 포르투갈의 주앙 2세는 아프리카 남단의 희망봉을 이미 발견한 뒤라 이쪽 항로를 개척할 생각이었기 때문에 지원을 거부했다. 콜럼버스는 후원자를 찾아 에스파냐, 영국, 프랑스로 갔지만 모두 거절당했다.

1492년 다시 에스파냐의 이사벨 1세를 찾은 콜럼버스는 후원 약속을 받는 데 성공했다. 이때 이사벨 1세에게 귀족 계급뿐 아니라 식민지에서 얻는 수입의 10% 소유권에 식민지 총독으로 임명해 줄 것을 요구했다. 이 요구 사항은 산타페 협약으로 맺어졌는데, 실제로는 제대로 지켜지지 않았다. 당시 이사벨 1세가 지원한 것은 범선 세 척과 선원, 항해물품, 식량 정도였으니, 큰 부담이 되지 않았을 것이다. 이 결정으로 이사벨 1세는 세계사를 바꾼 위대한 인물이 되었다.

여기서 잠시 콜럼버스의 후원자였던 이사벨 1세와 그녀의 조국 에스파냐에 대해 살펴보겠다. 이베리아 반도에 있던 카스티야 왕국, 아라곤 왕국, 그라나다 왕국이 하나로 합쳐지면서 15세기에 에스파냐 통일 왕국이 형성되었다. 이를 가능하게 한 인물이 바로 이사벨 1세다. 카스티야 왕국의 후안 2세의 딸로 태어난 이사벨은 의붓오빠인 엔리케 4세에 의해 추방당해 어머니 이사벨 왕비, 동생 알폰소 왕자와 함께 가난한 평민의 삶을 살았다. 이 시기 이사벨은 자신이 처한 상황을 가톨릭 신앙의 힘으로 극복했다고 한다.

당시 왕족들은 대부분 정략결혼을 했지만, 이사벨 공주는 자신이 원하는 남자와 결혼하고 싶었다. 비밀리에 신랑감 후보를 알아보다가 그중 가장 마음에 들었던 아라곤 왕국의 페르난도 왕자에게 먼저 청혼을 했다. 페르난도 왕자는 이사벨 공주에 대해 평소 호감을 가지고 있었으므로 즉시 혼인 서약을 했고 값비싼 목걸이를 선물로 보냈다. 1469년 이사벨 공주는 엔리케 4세 몰래 결혼식을 치렀다. 두 사람은 1남 4녀를 두었고, 이사벨 1세가 사망할 때까지 사랑이 변치 않았다고 한다.

세기의 결혼으로 카스티야 왕국과 아라곤 왕국은 하나로 합쳐졌다. 함께 왕위에 올라 이사벨 1세와 페르난도 2세 부부왕이 된 두 사람은

14~15세기에 이베리아 반도는 여러 왕국으로 나뉘어 있었다.
이사벨 1세와 페르난도 2세 부부왕은 결혼으로 카스티야 왕국과 아라곤 왕국을 합친 뒤,
남쪽으로 내려가 1492년 그라나다까지 정복했다. 이로써 에스파냐 통일이 완성되었다.

남쪽 지방인 그라나다 탈환까지 나섰다. 당시 그라나다는 711년에 처들어온 이슬람 세력이 다스리고 있었다. 지난 700여 년 동안 가톨릭 왕국들은 이슬람 세력을 몰아내려고 레콩키스타Reconquista(국토회복운동)라는 전쟁을 벌였지만, 이슬람 세력을 완전히 몰아내지는 못했다. 1492년 마침내 부부왕이 그라나다를 정복하면서 에스파냐 통일이 완성되었다.

국토를 회복한 이사벨 1세는 에스파냐를 강력한 가톨릭 국가로 만들기 위해 대대적인 작업을 시작했다. 이 시기 종교재판소에서는 유대

교도와 이슬람교도들이 종교가 다르다는 이유로 매일 잔혹하게 죽어 갔다. 한때 에스파냐의 지배를 받았던 중남미 지역이 오늘날 북미에 비해 경제적으로 뒤떨어져 있는 이유도 에스파냐의 폐쇄적인 종교 정책과 관계 있다. 전 세계를 가톨릭 국가로 통일하겠다는 이사벨 1세의 오만함이 얼마나 큰 결과를 가져왔는지를 역사가 잘 말해 준다. 하지만 이사벨 1세는 콜럼버스 항해를 지원하기로 결정하면서 새 시대를 연 인물로도 기억되고 있다.

이사벨 1세의 지원을 받은 콜럼버스는 1492년 8월 3일 세 척의 범선(산타 마리아호, 핀타호, 니냐호)을 이끌고 팔로스Palos 항을 출발했다. 오직 바람에 의지해 바다를 항해하는 것은 목숨을 건 도전이었고 대단한 용기가 필요했다. 선원 대부분은 해방시킨 죄수였다고 한다. 콜럼버스 일행은 10월 12일 첫 육지를 발견하고 '산 살바도르San Salvador(성스러운 구세주)'라고 이름 지었다. 이곳은 오늘날 서인도 제도에 있는 과나하니Guanahani 섬이다. 이후 에스파냐는 콜럼버스가 두 달간의 항해 끝에 신대륙에 처음 도착한 날인 10월 12일을 국경일로 정했다. 성공리에 1차 항해를 마치고 돌아온 콜럼버스는 무사 귀환을 기다리던 선원 가족들과 이사벨 1세와 페르난도 2세에게 열광적인 환영을 받았다.

19세기 프랑스 화가 외젠 들라크루아Eugène Delacroix는 콜럼버스가 신대륙을 발견하고 돌아와 에스파냐의 이사벨 1세와 페르난도 2세를 알현하는 모습을 담은 그림 〈콜럼버스의 귀환The Return of Christopher Columbus〉을 그렸다.

콜럼버스는 항해로 원하던 황금을 얻지는 못했다. 큰돈을 벌 수 있을 것이라는 기대가 사라지자, 원주민들을 무차별적으로 약탈하고 학

신대륙을 발견하고 돌아온 콜럼버스가 이사벨 1세와 페르난도 2세의 환영을 받고 있다.
계단에는 신대륙에서 가져온 여러 진귀한 물건들이 쌓여 있다.
콜럼버스는 죽을 때까지 자신이 발견한 땅이 인도라고 믿고 있었다.
이후에 아메리고 베스푸치에 의해 콜럼버스가 발견한 땅이 신대륙이라는 사실이 밝혀졌다.
외젠 들라크루아, <콜럼버스의 귀환>, 1839년, 캔버스에 유채, 90.4×118.3cm,
오하이오, 톨레도 미술관Toledo Museum of Art.

살했다. 1495년에는 원주민 500명을 싣고 와서 유럽에 노예로 파는 등
비열한 행위를 서슴없이 했다.

　콜럼버스의 성공적인 항해에 자극받은 포르투갈은 1494년 에스파
냐와 토르데시야스 조약Treaty of Tordesillas을 맺는다. 교황 알렉산데르

15~16세기에 포르투갈과 에스파냐가 개척했던 식민지들.
괄호 안 숫자는 연도다.
1494년 두 나라는 토르데시야스 조약을 맺는데,
지구 서쪽에서 발견하는 땅은 에스파냐가,
지구 동쪽에서 발견하는 땅은 포르투갈이 갖는다는 내용이었다.
이 조약에 따라 아프리카와 신대륙은
그곳에 사는 사람들의 의사에 상관없이 식민지화되었다.
ⓒ Universalis

■■ 포르투갈 개척지
➡ 바스코 다 가마의 항해(1498)
➡ 카브랄의 항해(1500)
➡ 마젤란의 항해(1519~1521)

■■ 에스파냐 개척지
➡ 콜럼버스의 항해
(1492, 1493, 1502, 1504)

6세의 중재로 맺은 조약은 지구를 반으로 쪼개어 서쪽에서 발견하는 땅은 에스파냐가 갖고 동쪽에서 발견하는 땅은 포르투갈이 갖는다는 내용이었다. 이 조약은 강대국의 식민지 분할에 선례가 되었는데, 후일 유럽 열강들이 맺은 베를린 조약도 유사하다. 그곳에 사는 사람들은 전혀 상관하지 않고 자기들 마음대로 조약을 맺어 땅을 나눈다는 것은 상식적으로 이해할 수 없다. 하지만 역사에서 이런 일들은 반복해 일어났다. 토르데시야스 조약은 영국과 프랑스가 식민지 경쟁에 나서면서 유명무실하게 되었다.

포르투갈 주앙 2세의 왕위를 이어받은 마누엘 1세Manuel I 시기인

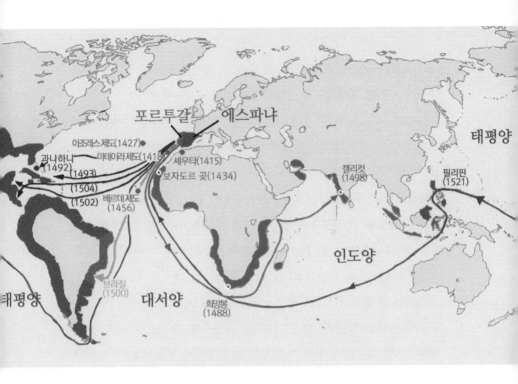

1498년, 바스코 다 가마Vasco da Gama가 희망봉을 돌아 인도 캘리컷(오늘날의 코지코드)에 도착하면서 마침내 인도 항로를 발견하게 되었다. 항로를 개척하면서 온갖 악행을 저지른 바스코 다 가마는 백작으로 대우받았으며 사망한 뒤에는 제로니무스 수도원 묘지에 안장되었다. 식민지에서는 잔인한 약탈자였지만 포르투갈에서는 최고 영웅이었던 것이다.

1500년 포르투갈 항해사인 카브랄Pedro Alvares Cabral은 브라질을 발견했는데, 토르데시야스 조약에 따라 브라질은 포르투갈 식민지가 되었다. 이런 이유로 남아메리카에서 유일하게 포르투갈어를 사용하는 나라가 브라질이다. 포르투갈은 인도 항로 개척과 브라질 발견으로 해상무역을 통해 강대국으로 성장할 수 있었다.

1492년부터 1504년까지 총 4회에 걸쳐 항해를 했던 콜럼버스는 신대륙의 한 섬에 도착해서 인도를 발견했다고 믿었다. 그래서 오늘날 이 섬 지역을 서인도 제도라고 부른다. 1499년 이탈리아 출신 항해사인 아메리고 베스푸치Amerigo Vespucci가 이곳이 인도가 아닌 신대륙의 일부라는 사실을 밝혀냈다. 신대륙은 그의 이름을 따서 아메리카라고 불리게 되었다. 오늘날 우리는 아메리고 베스푸치보다는 신대륙을 처음 발견한 콜럼버스의 이름을 더 많이 기억한다.

1504년 후원자였던 이사벨 1세가 사망한 이후 콜럼버스는 심한 좌절감에 시달리다가 2년 뒤 사망했다. 1542년 콜럼버스는 자신의 식민지였던 히스파니올라 섬의 산토 도밍고 대성당에 묻혀 있다가 1898년 에스파냐의 세비야 대성당으로 옮겨졌다. 콜럼버스의 관은 에스파냐의 네 왕국인 카스티야 왕, 레온 왕, 나바라 왕, 아라곤 왕 조각상이 들고 있다. 그 이유는 이탈리아인이자 평민인 자신을 무시했던 에스파냐 땅에는 묻히고 싶지 않다는 콜럼버스의 유언 때문이라고 한다.

콜럼버스의 용기 있는 도전으로 인해 나라와 나라가 무역으로 문화 교류를 시작했고, 유럽인이 다른 대륙의 존재를 알게 되었기 때문에 이 시기부터 진정한 세계 역사가 시작되었다고 평가하기도 한다. 반면에 제3세계의 입장에서는 대항해 시대 이후로 유럽 열강들의 식민지 쟁탈전이 본격화되었다고 비판하기도 한다.

1937년 미국은 매년 10월 둘째 주 월요일을 '콜럼버스의 날'로 정했다. 80여 년이 지난 2019년 워싱턴 시는 '콜럼버스의 날'을 '원주민

세비야 대성당에 있는 콜럼버스의 묘.
에스파냐의 카스티야 왕, 레온 왕, 나바라 왕, 아라곤 왕 조각상이 콜럼버스의 관을
들고 있다. 이탈리아인이자 평민인 자신을 무시했던 에스파냐 땅에는 묻히고 싶지 않다는
콜럼버스의 유언 때문이다.

의 날'로 대체했다. 콜럼버스가 오기 전 미국 땅에는 이미 원주민들이 살고 있었으므로, '신대륙 발견'이라는 말 자체가 모순이며 유럽 중심적인 관점이라는 것이다. 1992년 미네소타 대학 로스쿨 인권 센터 University of Minnesota Law School's Human Rights Center는 콜럼버스에 대한 모의재판을 열었다. 재판 결과 콜럼버스가 식민지 히스파니올라에서 저지른 노예 제도, 살인, 고문, 강제노동, 유괴, 폭력, 강도 등 7개 혐의에서 모두 유죄라고 판결했다.

리들리 스콧이 감독한 영화 〈1492 콜럼버스1492 The Conquest of Paradise〉에서 콜럼버스와 아들이 망망대해를 바라보며 이야기를 나누는 첫 장면은 인상적이다. 탐험가이자 약탈자이기도 했던 콜럼버스를 미화한 부분이 있기는 하지만 비교적 고증이 잘된 영화다. 콜럼버스 일생을 이해하는 데 도움이 될 것이다.

1519년 포르투갈 출신 항해사인 페르디난드 마젤란Ferdinand Magellan은 에스파냐 왕실의 지원을 받아 최초로 세계 일주에 도전했다. 선원 265명을 태우고 출발했지만 2년 뒤 세비야 항으로 돌아온 선원은 18명밖에 되지 않았다. 마젤란은 필리핀에 도착해 원주민과 싸우던 중 사망했다.

에스파냐는 신대륙에서 원주민을 무자비하게 착취해 금과 은을 약탈해 왔다. 그 양은 전 세계 금, 은 생산량의 85%를 차지했다. 에스파냐는 엄청난 부를 가톨릭 성당 건축과 식민지 확장에만 쏟아붓고, 자국 산업을 등한시한 탓에 날로 쇠퇴해 갔다.

포르투갈은 인도 항로를 발견한 뒤 브라질을 거쳐 중국과 일본까지 진출했다. 인도에서는 향신료를, 중국에서는 비단과 황금을, 일본에서는 은을 가지고 온 뒤, 이들 상품을 고가로 팔아서 막대한 이익을 거두었다.

대항해 시기에 밀, 포도, 올리브만 생산되던 유럽에 토마토와 고추, 감자를 비롯해 기호식품인 커피와 담배, 그리고 설탕이 전해졌다. 특히 남아메리카에서 건너온 감자는 좋지 않은 기상 조건에도 잘 자라는 작물로, 이후 유럽 식생활에 큰 역할을 담당하게 된다.

포르투갈의 주앙 3세가 사망하자 1557년 손자 세바스티앙 1세가 3세의 나이로 왕위에 오른다. 이에 주앙 3세의 부인 카타리나 왕비가 섭정을 하게 되는데, 왕비는 에스파냐 왕 펠리페 2세의 고모였다. 1578년 세바스티앙 1세가 독신으로 자식 없이 죽자, 1580년 에스파냐 왕 펠리페 2세가 포르투갈을 합병하게 되었다. 합병 후 포르투갈 식민지는 모두 펠리페 2세의 소유가 되었다. 에스파냐 속국으로 살던 포르투갈은 60년 후 독립했다. 에스파냐는 펠리페 2세 시기에 전성기를 누리다가 네덜란드와 영국의 등장으로 몰락해 갔다.

가톨릭이 타락하고 루터가 종교개혁을 주장하다

〈95개조 반박문을
교회 문에 붙이는 루터〉

근대 시기에 일어난 세 가지 큰 사건은 르네상스, 신항로의 발견, 종교개혁이다. 종교개혁이 일어난 원인은 크게 두 가지로 볼 수 있다. 가톨릭 부패와 면죄부 판매다(가톨릭에서는 면죄부 대신 면벌부를 쓸 것을 권하지만, 이 책에서는 폭넓게 사용되는 용어인 면죄부를 쓰겠다).

당시 가톨릭 성직자는 결혼을 할 수 없었는데도 내연녀에 자식까지 두는 경우가 잦았다. 수도원장이나 주교의 지위는 돈으로 쉽게 살 수 있었다. 사리

1517년 독일 성직자 마르틴 루터는 가톨릭 교회의 면죄부 판매에 반발하면서
비텐베르크 대학교 성채교회 정문에 95개조 반박문을 붙였다.
이 행위는 가톨릭 교회와 교황에 정면 도전한 것으로, 종교개혁과 개신교 탄생으로 이어졌다.
이로써 교황 중심으로 유지되던 중세의 잔재가 사라지고 근대가 시작되었다.
페르디난드 파월Ferdinand Pauwels, <95개조 반박문을 교회 문에 붙이는 루터
Luther Hammers his 95 Theses to the Door>, 1872년, 캔버스에 유채, 85×72cm,
아이제나흐Eisenach, 바르트부르크 성 재단Wartburg-Stiftung.

사욕에 빠진 성직자들은 종교를 돈벌이 수단으로 생각했다. 면죄부는 원래 십자군을 모집하려는 목적으로 발급되었으나 이후 교황의 재정을 보충하는 방편으로 악용되었다. 메디치 가문에서 배출한 교황 레오 10세는 성 베드로 대성당을 재건하기 위해 막대한 자금이 필요했다. 이에 면죄부 판매를 건축 자금의 확보 수단으로 사용하려는 생각을 가지고 있었다.

1517년 독일(신성로마제국) 성직자 마르틴 루터Martin Luther는 면죄부 판매를 비판하는 글을 라틴어로 적은 '95개조 반박문Anschlag der 95 Thesen'을 비텐베르크 대학교Universität Wittenberg 성채교회Schlosskirche 정문에 붙였다. 이는 가톨릭 교회와 교황에 대한 정면 도전 행위로, 이후 종교개혁과 개신교 탄생으로 이어졌다. 이로써 교황 중심으로 유지되던 중세의 잔재가 사라지고, 개인의 신앙과 사상을 인정하는 근대가 시작되었다.

마르틴 루터가 종교개혁을 하기 100년 전, 영국 옥스퍼드 대학교의 신학 교수 존 위클리프John Wycliffe와 체코 프라하 대학교의 신학 교수 얀 후스Jan Hus는 성경을 강조하고 가톨릭 성직자들이 세속화되는 것을 비판했다. 1415년 콘스탄츠 공의회Council of Konstanz에서 이단으로 몰린 위클리프는 이미 사망한 뒤라 유해가 불태워졌고, 자신의 주장을 굽히지 않던 얀 후스는 화형당하고 말았다.

이 시기에 활동한 인문학자 데시데리위스 에라스뮈스Desiderius Erasmus는 네덜란드에서 성직자의 사생아로 태어났다. 수도원에서 컸고 20세에 수도사가 되었다. 주교의 비서로 지내다가 파리 대학교와 토리노 대학교에서 공부했다. 1511년 출간한 저서 『우신예찬』에서 부패한 교회와 가톨릭 성직자를 비판했다. 1516년에는 그리스어 신약성경을

루터는 부패하고 타락한 가톨릭 교회를 공개적으로 비판하면서 근대를 앞당겼다.
루카스 크라나흐 1세Lucas Cranach the Elder, <마르틴 루터>, 1529년,
패널에 유채, 73×54cm, 아우크스부르크, 성 안나 교회St. Anna-Kirche.

출판하고 라틴어 해석을 붙였다. 당시 성경은 라틴어로 되어 있어 일반
평민들은 보기 어려웠고, 성경의 해석은 오직 성직자만이 할 수 있었
다. 교회는 성경을 독점하기 위한 수단으로 자기 나라 말로 번역하는

것을 금했다. 에라스뮈스는 종교개혁에 많은 영향을 주었지만 루터와는 거리를 두었다고 한다. 1536년 스위스 바젤에서 사망했다.

　마르틴 루터의 종교개혁은 이 선배들의 활동에서 많은 영향을 받았다. 루터는 1483년 독일(신성로마제국) 작센 지방 아이슬레벤Eisleben에서 출생했다. 아이슬레벤은 구리광 채굴 산지로, 루터의 아버지는 광부였다가 광산업으로 자수성가한 인물이었다. 자식 교육에 관심이 많았던 아버지는 아들을 법률가로 키우고 싶었다. 아버지의 바람으로 에르푸르트 대학교에 입학한 루터는 어느 날 번개 치는 폭풍우 속에서 공포를 느꼈다. 이때 광부의 수호성인 성 안나에게 수도사가 되겠다는 서약을 하게 되었다. 루터는 아버지의 반대에도 1505년 아우구스투스 수도원에서 수도사가 되었고 2년 뒤에는 사제 서품을 받았다. 1512년에 비텐베르크 대학교에서 신학박사가 되었으며 1513년부터는 성서학 강의를 하고 있었다.

　당시 가톨릭 교회의 내부는 심하게 타락해 있었다. 1514년 브란덴부르크 선제후의 아들 알브레히트Albrecht von Brandenburg가 23세 나이로 대주교가 되었다. 그는 세 개의 교구를 차지하기 위해 은행가인 푸거Fugger 가문에서 거금을 빌렸다. 로마 교황은 알브레히트에게 면죄부를 판매할 수 있는 권한을 주었다. 면죄부 판매 수입의 절반은 돈을 빌린 푸거 가문으로 들어갔고 절반은 로마 교황에게 보내졌다. 많은 돈이 계속 필요했던 알브레히트 대주교는 도미니크회 수도사였던 요하네스 테첼Johannes Tetzel을 면죄부 판매 설교사로 임명했다. 당시 테첼은 신자들에게 면죄부를 사면 자신의 죄뿐 아니라 돌아가신 부모님도 구원받는다고 설교했다. 테첼의 설교로 인해 벌어들이는 면죄부 판매 수입은 상당했다.

1517년 세 교구 도시를 돌면서 면죄부를 팔던 테첼이 비텐베르크에 오자 루터는 비텐베르크 대학교 성채교회 정문에 95개조 반박문을 붙이게 되는데, 이것이 종교개혁의 시작이다. 이 반박문은 당시 발달한 인쇄술에 의해 재빠르게 독일 전역으로 퍼져 나갔다. 많은 독일인들이 반박문 내용에 공감했다. 루터가 나무 문에 붙였던 95개조 반박문은 현재 청동 문에 새겨져 있는데, 그중 한 조는 다음과 같다. '27조. 동전이 딸랑 소리를 내며 헌금함으로 떨어지는 순간 영혼이 연옥에서 벗어난다고 설교하는 자들은 거짓을 말하고 사기를 치는 것이다.'

연옥이란 죽은 사람의 영혼이 살아 있는 동안 지은 죄를 용서받고 천국으로 가기 위해 일시적으로 머무르는 곳을 말한다. 당시 성직자들은 연옥에서 잠깐 머물다가 천국으로 빨리 가는 방법은 면죄부를 사는 길밖에 없다고 설교했다.

만인사제설과 성경 지상주의를 주장하던 루터는 자신의 생각이 인정받으려면 제후들의 도움이 필요하다고 생각했다. 이에 『독일 민족의 그리스도인 귀족에게 고함』이라는 글을 쓰기도 했다.

루터가 발표한 95개조 반박문 내용을 알게 된 교황 레오 10세는 1521년 루터를 즉각 파문했다. 루터는 자신을 지지하는 사람들이 보는 앞에서 로마 교황이 보낸 파문장을 불태웠는데, 현재 이곳에는 참나무가 심어져 있다.

당시 신성로마제국을 다스리던 황제는 카를 5세Karl V(에스파냐 왕이기도 한데 그때 명칭은 카를로스 1세다)로, 그는 에스파냐 이사벨 1세의 외손자였다. 벨기에 헨트에서 태어나고 네덜란드에서 성장한 카를 5세

루터가 95개조 반박문을 붙였던 비텐베르크 대학교 성채교회 입구로 작센안할트에 있다.
95개조 반박문이 붙었던 나무 문은 이후 화재로 소실되었고, 현재는 청동 문이 달려 있다.
청동 문 표면에는 95개조 반박문이 새겨져 있다.

는 신성로마제국에는 한 번도 온 적이 없었다. 카를 5세는 아헨에서 대관식을 거행하고 난 뒤 루터 문제를 신속히 해결하려고 했다. 심각하게 고민하던 카를 5세는 보름스에서 의회를 소집하기로 결정했다. 보름스 의회Diet of Worms는 1521년 1월 27일부터 5월 25일까지 개최되었다. 신성로마제국의 제후와 각 도시의 성직자 대표들이 모였다. 루터는 4월에 소환되었고, 4월 17일 의회에 출석해서 이렇게 말했다.

"성경에 비추어 봤을 때 제가 잘못한 것이 있다면 주장을 철회하고 책을 모조리 불사르겠습니다. 하지만 제 양심은 주님 말씀에 충실합니다. 제 주장을 철회할 수 없습니다. 주님께서 저를 도우실 것입니다."

루터의 지지자들은 루터의 용기에 감동받아서 환호성을 질렀다. 카를 5세는 청문회를 중단하라고 명령을 내렸다.

의회가 끝난 후 카를 5세는 루터와 루터의 지지자들을 신성로마제국에서 추방하라고 명했고, 루터의 저서를 불태우라는 칙령을 발표했다. 살해 위협을 느낀 루터가 안전하게 피신할 수 있었던 것은 작센 선제후였던 현명공 프리드리히 3세Friedrich der Weise 덕분이었다. 프리드리히 3세는 신앙심이 깊은 사람이었다. 종교 서적을 열심히 읽고 인문학자인 에라스뮈스와 편지로 교류했으며 종교개혁을 주장한 루터에게 호감을 가지고 있었다. 루터의 보호자가 된 프리드리히 3세는 아이제나흐 부근 바르트부르크Wartburg 성에 루터의 은신처를 마련해 주었다. 루터는 10개월 동안 이곳에 머물면서 라틴어로 된 신약성경을 독일어로 번역했다. 당시 독일어는 20여 개의 지역어로 나누어져 있었다. 루터는 성경 번역 과정에서 여러 독일어 사용자들이 모두 이해할 수 있도록 공통 단어를 쓰려고 노력했다. 덕분에 루터판 성경은 독일어 통일

신성로마제국 황제 카를 5세는 루터 문제를 해결하기 위해 1521년 보름스 의회를 소집했다. 이곳으로 소환된 루터는 자신의 주장을 철회할 수 없다고 당당하게 말했다. 카를 5세는 루터와 루터 지지자들을 신성로마제국에서 추방하라는 명령을 내렸다. 안톤 폰 베르너Anton von Werner, <보름스 의회에 소환된 루터Luther vor dem Reichstag in Worms>, 1877년, 슈투트가르트, 슈투트가르트 미술관Staatsgalerie Stuttgart.

에 기여했으며, 여기에 쓰인 독일어는 지금까지 표준 독일어로 사용되고 있다.

신기하게도 프리드리히 3세와 루터는 한 번도 만난 적이 없다고 한다. 그들은 게오르크 슈팔라틴Georg Spalatin을 통해 연락을 주고받았다. 슈팔라틴은 프리드리히 3세의 비서이자 신학자로, 루터의 친구이기도 했다.

루터는 1525년 카타리나 폰 보라Katharina von Bora와 결혼했는데, 전직 수도사와 전직 수녀의 이 결혼은 많은 화제를 낳았다. 오늘날 가톨릭 사제들과 다르게 목사들이 결혼하는 것도 루터의 뜻에 따른 것이

FRIDERICH · DER · DRIT · CHVRFVR
VND · HERTZOG · ZV · SACHSSE

작센 선제후 프리드리히 3세는 '현명공'이란 별명이 붙을 정도로
지혜로운 사람이었다. 그는 살해 위협을 느낀 루터에게 은신처를 제공했다.
루카스 크라나흐 1세, <프리드리히 3세>, 1532년경,
패널에 유채, 80×49cm, 빈, 리히텐슈타인 궁전 박물관.

바르트부르크 성의 이 방에서 루터는 라틴어 신약성경을 독일어로 번역했다.
번역 과정에서 루터가 정리한 독일어는 현재 표준 독일어로 사용되고 있다.

라고 한다. 루터는 카타리나와 21년 동안 행복한 결혼 생활을 했으며
6남매를 두었다.

신성로마제국 제후들이 루터를 지지하기 시작하자, 1555년 아우크
스부르크 의회에서는 루터파를 공식 종교로 인정했다. 하지만 루터는
1546년 고향 아이슬레벤에서 이미 사망한 뒤였다. 6년 뒤인 1552년 부
인 카타리나도 세상을 떴다. 루터의 묘지는 95개조 반박문이 붙었던

루터는 전직 수녀와 결혼해서 21년간 결혼 생활을 했으며, 6남매를 두었다.
구스타프 슈팡엔베르크Gustav Spangenberg, <가족들에 둘러싸여 음악을 연주하는 루터
Luther im Kreise seiner Familie musizierend>, 1875년경,
라이프치히, 라이프치히 조형예술박물관Museum der bildenden Künste.

95개조 반박문이 붙었던 비텐베르크 대학교 성채교회 안에는 루터 묘지가 있다.

비텐베르크 대학교 성채교회 안에 마련되어 있다.

루터의 종교개혁은 장 칼뱅Jean Calvin에게 이어지면서 새로운 개신교 교리가 정립되었다. 1509년 프랑스 북부의 누아용에서 태어난 칼뱅은 파리에서 신학 공부를 하다가 아버지의 뜻에 따라 법학 공부를 했다. 1531년 아버지가 돌아가시자 칼뱅은 법학을 그만두었다. 루터의 종교 개혁을 지지하던 칼뱅은 도망자 신세가 되었다. 이때 자신을 박해하던 프랑스 왕 프랑수아 1세를 향해 자신의 신앙을 변호하는 책인 『그리스 도교 강요』를 썼다.

이 책에서 주장하는 주요 내용은 '예정설'이다. 인간의 구원은 미리 예정되어 있으며 신의 예정상 버림받은 자는 영원히 구원받을 수 없다 는 것이다. 신의 선택을 받은 자는 자기 직업을 천직으로 생각하며 경 건하고 금욕적으로 살아야 한다는 것이다. 칼뱅의 예정설은 중산 계층 의 호응을 받았고 그의 명성은 널리 알려지게 되었다.

칼뱅은 이후 제네바에서 스위스 종교 개혁가 기욤 파렐Guillaume Farel을 만나 제네바에서 활동하게 되었다. 그는 과격한 개혁안으로 결 국 추방당했지만 몇 년 후 다시 제네바로 돌아갔다. 칼뱅은 20년 동안 극도의 경건주의를 시행하다가 1564년 제네바에서 사망했다.

칼뱅이 죽은 뒤 그의 독특한 교리는 잉글랜드의 신교도인 청교도들 에게 계승되었다. 청교도 외에 프랑스에서는 위그노파, 스코틀랜드에서 는 장로파, 네덜란드에서는 고이젠 등 신교Protestantism가 등장하게 되 었다.

영국의 종교개혁은 헨리 8세의 이혼 문제가 원인이 되었다. 원래 헨 리 8세는 루터를 반박하는 글을 발표하여 교황으로부터 가톨릭 신앙의 수호자라는 호칭을 받을 정도로 신앙이 투철했다. 하지만 첫 부인인 아라곤의 캐서린 왕비가 딸 메리를 낳고 아들을 두지 못하자 이혼을 결심했다. 헨리 8세는 교황 클레멘스 7세에게 이혼 청원서를 보냈다. 교황은 고민에 빠졌다. 캐서린 왕비는 에스파냐의 이사벨 1세와 페르난도 2세의 딸이자 신성로마제국 황제 카를 5세의 이모였다. 에스파냐와 신성로마제국의 심기를 거스르고 싶지 않았던 교황은 헨리 8세의 이혼 요구를 허락하지 않았다.

당시 헨리 8세와 연인 관계였던 앤 불린Anne Boleyn은 자신에게서 아들을 얻으려면 이혼을 해야 한다고 헨리 8세에게 집요하게 요구했다. 결국 헨리 8세는 이혼을 위해 가톨릭 교회와 관계를 끊기로 결심했다. 1534년 영국 교회의 최고 수장은 국왕이라고 규정한 수장령Acts of Supremacy을 발표했고, 가톨릭 교회에서 분리된 영국 국교회를 창설했다. 영국 국교회의 교리는 신교에 가깝고 형식은 가톨릭과 비슷하다. 우리나라에서는 성공회라고 부른다.

헨리 8세는 캐서린과 이혼한 뒤 앤 불린과 결혼했다. 둘 사이에서 맏딸 엘리자베스가 태어났지만, 아들은 생기지 않았다. 실망한 헨리 8세는 앤 불린을 간통죄로 처형하고 제인 시모어Jane Seymour와 결혼해서 바라던 아들을 품에 안았다. 자신의 이혼 문제로 영국 국교회를 만든 헨리 8세는 수도원을 해산하여 막대한 부를 얻었다. 이후 세 번이나 더 결혼한 헨리 8세는 자녀를 더 이상 얻지 못했다. 튜더 가문의 강력한 군주였던 헨리 8세는 영국이 강대국으로 발전하는 데 기초를 다진 인물로 평가된다. 1547년 헨리 8세가 사망한 뒤 왕위는 하나뿐인 아들 에드워드 6세에게 계승되었다.

영국의 종교개혁은 헨리 8세의 이혼 문제로 시작되었다.
헨리 8세는 첫 왕비에게서 아들을 얻지 못하자 이혼하고 앤 불린과
결혼하려고 했다. 교황이 허락하지 않자 가톨릭 교회와 관계를 끊고
국왕이 수장이 되는 영국 국교회를 창설했다.
한스 홀바인 2세 공방Workshop of Hans Holbein the Younger,
<잉글랜드 왕 헨리 8세Henry VIII of England>, 1537~1547년,
캔버스에 유채, 239×134.5cm, 리버풀, 워커 미술관Walker Art Gallery.

종교개혁이 전 유럽으로 확산되자 가톨릭 내부에서 반종교개혁 운동이 일어났다. 반종교개혁이란 가톨릭 내부의 자성과 개혁을 통해 문제를 해결하려는 움직임이었다. 가톨릭 개혁의 선구자는 1534년 이냐시오 데 로욜라Ignatius de Loyola가 창립한 예수회였는데, 엄격한 계율을 중시하고 가톨릭 전파에 노력했다. 신항로 발견으로 알려진 아메리카와 아시아 지역에 대한 선교 사업도 이때 활발히 이루어졌다. 1545년 트리엔트 공의회Council of Trient는 가톨릭 문제에 대한 최종 결정권이 교황에게 있다고 발표했다. 1563년 면죄부 판매가 금지되었으며 1570년 교황 비오 5세는 면죄부를 판매하는 자는 파문한다고 공표했다.

1618년 독일(신성로마제국)을 무대로 일어난 30년 전쟁Thirty Years' War은 원래 합스부르크 가문의 영지인 보헤미아를 누가 다스릴 것인가의 문제에서 시작되었다. 하지만 가톨릭교도인 보헤미아 선제후 페르디난트 2세가 보헤미아 왕위에 오르면서 신교도인 팔츠 선제후 프리드리히 5세와 세력 싸움을 벌였고, 종교 싸움으로 번졌다. 신성로마제국에는 7명의 선제후가 있었다. 마인츠를 비롯한 3명은 가톨릭교도였고, 팔츠를 비롯한 3명은 신교도였다. 보헤미아는 얀 후스의 영향으로 신교에 가까웠지만, 페르디난트 2세는 즉위하자마자 가톨릭만 옹호했다. 이로써 4명의 선제후가 가톨릭, 3명의 선제후가 신교를 지지하면서 전쟁이 벌어지게 되었다. 가톨릭 국가인 신성로마제국과 에스파냐가 신교 국가인 보헤미아, 덴마크, 스웨덴, 네덜란드, 그리고 국가 이익을 위해 신교를 지원한 프랑스와 싸웠다.

1648년 30년 전쟁을 끝내기 위한 휴전협상인 베스트팔렌 조약Peace of Westfalen이 체결되었다. 이 조약으로 네덜란드와 스위스가 독립했고,

보헤미아 왕위에 오른 페르디난트 2세는 신교도를 탄압하고 가톨릭을 옹호했다.
이에 신성로마제국의 선제후들이 가톨릭교도와 신교도로 편을 나눠 30년 전쟁을 벌였다.
요제프 하인츠 1세Joseph Heintz the Elder, <페르디난트 2세Ferdinand II>, 1604년,
200×116cm, 빈, 빈 미술사박물관.

프랑스는 강대국으로 부상하게 되었다. 스웨덴은 발트 해를 차지했으며, 신성로마제국에서는 브란덴부르크가 강자로 떠오르게 되었다. 또한 각 지역별로 종교의 자유가 인정되었으며 제후가 믿는 종교를 따라가는 것이 아니라 개인이 자유롭게 종교를 선택해서 믿을 수 있게 되었다.

30년 전쟁은 신성로마제국 내에서 전투를 벌였기 때문에 어떤 지역에서는 인구의 70%가 사망하기도 했다. 이렇게 극심한 인명 피해를 입은 신성로마제국은 전쟁 후 사실상 붕괴 위기를 맞았다. 독일 연방 국가들이 독립하면서 300개 국가로 분열되었고, 신성로마제국의 합스부르크 왕조는 지방에 대한 지배력을 상실했다. 이후 브란덴부르크의 발전으로 강력해진 프로이센 왕국이 통일제국을 이룰 때까지 독일은 100년 이상 분열된 상태로 살아야 했다.

유럽 변방의 작은 섬나라였던 영국(잉글랜드)은 16세기에 강력한 왕권을 바탕으로
대영 제국의 기틀을 마련했다. 이를 가능하게 했던 인물이 엘리자베스 1세 여왕이다.
여왕 뒤쪽으로 영국군이 에스파냐 무적함대를 물리치는 전투 장면이 그려져 있다.
이 전투는 에스파냐가 쇠퇴하고 '해가 지지 않는 나라' 영국이 등장했음을 알리는 사건이었다.
조지 가워(추정), <잉글랜드의 엘리자베스 1세>, 1588년, 패널에 유채, 105×133cm,
베드퍼드셔Bedfordshire, 워번 수도원Woburn Abbey.

25

무적함대가 몰락하고
대영 제국이 번성하다
〈잉글랜드의 엘리자베스 1세〉

15세기 신항로를 발견한 포르투갈과 에스파냐가 서서히 물러나고, 16~18세기에는 네덜란드, 프랑스, 영국이 중심 세력이 되었다. 이 시기 유럽 왕조들은 왕이 강력한 절대권력을 가지고 통치하는 형태를 띠었기 때문에 절대왕정이라고 불린다.

영국의 절대왕정은 장미전쟁 후 튜더 왕조를 만든 헨리 7세부터 시작되었다. 헨리 7세를 계승한 헨리 8세와 딸 엘리자베스 1세Elizabeth I는 대영 제국으로 가는 발판을 마련했다. 특히 엘리자베스 1세는 영국 국교회를 성공적으로 안착시키고, 국가 재정을 안정화하며, 동인도회사East India Company(17세기 초 유럽 각국 정부에서 동양 무역 독점권을 부여해 준 무역회사들로, 해외 무역과 식민지 건설에 앞장섰다)에 독점권을 부여해 해외 무역을 활성화하는 등 부강한 영국을 만드는 데 큰 역할을 했다. 특히 1588년 칼레 해전에서 에스파냐 무적함대를 물리친 일은 '해가 지지 않는 나라' 영국의 시작을 알리는 상징적 사건이었다.

엘리자베스 1세의 초상화는 여러 점이 남아 있다. 그중 <잉글랜드의 엘리자베스 1세Portrait of Elizabeth I of England>는 궁정화가인 조지 가워George Gower가 그린 것으로 추정된다. 여왕 뒤쪽으로는 영국 배가 에스파냐 무적함대를 무찌르는 장면이 묘사되어 있다. 이때 물리친 무적함대의 이름이 '아르마다Armada'여서 이 초상화도 일명 <아르마다 초상화>라고 불린다. 여왕의 오른손은 지구본 위에 얹어져 있는데, 손가락이 아메리카 신대륙을 가리키고 있다. 앞으로 영국이 에스파냐를 대신해 신대륙에 영향력을 행사할 것임을 말해 주는 것이다.

평생 독신으로 살았던 여왕은 처녀성을 상징하는 진주를 좋아했다고 하는데, 목걸이와 머리 장식이 모두 진주로 되어 있다. 국가 행사나 잔치에서만 최고급 장신구와 화려한 의상을 착용했고, 평소에는 검소하게 입었다고 한다. 초상화 제작 당시 여왕의 나이가 55~56세였는데, 사실적인 표현보다는 여왕의 위엄을 강조하는 데 더 치중한 듯하다. 이 초상화는 해적 프랜시스 드레이크의 후손이 2016년 경매로 내놓았다. 이때 공익재단이 시민 기부금 1,000만 파운드(약 148억 원)를 모아 구입했다. 덕분에 이 초상화가 국외로 유출되는 걸 막을 수 있었다.

잉글랜드(영국)에서 왕 헨리 8세가 죽고 나서 그 뒤를 이은 건 아들 에드워드 6세였다. 에드워드 6세는 10세 나이에 왕위에 올랐기 때문에 외삼촌의 섭정을 받는 등 제대로 된 통치를 하지 못하다가 후손 없이 16세에 사망했다. 왕위는 에드워드 6세의 이복 누나이자 헨리 8세의 맏딸인 메리에게 돌아갔다.

1553년 즉위한 메리 1세Mary I는 종교개혁이 일어난 지 20여 년이 지났지만 잉글랜드를 다시 가톨릭 국가로 되돌리고 싶어 했다. 특히 아버지 헨리 8세에게 쫓겨난 어머니 캐서린이 독실한 가톨릭교도였기 때문에, 여왕이 된 딸이 마땅히 가톨릭을 부활시켜야 한다고 생각했다.

이를 위해 메리 1세는 강력한 동반자를 필요로 했는데, 신성로마제국 황제 카를 5세는 이런 상황을 잘 알고 있었다. 카를 5세는 앞으로 왕위를 계승할 펠리페 왕자와 메리 1세를 결혼시켜 유럽에 확산되고 있던 신교 세력을 막고자 했다. 오스트리아 합스부르크 가문은 세 번의 결혼으로 부르고뉴 왕국, 에스파냐 제국, 헝가리와 보헤미아 왕국을 차지한 경험이 있었다. 이번 결혼으로는 잉글랜드를 차지하려는 생각을 했다. 프랑스와 불편한 관계에 있던 카를 5세는 잉글랜드를 차지하여 네덜란드로 가는 보급선을 확보하려는 계획도 가지고 있었다.

야심이 많았던 카를 5세에 비해 당시 38세 노처녀였던 메리 1세는 아무 생각이 없었다. 에스파냐 왕이 될 펠리페 왕자는 1543년 포르투갈 공주와 한 번 결혼한 경험이 있지만, 메리 1세와 종교도 같을뿐더러 27세의 젊은 청년이었다. 사랑에 눈이 먼 메리 1세는 많은 반대에도 불구하고 1554년 예정대로 결혼식을 거행했고, 펠리페 왕자는 메리 1세의 남편이 되었다.

메리 1세는 결혼 직전에 결혼에 반대했던 세력들을 처단했다. 이때 약 300명의 신교도들이 처형당했다. 이 일로 메리 1세는 '피의 메리(블러디 메리Bloody Mary)'라는 별명을 갖게 되었다. 보드카와 토마토 주스를 넣은 붉은색의 칵테일을 '블러디 메리'라고 부르는데, 메리 1세에게서 유래했다는 설이 있다.

잉글랜드 여왕 메리 1세는 반대를 무릅쓰고 에스파냐의 펠리페 왕자와 결혼했다.
여왕은 후손을 간절히 원했지만 임신하기에는 너무 늦은 나이였다.
몇 번의 상상임신 끝에 펠리페는 여왕을 떠났고, 메리 1세는 우울증과 병마에 시달리다 죽었다.
한스 이워스Hans Eworth, <잉글랜드 여왕 메리 1세와 에스파냐 왕 펠리페 2세 부부
Portrait of King Felipe II. of Spain and his second spouse Queen Maria I. of England>,
1558년, 베드퍼드셔, 워번 수도원.

결혼 후 메리 1세는 간절하게 아이를 원했지만 출산하기에는 너무 늦은 나이였다. 몇 번의 상상임신 소동 끝에 펠리페는 잉글랜드를 떠나 에스파냐로 가 버렸다. 남편이 떠난 후 메리 1세는 우울증과 병마에 시달리다 1558년 왕위에 오른 지 5년 만에 쓸쓸하게 죽음을 맞았다.

메리 1세가 죽고 왕위에 오른 엘리자베스 1세는 헨리 8세가 한때 사랑했던 여인 앤 불린의 맏딸이었다. 엘리자베스가 세 살도 되기 전인 1536년 아들을 낳지 못했던 어머니가 런던 탑에서 처형되었다. 어머니와 아버지 헨리 8세의 결혼은 무효화되었으며, 공주 신분이었던 엘리자베스는 사생아가 되었다. 앤 불린이 참수당한 런던 탑은 영국 왕권의 상징으로 11세기에는 왕궁이었다가 12세기에는 감옥으로, 14세기에는 처형장으로 사용된 장소다.

메리 1세의 남편이었던 에스파냐 왕 펠리페 2세는 미혼인 엘리자베스 1세에게 청혼했다. 결혼 동맹으로 잉글랜드를 예전의 가톨릭 국가로 되돌리고 싶었던 것이다. 엘리자베스 1세는 청혼을 단호하게 거절했다. 펠리페 2세는 작은 섬나라 이교도 여왕이 청혼을 거절할 줄은 몰랐을 것이다. 엘리자베스 1세는 펠리페 2세 외에도 오스트리아 대공, 프랑스 왕자의 구혼을 받았지만 평생 독신으로 살았다.

어린 시절을 외롭게 보낸 엘리자베스 1세는 강박증과 우울증이 있었지만 허영심도 많았다고 한다. 어머니의 죽음을 언제 알았는지는 모르지만, 결혼이 곧 죽음이라는 생각과 출산에 대한 두려움을 가졌다. 할머니인 요크의 엘리자베스, 헨리 8세의 왕비 중 유일하게 왕자를 출산했던 제인 시모어, 헨리 8세의 마지막 왕비인 캐서린 파가 출산 후 산욕열로 사망했기 때문이다. 학식이 풍부하고 지혜로웠던 엘리자베스

앤 불린은 헨리 8세의 사랑을 받고 왕비 자리에 올랐지만 아들을 낳지 못했다.
헨리 8세의 사랑이 식자 런던 탑에 갇혔다가 참수당했고, 두 사람의 결혼은 무효가 되었다.
에두아르 시보Édouard Cibot, <런던 탑에 갇힌 앤 불린Anne de Boleyn à la Tour de Londres,
dans les premiers moments de son arrestation>,
1835년, 162.5×129.4cm, 오퇭Autun, 롤랭 미술관Musée Rolin.

앤 불린이 갇혔다가 참수당한 런던 탑으로, 많은 유명인들이 이 탑에서 죽었다.
이곳은 11세기에 왕궁이었다가 12세기에는 감옥으로, 14세기에는 처형장으로 사용되었다.
ⓒ Joy/Wikimedia Commons/CC-BY 3.0

1세는 독신으로 남아 국민에게 가장 사랑받는 군주가 되리라고 결심했을지도 모르겠다.

궁중에서 가장 아름다운 여인이라는 자존감이 충만했던 여왕에게는 두 명의 연인이 있었다. 어릴 적 친구였던 레스터 백작 로버트 더들리Robert Dudley와, 더들리의 양아들인 에식스 백작 로버트 데버루Robert Devereux였다. 더들리 백작은 키가 180cm에 잘생긴 외모를 가졌으며 사교술도 좋았다. 그는 부사령관으로 에스파냐 무적함대와 싸워 승리를 거두었으며, 1588년 사망했다. 데버루 백작은 여왕의 총애를 받다가 반란을 도모했으며 1601년 처형당했다.

엘리자베스 1세가 즉위하고 나서 가장 먼저 한 일은 가톨릭을 탄압하고 자신이 믿던 영국 국교회를 회복시키는 것이었다. 1559년 수장령과 통일령을 발표하면서 종교적 안정을 찾았고, 정치적 안정도 뒤따랐다.

유럽 변방의 작은 섬나라였던 잉글랜드는 1년 수입이 에스파냐 왕 펠리페 2세가 다스리던 식민지 밀라노 공국의 수입보다도 적었다. 빈약한 국가 재정을 고민하던 엘리자베스 1세는 해적들에게 약탈 허가증을 발행해 주었다. 해적들이 보물을 약탈해 오면 여왕은 투자한 금액에 따라 이익금을 나누어 갖는 것이었다.

1577년 마젤란에 이어 두 번째로 세계 일주 항해에 나선 프랜시스 드레이크Francis Drake는 잘 알려진 해적 출신 선장이었다. 1579년 항해 도중에 에스파냐 선박을 공격해서 배는 돌려주고 26톤의 은과 각종 보화를 약탈해서 돌아왔다. 덕분에 자금을 투자한 사람들은 많은 이익을 얻었고, 드레이크는 해적이 아니라 영웅 대접을 받았다.

잉글랜드 해적에게 자신의 많은 보물을 빼앗긴 것을 알게 된 에스파냐 왕 펠리페 2세는 강력한 처벌을 요청했다. 하지만 엘리자베스 1세는 친히 배에 올라가 드레이크 선장에게 기사 작위를 주었다. 한 나라의 여왕이 해적과 동업했다는 사실에 대해 영국인들은 부끄러워하지 않고 오히려 용감한 해적 왕 드레이크를 자랑스러워한다고 한다. 국가에 이익이 된다면 해적이라도 영웅이 될 수 있다는 영국인의 사고는 이해하기 어렵다.

한편, 16세기 에스파냐는 펠리페 2세의 치하에서 황금 시기를 맞았다. 펠리페 2세의 아버지인 신성로마제국 황제 카를 5세는 에스파냐, 신성로마제국, 네덜란드, 벨기에, 오스트리아, 스위스, 이탈리아, 체코, 슬로바키아, 폴란드, 헝가리 등 광활한 영토를 통치하고 있었다. 카를

엘리자베스 1세는 취약한 국가 재정을 보충하기 위해 해적들과 손을 잡았다.
해적들이 보물을 약탈해 오면 여왕은 투자한 금액에 따라 이익금을 나누어 갖는 식이었다.
조지프 보엠Joseph Boehm, <엘리자베스 여왕에게 기사 작위를 받는 프랜시스 드레이크
Sir Francis Drake Knighted by Queen Elizabeth>, 19세기, 청동, 데번Devon.

5세는 아들 펠리페 2세에게는 에스파냐, 포르투갈, 네덜란드, 시칠리아
와 나폴리 왕국, 아메리카 식민지를 물려주었고, 동생 페르디난트 1세
에게는 신성로마제국 황제 지위와 오스트리아, 헝가리, 보헤미아 영토
를 물려주었다.

　펠리페 2세는 11살 때 생모 이사벨 왕비와 사별하면서 어린 시절을
외롭게 보냈다. 이런 성장 배경으로 자신의 감정을 잘 드러내지 않는

차가운 사람이었다. 첫 부인에게서 태어난 장남 돈 카를로스 왕자는 내란 음모로 체포되어 감금된 지 6개월 만에 사망했다. 에스파냐판 사도세자라고 할 수 있겠다. 펠리페 2세는 아들을 죽였다는 죄책감으로 평생 괴로워했다. 그런 이유로 더욱 가톨릭에 심취했다. 가톨릭 수호자를 자처하면서 종교재판소를 열고 수많은 이교도들을 처형했다.

반면에 대외적으로는 오스만 제국을 물리치고 영토를 포르투갈과 여러 유럽 나라들뿐 아니라 아시아까지 확장하는 등 '해가 지지 않는 나라'를 건설했다. 통치 면에서는 관료제를 정착시키고 왕권을 강화하는 등 절대왕정을 뿌리내렸다.

그는 마드리드 북서쪽에 엘 에스코리알 왕궁 겸 수도원Monasterio de El Escorial을 세우고 거기서 살았다. 1561년에는 수도를 톨레도에서 마드리드로 천도했는데, 마드리드는 이후 오늘날까지 에스파냐의 수도다.

아버지 카를 5세에 대한 콤플렉스가 있던 펠리페 2세는 예술과 지식으로 아버지의 업적을 능가하려고 했다. 카를 5세와 아들 펠리페 2세가 수집한 1,200점에 달하는 소장품은 수도 마드리드에 있는 프라도 미술관Museo del Prado에서 만나 볼 수 있다.

펠리페 2세는 잉글랜드의 메리 1세를 포함해 총 네 번 결혼했다. 뒤이은 왕위는 막내아들 펠리페 3세가 계승했다.

당시 에스파냐 식민지였던 네덜란드는 1568년부터 독립전쟁(1568~1648, 80년 전쟁이라고도 한다)을 시작했다. 원래 네덜란드에는 다양한 종교를 가진 사람들이 살고 있었다. 종교의 자유가 보장된 이곳에서는 상업과 인문학이 발달했고, 종교개혁의 영향으로 칼뱅주의가 확산되고 있었다. 펠리페 2세는 자신이 다스리는 땅에서 가톨릭이 아

펠리페 2세는 에스파냐의 황금 시기를 이끌었지만,
동시에 가톨릭을 수호하기 위해 수많은 이교도들을 처형했고 무리한 전쟁을 일삼았다.
에스파냐는 이 시기에 정점에 올랐다가 쇠퇴의 길로 접어들었다.
티치아노의 공방, <에스파냐의 펠리페 2세Philip II of Spain>, 1549~1550년,
캔버스에 유채, 103×82cm, 마드리드, 프라도 미술관.

에스파냐 식민지였던 네덜란드는 펠리페 2세의 종교 탄압과 과다한 증세 정책에 반발해 독립전쟁을 일으켰다. 이때 지도자로 나선 인물이 오라녜 공 빌럼 1세였다.

코르넬리스 크루세만Cornelis Kruseman, <1559년 오라녜 공 빌럼 1세를 꾸짖는 에스파냐 왕 펠리페 2세Philip II, King of Spain, Reproaches William I, Prince of Orange, in Vlissingen upon his Departure from the Netherlands in 1559>, 1832년, 캔버스에 유채, 270×200cm, 암스테르담, 암스테르담 국립미술관Rijksmuseum.

닌 다른 종교가 번성하는 것을 받아들일 수 없었다. 게다가 전쟁 자금을 마련하기 위해 네덜란드 상인들에게 높은 세금을 부과했다. 네덜란드 독립전쟁은 결국 종교 탄압보다 세금 문제 때문에 일어난 것이다.

1566년부터 펠리페 2세의 정책에 대한 항거가 계속되자, 펠리페 2세는 잔혹한 성격의 알바 공작을 네덜란드 총독으로 파견했다. 1567년 군사를 데리고 네덜란드로 온 알바 공작은 1568년 항거운동의 지도자인 에흐몬트 백작과 호른 백작을 처형하고 만여 명 이상을 죽였다. 더 이상 참을 수 없었던 네덜란드인들은 오라네 공 빌럼 1세Willem I, Prince of Orange를 지도자로 하여 독립전쟁을 일으켰다. 빌럼은 펠리페 2세의 아버지인 카를 5세의 충실한 신하였지만 가톨릭에서 칼뱅파로 개종한 인물이었다. 1581년 7월 네덜란드 북부 7개 주는 독립을 선언하고 빌럼 1세를 초대총독으로 하여 네덜란드 연방공화국을 세웠다.

이 와중에 펠리페 2세는 무적함대를 파견해 잉글랜드를 정복하기로 결심한다. 그 이유 중 하나가 네덜란드 독립운동과 관련 있었다. 엘리자베스 1세가 자신의 청혼을 거절하고, 해적 드레이크를 처벌하지 않고 기사 작위를 준 데다, 네덜란드 독립까지 몰래 지원했던 것이다.

1571년 레판토 해전에서 오스만 제국을 물리친 에스파냐 무적함대는 누구도 상대할 수 없는 천하무적 함대였다. 펠리페 2세의 명령으로 3년을 준비한 무적함대는 1588년 5월 메디나 시도니아 공작을 사령관으로 하여 전함 130척, 선원 8,500명, 보병 19,500명을 갖추고 리스본을 출발해 잉글랜드로 쳐들어왔다.

최강의 에스파냐 보병이 영국 해협(잉글랜드 해협)을 건너 본토로 상륙하면 잉글랜드는 에스파냐에 정복당할 수밖에 없었다. 드레이크를 부사령관으로 하는 잉글랜드군은 전함 80척, 병력 8,000명으로 무적함대에 맞서 싸우게 되었다. 드레이크는 결전에 앞서 1587년 에스파냐 보급기지인 카디스 항구를 선제공격했고 항구에 있던 배를 파괴하고 보급품을 약탈했다. 보급은 전쟁의 승패를 좌우하는 것으로, 해적 출신 드레이크는 이 점을 누구보다 잘 알았을 것이다.

에스파냐군에 보병이 많았던 이유는 적의 전함에 올라가서 육박전을 하는 전술 때문이었는데, 보병들은 수영을 전혀 할 줄 몰랐다. 하지만 전투에 참가한 잉글랜드군 8,000명 중에서 보병은 없었고 모두 배를 잘 다루고 수영을 잘하는 선원이었다. 그라블린 해전Battle of Gravelines에서는 수적으로 많은 에스파냐군이 이길 것으로 예측했지만, 승리는 잉글랜드군이 가져갔다. 격렬한 전투 끝에 수영을 할 줄 몰랐던 에스파냐 군사들은 수장당했다. 자연도 에스파냐 편이 아니었다. 거센 폭풍우에 휘말려 에스파냐로 돌아간 배는 54척이었다고 한다. 이 폭풍우는 개신교 신이 잉글랜드를 위해 보내 준 바람이라는 뜻으로 '개신교의 신풍Protestant God's Wind'이라고 불렸다.

무적함대의 패배는 에스파냐가 독차지했던 해상무역 권한을 잉글랜드 즉 영국에 넘겨주는 계기가 되었다. 영국은 세계 바다를 지배하면서 아메리카, 아시아, 뉴질랜드에 식민지를 가지게 되었고, 이때부터 대영 제국 시대가 시작되었다고 볼 수 있다. 왕위에 오른 지 45년 만에 엘리자베스 1세가 사망하고 스코틀랜드 여왕 메리 스튜어트의 아들인 제임스 1세가 왕위를 계승했다.

네덜란드 독립전쟁이 계속되던 1584년 오라녜 공 빌럼 1세가 가톨릭 교도에게 암살당하고, 14년 후인 1598년 펠리페 2세가 71세로 사망했

에스파냐 무적함대는 영국 해협을 건너 잉글랜드 본토를 칠 생각이었다.
하지만 잉글랜드 해군은 수가 압도적으로 많았던 에스파냐군을 물리치고 승리를 거두었다.
잉글랜드군은 배를 잘 다루고 수영을 잘하는 선원이었던 반면,
에스파냐군은 수영을 전혀 할 줄 모르는 보병이었던 것이다.
코르넬리스 클라스 판 비링엔Cornelis Claesz van Wieringen, <영국 해협에서 후퇴하는
에스파냐 아르마다 함대The Spanish Armada off the English coast>, 1620~1625년,
캔버스에 유채, 102.5×206.2cm, 암스테르담, 암스테르담 국립미술관.

다. 왕위를 계승한 펠리페 3세 시기인 1609년 휴전조약이 체결되었다.
네덜란드의 독립이 공식적으로 인정된 것은 1648년 베스트팔렌 조약
이후다. 네덜란드 독립전쟁은 식민지 지배에 도전한 시민혁명의 위대한
승리로 평가되고 있다.

힘들게 독립을 쟁취한 네덜란드는 발달한 조선업과 해운업으로 세
계 무역 75%를 장악하게 되었다. '바다의 마부'로 불렸던 무역선은 아
메리카, 인도, 아시아에서 향신료와 각종 사치품을 싣고 와서 막대한
이익을 남겼으며, 17세기 네덜란드 황금 시대를 열게 되었다.

네덜란드 독립전쟁은 네덜란드가 강대국 에스파냐에 맞서 독립을 쟁취한 사건으로,
시민혁명의 위대한 승리로 평가되고 있다.
세바스티안 브란크Sebastiaen Vrancx, <네덜란드와 에스파냐 전쟁화War Picture from
the Struggle of the Dutch against Spain>, 1601~1615년, 목재에 유채, 71×130cm,
튀링겐, 프리덴슈타인 성Schloss Friedenstein.

    1602년 아시아 항해 자금을 마련하기 위해 동인도회사를 최초로 설
립했다. 1609년에는 증권거래소와 은행도 문을 열었는데, 은행 설립은
영국보다 100년이 빠르다고 한다. 특이한 점은 적대국이라도 연 3%의
이자로 대출을 해 주었다는 것이다. 명분보다는 실리를 먼저 생각한 네
덜란드인의 사고를 엿볼 수 있다.

수도 암스테르담은 축적된 금융자본을 바탕으로 서유럽 최대 금융 도시로 성장하게 되었다. 주식회사로 설립한 동인도회사는 자바, 수마 트라, 말라카를 식민지로 삼아 향신료 무역을 했다. 1621년에는 서인도 회사를 설립하여 1625년 7월 맨해튼 남쪽 끝에 식민도시인 뉴 암스테 르담New Amsterdam을 건설했다. 네덜란드 식민도시였던 뉴 암스테르담 은 영국으로 넘어가 뉴욕으로 이름을 바꾸었다. 네덜란드가 되찾았지 만 또 다시 영국이 차지하게 되어 결국 뉴욕으로 확정되었다.

영국 왕 찰스 1세를 사형장으로 보낸 올리버 크롬웰Oliver Cromwell 은 네덜란드의 중계무역을 방해하고 영국의 이익을 보장하기 위해 1651년 항해조례를 만들었다. 주요 내용은 영국과 영국 식민지에서 거 래되는 상품은 영국 배로만 운반해야 한다는 것이었다. 그 결과 영국-네덜란드 전쟁(1652~1674)이 일어났다. 영국은 프랑스와 동맹을 맺어 네 덜란드를 공격했고, 네덜란드는 오스트리아, 에스파냐와 동맹을 맺었 다. 3차에 걸친 영국-네덜란드 전쟁은 영국과 네덜란드 결혼동맹으로 마무리되었다. 1677년 영국 왕 찰스 2세가 조카 메리를 네덜란드 오라 네 공 빌럼 3세와 결혼시켰던 것이다.

이 전쟁 이후 급격히 쇠퇴한 네덜란드의 자리를 영국이 차지했다. 영 국은 동방 무역에 본격적으로 진출하기 시작했다.

26

프랑스에 절대왕정이 들어서다
〈루이 14세〉

중세에서 근대로 넘어가는 16~18세기 유럽에서는 왕이 모든 통치 권력을 독점하는 정치 형태가 나타났다. 이를 절대왕정이라고 한다. 절대왕정을 가장 잘 상징하는 권력자가 프랑스 왕 루이 14세Louis XIV다.

루이 14세는 1643년 5세 때 왕위를 이어받았다. 어머니의 섭정을 거쳐 23세부터 직접 통치를 하기 시작했다. 이때부터 국가의 모든 권력을 자신에게 집중시키고 절대권력을 휘둘러 태양왕이라는 별명을 얻었다. "짐이 곧 국가다"란 말로도 유명하지만, 사실 이 말은 루이 14세가 한 게 아니라고 한다.

루이 14세는 스스로 예술가라는 자부심을 가지고 있었는데, 10대 시절부터 훌륭한 발레 무용수였다. 루브르 궁전 대연회실에서 신하들과 왕실 손님들을 모아 놓고 직접 발레를 선보이길 좋아했다. 직업 무용수를 양성하기 위해 프랑스 왕립무용학교를 설립하기도 했다.

프랑스의 '태양왕' 루이 14세는 유럽 절대왕정을 대표한다.
그는 왕의 권한을 신에게 부여받았다는 왕권신수설을 주장하면서 모든 권력을 장악했다.
이아생트 리고Hyacinthe Rigaud, 〈루이 14세〉, 1701년, 캔버스에 유채,
277×194cm, 파리, 루브르 박물관.

<루이 14세> 초상화를 보면 유독 눈에 띄는 부분이 있다. 바로 곧게 뻗은 다리다. 발레 동작을 하는 사람만이 가질 수 있는 신체 특징이다. 또한 루이 14세는 20여 개의 가발을 가지고 있었으며, 아침마다 신중하게 가발을 골랐다. 가발을 쓴 이유는 날이 갈수록 탈모 증세가 심해졌기 때문이다.

백년전쟁에서 승리한 프랑스에서는 샤를 7세에 이어 루이 11세, 샤를 8세로 왕위가 이어졌다. 샤를 8세Charles VIII는 결혼으로 브르타뉴를 합병했고, 칼레를 제외한 프랑스 영토를 통일했다. 샤를 8세에 이어 왕위를 이은 루이 12세Louis XII는 나폴리와 밀라노를 점령했지만, 교황청, 에스파냐, 스위스, 베네치아, 영국이 연합한 반프랑스 신성동맹과 싸우면서 300여 년간 프랑스 영토였던 나바라 왕국을 에스파냐에 내주고 밀라노를 반환하고 말았다. 루이 12세가 죽고, 1515년 프랑수아 1세François I가 왕위를 계승했다.

즉위한 프랑수아 1세는 루이 12세가 반환한 밀라노를 정벌하는 데 나서서 성공했다. 밀라노 정복으로 프랑스 국민들의 열광적인 환영을 받았다. 1525년에는 신성로마제국 황제 카를 5세와 전쟁을 했다가 파비아 전투에서 포로가 되고 말았다. 석방 조건으로 부르고뉴 지역과 이탈리아 영지를 포기했다. 석방된 프랑수아 1세는 로마 교황, 오스만 제국의 술탄 술레이만 1세와 동맹을 맺었다. 이교도인 술레이만 1세와 동맹을 맺은 것은 프랑스 실리 외교를 보여 주는 예라고 할 수 있다. 섬나라 영국의 실리 외교는 아주 유명한데, 자국의 이익이 되는 나라와 동맹을 맺었다가 상대의 힘이 약해지면 과감히 버리고 더 강한 나라를 찾아서 동맹을 맺는 것이다.

프랑수아 1세는 예술을 사랑한 군주로, 르네상스 화가들의 작품을 수집하고 레오나르도 다 빈치를 프랑스로 초청하기도 했다. 이런 이유로 프랑스 르네상스의 아버지로 불린다. 프랑수아 1세는 레오나르도를 통해 〈모나리자〉를 최초로 소장했던 왕이기도 하다. 건축에도 관심이 많아서 루아르Loire 강변에 르네상스풍 성을 건축했다. 프랑수아 1세가 살았던 샹보르 성Château de Chambord과 퐁텐블로 성Château de Fontainebleau 등을 돌아보는 고성 투어는 인기 있는 여행 상품이다.

1517년 루터의 종교개혁 이후로 프랑스에 전파된 신교는 프랑수아 1세에게는 위험 요소였다. 1534년 가톨릭의 악행을 폭로한 벽보 사건이 일어나자 프랑수아 1세는 신교를 탄압하기 시작했다. 이때 많은 신교도들이 학살되었다. 프랑스 신교는 루터파보다는 칼뱅파가 우세했는데 이즈음부터 프랑스 칼뱅파 신교도들을 위그노Huguenot라고 불렀다.

또한 프랑수아 1세는 신성로마제국 카를 5세의 세력 팽창을 두려워했던 클레멘스 7세 교황과 우호적 관계를 유지하기 위해 둘째 아들인 앙리와 교황의 친척인 카트린 드 메디시스Catherine de Médicis(이탈리아식으로는 카테리나 데 메디치)의 결혼을 추진했다. 카트린은 이탈리아 은행가인 로렌초 2세 데 메디치의 딸로 부모를 일찍 여의었다. 메디치 가문의 혈통이었던 카트린은 프랑스로 오면서 일류 요리사를 데리고 왔고 사프란, 후추, 계피가 들어간 요리를 프랑스 궁정에 선보였다. 과자가 없었던 프랑스에 마카롱을 전파한 사람도 카트린이었다. 또한 포크를 사용하는 식사예절도 도입해 세련된 프랑스 궁중 문화를 형성하는데 기여했다. 하지만 카트린은 고아에 외국인이라는 이유로 프랑스인들의 멸시를 받았다. 게다가 남편 앙리에게는 사랑하는 여인이 있었는데,

프랑스 왕 앙리 2세는 독일(신성로마제국), 영국(잉글랜드), 에스파냐에 빼앗긴 땅을
되찾기 위해 애썼다. 또한 대서양에 진출하기 위해 카토-캉브레지 조약을 맺었다.
하지만 이 조약을 기념하는 동시에 딸의 결혼식 축하 경기로 열린
마상 창 시합에 참가했다가 부상을 당해 결국 죽고 말았다.
작가 미상, <앙리 2세와 로르주의 마상 창 시합Tournament between Henry II and Lorges>,
16세기 독일 판화.

20살 연상인 디안 드 푸아티에Diane de Poitiers였다.

프랑수아 1세가 죽자 둘째 아들 앙리가 앙리 2세Henri II로 왕위에
올랐다. 앙리 2세는 냉정하고 총명한 왕이었다. 그는 신교도인 위그노
에 대한 탄압을 더욱 강화했다. 앙리 2세의 최대 업적은 백년전쟁 당시
잉글랜드가 점령했던 칼레를 탈환한 것이다. 또한 그는 스코틀랜드와
잉글랜드의 통합을 방해할 목적으로 큰아들 프랑수아를 스코틀랜드

여왕인 메리 스튜어트와 결혼시키고 스코틀랜드 왕위에 오르게 했다. 하지만 프랑수아 2세가 된 큰아들이 일찍 사망하면서 앙리 2세의 계획은 실패로 돌아갔다. 앙리 2세는 왕비와 사이에서 7남 3녀를 두었지만 성인으로 성장한 자녀는 3남 3녀뿐이었다.

1559년 앙리 2세는 대서양에 진출하기 위해 잉글랜드, 에스파냐와 카토-캉브레지 조약Peace of Cateau-Cambrésis을 맺었다. 하지만 이 조약을 기념하는 동시에 딸 엘리자베트와 펠리페 2세의 결혼식 축하 경기로 열린 마상 창 시합에 참가했다가 부상을 당해 죽고 말았다.

남편 앙리 2세가 죽자 카트린 왕비는 차례로 왕위에 오른 어린 세 아들들 프랑수아 2세, 샤를 9세, 앙리 3세를 대신해 무려 30년간 섭정을 했다. 1572년 구교와 신교의 화합을 위해 딸 마르그리트를 신교도인 나바라 왕 앙리와 결혼시키려 했다. 이때 결혼을 축하하기 위해 신교도들이 파리로 오게 되었다. 가톨릭교도인 기즈 가문은 이 기회에 신교의 주요 인물인 콜리니Gaspard de Coligny를 암살할 계획을 세웠고, 카트린 왕비의 허락까지 받았다. 하지만 콜리니는 부상당하는 데 그쳤고 위그노들의 분노만 키운 꼴이 되었다. 카트린 왕비는 콜리니와 함께 위그노들까지 모두 해치우기로 결심하고 아들 샤를 9세를 설득했다. 결국 1572년 8월 23~24일 콜리니와 위그노들이 무참히 살해당한 성 바르톨로메오 축일 학살Massacre de la Saint-Barthélemy이 일어났다. 파리에서 일어난 이 유혈 결혼식의 파장은 지방으로 퍼져 나가 한 달 동안 수만 명의 위그노들이 대량 학살되었다. 구교와 신교의 갈등은 휴전 상태였던 종교전쟁인 위그노 전쟁(1562~1598)을 다시 시작하게 했다.

가톨릭 교회는 성 바르톨로메오 축일 학살 사건과의 관계를 줄곧 부

1572년 파리 결혼식에 참석한 신교도들이 잔인하게 살해당하는 사건이 일어났다.
성 바르톨로메오 축일 학살이라고 불리는 이 사건은 지방으로 확산되어
한 달 동안 수만 명의 위그노들이 대량 학살을 당했다.
프랑수아 뒤부아François Dubois, <성 바르톨로메오 축일 학살Le Massacre
de la Saint-Barthélemy>, 1572~1584년, 캔버스에 유채,
93.5×151.4cm, 로잔Lausanne, 로잔 주립미술관Musée cantonal des Beaux-Arts.

인했지만, 1997년 교황 요한 바오로 2세가 공식 사과를 하면서 배후에
자신들이 있었음을 시인했다. 카트린의 세 아들들은 모두 후계자 없이
일찍 사망했는데, 어쩌면 많은 인명을 학살한 벌이 아닐까 싶다.

학살 사건 이후 우울증에 시달리던 샤를 9세는 24살의 나이로 사망
하고 동생인 앙리 3세가 즉위했다. 앙리 3세는 여성적인 취향이 강했
던 왕으로 어머니 카트린과 정치적으로 대립했다. 가톨릭 지도자인 앙
리 드 기즈를 탄압해 지지 세력을 잃게 되었다. 이 무렵 건강이 나빠진

카트린은 정치에서 물러났고 1589년 사망했다.

후계자를 남기지 않은 앙리 3세가 암살당하자 앙리 3세의 동생 마르그리트의 남편인 앙리 드 나바르(유혈 결혼식의 신랑)가 앙리 4세로 왕위에 올랐다. 앙리 4세는 원래 신교도였지만 프랑스의 평화를 위해 1593년 7월 가톨릭으로 개종했다. 앙리 4세가 왕위에 오르면서 발루아 왕조는 막을 내리고 부르봉 왕조Bourbon dynasty가 시작되었다.

앙리 4세는 자식이 없던 마르그리트와 이혼하고 메디치 가문의 마리 드 메디시스Marie de Médicis(이탈리아식으로 마리 데 메디치)와 재혼했다. 당시 47세였던 앙리 4세는 위그노 전쟁으로 인한 재정난을 회복하기 위해 막대한 지참금을 가진 27세 노처녀인 마리와 결혼을 결심했던 것이다. 여자를 좋아하던 앙리 4세는 56명이나 되는 정부를 두었기 때문에 프랑스어를 하지 못했던 마리는 오랫동안 외롭게 지냈다. 마리는 왕위 계승자 루이 13세를 비롯해 다섯 명의 자녀를 두면서 왕비로 인정받게 되었다.

앙리 4세는 프랑스를 분열로 몰아넣었던 종교전쟁인 위그노 전쟁을 끝내기 위해 1598년 낭트 칙령Édit de Nantes을 발표했다. 프랑스 국민은 신교를 믿을 자유가 있으며 공직에 오를 때도 종교적 이유로 차별을 받지 않는다는 것이다. 이로써 구교와 신교 간의 종교적인 충돌이 중단되었으며 경제 회복으로 민생도 안정되었다.

1610년 5월 앙리 4세는 나이 어린 루이 13세를 남겨 놓고 가톨릭 광신도에 의해 암살당했다. 오늘날 앙리 4세는 종교전쟁을 끝내고 프랑스를 재건한 위대한 왕으로 평가받고 있다.

9살에 왕위에 오른 루이 13세Louis XIII를 대신해 어머니 마리가 섭정

앙리 4세는 위그노 전쟁을 끝내려고 신교도 신앙을 인정하는 낭트 칙령을 발표했다.
이로써 구교와 신교의 충돌은 중단되었고 경제가 부활해 민생이 안정되었다.
프란스 포르부스 2세|Frans Pourbus the Younger, <검은 옷을 입은 프랑스 왕 앙리 4세
Henry IV, King of France in Black Dress>, 1610년, 39×25cm, 파리, 루브르 박물관.

프랑스 왕 앙리 4세와 왕비 마리 드 메디시스의 가족 초상화.
마리는 남편이 죽고 어린 아들이 왕위에 오르자 섭정을 시작했다.
하지만 정치에 대해 잘 몰랐던 마리는 사치와 향락에 빠져 국정을 어지럽혔다.
프랑스 포르부스 2세, <앙리 4세 가족 Henri IV, the Royal Family>, 1607년 이후, 개인 소장.

을 시작했다. 정치에 대해 잘 몰랐던 마리는 사치와 향락에 빠져서 살
았다. 고향 친구 레오노라 갈리가이와 그녀의 남편 콘치노 콘치니에게
국정을 맡겼으며, 주요 관직에 이탈리아인을 앉히는 등 정세를 혼란에
빠뜨렸다.

1615년 합스부르크 가문과 우호를 다지기 위해 아들 루이 13세와
에스파냐 펠리페 3세의 딸 안 도트리슈Anne d'Autriche의 결혼을 성사시
켰다. 루이 13세는 상대가 마음에 들지 않았지만 일종의 외교협상이었
던 정략결혼을 받아들여야 했다.

1617년 16세가 된 루이 13세는 콘치노 콘치니를 암살하고 어머니 마
리를 블루아 성에 가두었다. 2년 후 마리는 블루아 성을 탈출했고, 군

마리 드 메디시스는 권력에서 밀려난 뒤 유명 화가인 루벤스에게 자신의 일대기를 그린 연작 24점을 주문했다. 이로써 역사상 중요하지 않았던 마리는 프랑스에서 가장 유명한 왕비가 되었다. 왼쪽부터 탄생, 결혼, 블루아 성 전투를 묘사한 작품들이다. 페테르 파울 루벤스, <마리 드 메디시스의 생애> 연작 24점 중 3점, 1622~1625년, 파리, 루브르 박물관.

대를 모아 내전을 일으켰지만 결국 실패했다. 마리는 리슐리외 추기경 cardinal et duc de Richelieu의 중재로 아들과 화해했다.

권력에서 밀려난 마리는 플랑드르 화가 페테르 파울 루벤스에게 자신의 일대기를 그린 연작 24점을 주문했다. 이로써 역사상 중요하지 않았던 마리 드 메디시스가 당대의 유명 화가에 의해 프랑스에서 가장 유명한 왕비가 되었다. 이 연작은 파리 뤽상부르 궁전에 소장되어 있다가 현재는 루브르 박물관 리슐리외관에 있다.

마리는 다시 반란을 일으켰다가 1631년 브뤼셀로 추방당했으며 1642년 쾰른에서 사망했다.

마리는 후계자가 없던 아들 루이 13세를 폐위시키고 자신이 가장

프롱드 난은 귀족의 힘을 약화시키고 왕권을 강화하려는 움직임에 저항했다.
하지만 봉기는 실패로 돌아갔고, 루이 14세의 왕권은 더욱 견고해졌다.
작가 미상, <바스티유 근처의 포부르 생앙투안에서 일어난 프롱드 난의 한 전투
Combat de deux cavaliers lors de la Fronde, Faubourg Saint-Antoine, près des remparts
de la Bastille>, 17세기, 캔버스에 유채, 50×72.5cm, 베르사유 궁 박물관.

사랑한 아들 가스통을 국왕으로 만들려는 생각을 가지고 있었다. 하지
만 1638년 안 도트리슈가 결혼한 지 23년 만에 왕자를 출산하면서 계
획은 무산되었다. 이 왕자는 나중에 태양왕 루이 14세가 된다.

　　루이 13세의 정치적인 동반자는 파리 귀족 가문에서 태어난 추기경

리슐리외 공이었다. 자신을 등용한 마리보다 루이 13세와 더 친밀해진 리슐리외는 재상이 되었고 내정 개혁 작업에 착수하게 되었다. 프랑스 발전을 위해 힘쓴 리슐리외였지만 국민들은 과중한 세금에 시달려야 했다. 1642년 충신 리슐리외가 사망하고 1년 뒤인 1643년 루이 13세도 사망했다.

루이 14세는 안 도트리슈 왕비가 결혼한 지 23년 만에 기적적으로 얻은 아들이었다. 영아 사망률이 높았던 당시에 성인으로 잘 성장했으며 77세 나이까지 살아 장수한 왕에 속한다. 루이 14세가 다섯 살 나이에 왕위에 올랐으므로 어머니 안 도트리슈가 섭정을 했다.

당시 프랑스 최고 실권자는 리슐리외 추기경을 계승한 마자랭 추기경cardinal Mazarin이었다. 이탈리아 귀족 출신으로 프랑스로 귀화한 마자랭은 섭정을 맡은 안 도트리슈의 총애를 받아 재상으로 임명되었다. 마자랭의 외교적 업적은 30년 전쟁의 결과로 맺은 1648년 베스트팔렌 조약에서 발휘되었다. 이 조약에서 프랑스는 알자스 지방을 획득했으며 유럽의 지배자로 나아갈 기반을 마련하게 되었다. 하지만 내부적으로는 마자랭이 귀족들의 힘을 누르고 왕권을 강화하려 했기 때문에 반대에 부딪치게 되었다.

안 도트리슈와 마자랭의 독재에 저항하는 귀족들이 파리 시민들을 선동해 프롱드 난La Fronde(1648~1653)을 일으켰다. 왕실 가족과 마자랭은 폭도들을 피해 파리를 떠났고 사태가 진압된 뒤 돌아왔다. 루이 14세는 어린 시절 겪은 프롱드 난으로 평생 잊지 못할 상처와 교훈을 얻게 되었다.

1654년 16살이 된 루이 14세는 랭스 대성당에서 대관식을 했고 프랑크 왕국의 카롤루스 대제가 썼던 왕관을 받았다. 1659년에는 에스파냐와의 전쟁을 종결하는 피레네 조약Treaty of the Pyrenees을 체결하고 1660년 펠리페 4세의 딸 마리 테레즈와 정략결혼했다. 마리 테레즈는 루이 14세의 고종사촌으로, 유럽 왕족들은 순수한 혈통을 지키기 위해 가까운 친척과의 결혼을 당연하게 생각했다. 마리 테레즈는 고액의 지참금을 가져오는 대가로 에스파냐 왕위계승권을 포기했는데, 지참금이 제대로 지불되지 않자 루이 14세는 에스파냐 왕위계승권을 주장했다. 루이 14세의 손자 앙주 공이 펠리페 5세로 즉위하면서 에스파냐 병합을 꿈꾸었지만 뜻대로 되지 않았다.

프랑스 국익을 위해 힘쓴 마자랭이 1661년 사망하고 루이 14세의 절대왕정이 시작되었다. 루이 14세는 모든 정사를 혼자서 도맡아 처리했다. 우리가 알고 있는 것과는 다르게, 루이 14세는 "짐이 곧 국가다"란 말을 한 적이 없다고 한다. 하지만 이 말은 루이 14세의 통치 방식을 잘 대변해 준다.

고문관회의를 통해 프랑스를 통치한 루이 14세는 중상주의 정치가 콜베르Jean-Baptiste Colbert를 재무장관으로 임명했다. 콜베르는 재정 개혁을 단행하여 국가 수입을 늘리고 군사력 강화에 온 힘을 다했다. 이 시기 북아메리카에 식민지를 건설했다. 1682년 미시시피 강 유역을 개척하면서 루이 14세의 이름을 따서 루이지안Louisiane(오늘날의 루이지애나)이라고 명명하고 주변을 '누벨프랑스Nouvelle-France'라고 했다. 1713년에 맺어진 위트레흐트 조약Treaty of Utrecht으로 프랑스는 영국에 아메리카 식민지 일부를 양도하게 되었다.

루이 14세의 절대권력을 가장 잘 상징하는 건축이 베르사유 궁

프랑스의 베르사유 궁은 루이 14세의 절대권력을 가장 잘 상징하는 건축물이다.
당시 이름난 조경사와 건축가, 실내장식가, 예술가가 총동원되어 유럽 최고 궁으로 완성했다.
이곳에는 루이 14세 왕실 가족과 그들을 따르는 귀족들이 거주했는데,
궁 생활을 하던 귀족들은 왕의 지나친 사치 때문에 파산할 지경에 이르렀다.

독일 포츠담에 지어진 상수시 궁은 베르사유 궁을 모델로 하여 지어진 궁이다.

Château de Versailles이다. 원래 루이 13세의 사냥 별장이었으나, 1677년 루이 14세가 이름난 조경사와 건축가, 실내장식가, 예술가를 총동원해 이 궁을 확장하면서 현재 모습을 갖추게 되었다. 루이 14세는 공사 중이던 1682년 파리에서 이곳으로 거처를 옮겼다. 긴 공사 기간을 거쳐 1710년 유럽 최고 궁전인 베르사유 궁이 거의 완공되었다.

베르사유 궁에는 루이 14세, 루이 15세, 루이 16세 왕실 가족과 왕실을 따르는 많은 귀족들이 거주했다. 1789년 프랑스 혁명으로 루이 16세 가족이 파리로 떠난 뒤 왕실 가구는 매각되었고 예술품은 파리로 옮겨졌다. 이후 루이 필리프 통치 시절에 박물관으로 용도 변경이 결정되었다.

베르사유 궁은 유럽 여러 왕실에서 가지고 싶어 한 건축물이었다. 1747년 프로이센 왕 프리드리히 2세는 포츠담에 여름 궁전으로 상수시 궁Schloss Sanssouci을 지었다. 프랑스어로 상수시sanssouci는 '걱정이 없는'이라는 뜻으로, 베르사유 궁을 모델로 삼아 지어졌지만 로코코 양식을 좀 더 반영했다. 상수시 궁과 아름다운 포도밭 정원은 1990년 유네스코 세계문화유산으로 지정되었다.

루이 14세는 많은 귀족들을 베르사유 궁에 머물게 했지만, 어떤 실권도 주지 않았다. 심지어 궁에 거주하지 않는 귀족들은 관직이나 연금도 주지 않았다고 한다. 베르사유 궁 생활을 하던 귀족들은 루이 14세의 사치 때문에 많은 경비를 지출해야 해서 파산할 지경에 이르렀다. 왕 측근에 있는 정부와 그들의 아이들, 의사, 궁녀들만 권세를 누렸다.

영토 확장에 관심이 많았던 루이 14세는 재임 기간의 반 이상 전쟁을 했다. 프랑스의 힘이 강해지는 것을 원치 않았던 영국, 프로이센, 에스파냐, 덴마크, 스웨덴, 네덜란드가 반프랑스 동맹을 맺어 대항했다. 유럽 최강자를 꿈꾸었던 루이 14세 때문에 프랑스 국민들은 과중한 세금에 시달려야 했고 날이 갈수록 빈곤해졌다.

특히 루이 14세는 앙리 4세가 발표한 낭트 칙령을 폐지하고 신교도들을 탄압하는 실수를 저질렀다. 이때 약 40만 명이나 되는 유능한 군인과 상공업자들이 영국, 네덜란드, 독일로 망명하여 그곳에서 위그노 공동체를 이루었다. 이들의 이탈로 프랑스는 심각한 경제적인 타격을 입게 되었다.

루이 14세 시기의 미술은 문학보다 더 발전했다. 프랑스 고전미술을 대표하는 니콜라 푸생과 클로드 로랭의 풍경화는 루이 14세가 특히 좋아하는 작품이었다. 특히 베르사유 궁은 태양왕 루이 14세를 상징하는 여러 미술품으로 화려하게 장식되었다.

루이 14세는 나이가 들어 갈수록 여러 가지 질병에 시달렸다. 하지만 그보다 그를 더 고통스럽게 한 것은 후계자인 아들과 손자가 연달아 죽은 일이었다. 남아 있는 핏줄은 아직 나이가 어린 증손자인 왕세자 앙주 공작뿐이었다. 죽음을 앞둔 어느 날 루이 14세는 다섯 살밖에 되지 않은 왕세자를 불러 놓고 건축과 전쟁을 좋아하는 자신을 닮아서는 안 된다고 이야기했다고 한다. 아버지 루이 13세는 두 아들뿐이었지만 루이 14세는 서자를 비롯해 많은 자녀를 두었다. 그러나 서자와 공주는 왕위 계승에서 제외되었기 때문에 결국 왕위는 증손자가 물려받았다. 1715년 72년간 강력한 군주였던 루이 14세는 사망했고, 다섯 살이던 루이 15세가 왕위를 계승했다.

1773년 미국 보스턴 항구에서 주민들이 영국 동인도회사 배 안에 있던 차를
모두 바다로 던져 버리는 사건이 일어났다. 이를 보스턴 차 사건이라고 한다.
당시 영국은 식민지 미국에 과도한 세금을 부과하는 법들을 연이어 발표했고,
차 수출 독점권을 동인도회사에 주었다.
이에 분노한 미국인이 보스턴 차 사건을 일으켰던 것이다.
이 사건으로 본토 영국과 식민지 미국의 갈등은 심해졌고, 1775년 미국 독립전쟁이 일어났다.
너대니얼 커리어Nathaniel Currier, <보스턴 차 사건>, 1846년.

27

시민혁명의 시대,
미국이 독립전쟁에서 승리하다
〈보스턴 차 사건〉

1773년 12월 16일 밤, 미국 보스턴 항구에 모호크 원주민 복장을 한 사람들이 나타났다. 그들은 영국 동인도회사 소속의 배 3척에 올라갔다. 화물칸에 있던 차 상자 342개를 부수고 그 안에 있던 차를 모두 바다로 던져 버렸다.

'보스턴 차 사건Boston Tea Party'이라고 불리는 이 사건은 영국이 식민지 미국에서 실시했던 정책에 반발하면서 일어난 것이었다. 영국은 당시 재정 부족 문제를 식민지에 부과하는 과세로 해결하려고 했다. 설탕세법, 인지세법, 타운센드법Townshend Acts 등 미국에 과도한 세금을 매기는 법을 연이어 발표했다. 특히 1773년 제정된 차법은 미국으로 들어가는 차 수출 독점권을 영국 동인도회사에 준다는 내용이었다. 법 시행으로 미국 차 수입상들은 파산하고 말았다. 보스턴 차 사건으로 본토 영국과 식민지 미국의 갈등은 심해졌고, 1775년 결국 미국 독립전쟁American Revolutionary War이 일어났다.

기원전 13,500년경 아메리카 대륙에 처음 들어와 살기 시작한 이들은 클로비스Clovis인이다. 이들이 아메리카 원주민의 조상인 셈이다. 클로비스인의 기원에 대해서는 시베리아나 아시아에서 왔다는 설이 유력하다. 아메리카 대륙은 1492년 콜럼버스에 의해 유럽에 처음 알려졌다. 이후 이탈리아 항해사 아메리고 베스푸치에 의해 아메리카로 불리게 되었다. 유럽인들은 콜럼버스가 신대륙을 발견했다고 주장하며 신대륙에 처음 도착한 10월 12일을 기념일로 정하고 있다. 하지만 신대륙에는 이미 오래전부터 사람들이 살고 있었다.

　에스파냐인들이 남아메리카에서 많은 금과 은을 약탈해 가고 있을 때, 영국은 1583년부터 탐사대를 보내 대서양 건너 아메리카 대륙을 탐사하기 시작했다. 이때 활동한 영국 탐험가가 월터 롤리Walter Raleigh다. 그는 미혼이었던 엘리자베스 여왕을 기려 북아메리카 해안 지대에 '버지니아Virginia'라는 이름을 붙였다. 1607년 영국 왕 제임스 1세 시기에는 식민지 건설 특허장을 받은 회사가 104명의 남자들을 이주시켰는데, 이 땅이 제임스타운Jamestown이다. 이곳에 온 사람들은 일확천금을 노리고 온 것이었지만 금은 발견되지 않았다. 대부분의 사람들이 추위와 굶주림에 죽어 갔다.

　1995년 애니메이션 〈포카혼타스〉는 포카혼타스Pocahontas가 자신의 부족에게 잡힌 존 스미스John Smith 선장을 구해 주었다는 내용을 담고 있는데, 존 스미스는 제임스타운을 건설한 실존 인물이다. 포카혼타스 역시 실존 인물로, 인디언 부족 중 하나인 포우하탄의 추장 딸이었으며 원래 이름은 마토아카였다. 영국 정착민과 아메리카 원주민 사이를 중재한 것으로 유명하다. 마토아카는 영국인 포로가 되었을 때 세례를

아메리카 대륙에 도착한 영국인들은 초기에 심한 어려움을 겪었다.
추위와 굶주림으로 많은 사람들이 죽었는데, 이때 이들의 정착을 도운 게 원주민이었다.
대표적 인물이 인디언 추장 딸 포카혼타스로, 당시 이야기는 애니메이션으로도 만들어졌다.
작가 미상, <존 스미스를 구하는 포카혼타스Pocahontas Saving the Life of Capt. John
Smith>, 1870년, 뉴 잉글랜드 석판인쇄물 회사New England Chromo. Lith. Co..

받고 레베카로 이름을 바꾸었다. 이후 버지니아 농장주인 존 롤프와
결혼했고 런던까지 가서 유명인사가 되었다. 1617년 버지니아 귀향길에
천연두로 추정되는 병에 걸려 사망했다.

이 시기에 영국인들은 자신들이 멸시하던 원주민들의 도움으로 밭
을 일구고 콩, 호박, 옥수수 등 농작물을 재배하게 되었다. 굶주림에서

1620년 영국 청교도들은 종교 탄압을 피해 아메리카 대륙으로 건너왔다.
이때 타고 온 배가 메이플라워호다. 이 배에서 최초 성문 헌법 '메이플라워 서약'이 체결되었다.
그 내용은 자주적 정부를 수립하고 다수결 원칙에 따라 공동체를 운영한다는 것이었다.
윌리엄 핼솔William Halsall, <플리머스 항구에 있는 메이플라워호Mayflower
in Plymouth Harbor>, 1882년, 매사추세츠, 필그림 홀 박물관Pilgrim Hall Museum.

해방된 영국인들은 수익성 좋은 담배 재배를 시작했다. 담배는 에스파냐의 식민지 남아메리카에서 생산되어 유럽인에게 전해졌으며 인기가 많았다.

큰돈을 벌 수 있으리라는 기대 속에 영국인들은 열심히 일했고 더 많은 경작지가 필요하게 되었다. 담배 경작이 많아질수록 영국에서 많은 사람들이 이주해 왔지만 여전히 노동력이 부족했다. 1619년부터 아프리카에서 잡아 온 흑인 노예 수가 급증했다.

1620년 9월 청교도 102명과 선원 30여 명을 태운 메이플라워호 Mayflower가 영국 플리머스Plymouth 항구를 출발했다. 메이플라워호에

플리머스 바위Plymouth Rock는 1620년 청교도들이 아메리카에 도착했을 때
처음 발을 디딘 바위다. 역사적 순간을 간직한 이 바위는 필그림 기념주립공원에 있는데,
덕분에 이 공원은 많은 사람들이 찾는 명소로 유명하다.
ⓒ Sophia Lai/Wikimedia Commons/CC-BY 3.0

는 종교 탄압과 신분 차별을 피해 영국을 떠나는 사람들이 타고 있었
다. 66일의 긴 항해 끝에 메이플라워호는 매사추세츠 주에 도착했다.
떠나온 항구의 이름을 따서 도착한 지역을 '플리머스'라 불렀다. 미국
사의 출발점이 되는 곳이 제임스타운인지 플리머스인지 역사적 논쟁
이 되고 있지만, 플리머스라고 보는 견해가 더 우세하다. 플리머스에 도
착한 청교도 중 일부는 청교도 급진파인 분리주의자들이었는데, 이들
을 '필그림 파더스Pilgrim Fathers(순례자들의 조상)'라고 부른다. 오늘날
미국인은 필그림 파더스를 자신들의 진정한 조상이라고 생각한다고
한다.

　이들은 배에서 내리기 전 '메이플라워 서약Mayflower Compact'을 맺었

는데, 이는 세계 최초의 성문 헌법이라고 알려져 있다. 주요 내용은 자주적 정부를 수립하고 다수결 원칙에 따라 공동체를 운영한다는 것이었다. 이들은 도착한 첫해 겨울 혹독한 추위와 굶주림과 싸워야 했고 절반이 죽어 나갔다. 청교도들은 원주민들에게 사탕단풍나무 수액을 채취해 메이플 시럽을 만드는 법을 배웠다. 이 시럽으로 겨울 동안 부족한 당분을 보충하면서 추위를 이겨 냈다. 오늘날 버몬트 주에서는 2월 말~4월 말까지 사탕단풍나무 수액을 채취해 메이플 시럽을 만드는 전통을 이어 가고 있다.

겨울을 무사히 넘긴 사람들은 다음 해 원주민의 도움을 받아 농사를 지었다. 가을 수확을 한 뒤에 친절을 베풀어 준 원주민과 1주일 동안 축하 행사를 열었는데, 이것이 추수감사절의 기원이 되었다. 미국인들은 해마다 11월 넷째 주 목요일을 추수감사절로 지낸다. 이때는 흩어졌던 가족들이 함께 모여서 즐거운 시간을 보낸다.

매사추세츠에 정착한 청교도들은 신앙공동체를 건설하겠다는 열망으로 자신들이 개척한 지역에 '뉴 잉글랜드New England'라는 이름을 붙였다.

한편, 아메리카에 진출한 네덜란드인은 1624년 맨해튼을 인디언에게 헐값(60길더)에 사서 소유하고 있었다. 서인도회사는 이곳에서 원주민과 모피 교역을 했으며, 맨해튼 일대를 '뉴 암스테르담New Amsterdam'이라고 불렀다. 이후 영국과의 전쟁에서 패한 네덜란드는 뉴 암스테르담을 양도했다. 뉴 암스테르담은 이곳을 선물로 받은 찰스 2세의 동생 요크 공의 이름을 따서 '뉴욕New York'이라고 이름이 변경되었다.

종교적인 이유이든 아니면 부자가 되기 위해서든 신대륙에 온 이주

매사추세츠에서 첫 겨울을 무사히 넘긴 청교도들은
다음 해 원주민들의 도움으로 농사를 지었다.
가을 수확을 한 뒤에 원주민과 축하 행사를 열었는데, 이것이 추수감사절의 시작이다.
제니 오거스타 브라운스컴Jennie Augusta Brownscombe, <플리머스의 첫 추수감사절
The First Thanksgiving at Plymouth>, 1914년, 매사추세츠, 필그림 홀 박물관.

민에 의해 대서양 연안에 13개주 영국 식민지가 건설되었다. 13개주 식
민지는 유럽이 건설한 다른 나라 식민지와는 다르게 경제적인 안정을
누리면서 자유롭게 살고 있었다. 특히 이주민의 국적이나 종교, 생활방
식에 따라 정착 지역은 각기 다른 모습을 띠었다. 매사추세츠를 중심
으로 한 북부 4개주에서는 농사 대신에 목재산업·조선업·어업이 발달
했고, 뉴욕을 중심으로 한 중부 4개주에서는 편리한 교통을 바탕으로
자영업이나 제조업이 발달했으며, 버지니아를 중심으로 한 남부 5개주

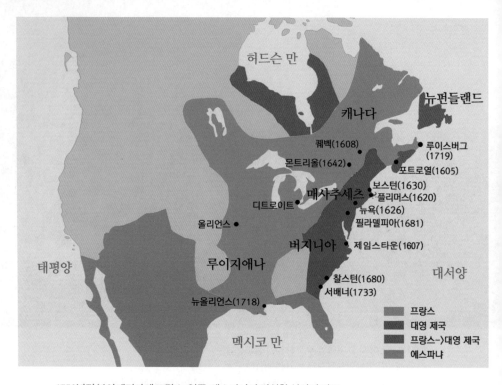

1750년경 북아메리카에 프랑스, 영국, 에스파냐가 건설한 식민지 지도.
괄호 안 숫자는 각 도시를 건설한 연도를 표시한 것이다.
© Pinpin

에서는 노예를 노동력으로 삼은 대농장이 많았다. 1763년이 되자 13개
주 식민지의 인구는 약 200만 명으로 늘었다. 중심 도시는 뉴욕, 보스
턴, 필라델피아였다. 이 세 도시를 중심으로 영국에서 많은 상품이 수
입되었고 질 좋은 담배와 목재, 모피가 영국으로 수출되었다.

아메리카 식민지 경영에 참여한 프랑스는 1608년 퀘벡을 건설했다.
그 주변 지역으로 영역을 넓혀 가기 시작하다가 영국과 충돌하게 되었
다. 이를 '프렌치-인디언 전쟁French and Indian War'이라 한다. 1754년 벌

어진 프랑스와 영국의 전쟁에서 원주민은 땅을 빼앗고 자신들을 내쫓는 영국보다는 모피 거래에 관심이 많은 프랑스와 연합해 싸웠다. 초반에는 영국이 고전했지만 결국 승리를 거두었다. 1763년 파리 강화회담으로 프랑스는 서인도 제도의 섬들, 인도와 캐나다 식민지, 미시시피 강 동쪽의 프랑스령을 모두 상실하게 되었다.

영국은 조지 3세 시기에 이르자 미국 식민지를 영국에서 파견한 총독에 의해 통제하기 시작했다. 식민지 정책이 바뀐 이유는 프렌치-인디언 전쟁으로 인한 엄청난 빚 때문이었다. 재정난을 해소하기 위해 식민지에 과도한 세금을 부담시키기 시작했다. 1764년 외국산 설탕에 수입 관세를 부과하는 설탕세법과 식민지에서 통화 발행을 금지하는 통화법을 시작으로, 1765년 인지세법을 시행했다. 식민지인들의 거센 반발로 인지세법은 폐지되었지만, 1767년 영국으로부터 수입되는 유리, 종이, 잉크, 차 등에 관세를 부과하는 타운센드법을 다시 제정했다.

1770년 3월 보스턴에 주둔하고 있던 영국군이 무장하지 않은 군중을 향해 총을 발사하여 다섯 명이 사망한 사건이 벌어졌다. 인명 피해는 다섯 명이었지만 독립을 바라고 있던 사람들은 이를 '보스턴 학살 사건'이라고 확대해 불렀다.

보스턴 학살 사건 이후 타운센드법은 폐지되었지만 차 관세는 아직 남아 있었다. 영국 정부는 파산 위기에 처한 동인도회사를 살리기 위해 식민지 미국의 차 수출 독점권을 주었다. 이 같은 조치로 미국 차 수입상들은 파산하고 말았다. 당시 차는 영국에서 온 식민지인들이 매일 즐겨 마시던 기호식품이었다. 1773년 앞에서 이미 언급한 보스턴 차 사건은 이렇게 해서 일어났다. 보스턴 차 사건 이후 식민지인들은 차보

1770년 영국군이 무장하지 않은 미국 주민들에게 총을 발사한 보스턴 학살 사건이 일어났다.
이 사건은 미국 독립전쟁을 낳은 여러 주요 사건 중 하나다.
이 판화 제작자는 폴 리비어로,
그는 후에 영국군이 미국 민병대 화약고를 습격한 사건을 알리기도 했다.
<1770년 3월 5일 보스턴 킹 거리에서 자행된 피의 학살
The Bloody Massacre Perpetrated in King Street Boston on March 5th, 1770>,
헨리 펠햄Henry Pelham이 그리고 폴 리비어가 동판 제작, 1770년.

다는 커피를 많이 마시게 되었다고 한다. 오늘날 미국에서 차보다 커피가 더 선호되는 이유가 여기에 있는 듯하다.

영국 정부는 보스턴 차 사건 이후로 식민지 탄압을 더욱 강화하고 배상금을 요구했다. 보스턴 시민들은 단결했다. 특히 이번 기회에 영국에서 독립해 새 나라를 만들자는 움직임이 나타나기 시작했다.

1774년 9월 필라델피아에서 각 식민지 대표 56명이 참석한 제1차 대륙회의가 열렸다. 식민지 대표 중에는 초대 대통령이 된 조지 워싱턴 George Washington, 제2대 대통령 존 애덤스John Adams, 미국 독립운동가 패트릭 헨리Patrick Henry 등이 포함되어 있었다. 대륙회의에서는 영국의 식민지 정책에 항의하기 위해 영국 상품 불매운동을 결의했다.

1775년 4월 영국군이 콩코드에 있는 식민지 민병대의 화약고를 습격하는 사건이 발생했다. 폴 리비어Paul Revere란 사람이 보스턴에서 렉싱턴까지 말을 타고 달려와서 이 사실을 알렸고, 민병대와 영국군 사이에 렉싱턴 전투Battle of Lexington가 벌어졌다. 보스턴에서 은세공사로 일하던 폴 리비어의 활약상은 헨리 워즈워스 롱펠로가 쓴 시가 출판되기 전까지는 알려지지 않았다. 1863년 이후 폴 리비어는 인명사전에 올라갔으며 그가 살았던 보스턴 집은 '애국자의 집'으로 불리게 되었다. 시 한 편으로 영웅이 된 폴 리비어의 업적이 지나치게 과장되었다는 역사가들의 주장도 있다.

렉싱턴 전투가 식민지 민병대의 승리로 끝난 뒤 1775년 5월 제2차 대륙회의가 열렸다. 이 회의에서 버지니아 대농장주 출신의 조지 워싱턴이 식민지 연합군 총사령관으로 임명되었다.

1776년 발표된 미국 독립선언서는 식민지 미국의 독립을 선포한 문서이자 세계 최초로 공화국을 탄생시킨 인권선언문이기도 하다. "모든 인간은 평등하게 태어났으며 신에게서 생명, 자유, 행복을 추구할 세 가지 권리를 부여받았다"는 생각을 담고 있다. 이후 1789년 프랑스 혁명의 인권선언에도 많은 영향을 주었다. 문서 하단에는 식민지 대표자들의 서명이 들어가 있다. 1823년판.

다음 해인 1776년 7월 4일 벤저민 프랭클린, 토머스 제퍼슨, 존 애덤스, 로저 셔먼, 로버트 리빙스턴 등이 작성한 '미국 독립선언서United States Declaration of Independence'가 발표되었다. 공식적으로 선포된 것은 7월 9일이지만 작성된 날짜가 7월 4일이기 때문에 이날을 미국 독립기념일로 정하고 있다.

독립선언서의 주요 내용은 "모든 사람은 평등하게 태어났으며 신에게서 생명, 자유, 행복을 추구할 세 가지 권리를 부여받았다"는 것이다. 영국 사상가 존 로크의 계몽 사상을 기초로 하여 작성되었다. 세계 최초로 공화국을 탄생시킨 인권선언문인 미국 독립선언서는 1789년 프랑스 혁명의 인권선언에도 많은 영향을 주었다.

미국 독립전쟁은 1775년 시작해 1783년 막을 내렸다. 마지막 전투 요크타운에서 미국이 최종 승리를 거두었다. 그 결과 맺어진 1783년 파리 조약Treaties of Paris에서 13개주 식민지를 대표하는 미국은 공식적인 주권국가로 인정받게 되었다.

미국이 독립전쟁에서 승리한 데에는 영국에 적대감을 가지고 있었던 프랑스와 네덜란드, 에스파냐의 도움이 컸다. 벤저민 프랭클린의 외교로 1778년 프랑스는 영국에 선전포고를 하고 전쟁 자금과 무기를 지원했으며, 영국과 경쟁 관계에 있던 네덜란드와 에스파냐도 식민지군을 지원하기 시작했던 것이다.

1787년 미국 헌법이 논의되기 시작해 1789년 제정되었다. 그 결과 13개주가 하나로 힘을 합친 연방정부가 출범했다. 미국의 정식 명칭인 '아메리카 합중국United States of America'도 이때 결정되었다. 합중국이란 여러 주들이 모여 하나의 연방정부를 구성하는 형태라는 뜻이다. 같은

미국 독립전쟁은 1781년 요크타운에서 미국이 승리를 거두면서 막을 내렸다.
이후 맺은 파리 조약으로 미국은 공식적인 주권국가로 인정받게 되었다.
그림은 요크타운에서 영국의 항복을 받아 내는 장면을 묘사하고 있다.
존 트럼벌John Trumbull, <영국 총사령관 콘월리스의 항복Surrender of Lord Cornwallis>,
1820년, 캔버스에 유채, 365.7×548.6cm, 워싱턴 D.C., 국회의사당.

해인 1789년 새로운 헌법에 따라 총선거가 실시되었고, 조지 워싱턴이
초대 대통령에 선출되었다. 워싱턴을 그린 초상화는 많지만 미국 화가
길버트 스튜어트Gilbert Stuart가 그린 초상화가 제일 많이 알려져 있다.
초상화에서 워싱턴의 입 모양을 보면 치아가 좋지 못했다는 것을 알
수 있는데, 60세 이전에 틀니를 사용했다고 한다.
　미국의 국부로 존경받는 조지 워싱턴은 1732년 버지니아 농장주의

1789년 총선거로 독립전쟁에서 활약한 총사령관 조지 워싱턴이 미국 초대 대통령에 뽑혔다. 이로써 미국은 세계 최초로 대통령을 중심으로 한 민주공화국을 탄생시켰다. 길버트 스튜어트, <조지 워싱턴>, 1796년, 캔버스에 유채, 73.5×61.1cm, 매사추세츠, 클락 미술관Clark Art Institute.

두 번째 부인의 맏아들로 태어났다. 첫 부인에게서 난 두 아들이 이미 있었기 때문에 워싱턴은 아무런 혜택을 받을 수 없었다. 장자였던 로렌스는 영국에서 유학을 했지만 안 좋아진 가정 형편 때문에 가정교사에 의한 교육을 일시적으로 받았다. 워싱턴이 11세 때 아버지가 사망했으며 모든 재산은 장남인 로렌스에게 상속되었다. 정규교육을 받지 못한 워싱턴은 사회적으로 성공하기 위해 독학으로 공부를 했는데, 어머니인 메리 볼은 아들이 평범한 농부로 살기를 원했다. 워싱턴은 독서 자체를 그다지 좋아하지 않았는데, 자기 계발을 위한 독서에만 치중했다고 한다.

어린 시절 워싱턴이 벚나무를 실수로 벤 뒤 아버지의 꾸중을 두려워하면서도 정직하게 얘기했다는 일화는 사실이 아니다. 워싱턴 전기를 쓴 파슨 윔스가 꾸며낸 이야기라고 한다.

이복형 로렌스가 부유한 패어팩스 가문의 딸과 결혼한 뒤, 워싱턴은 로렌스의 처가 식구들과 친분을 쌓게 되었다. 워싱턴을 아끼던 형 로렌스와 로렌스의 장인 패어팩스 대령은 14살의 워싱턴을 영국 해군에 입대하도록 주선해 주었다. 워싱턴은 자식에 대한 애정이 없고 강압적인 성격인 어머니를 떠나고 싶었지만 심한 반대로 결국 입대하지 못했다. 그 후 워싱턴은 측량사로 일하면서 재산을 모았는데, 이때도 어머니는 좋아하지 않았다고 한다. 워싱턴은 어머니가 자신의 앞길을 막고 있다고 생각했다. 대통령이 되고 나서 어머니를 만나지 않았고 1789년 83세로 사망한 어머니의 장례식에도 참석하지 않았다. 어린 시절 받은 심리적인 상처가 성인이 되어서도 치유되지 않았던 것으로 보인다.

1752년 형 로렌스는 결핵으로 사망했지만, 워싱턴은 로렌스의 처가

조지 워싱턴은 부유한 과부 마사와 결혼하면서 대농장주가 되었고
상류 계급으로 진출할 수 있었다. 이런 배경이 대통령에 오르는 데 많은 영향을 끼쳤다.
하지만 대통령이 된 뒤로는 권력에 집착하지 않았고 임기가 끝난 뒤 깨끗이 퇴임했다.
에드워드 새비지Edward Savage, <워싱턴 가족The Washington Family>, 1789~1796년,
캔버스에 유채, 21.3×28.4cm, 워싱턴 D.C., 워싱턴 국립미술관National Gallery of Art.

와 친밀한 관계를 유지했다. 이 시기 워싱턴은 버지니아 군에 입대했으
며 6년 뒤 사령관직을 사임했다.

1757년 워싱턴은 무도회에서 26세였던 버지니아의 부유한 과부 마
사 커스티스Martha Dandridge Custis를 만났다. 두 사람은 2년 뒤 결혼했
다. 마사는 전 남편에게서 얻은 두 아들이 있었지만 아름다웠으며 무

엇보다 재산이 많았다. 약 17,000에이커의 토지와 250명의 노예, 많은 현금을 가지고 있었다. 결혼 후 마사는 100여 명의 노예와 현금, 토지를 워싱턴에게 주었다. 무엇보다도 워싱턴은 버지니아의 대농장주가 되었고 자신이 원하던 상류 계급으로 진출할 수 있게 되었다.

워싱턴이 야망가라고 생각할 수도 있지만, 이후 그가 보인 행동은 달랐다. 정치적 권력에 집착하지 않았고, 자신의 노예들을 해방시키라는 유언을 남기기도 했다. 1782년 5월 몇몇 장교들이 찾아와 워싱턴에게 아메리카 왕이 되어 달라고 간청하자 워싱턴은 헛된 생각을 하지 말라고 꾸짖었다. 1789년 대통령에 올라 한 번 연임한 뒤, 종신 대통령을 제안하는 주변의 유혹들을 단호히 뿌리쳤다. 1796년 9월 워싱턴은 임기를 6개월 남기고 더 이상 대통령직에 나서지 않겠다는 연설을 했다. 정권 교체는 자신부터 이루어야 한다고 생각했던 것이다.

대통령직에서 미련 없이 물러난 워싱턴은 고향 마운트 버넌으로 돌아갔고 그곳에서 여생을 보내다가 1799년 사망했다. 워싱턴이 살던 저택에는 워싱턴의 묘가 마련되어 있는데, 해마다 많은 방문객이 즐겨 찾는 장소다. 전 세계인들이 존경하는 워싱턴은 1달러 모델이 되었고 미국인에게 신적인 존재가 되었다. 미국 달러의 모델들은 모두 미국인의 존경을 받는 인물로, 2달러는 독립선언서를 기초한 토머스 제퍼슨, 5달러는 노예해방을 한 에이브러햄 링컨, 10달러는 초대 재무부 장관 알렉산더 해밀턴, 20달러는 제7대 미국 대통령 앤드루 잭슨, 100달러는 발명가이자 정치인인 벤저민 프랭클린이다.

미국인이 가장 많이 사용하는 1달러에 워싱턴이 들어간 이유는 그가 미국 민주주의의 상징이기 때문일 것이다. 그는 세계 최초로 국민이

미국인이 가장 자주 사용하는 1달러에는 그들이 존경하는 초대 대통령 조지 워싱턴이 묘사되어 있다. 그는 세계 최초의 대통령이자 정해진 임기를 지킨 위대한 정치가였다.

직접 선출한 대통령이자 정해진 임기를 지킨 위대한 정치가였다.

제7대 미국 대통령 앤드루 잭슨Andrew Jackson은 1830년 인디언 이주법을 만들었다. 법에 따라 원주민은 정든 고향을 떠나 인디언 보호구역으로 가야 했다. 1937년 러시아에서 일어난 고려인 강제 이주를 연상시키는 이 사건은 '눈물의 길Trail of Tears'이라고 불린다. 미국인들은 신이 아메리카 땅을 자신들에게 주었기 때문에 원주민을 추방해도 된다고 생각했다. 이는 자기 조상들의 정착을 도와주었던 원주민을 배신하는 행위였다. 원주민은 모든 재산을 남겨 두고 조지아에서 오클라호마까지 걸어서 이동했다. 16,000여 명이 출발했는데 도착했을 때는 약 4,000명이 사망한 뒤였다고 한다.

1860년 제16대 대통령에 노예제 폐지론자 에이브러햄 링컨Abraham Lincoln이 당선되었다. 당시 미국은 노예해방을 해야 한다는 공업 기반의 북부와, 대농장 운영으로 노예가 필요했던 농업 기반의 남부가

제7대 미국 대통령은 조상들의 정착을 도왔던 원주민을 배신하는 법을 만들었다. 인디언 이주법에 따라 원주민은 정든 고향을 떠나 인디언 보호구역으로 가야 했는데, 이를 '눈물의 길'이라고 부른다. 처음 출발한 16,000여 명 중 4,000명이 가는 도중에 죽었다고 한다. 사진은 눈물의 길에 세워져 있는 체로키족 추모비다.

충돌하고 있었다. 1861년 3월에 있을 링컨의 대통령 취임식을 앞두고 남부 11개주가 연방 탈퇴를 결정했다. 이 갈등은 결국 4월 남북전쟁 American Civil War(1861~1865)으로 이어졌다. 미국 내부에서 일어난 전쟁이기 때문에 미국 내전이라고도 한다.

초기에는 북부가 불리했으나, 발달한 공업 시설을 기반으로 전쟁 물자와 무기 등을 풍부하게 갖추면서 점차 전세를 역전시켰다. 특히 1863년 7월 일어난 게티즈버그 전투Battle of Gettysburg는 북부가 승리를 잡는 전환점이 되었다. 같은 해 11월 19일 링컨 대통령이 격전지였던 게티즈버그를 찾아 죽은 병사들을 기리는 연설을 2분간 했다. 이때 "국민의, 국민에 의한, 국민을 위한 정치"라는 명언을 남겼다. 게티즈버그 연설Gettysburg Address은 민주주의 기본 정신을 잘 나타낸 명연설로 이후 널리 알려졌다.

1865년 북부의 승리로 남북전쟁이 끝난 뒤, 노예해방이 이루어졌다. 4년간 폐허가 된 남부는 복구하는 데 10여 년의 세월이 걸렸다고 한다.

미국은 처음에는 작은 지역에 불과했으나 점차 영토를 확보해 나갔다. 1803년 나폴레옹에게 루이지애나 지역을 1,500만 달러에 사들였다. 1867년 미국 국무부 장관 윌리엄 슈어드가 러시아로부터 알래스카를 구입했다. 당시 크림 전쟁으로 재정 위기에 있던 러시아 왕실이 쓸모없는 알래스카를 팔기로 결정했던 것이다. 한반도 면적 7배에 해당하는 알래스카의 구입 가격은 720만 달러였다. 30년 뒤 이곳에서 금광이 발견되면서 윌리엄 슈어드는 알래스카의 가치를 미리 알아본 현명한 사람으로 존경받게 되었다. 미국은 해외로도 눈을 돌려 1917년 서인도 제도의 버진 아일랜드를 덴마크로부터 2,500만 달러에 매입했다.

남북전쟁은 미국 노예제를 폐지하는 데 결정적 역할을 했던 사건이다.
노예해방을 주장했던 북부와 노예제 유지를 주장했던 남부가 서로 맞붙었다.
처음에는 북부가 불리했으나 발달한 공업으로 전쟁 물자와 무기를 갖추면서
전세를 역전시켰다. 남북전쟁이 북부의 승리로 끝나고 나서 노예해방이 이루어졌다.
그림은 남북전쟁 중에 있었던 치카마우가 전투를 묘사하고 있다.
<치카마우가 전투Battle of Chickamauga>, 1890년경, 미국 의회도서관.

　　부동산 재벌로 제45대 대통령에 당선된 도널드 트럼프가 덴마크 자
치령 그린란드 매입을 검토 중이라는 뉴스도 최근(2019년 10월) 나왔
다. 그린란드는 캐나다 북쪽에 있는 세계 최대 섬으로, 영토 대부분이
빙하로 덮여 있는 곳이다. 이누이트 원주민이 대다수로 약 5만여 명이
살고 있으며, 빙하 지형을 체험하고 싶어 이곳을 찾는 여행객이 계속

남북전쟁의 향방을 결정했던 게티즈버그 전투가 끝나고 링컨 대통령이 이곳을 찾았다.
이때 링컨 대통령은 죽은 병사들을 기리는 연설을 2분간 했는데,
"국민의, 국민에 의한, 국민을 위한 정치"라는 명언으로 많은 칭송을 받았다.
사진은 게티즈버그를 찾은 링컨 대통령의 모습이다.
중앙에 실크 해트silk hat를 쓴 남자의 왼쪽으로 나비넥타이를 맨 사람이 링컨이다.
1863년 11월 19일.

늘고 있다. 미국이 그린란드에 관심을 갖는 이유는 풍부한 석유자원을
가진 데다 지리적·군사적 요충지대이기 때문이다. 미국은 덴마크의 양
해를 얻어 1953년 이곳에 공군기지를 건설했고, 탄도미사일 경보 레이
더도 설치해 놓고 있다고 한다.

1789년 파리 시민들이 바스티유 감옥을 습격하면서 프랑스 혁명이 시작되었다.
직접적인 원인은 삼부회에서 나타난 특권층과 평민층 사이의 갈등이었다.
하지만 더 근본적 원인은 절대왕정 체제에서 오랫동안 누적되어 온 계급 사회의 모순이었다.
작가 미상, <바스티유 감옥의 함락Prise de la Bastille>, 1789~1791년,
캔버스에 유채, 58×73cm, 베르사유 궁, 프랑스 역사박물관.

28

프랑스 혁명이 일어나다
〈바스티유 감옥의 함락〉

1789년 파리 시민들이 무기를 들고 바스티유 감옥을 습격했다. 이 사건의 시작은 삼부회였다. 루이 16세는 부족한 재정을 보충해 줄 세금을 늘리기 위해 삼부회를 소집했다. 제3신분은 자신들에게 불리한 삼부회를 거부하고 자발적으로 국민의회를 세웠다. 이런 상황에서 루이 16세는 사람들의 지지를 받던 삼부회 의장 자크 네케르Jacques Necker를 파면했다. 이에 분노한 파리 시민들이 바스티유 감옥을 공격한 것이다.

바스티유 감옥 습격 사건은 프랑스 전역으로 번졌고, 프랑스 혁명 Révolution française이 시작되었다. 이때 많은 귀족, 영주, 성직자들이 농민들에게 살해당했다. 1789년 8월 26일 국민의회는 자유, 평등, 박애 정신에 기초한 프랑스 인권선언을 발표했다. 이어 왕정을 폐지하고 제1공화국을 수립했다.

프랑스 절대왕정 시대를 이끈 태양왕 루이 14세가 1715년 사망했다. 그 뒤를 증손자인 루이 15세Louis XV가 이어받았다. 5살밖에 되지 않았던 루이 15세 대신에 루이 14세의 조카이면서 사위인 오를레앙 공 필리프 2세Philippe II, Duke of Orléans가 섭정을 했다. 나라를 다스릴 능력이 없었던 오를레앙 공은 여자에게 지나치게 관심이 많아서 정부를 100명 넘게 두었다고 한다. 대외정책 고문관은 오를레앙 공의 가정교사인 기욤 뒤부아Guillaume Dubois가 맡았는데, 권력 욕심이 많았던 그는 1721년 추기경이 되었고 1년 뒤 재상 자리에 올랐다.

1723년 오를레앙 공과 뒤부아가 사망하고 나서 직접 정치를 하게 된 루이 15세는 자신의 가정교사였던 플뢰리 추기경Cardinal de Fleury에게 모든 국정을 맡겨 버렸다. 절대왕정을 열었던 증조할아버지 루이 14세와 다르게 루이 15세는 정치에 전혀 관심이 없었다.

1725년 루이 15세는 약혼자였던 어린 에스파냐 공주 대신에 22세였던 폴란드 공주 마리 레슈친스카Marie Leszczynska와 결혼했다. 마리는 루이 15세보다 7살 연상이었으며 부자는 아니지만 교육을 잘 받았고 무엇보다 가톨릭 신자이며 성격이 온순했다. 결혼 후 해마다 아이를 출산해 10남매를 얻고 나서는 남편을 멀리하기 시작했다. 이때부터 루이 15세는 정부에 빠져 방탕한 삶을 살았다. 루이 15세가 총애하던 후궁으로는 세 자매인 마이 부인, 뱅티미유 부인, 샤토루 부인이 있었다. 샤토루 부인이 죽고 '왕의 정부' 자리가 비게 되었을 때, 귀족들은 서민 출신의 여인을 '왕의 정부'로 추천했다. 바로 잔 앙투아네트Jeanne-Antoinette였다.

잔은 군수물자를 공급하던 아버지 프랑수아 푸아송과 자유분방한 어머니 마들랭 드 라 모트의 딸이었다. 푸아송 가문의 자랑이며 희망이었던 잔은 수녀원에서 교육받았고 삼촌이라고 부르는 투르넴의 후

루이 15세는 증조할아버지였던 태양왕 루이 14세와 달리 정치에 관심이 없었다.
자신의 가정교사였던 플뢰리 추기경에게 모든 국정을 맡기고 사냥과 여자에 빠져 지냈다.
이아생트 리고, <프랑스 왕 루이 15세Louis XV, roi de France>, 1730년,
캔버스에 유채, 271×194cm, 베르사유 궁 박물관.

원으로 노래와 춤, 하프시코드(피아노 이전의 건반악기) 연주를 배웠으며 연극 공연도 자주 보러 다녔다. 17~18세기 프랑스에서 사회 진출을 할 수 없던 여자들은 능력 있는 남자와 결혼하는 것이 신분 상승의 지름길이었다. 지참금도 없고 교육도 받지 못한 여자들이 내세울 것은 미모와 사교술이었다. 결혼은 사랑이 아니라 자유를 누리는 수단이 되었다. 이 시기에는 결혼한 부부일지라도 외도를 당연하게 여겼다. 1665년 작가인 라 로슈푸코La Rochefoucauld는 당시 결혼을 풍자하여 이런 글을 남겼다. "그럴듯해 보이는 결혼은 있었지만 행복한 결혼은 없었다."

여러 방면에 교양을 갖춘 잔은 1741년 20세 나이에 샤를 르 노르망 데티올과 결혼했고 3년 뒤 외동딸 알렉산드린을 출산했다. 에티올 부인이 된 잔은 어릴 때 점쟁이가 예언했던 대로 왕의 정부가 되기 위해 공부를 계속하고 있었다. 에티올 부인은 어머니에게 물려받은 하얀 피부와 아름다운 머리카락, 청록색 눈동자를 갖고 있었으며 교양도 풍부하고 언변도 좋았으며, 무엇보다 패션 감각이 탁월했다. 그녀는 루이 15세를 만날 목적으로 왕이 사냥하러 오는 세나르 숲 주변을 사륜마차를 타고 돌곤 했다. 왕의 정부가 되기 위한 모든 준비를 마친 에티올 부인이 기다리던 날이 왔다. 1745년 2월 황태자 결혼식 축하 가면 무도회에 초청받은 것이다.

에티올 부인을 만난 루이 15세는 그녀의 우아하고 세련된 미모에 빠졌다. 루이 15세와 비밀스러운 만남을 이어 가던 그녀는 남편과 이혼하고 딸 알렉산드린을 데리고 베르사유 궁에서 살게 되었다. 에티올 부인은 퐁파두르 후작부인Madame de Pompadour이 되었다. 퐁파두르 부인은 이후 20년 동안 루이 15세를 지배하고 정치에도 직접 관여했다. 루이

서민의 딸로 태어난 잔 앙투아네트는 왕의 여자가 되기 위해 오랜 세월 미모를 가꾸고
교양을 쌓다가 마침내 루이 15세를 만나 퐁파두르 후작부인이 되었다.
이후 왕의 실질적 부인으로 살면서 정치에도 관여했다. 여러 예술가와
지식인을 후원했는데, 그중에는 『백과전서』 제작을 이끈 드니 디드로가 있었다.
『백과전서』는 이후 프랑스 혁명에도 사상적 영향을 미쳤다.
모리스 켕탱 드 라 투르Maurice Quentin de La Tour, <퐁파두르 후작부인 초상
Portrait en pied de la marquise de Pompadour>, 1749~1755년,
종이에 혼합재료, 175×128cm, 파리, 루브르 박물관.

15세의 실질적인 부인으로 살았고, 왕관 없는 여왕이나 마찬가지 지위를 누렸다. 신하들은 정치에 관심 없는 루이 15세보다 똑똑한 퐁파두르 부인과 정사를 의논하기를 좋아했다. 퐁파두르 부인은 루이 15세와의 사이에서 자녀를 두지 못했고 딸 알렉산드린은 10세에 사망했다.

퐁파두르 부인은 자신을 멸시하던 귀족들 대신 지지 세력을 필요로했다. 여러 예술가와 지식인을 적극적으로 후원했는데, 그중에는 『백과전서Encyclopédie』 제작에 앞장선 드니 디드로Denis Diderot가 있었다. 18세기는 이성을 중시하던 계몽주의 시기로, 이 시기를 상징하는 사건이 『백과전서』의 출간이었다. 정부 출판감독관 말제르브와 퐁파두르 부인의 지원으로 1751년 첫 권이 출판된 뒤로 1772년까지 본서 17권, 참고 삽화서 11권, 이렇게 총 28권이 나왔다. 디드로를 비롯하여 루소, 볼테르, 몽테스키외, 달랑베르 등 유럽 최고 지식인들이 대거 참여했는데, 글을 쓴 사람들 대부분이 이름을 밝히지 않거나 가명을 썼다.

『백과전서』는 학문을 집대성한다는 목적으로 출판되었지만, 단순한 사전이 아니라 근대적인 세계관까지 제시하고 있었다. 책의 진가를 알아본 사람들에게 폭발적인 인기를 얻으면서 상업적인 성공도 거두었다. 28권 전집으로 이루어진 『백과전서』는 당시 비싼 가격이었는데도 궁정 귀족이나 돈 많은 상인, 지방 사제들이 앞다투어 구입해서 읽었다. 이후 프랑스 혁명에도 사상적 영향을 미쳤는데, 중간에 두 번이나 출판 허가가 취소되는 등 탄압을 받기도 했다.

또한 퐁파두르 부인은 당시 유행하던 로코코풍 화가들을 후원하기도 했는데, 바로 장 마르크 나티에, 모리스 캉탱 드 라 투르, 프랑수아 부셰다. 특히 라 투르와 부셰가 그린 퐁파두르 부인의 초상화는 매우 유명하다. 세계사에서 왕의 총애를 받은 정부는 많다. 하지만 그중 퐁파두르 부인이 자주 언급되는 이유는 그녀가 프랑스 문화와 예술을 적극적으로 후원했기 때문이다. 비록 왕의 정부였지만 자신이 선택한 길을 향해 용기 있게 나아간 그녀를 여권 운동의 선구자로 평가하기도 한다. 퐁파두르 부인은 1764년 43세 나이로 사망했다.

퐁파두르 부인이 죽은 뒤 60세를 앞둔 루이 15세가 만난 여성은 당시 25세였던 바리 부인Madame du Barry이었다. 바리 부인은 로렌 지방에서 하녀와 수도사 사이에서 태어났으며 대단한 미모를 가지고 있었다. 방탕하게 살던 그녀는 결혼으로 백작부인 자리에 올랐다가 루이 15세의 눈에 들었다. 바리 부인은 루이 15세가 죽기 직전 베르사유 궁 밖으로 쫓겨났는데, 왕의 마지막 고해성사를 맡은 신부가 바리 부인을 내쫓지 않으면 고해성사를 하지 않겠다고 했기 때문이다. 프랑스 혁명이 일어나자 바리 부인은 런던으로 피신했다가 잠시 파리로 돌아왔는데, 이때 혁명군에 잡혀 1793년 처형당했다. 퐁파두르 부인도 생존해 있었다면 바리 부인처럼 처형당했을 것이다.

루이 15세 말년은 사랑하는 사람들의 죽음으로 이어졌다. 1752년 장녀 앙리에트, 1761년 세손 부르고뉴 공작 루이 조제프 자비에, 1764년 퐁파두르 부인, 1765년 세자 도팽 루이 페르디낭, 1768년 왕비 마리 레슈친스카가 연달아 사망했다. 루이 15세는 1774년 천연두로 사망했다.

루이 15세 시기에 프랑스는 여러 차례 전쟁에 휘말렸다. 폴란드 계승전쟁, 오스트리아 왕위계승전쟁, 7년 전쟁을 연이어 치르는 과정에서 재정은 파탄 났고 민생은 어려워졌다.

폴란드 계승전쟁(1733~1735)은 폴란드 왕 아우구스트 2세가 죽자 그

아들 아우구스트 3세와, 루이 15세의 장인 스타니스와프 레슈친스키 Stanisław Leszczyński 사이에 일어난 왕권 쟁탈전이었다. 전쟁 결과 로렌 공국이 루이 15세의 장인 스타니스와프 레슈친스키의 차지가 되었다가 장인의 사망 후 프랑스로 돌아갔다.

오스트리아 왕위계승전쟁(1740~1748)은 오스트리아 합스부르크 황제 카를 6세가 갑자기 사망하면서 일어났다. 카를 6세는 후계자 아들이 없었기 때문에 장녀 마리아 테레지아Maria Theresia에게 왕위를 물려주려 했다. 이에 남자 우선 상속제를 주장하는 살리카 법전 대신에 1713년 국사조칙을 공포했는데, 그 내용은 합스부르크 왕가에서 남자 후계자가 없을 경우 장녀가 왕위 계승을 할 수 있다는 것이었다. 카를 6세가 죽자 프로이센의 프리드리히 2세가 마리아 테레지아의 왕위 승계를 인정할 테니 슐레지엔 지방을 달라며 군사를 투입했다. 이어 바이에른, 에스파냐, 작센, 프랑스가 프로이센과 동맹을 맺고 출병했다. 오스트리아는 프랑스에 적대적인 영국의 도움을 받았다.

전쟁 결과로 프랑스를 배반한 프리드리히 2세가 슐레지엔을 차지했으며 마리아 테레지아는 합법적으로 오스트리아 왕위를 계승했다. 프랑스는 무능한 루이 15세의 실정으로 아무런 소득을 얻지 못했다. 루이 15세의 결정을 지켜보기만 했던 플뢰리는 노환으로 1743년 사망했다.

이어서 7년 전쟁(1756~1763)이 일어났다. 오스트리아 여제가 된 마리아 테레지아는 슐레지엔 탈환을 목적으로 프랑스와 동맹을 맺고 러시아, 스웨덴, 작센과 연합하여 프로이센의 프리드리히 2세를 공격했다. 프로이센은 영국과 동맹하여 싸웠는데, 전쟁은 프로이센과 영국의 승리로 끝나게 되었다. 1763년 후베르투스부르크 평화협정Treaty of

Hubertusburg에 의해 프로이센은 결국 슐레지엔을 지켰으며 독일 내 강자로 부상하게 되었다. 1763년 영국·프랑스·에스파냐 3국이 맺은 파리조약은 7년 전쟁과 북아메리카에서 일어난 프렌치-인디언 전쟁에 대한 평화조약이었다. 전쟁에서 패배한 프랑스는 퀘벡을 비롯한 캐나다 영토, 미시시피 강 동쪽 땅, 아프리카 식민지 세네갈을 영국에 주었다. 또한 프랑스는 미시시피 강 서쪽 루이지애나를 에스파냐에 넘겨주었다. 영국은 에스파냐에 필리핀, 마닐라, 쿠바, 아바나를 반환한 대신 플로리다를 받았다.

프랑스는 세 차례 큰 전쟁을 치르면서 많은 식민지를 빼앗겼다. 그나마 소득이 있었던 것은 로렌 지방을 프랑스 영토로 만들었고 1768년 제노바 통치에 반란을 일으켰던 코르시카 섬을 헐값에 사들인 것이다.

루이 15세가 죽고 왕위는 손자인 루이 16세Louis XVI에게로 이어졌다. 루이 16세는 프랑스 혁명으로 단두대에서 처형된 왕으로 유명하다. 왕세자였던 루이 페르디낭 드 프랑스의 둘째 아들로 태어났는데, 11살 때 아버지를, 2년 뒤에 어머니를 여의는 등 외로운 환경에서 성장했다. 내성적이고 과묵한 성격으로 여자를 좋아하지 않았으며, 취미는 열쇠와 자물쇠 만드는 것이었다. 폴란드 외가를 닮아 비만이었고 사랑받는 왕이 되려고 노력했지만 불행히도 통치 능력을 갖추지 못했다.

프랑스 대사인 슈아쾰은 오스트리아와 동맹을 위해 당시 황태자였던 루이 16세와 오스트리아 공주 마리 앙투아네트Marie Antoinette의 정략결혼을 추진했다. 루이는 부르봉 왕가였고, 마리는 합스부르크 왕가인 오스트리아의 여제 마리아 테레지아의 막내딸이었다. 이로써 적대 관계였던 두 나라가 동맹 관계가 되었다.

루이 16세는 프랑스 혁명으로 단두대에서 처형된 왕으로 유명하다.
내성적이고 과묵한 성격으로 사랑받는 왕이 되려고 노력했지만,
불행히도 통치 능력을 갖추지 못했다.
앙투안프랑수아 칼레Antoine-François Callet, <프랑스와 나바라 왕 루이 16세Louis XVI,
roi de France et de Navarre>, 1789년, 캔버스에 유채, 278×196cm, 베르사유 궁.

마리 앙투아네트 왕비는 국가 재정에 무관심한 채 사치스러운 생활을 이어 나가
프랑스 국민들로부터 많은 비난을 받았다. 하지만 당시 국가 재정 적자의 더 큰 원인은
왕실 경비보다는 미국 독립전쟁에 들어간 엄청난 비용에 있었다.
마리 왕비가 프랑스인들의 미움을 받았던 데에는 외국인 출신이라는 사실도 한몫했다.
엘리자베트 비제 르 브룅Élisabeth Vigée Le Brun, <마리 앙투아네트와 그 자녀들
Marie Antoinette and her Children>, 1787년, 캔버스에 유채, 275×215cm, 베르사유 궁.

1770년 천진난만한 15세 소녀였던 마리 공주는 루이 황태자와 결혼했으며, 1774년 남편이 루이 16세로 왕위에 오르자 왕비가 되었다. 마리 왕비는 본궁보다는 베르사유 궁 북서쪽에 있는 별궁인 프티 트리아농Petit Trianon에서 주로 생활했는데, 이 궁은 루이 15세가 퐁파두르 부인을 위해 지은 곳이었다. 루이 16세는 결혼 후 오랫동안 자식이 없어 힘들어하는 왕비를 배려했던 것으로 보인다.

프티 트리아농 근처에 있는 마리 왕비의 마을에는 호수를 중심으로 총 10여 채의 농가가 있었다. 이곳에 있는 다양한 농가 시설과 텃밭에서 마리 왕비는 직접 소 젖을 짜기도 하고 농작물을 재배하기도 했다. 당시 귀족들 사이에서 농촌 체험이 유행이었다고 한다. 현재 이곳 내부는 유적 보호를 위해 들어갈 수는 없고 외부에서만 볼 수 있다. 프랑스 국민은 왕비가 별궁에서 비밀스럽게 생활하는 것을 전혀 이해할 수 없었다. 마리 왕비는 나라의 재정 상태는 알려고 하지 않고 화려한 치장에만 관심이 있었다. 패션에 집착했던 그녀는 엄청나게 큰 올림머리를 하곤 했다. 매일 도박과 파티에 빠져 살았으며 화려한 옷과 구두와 비싼 보석을 계속 사들였다. 이런 무분별한 행동으로 인해 '적자 부인'이라는 오명을 갖게 되었다. 결국 온갖 중상모략이 생겨났고 주변에 적들을 만들고 말았다.

마리 왕비는 루이 16세와의 사이에서 2남 2녀를 두었다. 장녀 마리 테레즈 샤를로트, 왕세자 루이 조제프 자비에 프랑수아, 차남 루이 샤를, 막내딸 소피 베아트리스였다. 프랑스 혁명이 일어났을 때 왕세자와 막내딸은 이미 사망했고, 마리 왕비는 장녀와 차남을 데리고 베르사유 궁을 떠났다. 차남 루이 샤를은 루이 17세가 되었지만 감옥에서 사망했고, 홀로 남은 장녀 마리 테레즈는 후일 샤를 10세의 아들 루이와 결혼했다.

2007년 영화 〈마리 앙투아네트〉를 보면 당시 왕족들과 귀족들의 삶이 잘 나타나 있다. 베르사유 궁 측의 배려로 베르사유 궁에서 일부 촬영이 진행되었다고 한다.

1776년 미국 독립선언 후 파리로 온 외교관 벤저민 프랭클린은 카리스마 넘치는 말솜씨로 프랑스로 하여금 미국 독립전쟁을 지원하도록 만들었다. 프랑스는 재정 상태가 별로 좋지 못했지만 승리에 대한 아무런 대가 없이 군대와 전쟁 비용을 원조했는데, 이는 영국 세력을 의식해서다. 자크 네케르는 제네바 은행가였다가 루이 16세의 재무총감이 된 인물로 1776~1781년까지 약 20억 리브르라는 엄청난 거액을 만들어 미국에 전쟁 비용으로 보냈다. 이 비용은 당시 700만 명의 프랑스 국민에게 집과 식량을 제공할 수 있는 규모였다고 한다. 미국에 대한 지원으로 프랑스는 영국과 달리 자유의 수호자로 칭송받게 되었지만, 국가 빚은 수십억 리브르에 달했고 파산 지경에 이르렀다. 당시 사람들은 재정 적자가 마리 앙투아네트의 지나친 사치 때문이라고 했지만, 사실 궁정 경비는 전체 예산의 6%에 불과했다.

1788년 프랑스 인구는 유럽 총인구의 16%인 2,600만 명이었다. 영국은 1,500만 명, 프로이센은 800만 명이었기 때문에 프랑스는 유럽 강대국에 속했으며 대외적으로는 별문제가 없었다. 문제는 내부 갈등에 있었다.

봉건제 사회였던 프랑스는 제1신분 성직자, 제2신분 귀족, 제3신분 시민·도시 노동자·농민으로 나뉘어 있었다. 전체 인구의 2%에 해당하

1789년 루이 16세는 세금을 올리기 위해 삼부회를 소집했다.
제1, 2, 3신분이 모두 모였는데, 투표 방법을 두고 격렬한 논쟁이 벌어졌다.
성직자와 귀족은 투표권을 신분별로 1표씩 주자고 한 반면, 평민은 머릿수별로 주자고 했다.
불리한 투표 방법을 받아들일 수 없었던 제3신분은 삼부회를 거부하고 국민의회를 결성했다.
왕이 국민의회의 해산을 명하자, 제3신분 대표들은 테니스 코트에 모여 이를 거부했다.
이 사건은 프랑스 혁명을 일으키는 발단이 되었다.
자크 루이 다비드, <테니스 코드의 서약>, 1791년, 66×101.2cm, 베르사유 궁.

는 성직자와 귀족들은 많은 토지를 가졌으며 면세 혜택을 누리고 있었
지만, 나머지 98%에 해당하는 제3신분은 교회에 바치는 십일조, 소금
세, 인두세 등 잡다한 세금을 내면서 하루하루 힘들게 살아가고 있었

다. 이 시기 부유한 시민들이 교양을 갖추게 되면서 무능한 귀족에 대한 불만이 높아져 갔다. 루이 14세부터 귀족들은 자신의 영지를 떠나 베르사유 궁에 머물면서 면세 혜택을 받고 마땅히 해야 할 의무를 소홀히 했던 것이다. 특히 1789년은 흉년으로 인해 밀가루 가격이 폭등해 빵 가격이 두 배 이상 올랐고 굶어 죽는 사람이 많았다.

1789년 1월 재정 위기에 몰린 루이 16세는 세금을 올리기 위해 1614년부터 한 번도 열리지 않았던 삼부회를 소집했다. 삼부회 소집 전에 제3신분의 정원을 두 배 늘린다고 발표했다. 5월 5일 베르사유 궁에서 삼부회가 열렸다. 의원 수는 제1신분인 성직자가 247명, 제2신분인 귀족이 188명, 제3신분인 평민이 500명이었다. 제3신분 대표들은 상인과 사업가였는데 그중에 변호사가 제일 많았다. 회의가 시작되자 투표 방법을 두고 격렬한 논쟁이 벌어졌다. 귀족층은 투표권을 신분별로 1표씩 주자는 입장이었다. 이럴 경우 제1신분이 1표, 제2신분이 1표를 가져가게 되므로 1표를 가진 제3신분의 의견은 반영될 방법이 없었다. 이에 제3신분은 머릿수별로 투표권을 주자고 주장했다. 삼부회는 결론을 내리지 못하고 끝났다.

분노한 제3신분 대표들은 삼부회를 거부하고 1789년 6월 17일 독자적으로 국민의회Assemblée Nationale를 결성했다. 루이 16세가 국민의회의 해산을 결정하고 회의장을 폐쇄하자, 제3신분 대표들은 테니스 코트로 자리를 옮겨 〈테니스 코트의 서약Serment du Jeu de Paume〉을 발표했다. 주요 내용은 "국민의회는 헌법을 제정할 때까지 해산하지 않는다"는 것이었다. 이 말을 전해 들은 루이 16세는 우유부단한 태도를 보였고, 국민의회는 국왕이 자신들의 의견을 받아들인 줄 알고 기뻐했다.

하지만 7월 11일 재무총감이자 삼부회 의장인 네케르가 파면당하자 국민의회는 국왕의 속내를 확실히 알게 되었다.

7월 14일 흥분한 파리 시민들이 앵발리드 군인병원Hôtel des Invalides 에서 무기를 약탈한 뒤 화약이 저장되어 있는 바스티유 감옥으로 몰려 갔다. 감옥에는 7명의 죄수뿐이었지만 소장과 간수를 비롯해 많은 희생자가 발생했다. 흥분한 시민들은 잘린 머리를 창에 끼우고 거리를 행진했다. 1789년 7월 14일 파리 시민에 의해 프랑스 혁명이 시작되었다.

7월 17일 루이 16세는 파리 시청에서 삼색(적색, 백색, 청색) 휘장을 억지로 받았다. 시민들은 국왕이 혁명을 인정하는 것으로 생각했지만 바뀐 것은 아무것도 없었다. 이때 루이 16세가 현명하게 혁명을 인정했다면 입헌군주제가 성립되어 더 큰 혼란은 오지 않았을 것이다. 혁명 기간에 많은 사람들이 아무 이유 없이 죽어 간 것은 참으로 불행한 일이다. 이 시기 파리 코뮌Commune de Paris이 세워져 사회질서를 유지하려고 했지만 파리는 무정부 상태로 변해 갔다. 시민들은 폭도로 변해 고위층 인사 조제프 풀롱을 가로등에 매달아 죽였으며 그의 사위도 살해했다. 이런 사회적인 대혼란 속에서도 왕족과 귀족들은 여전히 호화롭고 사치스러운 삶을 살고 있었다.

8월 26일 국민의회는 '인간과 시민의 권리 선언Déclaration des droits de l'homme et du citoyen'을 발표했다. '프랑스 인권선언'이라는 명칭으로 더 많이 알려져 있으며, 모든 인간은 평등하다는 내용을 담고 있다. 유럽 최초의 인권선언으로, 미국 독립선언서에서 영향을 받아 작성되었다.

10월 5일 광장에 모인 파리 시민들은 루이 16세와 마리 앙투아네트 왕비를 내쫓기 위해 베르사유 행진을 결의했다. 이때 참가한 수천 명

1789년 7월 14일 파리 시민들이 무기를 약탈해 바스티유 감옥으로 몰려갔다.
흥분한 시민들은 소장과 간수 등을 죽인 뒤 이들의 머리를 창에 끼우고 거리를 행진했다.
이렇게 자유, 평등, 박애를 내세운 프랑스 혁명이 시작되었다.
H. 자냉H. Jannin, <1789년 7월 14일 바스티유 점령Estampe de la Prise de la Bastille
le 14 juillet 1789>, 비지유Vizille, 프랑스 혁명박물관Musée de la Révolution française.

중에서 생선장수, 빵장수, 장사꾼, 매춘 여성들 외에 스커트를 입은 남
자들도 일부 섞여 있었다. 폭도들은 베르사유 궁에 쳐들어가서 근위병
을 살해하고 약탈한 밀가루를 수레에 가득 싣고 궁을 빠져나왔다. 이
때 베르사유 궁은 폐허가 되어 버렸다. 이후 7월 혁명으로 왕위에 오른
루이 필리프 시기에 보수되어 현재 박물관으로 관람객을 맞고 있다. 한

국어 서비스가 되니 베르사유 궁을 관람할 때 참고하면 좋을 듯하다.

폭도들을 따라 파리로 온 왕실 가족은 튈르리 궁에 감금되었다. 1790년 2월 루이 16세는 국민의회에 입석했는데, 이때 국왕이 프랑스 국민들의 요구를 이해했다면 미국이 독립한 것처럼 자유민주주의가 탄생할 수 있었을 것이다.

국왕 부부와 비밀협상을 했던 오노레 미라보가 1791년 사망하자 왕실 가족은 위협을 느끼고 프랑스 탈출을 시도했다. 하지만 사전에 발각되어 국경 지역인 바렌에서 체포되었고, '인민의 적'이라는 죄명으로 파리로 압송되었다.

국민의회는 1791년 10월 새로운 헌법을 공포했고, 이에 따라 입법의회가 만들어졌다. 입법의회는 1792년 국민공회로 명칭이 바뀌었다. 국민공회는 부르봉 왕정을 폐지하고 공화제를 발표했다. 국민공회를 주도한 세력으로 지롱드파La Gironde, 산악파La Montagne, 평원파La Plaine가 있었다. 지롱드파는 온건한 입장으로 지롱드당에 속해 있었고, 산악파는 과격한 입장으로 자코뱅당에 속해 있었다. 이들 중간에 중도 세력인 평원파가 있었다. 특히 지롱드파는 입헌군주제를, 산악파는 시민과 적극적으로 소통할 수 있는 철저한 공화제를 원했다. 처음에는 지롱드파가 의회 주도권을 잡고 있었는데, 이들은 국왕 부부의 처형에 반대했다. 하지만 1793년 1월 루이 16세가, 10월 마리 앙투아네트 왕비가 처형되면서 주도권은 산악파에 넘어갔다. 당시 산악파의 중심 인물은 로베스피에르, 당통, 마라, 에베르였다.

막시밀리앙 드 로베스피에르Maximilien de Robespierre는 고아 출신으로 청렴결백한 변호사였지만 인간적인 결점이 많았다. 우울하지만 냉혹한

루이 16세가 처형되면서 의회 주도권은 온건한 지롱드파에서
급진적인 산악파로 넘어갔다. 이것이 공포정치의 시작이었다.
많은 지식인이 단두대에서 죽었는데, 심지어 공포정치를 한 로베스피에르도 마찬가지였다.
게오르크 하인리히 지베킹Georg Heinrich Sieveking, <루이 16세의 처형
Exécution de Louis XVI>, 1793년.

성격으로 프랑스 혁명을 주도한 세력을 좋아하지 않고 오직 자신만을
위해 살았다. 반면에 샹파뉴 지방의 농부 아들로 태어난 변호사 조르
주 당통Georges Jacques Danton은 얼굴은 못생겼지만 다정다감하고 쾌활
한 성격으로 대중들에게 인기가 많았다.

1793년 4월 당통의 주도로 공안위원회가 설립되었을 때 대외적인
상황은 복잡하게 바뀌어 갔다. 루이 16세의 처형을 지켜본 영국, 오스
트리아, 프로이센, 에스파냐, 포르투갈은 제1차 반프랑스 동맹을 결성

했다. 9월 영국 함대는 툴롱 항을 점령했고 왕당파는 감옥에 있는 루이 16세의 차남인 루이 17세를 추대했다. 영국군에 점령당한 툴롱 항은 1794년 봄 코르시카 출신 대위 나폴레옹의 활약으로 되찾을 수 있었다.

이 시기에 공안위원회가 주도한 공포정치La Terreur가 시작되었다. 반혁명분자를 색출하기 시작했는데, 혁명에 열의를 보이지 않은 사람, 퇴직 관리, 망명했던 사람, 혁명에 반대하는 말을 한 사람 등을 모두 '혁명의 적'으로 내몰아서 단두대로 보냈다.

단두대는 외과의사 앙투안 루이가 설계한 것으로, 1789년 국민의회에서 해부학 교수인 조제프 기요탱Joseph Ignace Guillotin의 제안으로 채택되었다. 이후 프랑스에서는 기요탱의 이름을 따서 단두대를 기요틴guillotine이라고 불렀다. 기요탱이 단두대에서 처형되었다는 설이 있는데, 이는 사실이 아니다.

중세 봉건 제도에서는 다양한 사형 방법이 있었는데, 목이 잘리는 형벌은 귀족에게만 적용되었다. 혁명정부가 찾아낸 평등한 사형 방법이 바로 단두대였던 것이다. 단두대는 '국민의 면도날'이라고 불렸으며 칼날 무게는 수십 kg이었다. 루이 16세는 반달 모양 칼날을 삼각형으로 바꾸도록 제안했다고 하는데, 자신이 단두대에서 처형될 줄은 꿈에도 몰랐을 것이다. 공포정치 시기 파리에서 약 2,800명, 지방에서 약 14,000명이 처형되었는데, 유능하고 우수한 인재가 많았다. 단두대는 1792년부터 쓰이기 시작해 1977년까지 사용되었으며 1981년 사형제가 폐지되면서 박물관 유물이 되었다.

산악파가 중심이던 자코뱅당 내부에서도 분열이 일어나서 에베르를 중심으로 좌파, 당통을 중심으로 우파로 나누어졌다. 1794년 3월 로베스피에르는 공포정치에 반대한 에베르를 먼저 제거하고 당통은 뇌물 수수와 반역 혐의로 처형했다. 반대파를 모두 제거한 로베스피에르는 7월 26일 국민공회에 나타나 의원 중 음모를 꾸미고 있는 자가 있다고 말했다. 7월 27일 로베스피에르의 공포정치를 더는 두고 볼 수 없었던 의원들이 로베스피에르를 체포하고 말았다. 이 쿠데타로 공포정치의 중심 인물인 로베스피에르가 처형되었는데, 이를 테르미도르 반동 Réaction thermidorienne이라고 한다.

테르미도르 반동 이후 1795년 8월 국민공회는 신헌법을 통과시켰다. 헌법에 따라 폴 바라스Paul Barras를 중심으로 다섯 명의 총재정부를 발족시켰다. 바라스는 반란을 평정할 지휘관으로 툴롱 항에서 큰 역할을 한 나폴레옹을 임명했다. 또한 그에게 자신의 정부였던 매력적인 조제핀 드 보아르네Joséphine de Beauharnais도 소개해 주었다. 프랑스 혁명이 일어나지 않았다면 나폴레옹은 코르시카 섬 시골 출신 군인으로 일생을 마쳤을 것이다. 나라가 혼란해지면 국민들은 사회적 안정을 가져다줄 영웅을 찾기 마련이기 때문이다.

영웅 나폴레옹이 등장하다
〈알프스 산을 넘는 나폴레옹〉

프랑스 황제 나폴레옹 보나파르트Napoléon Bonaparte에 대한 평가는 엇갈린다. 제정을 실시하고 황제 자리에 올라 혁명을 후퇴시키고 유럽을 전쟁의 공포로 몰아넣었다는 점에서 비판을 받지만, 프랑스 영토를 넓히고 유럽 전역에 혁명 정신을 전파했다는 점에서 높은 평가를 받기도 한다.

　역사적 평가뿐 아니라 전해지는 개인적 일화도 나폴레옹의 양면성을 잘 보여 준다. 신고전주의 화가 자크루이 다비드의 〈알프스 산을 넘는 나폴레옹 Napoleon Crossing the Alps〉은 1800년 이탈리아 원정 때 나폴레옹이 알프스 산을 넘은 유명한 일화를 묘사한 것이다. 바위에는 알프스 산을 넘었던 역사적 인물들인 한니발과 카롤루스 대제의 이름이 새겨져 있다. 비슷한 작품이

프랑스 황제 나폴레옹은 영토를 넓히고 유럽 전역에 혁명 정신을 전파시킨 영웅이었다.
동시에 제정을 실시해 혁명을 후퇴시키고 유럽을 공포로 몰아넣은 전쟁광이기도 했다.
이 그림은 1800년 이탈리아 원정 때 나폴레옹이 군사를 이끌고 알프스 산을 넘은
유명한 일화를 묘사하고 있다. 바위에는 알프스 산을 넘었던 역사적 인물들인
한니발과 카롤루스 대제의 이름이 새겨져 있다.
자크루이 다비드, 〈알프스 산을 넘는 나폴레옹〉, 1800년, 캔버스에 유채, 259×221cm,
오드센Hauts-de-Seine, 말메종 성Château de Malmaison.

다섯 점 그려졌는데, 첫 작품은 첫 부인 조제핀과 살던 말메종 성에 있다.

다비드가 그린 나폴레옹은 백마 위에서 휘몰아치는 바람을 뚫고 진격하는 영웅의 모습이다. 하지만 실제 상황은 폴 들라로슈Paul Delaroche의 그림에 가까웠다고 한다. 나폴레옹은 백마가 아닌 노새를 타고 추위에 떨면서 현지인의 길 안내를 받으며 알프스 산을 넘었다.

나폴레옹 보나파르트는 루이 15세 때 프랑스 영토가 된 코르시카 Corsica 섬 출신이다. 영리했던 나폴레옹은 10세에 유년사관학교에 입학했고 우수한 성적으로 졸업했다. 파리 사관학교에 입학해서 공부하던 중 변호사 아버지가 돌아가시자 어쩔 수 없이 사관학교를 포기하고, 육군에 들어가 포병 소위가 되었다. 이 시기 나폴레옹은 누구보다도 많은 시간을 독서를 하면서 보냈다. 특히 루소를 비롯한 계몽 사상가들이나 『플루타르코스 영웅전』을 즐겨 읽었다. 나폴레옹이 닮고 싶은 인물은 마케도니아의 알렉산드로스 대왕, 카르타고의 한니발 장군, 프랑크 제국의 카롤루스 대제였다. 나폴레옹의 마음을 잘 알았던 화가 다비드는 나폴레옹을 그릴 때 바위에 한니발과 카롤루스 이름을 새겨 넣었던 것이다.

나폴레옹은 1795년 왕당파가 일으킨 방데미에르 반란을 진압했고 폴 바라스에게 인정받게 되었다. 1796년 전남편과의 사이에서 1남 1녀를 둔 조제핀 드 보아르네와 결혼했으며 이탈리아 원정을 떠나 큰 성과를 거두었다. 총재정부는 툴롱 전투와 이탈리아 원정으로 인기가 급상승하고 있던 나폴레옹을 견제하기 시작했다. 일단 나폴레옹을 프랑스에서 먼 아프리카 땅인 이집트로 보내기로 했다. 총재정부의 속셈을

다비드의 그림과 다르게 이 그림에 등장한 나폴레옹의 모습은 초라하기 그지없다.
노새를 타고 추위에 떨면서 현지인의 안내를 받고 있다. 실제는 이 그림에 가까웠다고 한다.
폴 들라로슈, <알프스 산을 넘는 나폴레옹>, 1850년,
캔버스에 유채, 279.4×214.5cm, 파리, 루브르 박물관.

눈치챈 나폴레옹은 이번 기회에 자신의 능력을 확실히 보여 주기로 했다. 1798년 5월 군대와 167명의 학자들을 데리고 이집트 원정을 떠났다. 2개월 후 알렉산드리아에 도착한 나폴레옹은 피라미드 전투에서 큰 승리를 거두었다.

그해 7월 영국의 넬슨 제독이 아부키르에 있던 프랑스 해군을 전멸시키자 나폴레옹 군대는 고립되었다. 이집트 원정이 원하는 방향으로 되지 않자 나폴레옹은 부하인 클레베르에게 군대를 맡기고 프랑스로 먼저 돌아왔다. 프랑스에서 개선장군처럼 행동했지만 사실 이집트에 남겨진 나폴레옹 군대는 알렉산드리아 전투에서 영국군에 패했다. 이때 이집트에서 발굴한 〈로제타석〉 등 이집트 유물들을 영국군에게 빼앗겼다. 1799년 나폴레옹은 쿠데타를 일으키고 에마뉘엘 시에예스, 피에르 로제 뒤코와 함께 통령이 되었다. 이들 중 우리가 기억하는 사람은 오직 나폴레옹뿐이다.

통령에 취임한 나폴레옹은 거처를 튈르리 궁에 정했는데 이때 이미 황제를 꿈꾸고 있었던 것으로 보인다. 전투 승리로 프랑스 우상이 된 나폴레옹 장군은 1802년 국민투표로 종신 통령에 올랐다.

이 시기에 프랑스는 미국과 중요한 거래를 했는데, 이 거래로 미국 영토는 크게 확장되었다. 시작은 미국 대사 제임스 먼로가 뉴올리언스 시의 통상권을 요구하기 위해 프랑스를 방문한 일이었다. 소식을 들은 나폴레옹은 전쟁 자금을 마련하기 위해 루이지애나를 미국에 팔 생각을 하게 되었다. 나폴레옹의 파격적인 제안을 들은 미국 대사는 당시 대통령인 토머스 제퍼슨에게 이 사실을 알렸다. 소식을 들은 제퍼슨은 즉시 매입을 결정했다. 1803년 4월 루이지애나는 겨우 1,500만 달러에

1804년 나폴레옹은 국민투표를 통해 황제 자리에 올랐다.
대관식은 전통적으로 사용되던 장소인 랭스 대성당이 아닌 노트르담 대성당에서 진행했다.
이는 자신이 과거의 부패했던 왕들과는 다른 황제임을 보여 주려는 의도였다.
심지어 나폴레옹은 교황의 손에서 관을 빼앗아 직접 머리에 쓰기까지 했는데,
황제의 권위가 교회보다 위에 있음을 나타내는 행위였다.
자크루이 다비드, <나폴레옹 대관식Le Sacre de Napoléon>, 1805~1807년,
캔버스에 유채, 621×979cm, 파리, 루브르 박물관.

미국에 넘어갔는데, 이로써 미국 영토는 2배로 늘어났다. 루이지애나
를 성공적으로 매입한 대사 제임스 먼로는 1816년과 1820년 두 차례
미국 대통령에 당선되었다.

　1804년 12월 2일 나폴레옹은 국민투표를 통해 나폴레옹 1세로 황제
에 올랐다. 대관식은 노트르담 대성당에서 거행되었다. 프랑스 왕은 전

통적으로 랭스 대성당에서 대관식을 하는데, 나폴레옹의 외무대신 탈레랑이 노트르담 대성당에서 할 것을 제안했다. 이는 나폴레옹이 과거의 부패했던 왕들과는 다른 새로운 황제임을 보여 주려는 의도였다.

프랑스인들은 구제도를 없애기 위해 혁명을 일으키고 루이 16세를 처형했지만, 다시 세습 군주를 받아들였다. 식량과 세금 문제만 잘 해결된다면 혼란스러운 공화제보다는 안정적인 세습 군주제를 더 바랐던 것이다. 나폴레옹이라면 프랑스 국민을 결코 실망시키지 않으리라는 믿음도 있었을 것이다.

나폴레옹 1세는 프랑크 제국의 카롤루스 대제처럼 되고 싶은 마음에 옛 수도였던 아헨에 자주 머물렀으며, 자신의 형제들에게 프랑크 제국 땅을 다스리게 했다. 형 조제프는 이탈리아, 조제핀의 딸 오르탕스와 결혼한 동생 루이 보나파르트는 네덜란드를 통치했다. 막내동생 제롬은 부인과 이혼시키고 베스트팔렌 국왕으로 책봉했다.

나폴레옹 1세는 프랑스 혁명 정신을 전파한다는 구실 아래 전 유럽을 지배하기 위한 정복 전쟁을 계속했다. 그는 로마 황제처럼 영국을 정복하고 싶었지만 영국 해군은 너무 강했다. 1805년 트라팔가르 해전에서 넬슨 제독에게 패하고 난 뒤 영국 정복을 포기해야 했다. 러시아·오스트리아 연합군과 벌인 전투에서는 크게 이겼으며, 1806년 프로이센 군대를 무찌르고 베를린에 입성했다. 또한 신성로마제국을 라인 연방Rheinbund으로 해체시키면서 역사 속으로 사라지게 했다.

1808년 에스파냐를 침공한 나폴레옹 1세는 성직자의 지배에 시달리는 에스파냐 국민이 자신을 환영해 줄 것이라고 착각하고 있었다. 에스파냐 민족이 강한 애국심을 가지고 있다는 사실을 몰랐던 것이다.

나폴레옹은 에스파냐를 침공하면서 성직자의 지배에 시달리던 에스파냐 국민이
자신을 환영해 줄 것이라고 생각했다. 하지만 애국심 강한 에스파냐인들은 거세게 저항했다.
프랑스 병사 150여 명이 죽자, 나폴레옹은 보복으로 수천 명의 에스파냐 민간인을 살해했다.
프란시스코 데 고야, <1808년 5월 3일 마드리드>, 1814년, 캔버스에 유채, 260×340cm,
마드리드, 프라도 미술관.

1808년 5월 2일 에스파냐와의 교전 끝에 프랑스 병사가 150여 명 사
망했다. 나폴레옹 군대는 보복으로 수천 명의 에스파냐 민간인들을 잔
인하게 살해했다. 에스파냐 화가 프란시스코 데 고야Francisco de Goya는
<1808년 5월 3일 마드리드El 3 de mayo de 1808 en Madrid>를 통해 나폴레
옹 군대의 잔인함을 세상에 알렸다.

나폴레옹은 제정을 안정시키기 위해 조제핀 왕비와 이혼하고
오스트리아 황녀 마리루이즈와 정략결혼을 했다.
두 번째 왕비가 된 마리는 나폴레옹에게 왕자를 안겨 주었다.
조르주 루제Georges Rouget, <1810년 4월 2일 나폴레옹과
마리루이즈의 결혼Mariage de Napoleon 1er et de Marie-Louise. 2 Avril 1810>,
1810년, 캔버스에 유채, 185×182cm, 베르사유 궁.

판단력을 상실한 나폴레옹 1세는 형 조제프를 에스파냐 왕에 앉히고 에스파냐와 싸웠지만 끝내 항복을 받아내지 못했다. 6년간의 이 전쟁을 에스파냐 독립전쟁(1808~1814, 반도전쟁이라고도 한다)이라고 한다. 호세 1세로 에스파냐 왕위에 올랐던 조제프는 결국 폐위되었다.

나폴레옹 1세의 뜻대로 되지 않은 건 에스파냐만이 아니었다. 영국을 견제하기 위해 러시아와 동맹하기를 원했지만 두 나라의 관계는 오히려 악화되었다. 정략결혼이 필요하다고 생각한 나폴레옹은 1810년 왕비 조제핀과 정식 이혼했다. 나폴레옹은 조제핀에게 말메종 성과 생활비로 매년 300만 프랑을 주기로 약속했다. 1810년 4월 오스트리아 황제 프란츠 2세의 딸인 19세 마리루이즈Marie-Louise와 결혼했는데, 그녀는 루이 16세 왕비인 마리 앙투아네트 오빠의 손녀였다.

1년 뒤 왕비는 '로마 왕'이라고 불리는 아들 나폴레옹 2세를 남편에게 안겨 주었다. 당시 42세였던 나폴레옹은 후계자를 얻은 행복함에 빠져 제국이 몰락해 가는 것도 알지 못했다. 오스트리아 빈에 있는 호프부르크 왕궁Hofburg 보물관에 가면 파리 시민들이 선물했다고 하는 나폴레옹 2세의 요람을 볼 수 있다. 은 280kg으로 만들었다고 한다.

나폴레옹의 몰락은 러시아 원정에서 시작되었다. 나폴레옹은 트라팔가르 해전에서 영국군에게 패하자 그 보복으로 유럽 국가들과 영국의 무역을 막는 대륙봉쇄령을 1806년부터 실시했다. 초기에는 협조적이었던 러시아가 1810년 대륙봉쇄령을 어기고 영국과 무역을 재개했다. 러시아의 배신에 분노한 나폴레옹은 1812년 6월 60만 명의 대군을 이끌고 러시아로 쳐들어갔다. 모스크바에 들어가기만 하면 전쟁이 쉽게 끝날 것이라고 예상했지만, 영하 40도까지 내려가는 러시아의 겨울

나폴레옹 2세의 요람으로, 오스트리아 빈의 호프부르크 왕궁 보물관에 전시되어 있다.
나폴레옹 2세는 아버지 나폴레옹 1세가 42세 때 얻은 귀한 아들이었다.
하지만 아버지가 몰락한 뒤 21세의 젊은 나이로 세상을 떠났다. ⓒ 릴리스

날씨에 대해서는 고민하지 않았다. 나폴레옹 군대가 모스크바에 도착했을 때 도시는 텅 비어 있었다. 자신들이 무서워 다 도망갔다고 생각한 나폴레옹은 러시아 황제 알렉산드르 1세에게 평화협정을 제의했다. 하지만 알렉산드르 1세는 아무런 대답을 하지 않았다. 가을이 가고 추운 겨울이 찾아왔다. 용맹스러웠던 나폴레옹 군대는 심한 굶주림과 살인적인 추위를 견디지 못하고 쓰러져 갔다. 10월 19일 나폴레옹은 러시아에서 철수하기 시작했다. 프랑스로 살아 돌아온 자들은 60만 대군 중 3만~4만 명에 불과했다고 한다. 러시아가 후퇴하는 프랑스군을 뒤쫓아 바르샤바 공국을 침입하자, 프로이센이 러시아와 손을 잡았다. 이

베리아 반도에서는 영국, 에스파냐, 포르투갈 연합군이 대프랑스 동맹에 합류했다. 처음에는 나폴레옹의 장인 나라인 오스트리아가 중립을 취했으나 곧 프랑스와 전쟁을 선포했다.

1813년 가을 대프랑스 동맹과 싸웠던 라이프치히 전투에서 나폴레옹의 불패 신화는 무너져 버렸다. 이후 나폴레옹은 끊임없이 전투를 했지만 모두 실패하고 2개월 만에 40만 명의 프랑스 병사가 사망했다. 1814년 4월 퇴위식을 하고 자신의 군대와 작별한 나폴레옹은 엘바Elba 섬으로 유배를 떠났다. 마리루이즈 왕비는 황제가 떠나자 아들 (나폴레옹 2세)을 데리고 아버지 프란츠 2세가 있는 친정으로 돌아갔다. 엘바 섬의 황제로 살게 된 나폴레옹은 올리브와 뽕나무를 가꾸며 13,000명의 주민을 다스렸다. 마리루이즈 왕비와 아들이 찾아오기를 간절하게 기다렸다. 하지만 그를 만나러 온 이는 백작부인 마리아 발레프스카Maria Walewska와 나폴레옹의 아들 알렉상드르 콜로나 발레프스키Alexandre Colonna-Walewski였다. 폴란드 독립을 위해 나폴레옹에게 바쳐진 발레프스카는 남편이 사망하자 나폴레옹과 살려고 왔던 것이다. 나폴레옹에게 단호하게 거절당한 뒤 오르나노 백작과 재혼했다가 사망했다. 나폴레옹의 서자인 콜로나 발레프스키는 이후 나폴레옹 3세의 외무장관이 되었다.

오스트리아로 돌아간 왕비 마리루이즈는 예전 애인이었던 이페르크 백작의 아이를 출산한 뒤 그와 재혼했다. 나폴레옹 2세는 프란츠 2세의 보호 아래 오스트리아에서 성장했다. 마리루이즈 왕비를 닮아서 큰 키에 잘생긴 얼굴에다 똑똑하기까지 했다고 한다. 합스부르크 가문의 사랑을 받았던 그는 1832년 21세의 젊은 나이에 폐결핵으로 사망했다.

나폴레옹 2세는 결혼하지 않아서 자녀를 두지 않았다.

엘바 섬에서 일상을 보내던 나폴레옹은 사랑하던 조제핀이 말메종에서 사망했다는 소식을 듣고 많이 슬퍼했다. 1815년 2월 감시의 눈을 피해 엘바 섬을 탈출하고 파리로 돌아왔는데 이 소식에 놀란 루이 18세와 대신들은 벨기에 헨트로 망명했다.

6만 명의 병사를 모은 나폴레옹은 영국과 프로이센 연합군과의 전투를 치르기 위해 벨기에 워털루로 갔다. 1815년 6월 나폴레옹 군대는 영국 웰링턴 장군의 군대와 프로이센 연합군을 맞아 끝까지 싸웠지만 패배하고 말았다. 항복한 나폴레옹은 영국의 섭정공(훗날 조지 4세)에게 편지를 보내 영국에서 살고 싶다고 했지만 나폴레옹이 유배 간 곳은 대서양에 있는 세인트 헬레나Saint Helena 섬이었다. 이곳은 영국령으로 육지와 1,200km나 떨어진 곳에 위치한 외딴 섬이다. 절망감에 빠진 나폴레옹은 과거를 회상하면서 시간을 보내다가 1821년 5월 5일 52세 나이로 사망했다. 사망 원인은 가족력인 위암이라고 한다.

2017년 요하네스버그 공항을 출발해 세인트 헬레나 섬으로 가는 민간 항공기가 첫 취항을 했다. 그전에는 비싼 배 운임을 내고 5일 동안 가야 도착할 수 있었다. 세인트 헬레나 섬은 나폴레옹 유배지라고만 알려져 있지만 문명화된 섬이라고 한다. 이곳에 가면 나폴레옹이 유배 기간에 살았던 축사를 개조한 롱우드 하우스를 볼 수 있다.

1840년 루이 필리프 왕 시기에 영국의 허락을 얻어 나폴레옹 유골은 프랑스로 돌아왔으며, 파리 센 강 근처의 앵발리드에 안치되었다.

나폴레옹의 업적 중 하나는 1804년 세계 3대 법전 중 하나인 『나폴레옹 법전』을 편찬한 것이다. 법전의 주요 내용은 신분의 특권 없이 모

나폴레옹이 세인트 헬레나 섬에서 유배 생활을 할 때 지내던 롱우드 하우스다.
현재는 프랑스 정부에서 운영하는 박물관으로 사용되고 있다.

든 국민은 평등하며 사유재산권을 가진다는 것이다.『나폴레옹 법전』
은 유럽 여러 나라 법전의 교본이 되었다.

나폴레옹은 세금 제도를 개선하여 농민이 내는 세금을 1/4가량 줄
였지만 국가 수입은 오히려 두 배로 늘렸다. 수많은 공공 교육기관을
세워 문학과 과학 교육을 크게 장려했다. 1801년에는 교황과 협약해 프
랑스 내 가톨릭교도 외에 유대인이나 개신교도들에게도 신앙의 자유
와 프랑스 시민권을 주었다.

나폴레옹의 업적 중 가장 중요한 것은 무정부 상태에 빠진 프랑스
국민을 구출했으며 프랑스 명예를 되찾아 주었다는 점이다. 그럼에도
프랑스 혁명 정신을 전파한다는 명분 아래 많은 사람들을 희생시킨 것
또한 반드시 기억해야 한다.

민족주의가 탄생하고
이탈리아와 독일이 통일되다
〈밀라노의 5일〉

1848년 1월 1일 밀라노 시민들은 자신들을 지배하고 있던 오스트리아 정부에 반대하여 제품 불매운동을 벌였다. 이틀 뒤인 1월 3일 거리에서 시민과 오스트리아군 사이의 혈투가 벌어졌다. 3월 18일 밀라노 시민들은 다시 일어났고, 이는 결국 이탈리아 독립전쟁과 통일운동으로 이어졌다.

이탈리아 반도에서는 고대의 프랑크 왕국을 거쳐 중세에는 여러 도시국가들이 번성했다. 이런 현상은 근대까지 이어졌다. 일찍 통일국가를 이룬 주변 나라들은 분열된 이탈리아를 자주 침범했는데, 대표적인 나라가 프랑스였다. 1815년 나폴레옹이 실각하면서 지배국은 프랑스에서 오스트리아로 바뀌었다. 오스트리아 지배를 받던 이탈리아인들이 1848년 마침내 독립운동을 시작한 것이다.

1848년 3월 18~22일의 5일간 밀라노에서 일어난 폭동으로 오스트리아군이 쫓겨났다.
이탈리아인이 외세를 내쫓은 이 사건 이후로 이탈리아 독립전쟁과 통일운동이 시작되었다.
발다사레 베라치Baldassare Verazzi, 〈밀라노의 5일Episodio delle Cinque giornate di Milano〉,
1886년 이전, 밀라노, 이탈리아 통일운동 박물관Museo del Risorgimento.

476년 이탈리아 반도에서는 게르만족 출신의 용병 대장 오도아케르가 서로마 제국을 멸망시키고 독립 왕국을 건설했다. 이후 게르만족 중 하나인 프랑크족이 라인 강 유역에서 살다가 훈족의 침입으로 이동했는데, 이때 일부가 이탈리아로 들어왔다. 481년 클로비스가 프랑크족을 통일하고 오늘날의 프랑스, 독일, 이탈리아 지역에 걸친 프랑크 왕국을 수립했다. 프랑크 왕국은 발전하다가 카롤루스 대제가 사망하고 나서 동, 서, 중 프랑크로 분열되었는데, 이탈리아 지역을 차지한 왕국이 중 프랑크였다. 10세기 초에 중 프랑크 왕국이 쇠퇴하면서 이 지역은 동 프랑크의 작센 왕조에게 지배당했다. 이후 이탈리아 반도에서는 지방 영주가 다스리는 도시국가가 나타나기 시작했고, 무역 활동을 기반으로 하는 해상공화국이 발전하기 시작했다. 대표적인 해상공화국은 제노바, 베네치아, 그리고 후발 주자인 피렌체였다.

로마 제국 시기부터 해상무역으로 발전한 도시였던 제노바는 1005년 독립된 제노바 공화국Repúbrica de Zêna이 되었다. 1097년 봄 제1차 십자군 원정 때 제노바 함대가 보급품과 병력 수송을 전담하게 되면서 발전하기 시작했다. 제노바 공화국은 1453년 콘스탄티노플이 함락되면서부터 쇠퇴하기 시작했으며 1475년에 이르자 무역 거점을 거의 빼앗기고 말았다.

제노바 공화국의 경쟁 상대는 베네치아 공화국Respùblica de Venexia이었다. 베네치아 공화국은 십자군 원정을 통해 지중해 해상권을 장악하면서 15~16세기에는 이탈리아에서 가장 부유한 국가가 되었다.

피렌체 공화국Repubblica Fiorentina은 1115년에 세워졌다. 피렌체를 다스린 것은 메디치 가문으로 조반니 디 비치 데 메디치는 은행업으로 많은 재산을 모았고 아들 코시모 데 메디치에게 엄청난 부와 권력을 물려주었다. 코시모 데 메디치의 손자인 로렌초 데 메디치 때 전성기를 누렸다. 코시모와 손자인 로렌초는 르네상스 예술가를 후원한 것으로 유명하다. 교황 클레멘스 7세의 사생아인 알렉산드로 데 메디치가 1532년 신성로마제국 황제 카를 5세에게 작위를 받은 이후에 피렌체는 공화정에서 공국이 되었다.

이탈리아 해상공화국은 신성로마제국 황제 프리드리히 1세의 6차례 이탈리아 원정(1154~1183)으로 흔들리기 시작했다. 이때 밀라노가 정복되었다. 1395년 신성로마제국 황제가 비스콘티Visconti 가문에 공작 직위를 수여하면서 밀라노 공국이 성립되었다.

1447년 비스콘티 가문 공작이 후계자 없이 사망하자 밀라노 정부는 공화정을 선포했다. 이에 밀라노 수비를 맡았던 용병 대장 프란체스코 스포르차Francesco I Sforza가 쿠데타를 일으켰다. 이로써 밀라노는 스포르차 가문의 통치를 받았다. 프란체스코는 비스콘티 가문의 비앙카 마리아 비스콘티와 정략결혼하여 스포르차 가문의 통치를 합법화했다.

밀라노 공작에 오른 루도비코 스포르차Ludovico Sforza는 예술을 장려한 인물로 알려져 있다. 건축가 브라만테와 레오나르도 다 빈치를 초청하여 스포르차 성을 르네상스식으로 재건축하기도 했다. 루도비코는 프랑스 왕 루이 12세가 밀라노를 침입했을 때 탈출을 시도하다가 프랑스군에 잡혔으며 성에 감금되었다가 사망했다.

스포르차 통치 시기에 밀라노 공국은 베네치아 공화국과 전쟁을 치렀다. 이를 롬바르디아 전쟁Guerre di Lombardia(1423~1454)이라고 한다. 이탈리아 도시국가들은 신성로마제국에 대항하기 위해 롬바르디아 동

신성로마제국 황제 프리드리히 1세는 이탈리아 원정을 6차례나 떠났다.
당시 이탈리아에는 제노바, 베네치아, 피렌체 등 여러 도시국가들이 번성하고 있었다.
이들은 프리드리히 1세의 침입을 막기 위해 롬바르디아 동맹을 결성했다.
<프리드리히 1세와 아들들 Frederic I Barbarossa and his sons King Henry VI and
Duke Frederick VI>, 1179~1191년, 『겔프파 연대기 Welfenchronik』에 실린 삽화.

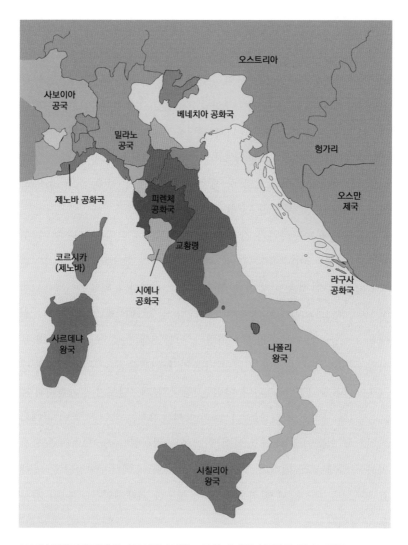

1494년 이탈리아 전쟁 초기의 이탈리아 반도 상황. 베네치아 공화국, 밀라노 공국,
피렌체 공화국, 교황령, 나폴리 왕국 등 여러 도시국가로 나누어져 있다.
이런 상황은 이미 통일국가를 이루고 있던 주변국들,
특히 프랑스의 침입에 효과적으로 대응하기 어렵게 했다.

맹Lega Lombarda을 결성했는데, 시간이 지나자 동맹국들은 이탈리아 북부를 두고 경쟁하는 사이가 되었던 것이다. 영토를 넓히고 싶은 밀라노와 이를 저지하려는 베네치아와 피렌체는 네 차례나 전쟁을 치렀다. 롬바르디아 전쟁은 1454년 로디 조약Treaty of Lodi으로 마무리되었다. 이로써 이탈리아 반도에서 5개 국가가 세력을 나눠 가지게 되었다. 가장 강력한 세력을 가진 베네치아 공화국, 신성로마제국의 영향을 받는 밀라노 공국, 피렌체 공화국, 교황령, 에스파냐의 영향을 받는 나폴리 왕국이 핵심 세력으로 부상한 것이다.

이탈리아에 5개 국가가 각각 번성하고 있을 때 프랑스, 에스파냐, 포르투갈, 영국은 이미 통일국가를 이루고 있었다. 통일국가들은 자연환경이 좋고 문화적으로 발전한 이탈리아를 지배하기 위해 이탈리아 전쟁(1494~1559)을 60여 년에 걸쳐 8차례나 일으켰다. 제1차 이탈리아 전쟁은 프랑스 왕 샤를 8세가 시작했다. 샤를 8세는 예전에 프랑스 발루아앙주 왕가가 소유하고 있었던 나폴리 왕위계승권을 주장했는데, 당시 나폴리 왕국은 에스파냐 아라곤 왕국의 페르난도 1세(나폴리의 페르난도 1세)가 다스리고 있었다. 1494년 샤를 8세는 프랑스 국민 군대와 스위스 직업군인을 데리고 와서 피렌체를 점령했다. 당시 피렌체를 통치하던 피에로 데 메디치Piero de' Medici(로렌초 데 메디치의 장남)는 제대로 싸워 보지도 않고 항복해 버렸다. 분노한 피렌체인은 메디치 가문을 추방했다.

지도자가 없는 상태에서 수도사 사보나롤라Girolamo Savonarola가 등장해 종교적 신념에 따른 급진적인 신정정치를 펼치기 시작했다. 사보나롤라는 4년간의 정치적 지배 끝에 교황 알렉산데르 6세에게 파문당하고 화형에 처해졌지만, 피렌체의 혼란은 쉽게 수습되지 않았다. 1512년 로렌초 데 메디치의 차남인 추기경 조반니 데 메디치Giovanni di Lorenzo de' Medici(훗날 교황 레오 10세)가 교황령 군대를 동원해 피렌체를 함락했고 자기 가문인 메디치 가문을 복귀시켰다. 1513년부터 피렌체 공화국은 무능한 통치자 피에로와 조반니 추기경의 동생인 줄리아노 데 메디치Giuliano di Lorenzo de' Medici에게 맡겨졌다. 3년 후 동생 줄리아노가 사망하고, 권력은 조카 로렌초 2세 데 메디치Lorenzo II di Piero de' Medici에게 넘어갔다. 이 시기에 마키아벨리는 『군주론Il Principe』을 써서 로렌초 2세에게 바쳤다. 마키아벨리는 이탈리아가 외세의 침입에서 벗어나려면 통일국가를 이루어야 한다고 주장하면서 통일을 이룰 인물은 메디치 가문의 군주라고 생각했던 것이다.

프랑스 왕 샤를 8세가 나폴리 왕에 오르자 교황 알렉산데르 6세는 베네치아 공화국, 밀라노 공국, 피렌체 공화국을 비롯해 에스파냐, 신성로마제국과 동맹을 맺고 샤를 8세 군대를 공격했다. 연합군에 패배한 프랑스는 돌아갔으며 페르디난도 2세가 나폴리 왕을 계승했다.

샤를 8세가 후계자 없이 사망하자 프랑스 왕위를 계승한 루이 12세는 이탈리아 원정을 계획했다. 이것이 제2차 이탈리아 전쟁이다. 루이 12세는 원정을 떠나기 전에 에스파냐의 동의를 얻고 교황 알렉산데르 6세의 사생아인 체사레 보르자Cesare Borgia에게 발랑스 공작을 하사해서 교황의 환심을 샀다.

교황 알렉산데르 6세는 교황 율리우스 2세, 교황 레오 10세와 더불어 타락한 교황에 속하는 인물이었다. 1431년 에스파냐 귀족 보르자 가문에서 태어났으며, 20대 중반에 추기경이 되었고 1년 뒤 주교가 되

체사레 보르자는 교황 알렉산데르 6세의 사생아로, 아버지의 후원으로
교황 군대 총사령관과 로마냐의 지배자가 되었다. 목적을 위해서라면 수단과 방법을
가리지 않던 잔혹한 인물로, 마키아벨리가 『군주론』을 쓸 때 모델로 삼기도 했다.
작가 미상, <체사레 보르자>, 1500년대, 베네치아, 베네치아 궁전 국립박물관
Museo Nazionale del Palazzo Venezia.

었다. 젊은 시절 성직자 신분이었지만 여러 정부들을 두었다. 체사레 보르자는 정부 중 하나인 반노차 카타네이의 둘째 아들이었다. 체사레 는 16세 나이에 대주교가 되었으며 아버지가 교황이 되자 추기경에 임 명되었다. 형이었던 후안이 사망하자 추기경직을 사임하고 교황 군대의 총사령관이 되었다. 이탈리아 여러 지역을 침입했고, 로마냐 지역을 다 스리기도 했다. 마키아벨리가 『군주론』을 집필할 당시에 모델로 삼은 이가 바로 체사레로, 목적을 위해서라면 수단과 방법을 가리지 않던 잔혹한 인물이었다.

교황과 그의 사생아 체사레의 호감을 얻은 루이 12세는 1499년 밀 라노를 정복했다. 다음은 에스파냐와 손잡고 나폴리를 점령했다. 하지 만 나폴리 왕국의 분할 과정에서 의견 차이를 보였던 에스파냐와 충 돌했고, 에스파냐의 강력한 군대에 패배했다. 1504년 루이 12세는 나 폴리 왕국에서 군대를 철수하고 프랑스로 돌아갔다.

이 시기에 교황 알렉산데르 6세와 체사레가 열병에 걸렸는데, 72세 노인이던 교황은 사망하고 체사레는 살아남았다. 1503년 교황이 사망 하자 체사레는 군대로 바티칸을 포위하고 교황 선거를 장악해서 비오 3세를 교황에 올렸다. 하지만 비오 3세는 한 달 만에 하느님의 부르심 을 받아서 세상을 떠났다. 새 교황이 된 율리우스 2세Julius II는 1년 뒤 체사레를 에스파냐로 추방했다. 체사레는 에스파냐에서 반란을 진압 하다가 32세 나이로 사망했다.

교황 율리우스 2세는 이탈리아에서 가장 강력한 힘을 가지고 있던 베네치아를 견제하기 시작했다. 1508년 12월 베네치아에 대항하기 위 해 프랑스 루이 12세와 신성로마제국 막시밀리안 1세를 비롯해 여러 나라와 연합하여 캉브레 동맹Lega di Cambrai을 맺었다. 이것이 제3차 이탈리아 전쟁(또는 캉브레 동맹 전쟁)의 시작이었다. 연합군의 승리로 베네치아는 크게 약화되었다.

이후 이탈리아에서 세력을 키우던 프랑스가 신경 쓰였던 율리우스 2세는 1511년 베네치아, 에스파냐 아라곤 왕조의 페르난도 2세와 신성 동맹Holy League을 결성했다. 여기에 신성로마제국 막시밀리안 1세와 잉글랜드의 헨리 8세도 가담했다. 1513년 율리우스 2세는 자신이 원하던 대로 프랑스 세력을 몰아내는 데 성공했다.

이탈리아 완전 정복의 꿈을 이루지 못하고 사망한 샤를 8세와 루이 12세에 이어서 이번에는 프랑수아 1세François I가 1515년 이탈리아로 쳐들어왔다. 베네치아와 연합해 밀라노를 공격한 프랑수아 1세는 3년 만에 밀라노를 되찾는 데 성공했다. 1513년 교황이 된 레오 10세Leo X는 밀라노를 수복하는 데에는 통 관심이 없었다. 1516년 누아용Noyon에서 교황 레오 10세의 제안으로 에스파냐의 카를로스 1세와 프랑스의 프랑수아 1세가 평화조약을 체결했다. 누아용 조약의 주요 내용은 에스파냐는 나폴리 왕국과 시칠리아 왕국을 가지며, 프랑스는 밀라노를 차지한다는 것이었다.

신성로마제국의 막시밀리안 1세가 죽자 에스파냐의 카를로스 1세가 1519년 신성로마제국 황제 카를 5세로 즉위하면서 누아용 조약은 유명무실하게 되었다. 당시 카를 5세(에스파냐에서는 카를로스 1세)가 다스린 지역은 에스파냐, 신성로마제국뿐 아니라 나폴리, 시칠리아, 베네룩스 저지대 등 유럽 역사상 가장 넓었다. 카를 5세의 광활한 영토에 둘러싸인 프랑스 군주 프랑수아 1세는 전쟁을 통해 위기감을 해소하려

1527년 로마 약탈은 신성로마제국의 카를 5세 군대가 로마를 파괴한 사건을 말한다.
카를 5세의 세력을 견제하고자 했던 교황 클레멘스 7세는 간신히 피신하여 목숨을 부지했다.
하지만 이 사건으로 교권은 땅에 떨어졌고 세속 권력이 부상하게 되었다.
요하네스 링겔바흐Johannes Lingelbach, <1527년 로마 약탈>, 17세기.

고 했다. 이에 교황 레오 10세는 카를 5세와 연합했으며 프랑스를 싫어
한 영국의 헨리 8세도 가담했다. 이것이 제4차 이탈리아 전쟁이다. 프
랑수아 1세는 1525년 파비아 전투에서 신성로마제국 군대에게 포로로
잡히면서 이탈리아 반도를 포기하고 말았다.

1523년 새 교황이 된 클레멘스 7세는 처음에는 카를 5세와 연합하
지만, 곧 전임인 레오 10세와는 다르게 카를 5세의 세력이 커지는 것
을 두려워했다. 카를 5세에게 대항하기 위해 1526년 프랑스의 프랑수
아 1세, 영국의 헨리 8세, 베네치아 공화국, 밀라노 공국, 피렌체 공화국
과 코냐크 동맹Lega di Cognac을 결성했다. 이렇게 제5차 이탈리아 전쟁
(또는 코냐크 동맹 전쟁)이 일어났다. 카를 5세는 1527년 강력한 군대를

이끌고 로마로 쳐들어왔다. 이때 교황이 다스리던 로마는 카를 5세의 군대에 의해 무참히 약탈당하고 파괴되었다. 로마 약탈이 일어날 때 교황 클레멘스 7세는 간신히 피신하여 목숨을 보존할 수 있었다. 이 사건으로 교황의 권위는 땅에 떨어졌고 세속 권력이 부상했으며, 르네상스는 종말을 맞았다. 전쟁은 1529년 캉브레 조약Treaty of Cambrai으로 마무리되었다.

강대해진 카를 5세는 1535년 밀라노 공작이 상속자 없이 죽자 밀라노 공국을 자기 아들에게 주려고 했다. 이에 프랑스의 프랑수아 1세가 반발하면서 제6차 이탈리아 전쟁이 일어났다. 전쟁은 양쪽의 큰 소득 없이 1538년 니스 조약으로 끝을 맺었다.

이후 프랑수아 1세가 오스만 제국과 동맹을 맺고 1542년 일으킨 제7차 이탈리아 전쟁, 프랑수아 1세의 뒤를 이은 앙리 2세가 1551년 일으킨 제8차 이탈리아 전쟁이 이어졌다. 하지만 프랑스는 결국 이탈리아에 대한 권리를 단념할 수밖에 없었다. 8번에 걸친 이탈리아 전쟁은 프랑스의 앙리 2세와 에스파냐의 펠리페 2세가 1559년 맺은 카토-캉브레지 조약Peace of Cateau-Cambrésis으로 끝을 맺었다. 이 조약으로 프랑스는 피에몬테를 사보이아(프랑스 남부와 이탈리아 북부에 있던 공국으로 현재는 프랑스 땅이다) 공작에게 주었고 코르시카를 제노바에 양도했으며 밀라노에 대한 권리를 완전히 포기했다. 프랑스가 포기한 밀라노, 나폴리, 시칠리아, 사르데냐 등 이탈리아 반도 절반 이상을 차지한 것은 에스파냐였다. 이로써 이탈리아 반도에서 프랑스 세력이 물러가고 에스파냐가 지배권을 갖게 되었다.

이때 프랑스로부터 이탈리아 땅을 되돌려받은 사보이아 공작이 에

이탈리아 반도는 오랜 시간 여러 왕국들로 나뉘어 있었다.
일찍 통일국가를 이룬 주변국들은 분열 상태인 이탈리아를 끊임없이 침공했는데,
대표적인 나라가 프랑스다. 샤를 8세부터 나폴레옹에 이르기까지
프랑스는 이탈리아에 대한 지배욕을 계속 드러냈다.
이폴리트 르콩트Hippolyte Lecomte, <1798년 2월 15일 로마로 입성하는 프랑스 군대>,
19세기, 캔버스에 유채, 77×99cm, 베르사유 궁.

마누엘레 필리베르토Emanuele Filiberto다. 그가 사보이아 공작 지위에
올랐던 1553년에 사보이아 가문 땅은 프랑스의 지배를 받고 있었다.
1559년 카토-캉브레지 조약에 의해 피에몬테 일부를 가지게 되었다. 이
후 프랑스 왕 프랑수아 1세의 딸과 결혼하면서 피에몬테 전 지역을 차
지하게 되었다. 독실한 가톨릭 신자였던 그는 교황권 국가와 우호적인

관계를 유지했다. 1563년 수도를 토리노로 이전했고 공식 언어도 프랑스어에서 이탈리아어로 바꾸었다. 토리노는 사보이아 왕가가 이탈리아 통일운동을 추진할 때 중심지가 되었고, 1861~1865년 이탈리아 왕국 수도가 되었다.

에마누엘레의 뒤를 이어 1580년 사보이아 공작이 된 아들 카를로 에마누엘레 1세Carlo Emanuele I는 농업 생산과 산업을 육성했다. 영토 확장에도 적극적이어서 '위대한 카를로'라고 불린다. 부자 사이인 두 통치자를 거치면서 사보이아 공국은 이탈리아 반도에서 유일하게 유럽 열강들에 대항할 수 있는 힘을 가지게 되었다.

하지만 30년 전쟁, 루이 14세, 나폴레옹 시기에 이르기까지 이탈리아 반도 전체는 서양 열강들에게 지배당했다. 1815년 나폴레옹의 실각으로 이탈리아 지배권은 워털루 전투의 승리국인 오스트리아로 넘어갔다. 오스트리아의 지배는 별다른 저항 없이 이어졌지만 시간이 흐르면서 이탈리아 독립을 향한 움직임이 서서히 나타나기 시작했다.

1848년 1월 시칠리아 섬 팔레르모Palermo에서 반란이 일어나 전국으로 확산되었다. 프랑스 부르봉 왕가는 이탈리아에서 물러났다. 3월이 되자 오스트리아 빈에서 혁명이 발생한 것을 계기로 밀라노에서도 시민 반란이 일어났다. 이 장 처음에 소개했던 밀라노의 5일 전투 끝에 오스트리아군을 물리친 것은 피에몬테 왕국 군대였다. 하지만 그들은 통일 운동가들의 주장을 수용할 생각이 도무지 없었다. 오스트리아의 반격으로 인해 이탈리아 독립운동은 좌절되었고, 이후 18년을 기다려야만 했다. 이탈리아 독립전쟁(1848~1866)이 3차례 이어졌다. 1861년 이탈리아 왕국이 세워지고, 1866년 제3차 독립전쟁에서 이탈리아군이 오스트리아를 완전히 몰아내면서 이탈리아 통일이 완성되었다.

이탈리아 통일운동은 주세페 마치니Giuseppe Mazzini부터 시작되었다. 1805년 제노바의 유복한 가정에서 태어난 마치니는 14살에 법학 공부를 시작했으며 여러 사상가들의 진보적인 사상에 심취했다. 정치에 관심을 보인 마치니는 '카르보나리Carbonari'(숯 굽는 사람들이라는 뜻으로 단원들이 숯 굽는 사람으로 위장해서 붙은 이름이라고 한다)라는 비밀단체에 가입했다. 투옥된 마치니는 파리로 망명을 계획했으나 상황이 여의치 않자 1830년 마르세유로 망명해 '청년이탈리아당Giovine Italia'을 만들었다. 청년이탈리아당은 이탈리아 민족주의자들이 서로 단결할 수 있는 계기를 마련해 주었다. 1833년에 이르자 당원 수는 6만 명으로 늘어났으며 당원들은 이탈리아 통일 후 지도자로 활동하게 된다. 런던으로 간 마치니는 유력한 영국인들을 만났고 그곳에서 이탈리아 통일을 위해 외교적인 노력을 했다. 이탈리아가 통일된 뒤 귀국했다. 왕정에 반대하고 공화정을 주장했으나 생전에는 뜻을 이루지 못했다.

카보우르 백작 카밀로 벤소Camillo Benso는 마치니와 다른 생각을 가졌다. 귀족 출신인 그는 마치니가 제시하는 '공화정을 세우는 통일 방안'이 유럽 열강을 자극한다고 생각했고, 피에몬테 왕정을 중심으로 한 통일 방법이 더 현실적이고 효과적이라고 주장했다. 카보우르 백작은 이탈리아 통일을 보지 못하고 사망했지만, 그의 통일 과업은 가리발디에게 이어졌다.

이탈리아 통일에 결정적 역할을 한 인물은 주세페 가리발디Giuseppe Garibaldi다. 그는 사르데냐 왕국(오늘날의 이탈리아 북서부)의 니스에서 선원의 아들로 태어났다. 당시 니스를 비롯한 피에몬테 지방은 프랑스

이탈리아의 독립과 통일을 위해 활동한 인물들.
왼쪽부터 주세페 마치니, 카보우르 백작, 주세페 가리발디다.
이들의 노력에 의해 1861년 하나로 통일된 이탈리아 왕국이 탄생했다.

일부로 합병당한 상태였다. 가리발디는 청년이탈리아당에서 활동하다
가 1834년 혁명운동이 실패하자 프랑스로 망명했다. 뛰어난 군사 기술
을 가졌던 그는 우루과이 용병으로 활동했다. 이 시기에 브라질 여인
아니타 리베이로를 만났다. 당시 32세의 가리발디는 18세의 아니타를
보고 첫눈에 반했다. 아니타는 14세에 결혼한 유부녀였지만, 두 사람은
1842년 결혼했고 다섯 자녀를 두었다. 1848년 귀국하여 이탈리아 통일
운동에 참여했지만 공화정부가 붕괴되자 이번에는 미국 뉴욕으로 갔
다. 1854년 귀국한 가리발디는 사르데냐 섬 인근 카프레라 섬에서 은
둔하면서 시간을 보냈다. 1860년 의용군인 붉은셔츠 부대를 이끌고 시
칠리아와 나폴리를 점령한 뒤, 그 영토를 사르데냐 국왕인 비토리오 에
마누엘레 2세Vittorio Emanuele II에게 바쳤다. 가리발디는 대의를 위해 자

이탈리아 통일에 일생을 바친 주세페 가리발디는 시칠리아와 나폴리를 점령한 뒤
그 영토를 비토리오 에마누엘레 2세에게 바쳤다. 이것이 이탈리아 왕국의 기반이 되었다.
세바스티아노 데 알베르티스Sebastiano De Albertis,
<테아노에서 비토리오 에마누엘레 2세와 주세페 가리발디의 만남>, 1870년경.

신의 욕심을 버릴 줄 아는 훌륭한 군인이었던 것이다.

가리발디는 1861년 이탈리아 왕국이 세워진 뒤 로마 점령을 시도했
다가 실패했다. 그 뒤 프랑스로 갔다가 귀국한 후에는 카프레라 섬에서
20년간 은둔생활을 하면서 보냈다. 카프레라 섬에는 독립영웅 기념관
인 가리발디 기념관이 있다. 가리발디가 사망한 6월 2일이 되면 더 많
은 이탈리아인들이 이곳을 찾아온다고 한다.

가리발디에게 영토를 받은 비토리오 에마누엘레 2세는 1861년 스스
로 이탈리아 초대 국왕이 되었지만, 당시는 베네치아와 로마를 수복하

비토리오 에마누엘레 2세는 1861년 이탈리아 왕국을 세우고 초대 국왕에 올랐다.
이후 1866년 베네치아에 남아 있던 오스트리아군을 물리치고 이탈리아 통일을 완성했다.
엔리코 키아라디아Enrico Chiaradia, <비토리오 에마누엘레 2세 기마상>, 1901년, 청동,
로마, 비토리오 에마누엘레 2세 국립기념관. ⓒ Janmad/Wikimedia Commons/CC-BY 3.0

기 전이었다. 이후 비스마르크와 동맹을 맺고 1866년 프로이센-오스트리아 전쟁에 참가해 베네치아를 얻었다. 1870년 프로이센-프랑스 전쟁으로 프랑스군이 로마에서 철수하자 로마를 점령하고 수도로 정했다. 로마에 있는 비토리오 에마누엘레 2세 국립기념관Monumento Nazionale a Vittorio Emanuele II 앞에는 〈비토리오 에마누엘레 2세 기마상〉이 세워져 있다.

이탈리아 통일운동에 일생을 바쳤던 마치니, 카보우르, 가리발디는 이탈리아 국민에게 존경받은 인물이 되었다. 하지만 프랑스 혁명과는 다르게 성급하게 이루어진 이탈리아 통일은 정치적인 불안을 극복하지 못했다. 이후 무솔리니에 의해 파시즘이라는 극단적 민족주의로 이어졌다.

이번에는 크고 작은 여러 나라들로 나누어져 있던 독일의 통일 과정을 알아보겠다. 독일의 전신이라고 할 수 있는 신성로마제국은 962년 동 프랑크의 오토 1세가 로마 교황에게 황제 관을 받으면서 시작되었다. 이후 1806년까지 천 년 동안 유지되었다. 선제후에 의해 선출된 황제가 있었고, 제국의 도시들은 제후나 성직자(주교와 대주교)에 의해 다스려졌다. 제국의회를 통해 합의된 법률 체계에 따라 유지되었는데, 이 중에서 강력한 세력을 가진 나라가 1701년 세워진 프로이센 왕국 Königreich Preußen이었다.

1806년 나폴레옹이 베를린 브란덴부르크 문Brandenburger Tor을 통과해 프로이센으로 쳐들어왔다. 나폴레옹은 베를린을 점령한 뒤 브란덴부르크 문 위에 있던 네 마리의 말 청동상을 약탈하여 승리 기념으

베를린의 브란덴부르크 문 위에는 네 마리의 청동상이 세워져 있다.
이 청동상은 1806년 나폴레옹의 점령 때 약탈되었다가 1813년 전쟁으로 되찾아왔다.
이후 프로이센을 상징하는 독수리와 철십자로 장식된 긴 창을 든 여신상이 추가되었다.
브란덴부르크 문과 청동상은 오늘날 독일의 상징이 되었다.

1813년 나폴레옹과의 전쟁에서
승리한 프리드리히 빌헬름 3세는
참전한 사람들을 위해 철십자훈장을
만들었다. 무쇠에 은 테두리를 둘렀으며,
프리드리히 빌헬름 3세의 약자인 FW와
왕관, 참나무 세 잎과 1813년을 새겨 넣었다.

로 프랑스로 가지고 가 버렸다. 1813년 프로이센은 러시아 군대와 연합해 나폴레옹 군대를 무찌르고 빼앗겼던 말 청동상을 찾아왔다. 현재는 네 마리 말과 함께, 프로이센을 상징하는 독수리와 철십자로 장식된 긴 창을 든 여신상을 볼 수 있다.

1806년 신성로마제국은 나폴레옹의 침략으로 해체되었고, 1815년 빈 회의에서 프로이센과 오스트리아를 비롯한 39개 연방으로 분리되었다. 이후 프로이센과 오스트리아 전쟁으로 오스트리아를 쫓아냈고, 독일 연방은 프로이센을 중심으로 세력을 키워 나갔다. 프로이센은 쾨니히스베르크를 중심으로 군대를 재정비했다. 1813년 전쟁에서 승리한 프리드리히 빌헬름 3세Friedrich Wilhelm III는 참전한 사람들을 위해 철십자훈장을 만들었다. 철십자훈장은 신분의 차별 없이 모든 프로이센 사람들에게 평등하게 주어졌다. 철십자훈장은 무쇠에 은 테두리를 두른 모양으로 만들어졌다. 십자가 안에는 프리드리히 빌헬름 3세의 약자인 'FW'와 왕관, 참나무 세 잎과 1813년을 새겨 넣었다. 1813년은 독일이 나폴레옹을 제압해 가던 해다. 참나무는 독일인에게 생존과 부활의 상징으로 인식되어 1949년 서독에서 만든 1페니 동전에도 참나무 잎이 들어가 있다. 참나무는 가을이 되면 도토리가 열리는 일종의 도토리나무다.

1834년 독일은 관세동맹Zollverein을 시행하면서 경제를 급속도로 발전시켰다. 경제학자인 프리드리히 리스트Georg Friedrich List가 제안한 것으로, 경제적 이해관계에 있는 여러 주들이 동맹을 맺고 자유무역을 하자는 내용이었다. 관세동맹을 처음 받아들인 프로이센을 중심으로 통일에 대한 꿈도 점차 커지게 되었다. 1848년 프랑스 2월 혁명의 영향

비스마르크는 조국 독일의 통일과 번영을 위해서라면 전쟁도 마다하지 않던 지도자다.
젊은 시절 외교관으로 활동하다 독일 연방의 수상이 되자 철혈 정책을 주장했다.
철혈 정책이란 독일 민족을 통일하는 방법은 철과 피, 즉 전쟁밖에 없다는 주장이었다.
주변국들과 전쟁을 해 승리한 프로이센군은 프랑스 베르사유 궁에서 독일 제국을 선포한다.
독일을 통일로 이끈 강력한 지도자의 동상이 베를린 티어가르텐Tiergarten 공원에 있다.
위에 우뚝 선 동상이 비스마르크이고, 아래 동상들은 독일 제국의 여러 모습을 상징한다.
423쪽 오른쪽 위부터 반시계 방향으로 살펴보면, 역사책을 읽는 시빌은 독일의 지성을,
지구를 인 아틀라스는 독일의 힘을, 검을 만드는 지그프리트는 독일의 강력한 산업과 군사력을,
표범을 제압하는 게르마니아는 분열과 반란의 제압을 뜻한다.
전체 사진은 ⓒ 릴리스, 나머지는 ⓒ Taxiarchos228/Wikimedia Commons/CC-BY 3.0

으로 독일에서도 3월 혁명이 일어났지만 실패로 돌아갔다. 이로써 독일은 평화적이고 민주적인 방식으로 통일을 실현할 기회를 상실하고 말았다.

독일 통일에는 강력한 지도자가 필요했는데, 이때 위대한 정치가가 등장하게 된다. 바로 철의 재상으로 알려진 오토 폰 비스마르크Otto Eduard Leopold von Bismarck다. 비스마르크는 1815년 프로이센 왕국 작센주 쇤하우젠의 융커Junker(토지를 소유한 귀족) 집안에서 태어났다. 그가 출생한 해는 나폴레옹이 워털루 전투에서 패하고 유배되었던 해이기도 하다. 독일 통일의 움직임이 서서히 진행되고 있을 때 비스마르크는 괴팅겐 대학교에서 법학을 공부하는 학생이었다. 학업보다는 여자와 도박에 빠져 살았고, 결국 학업을 중단했다. 이후 베를린 대학교로 옮겨 가서 학업을 마쳤다.

고향으로 내려간 그는 시골 귀족으로 살면서 농장을 잘 경영해 도박 빚을 청산했다. 애인 마리가 죽은 뒤 그녀의 친구였던 요한나 폰 푸트카머Johanna von Puttkamer와 1847년 결혼했다. 신앙심이 깊었던 부인 요한나는 정치가 남편의 바람기를 모두 묵인했으며, 자녀는 2남 1녀를 두었다.

1847년 비스마르크는 프로이센 의원으로 선출되었고 1848년 3월 혁명 당시 군중 폭동을 진압하기도 했다. 1851년 프랑크푸르트 독일 연방 의회의 대사로 임명되었다. 당시 36세였던 그는 대단히 총명하고 탁월한 외교 감각을 발휘했다. 나라 간의 외교에서 불변의 원칙은 없다는 것이 비스마르크의 생각이었다. 임기를 끝낸 그는 1858~1862년에 상트 페테르부르크와 파리에서 대사로 근무했다. 이 시기에 런던에서 만난

한 영국 정치가에게 자신의 계획을 털어놓기도 했다. 우선 독일 군대를 재정비해 오스트리아와 전쟁을 선포하고, 독일 연방의 작은 나라들이 연합해 독일 민족을 통일해야 한다는 것이었다.

프로이센으로 돌아온 비스마르크는 프로이센 수상으로 임명되어 철혈 정책을 주장하게 된다. 1862년 9월 30일, 프로이센 의회 예산심의위원회에서 비스마르크는 이렇게 말했다. "이 시대의 중요한 문제들은 말로도, 다수결로도 해결할 수 없습니다. 오직 철과 피로 해결이 가능합니다." 독일이 통일을 이루는 방법은 오직 전쟁밖에 없다는 것이다. 유럽 강대국들은 독일이 통일제국이 되면 큰 힘을 갖게 되리라 생각하고 통일을 방해할 것이라는 게 비스마르크의 생각이었다.

프로이센은 1864년 덴마크 전쟁, 1866년 오스트리아 전쟁, 1870년 프랑스 전쟁(보불전쟁)에서 모두 승리했다. 파리를 정복한 것도 모자라서 1871년 1월 18일 파리 외곽의 베르사유 궁 거울의 방에서 독일 제국 선포식을 거행했다.

함부르크 근교 도시이자 비스마르크가 말년을 보낸 프리드리히스루 Friedrichsruh에는 비스마르크 박물관Bismarck Museum이 세워져 있는데, 이곳에 〈독일 제국 선포식Die Proklamierung des Deutschen Kaiserreiches〉을 그린 그림이 소장되어 있다. 독일 황제 빌헬름 1세가 연단에 서서 흰옷을 입은 비스마르크를 바라보고 있다. 황제가 비스마르크에게 선물로 준 이 그림에서 비스마르크는 하얀 제복을 입고 있지만 실제로는 파란색이었다고 한다. 독일 제국 선포식을 독일이 아닌 프랑스 왕이 살던 베르사유 궁에서 한 이유는 나폴레옹에 의해 신성로마제국이 붕괴되었던 일을 복수하는 의미로 보인다.

비스마르크는 독일 통일이 오직 전쟁을 통해서만 가능하다고 생각하고,
주변국들과 여러 차례 전쟁을 치렀다. 파리를 정복한 뒤에는
1871년 파리 외곽의 베르사유 궁에서 독일 제국 선포식까지 거행했다.
그림에서 선포식을 치르는 황제 빌헬름 1세가 흰옷을 입은 비스마르크를 바라보고 있다.
아톤 폰 베르너Anton von Werner, <독일 제국 선포식>, 1885년, 캔버스에 유채, 250×250cm.

    비스마르크는 통일된 독일 제국에서 수상을 맡았으며 독일 경제를
안정시키기 위해 20년간 노력했다. 또한 합리적인 실리 외교를 통해 유
럽 열강들이 서로 전쟁을 하지 못하도록 막았다.
    1888년 빌헬름 1세가 사망했다. 베를린 번화가인 쿠담 거리에 가면
카이저 빌헬름 기념교회Kaiser Wilhelm Gedächtniskirche를 볼 수 있다. 빌

카이저 빌헬름 기념교회(왼쪽)와
내부에 있는 빌헬름 1세 모자이크(위).
가운데 인물이 황제다.
1943년 베를린 공습 때
교회 일부가 파괴되었는데,
다시는 전쟁을 하지 말자는 의미로
그대로 보존하고 있다.
교회 외부는 ⓒ nl:User:GerardM,
내부 모자이크는 ⓒ Kuebi

헬름 1세를 기념하기 위해 1891~1895년에 걸쳐 세웠는데, 1943년 베를린 공습으로 파괴되었다. 평화와 화합의 상징이기도 한 교회는 다시는 전쟁을 하지 말자는 의미로 파괴된 상태 그대로 보존하고 있다. 이후 교회는 기념관으로 활용되고 있으며, 뒤편에 육각형으로 된 교회를 새로 지어서 사용하고 있다. 관광객들은 보통 외부에서 부서진 교회 사진만 찍고 가는데, 내부 전시관도 둘러보면 좋을 듯하다. 교회 안에 들어가면 빌헬름 1세의 모습이 묘사된 모자이크 벽화를 볼 수 있다.

비스마르크를 절대적으로 신뢰하던 빌헬름 1세가 죽자 비스마르크의 정치 생명도 어느덧 끝나 가고 있었다. 빌헬름 1세의 손자인 빌헬름 2세Wilhelm II는 즉위 후 비스마르크와 자주 의견 충돌을 일으켰다. 비스마르크는 독일 통일을 원했던 것이지, 군대를 이용한 국토 확장을 할 생각은 없었다. 하지만 빌헬름 2세는 독일이 모든 민족을 지배하고 통치하는 것이 하느님 뜻이라고 믿었다. 게르만족이 다른 민족보다 우월하다는 생각을 가지고 있었던 것으로 보인다. 이후 독일의 선진적인 산업과 발달한 과학기술은 군국주의로 연결되었으며, 결국 침략성을 갖춘 제국으로 발전하고 말았다.

비스마르크는 정치 일선에서 물러난 뒤 함부르크 인근 영지인 프리드리히스루로 내려가 살면서 빌헬름 2세가 다시 불러줄 것을 기다렸다. 빌헬름 2세는 그를 끝내 부르지 않았고 1898년 비스마르크는 사망했다. 비스마르크의 유언은 묘비에 "황제 빌헬름 1세의 진정한 신하"라고 적어 달라는 것이었다. 오늘날 비스마르크는 독일 통일을 이룬 국민적인 영웅으로 평가받고 있다.

2003년 11월 독일 공영방송 ZDF에서 독일 국민을 대상으로 '가장 위대한 독일인 100명'을 뽑는 여론조사를 실시했다. 1위 콘라트 아데나워, 2위 마르틴 루터, 3위 카를 마르크스, 4위 한스와 조피 숄 남매, 5위 빌리 브란트, 6위 요한 제바스티안 바흐, 7위 요한 볼프강 폰 괴테, 8위 요하네스 구텐베르크, 9위 비스마르크, 10위 알베르트 아인슈타인이었다. 9위에 선정된 초대 수상 비스마르크를 포함해 1위와 5위 모두 독일 총리들이다. 국민이 가장 위대하다고 생각하는 인물 10위권에 총리가 세 명이나 있다는 것은 독일이 정치적으로나 경제적으로 안정된 나라임을 알려 주는 것이다.

만국박람회는 산업혁명의 출발지인 영국 런던에서 1851년 처음 열렸다.
각 나라의 제품들을 전시, 판매하는 자리였기 때문에
참여국들은 발달한 과학과 기술, 국력을 과시하는 기회로 삼았다. 박람회 장소는 수정궁으로,
당시 최첨단 소재였던 철과 유리로 지어져 개최국의 기술력을 홍보하는 데 효과적이었다.
그림 왼쪽에 그려진 하얀(사실은 투명한) 건물이 수정궁이다.
카미유 피사로Camille Pissarro, <런던의 수정궁The Crystal Palace, London>, 1871년,
캔버스에 유채, 47.2×73.5cm, 시카고, 시카고 아트 인스티튜트Art Institute of Chicago.

근대의 빛과 어둠,
산업혁명과 사회주의가 일어나다
〈런던의 수정궁〉

18세기 중반 영국에서 시작된 기술 혁신은 과거 인류 역사에서는 볼 수 없었던 새로운 사회·경제 구조를 만들어 냈다. 이를 산업혁명Industrial Revolution이라고 한다. 산업혁명의 성과물들은 인류의 삶을 획기적으로 변화시켰는데, 그 결과로 근대가 시작되었다. 사람들은 도시로 몰려와 기계화된 공장에서 일했고, 증기기관차나 증기자동차를 탔으며, 발달한 통신 기술을 이용했다.

이런 성과를 과시하고자 개최한 행사가 만국박람회The Great Exhibition of the Works of Industry of All Nations다. 1851년 산업혁명의 출발지인 영국 런던에서 처음 열렸는데, 이때 수정궁Crystal Palace을 만들어 행사장으로 사용했기 때문에 수정궁박람회라고도 한다(최근에는 엑스포라고도 한다). 수정궁은 당시 최첨단 소재인 철과 유리로 지어졌기 때문에 개최국의 기술력을 홍보하는 데 효과적이었다. 수정궁에서는 각 나라의 최신 제품들이 전시·판매되었다. 영국은 만국박람회 개최를 통해 자신들이 세계 최초의 공업국이라는 사실을 전 세계에 알렸다. 만국박람회 이익금으로는 빅토리아 앤드 앨버트 미술관Victoria and Albert Museum을 건립했다.

산업혁명은 빠르게 퍼져 나가면서 유럽 전역에서 왕족과 귀족 계층을 몰락시키고 자본가와 노동자 계급을 등장시켰다. 근대화는 산업의 발달이라는 빛과 함께 인류에 깊은 어둠도 드리웠다. 자본가들은 이윤을 극대화하기 위해 노동자들을 착취했다. 이런 사회 모순을 해결하고자 등장한 인물이 바로 카를 마르크스다.

1625년 영국에서 제임스 1세의 뒤를 이어 찰스 1세Charles I가 왕위에 올랐다. 찰스 1세는 왕권신수설을 고집하다가 의회와 대립했고, 스코틀랜드 전쟁, 아일랜드 폭동 등에 제대로 대처하지 못했다. 1642년 영국은 결국 왕당파와 의회파로 나뉘어 내전을 벌이게 되었다. 의회파가 승리하면서 찰스 1세는 처형당하고, 1649년 영국은 공화정을 실시했다. 내전부터 공화정 수립까지의 과정을 청교도 혁명Puritan Revolution(1642~1651)이라고 한다.

청교도 혁명으로 권력을 잡은 올리버 크롬웰Oliver Cromwell은 1653년 호국경에 취임하여 통치를 시작했다. 1654년에는 잉글랜드와 스코틀랜드 합병에 성공했지만, 청교도적인 금욕 생활을 강조한 독재정치를 행하다 1658년 사망했다.

국민에게 지나친 금욕을 강요하여 반발심을 불러왔던 크롬웰이 사망하자 왕정이 다시 부활했다. 찰스 1세의 아들 찰스 2세Charles II가 왕위를 계승했다. 찰스 2세는 망명 중에 프랑스의 원조를 받았기 때문에 친프랑스적인 정책을 펼쳤다. 크롬웰이 에스파냐에서 빼앗은 됭케르크

Dunkirk를 32만 파운드에 프랑스에 팔아넘기기까지 했다. 됭케르크는 프랑스 북부에 있는 항만도시로 도버 해협과 지리적으로 가깝기 때문에 교통과 무역의 전략적인 요충지였다.

1685년 찰스 2세가 사망하고 찰스 1세의 차남인 제임스 2세James II 가 즉위했다. 가톨릭 신자였던 제임스 2세는 가톨릭 신자를 우대하고 의회의 승인 없이 세금을 거두어들이기 시작했다. 제임스 2세의 무모한 정책에 반발한 의회는 네덜란드 총독인 윌리엄 공과, 제임스 2세의 장녀인 메리 부부에게 군대를 이끌고 와 달라고 요청했다. 1688년 11월 윌리엄과 메리 부부가 배 600척, 병사 15,000명을 데리고 영국 땅에 상륙하자 제임스 2세는 프랑스로 망명했다. 이 사건은 아무런 희생자가 없어 명예혁명Glorious Revolution이라고 불린다. 1689년 윌리엄과 메리는 윌리엄 3세와 메리 2세로 추대되었다. 프랑스로 피신한 제임스 2세는 루이 14세의 지원으로 군사를 이끌고 쳐들어왔지만 패하고 말았다. 제임스 2세는 1701년 프랑스에서 병사했다. 명예혁명으로 왕권은 법률로 제약을 받게 되었고 왕위 계승 문제까지 의회가 결정하고 승인하게 되었다. 이로써 영국에서는 최초로 시민사회가 세워졌다.

한편, 영국의 산업도 새로운 전환기를 맞고 있었다. 입헌군주제로 정치가 안정되고 지속적인 영토 확장으로 해외 식민지가 증가했다. 1750년부터 급증하기 시작한 영국 인구는 1820년에 이르자 1,200만 명에 도달했다. 자연히 제품 수요가 증가하면서 영국에서 산업혁명이 최초로 일어나게 되었다. 18세기 중반부터 19세기 초까지 이어진 산업혁명은 처음에는 천천히 진행되다가 점점 가속화되었다. 증기기관이 발명되면서 수공업은 공장제 기계공업으로 전환되었다.

산업혁명을 주도한 분야는 면직물 공업으로, 면직물 생산은 당시에는 첨단 산업에 속했다. 전통적으로 중국은 견직물, 인도는 면직물, 영국은 모직물이 대표적인 생산 직물이었다.

16세기 영국에서는 모직물 산업이 발달하면서 양털 값이 폭등했다. 지주들은 농민들을 내쫓기 위해 울타리를 친 뒤 농경지를 목장으로 바꾸었는데, 이를 인클로저enclosure 운동이라고 한다. 『유토피아』의 저자 토머스 모어가 당시 현실을 두고 "양이 사람을 잡아먹는다"라고 표현할 정도였다. 하루아침에 경작지를 잃은 농민들은 도시로 몰렸다.

17세기 후반 식민지인 인도에서 목화가 들어오면서 상황은 변했다. 이제 영국은 모직물 대신에 면제품을 생산 수출하게 되었다. 영국 내에서도 모직물보다 면제품을 더 많이 찾게 되었다. 면제품이 모직물에 비해 질기고 값이 싸고 세탁도 훨씬 간편하기 때문이다.

18세기가 되자 면직물 생산 방식에 획기적인 기술이 도입되었다. 1733년 영국 방적 기사인 존 케이John Kay는 플라잉 셔틀flying shuttle(나르는 북)을 고안해서 생산력을 높였다. 이 발명품으로 일자리를 잃은 사람들이 폭동을 일으키는 바람에 케이는 프랑스로 피신해서 불행하게 살다가 사망했다.

1768년에는 수동식 제니 방적기가, 1769년에는 수력 방적기가, 1779년에는 제니 방적기와 수력 방적기의 특징을 결합한 뮬 방적기가 개발되었다. 1769년 제임스 와트James Watt가 증기기관을 처음 개발했는데, 이 발명품은 곧 면직물 생산 방식에도 영향을 끼쳤다. 풍차와 수차로 작동하던 기계가 물 대신 석탄으로 움직이는 증기기관을 사용하게 되자 생산력이 폭발적으로 늘기 시작했다.

영국의 더웬트 계곡 방적공장 단지에 남아 있는 건물들로,
18~19세기 면직물 산업 현장을 그대로 보존하고 있다.
당시 면직물 생산 기술이 획기적으로 발달하면서 영국에서 산업혁명이 시작될 수 있었다.
더웬트 계곡 방적공장 단지는 2001년 유네스코 세계문화유산에 지정되었다.
ⓒ Chevin/Wikimedia Commons/CC-BY 3.0

    영국 중부의 더웬트 계곡Derwent Valley은 18~19세기에 면방적 공장들이 많이 지어진 지역이다. 이곳에 가면 산업혁명 당시 면직물 산업 현장의 모습들을 잘 살펴볼 수 있다. 2001년 유네스코 세계문화유산에 지정되었다.

    재미있는 사실은 영국이 나폴레옹 전쟁 당시 동맹국에게 면직물로 된 군복을 제공했고, 나폴레옹 군대도 영국에서 수입한 면직물로 만든 군복을 입었다는 것이다. 영국을 극도로 싫어했던 나폴레옹은 이 사실을 알고 있었을 것이다.

철과 석탄 매장량이 풍부했던 영국은 운반을 원활하게 하려고 증기기관차를 개발했다. 1814년 시험운전에 성공한 조지 스티븐슨George Stephenson은 1830년 리버풀 항구에서 공업도시인 맨체스터에 이르는 철도를 개통했다. 13톤의 열차를 끌고 달리기 때문에 속도는 마차보다 느렸지만, '로켓호'라고 불렸다.

첫 증기기관차가 개통한 1830년 9월 15일 비극적인 기차 사고가 발생했다. 저명한 하원의원이었던 윌리엄 허스키슨이 선로에서 웰링턴 총리와 인사를 나누고 있다가 맞은편에서 달려오는 기차를 보지 못하고 사고를 당했던 것이다. 몇 시간 후 허스키슨 의원은 사망했고 철도 개통 환영식은 엉망이 되고 말았다.

철강 산업은 석탄 산업보다는 서서히 발전했다. 제철입자인 에이브러햄 다비 1세Abraham Darby I는 1709년 철광석을 코크스로 용련하는 데 성공했다. 아들 다비 2세는 선철을 제조했으며, 손자 다비 3세는 1779년 아이언 브리지Iron Bridge를 세웠다. 당시에는 다리를 목재로 만들었는데, 철로 다리를 만든다는 것은 상상도 할 수 없었다. 철교가 만들어지면서 건축 재료로 철이 사용되기 시작했다. 세계 최초의 철교인 아이언 브리지는 보호를 위해 1934년 차량 통행이 금지되었으며 1986년 유네스코 세계문화유산에 등재되었다.

영국에서 산업혁명이 발전하게 된 요인은 18세기 근대 과학의 발달이라고 볼 수 있다. 가장 위대한 과학자 중 한 사람인 아이작 뉴턴Isaac Newton은 산업혁명을 열었던 숨은 영웅이다. 종교적 미신에 빠져 살던 사람들은 뉴턴의 과학 이론으로 인해 이성적 판단을 하게 되었다. 또한 만유인력의 법칙으로 자연계는 규칙에 의해 움직인다는 사실도 알게

증기기관차는 산업혁명을 대표하는 상징물로, 19세기 초부터 여러 나라에서 상용화되었다. 무거운 몸체를 끌어야 했기 때문에 초기에는 마차보다 속도가 느렸지만, 거대한 쇳덩이가 움직이는 모습은 당시 사람들에게는 신세계였을 것이다. 1869년 미국 센트럴 퍼시픽 레일로드Central Pacific Railroad를 달렸던 증기기관차.

되었다. 뉴턴은 왕실 귀족이 묻히는 웨스트민스터 사원에 안장되었다.

산업혁명으로 인해 19세기 영국 곳곳에 공장이 세워졌고 전원 풍경은 사라지게 되었다. 영국은 무력을 사용해 식민지 건설에 앞장섰으며 해가 지지 않는 나라인 대영 제국을 만들었다. 산업화의 영향으로 도시 인구는 폭발적으로 증가했으며 노동자들은 비위생적인 거주지에서 살아야 했다. 이때 두 계급이 생겨났다. 부르주아 계급bourgeoisie은 공장을 소유하고 있는 자본가를, 프롤레타리아 계급Proletariat은 가진 것이라곤 자식밖에 없는 빈곤한 노동자를 말한다. 도시 노동자들은 하루에 15시간씩 일했으며 공장주들은 이윤 추구를 위해 노동자를 착취하기 시작했다. 물가 인상으로 노동자들의 생활은 비참해져 갔으며 어린아이들도 가족의 생계를 위해 노동에 나서게 되었다. 1802년과 1819년에 9세 미만 아동은 노동을 금지하는 어린이보호법과 의무교육제가 통과되면서 아이들은 학교로 돌아가게 되었다.

부르주아지들은 애덤 스미스가 주장한 '보이지 않는 손'에 의해 물가가 저절로 정해진다고 생각했고, 노동자들의 빈곤은 시간이 가면 저절로 해결된다고 믿었다. 초기 사회주의자들은 정의와 이성에 따라 자발적으로 부를 재분배하고 공유하면 빈부 격차도 없어진다는 논리를 폈지만, 그것은 이상적인 생각일 뿐이었다. 이런 공상적 사회주의에 반발하여 독일 정치학자 카를 마르크스Karl Marx는 과학적인 사회주의를 주장했다.

마르크스는 1818년 5월 5일 독일 트리어에서 유대인 랍비 집안의 변호사 아들로 태어났다. 마르크스가 태어나고 3년 뒤 나폴레옹이 세인트 헬레나 섬에서 사망했다. 우리나라는 5월 5일이 어린이날로 기억되지만, 마르크스가 태어난 날이자 나폴레옹이 사망한 날이기도 하다. 1817년 마르크스의 아버지 하인리히 마르크스는 차별의 대상이 되는 유대교를 버리고 신교로 개종했다. 1827년 독일에서는 유대인의 모든 공직 취임이 금지되었다.

고향에서 김나지움을 졸업한 마르크스는 본에서 대학 공부를 시작했고 베를린 대학교에서 법학과 철학을 공부했다. 이 시기 헤겔 철학에 심취해서 청년헤겔파에 가입해 활동했다. 베를린 대학교를 졸업한 마르크스는 1841년 예나 대학교에서 「데모크리토스와 에피쿠로스의 자연철학의 차이」라는 논문으로 박사학위를 받았다. 『라인 신문』에 글을 기고하던 마르크스는 1842년 『라인 신문』 편집장이 되었다. 반정부

카를 마르크스(뒷줄 오른쪽)와
프리드리히 엥겔스(뒷줄 왼쪽),
마르크스의 세 딸들이
1860년대 찍은 사진.
마르크스와 엥겔스의 사상은
근대 산업혁명의 문제점을
극복하기 위해 탄생했으며,
20세기 인류에
사회주의를 전파시켰다.

신문인『라인 신문』은 1년 뒤 황제의 칙령에 의해 발행이 중지되었다. 1843년 마르크스는 누나 조피의 친구였던 예니 폰 베스트팔렌Jenny von Westphalen과 결혼했다.

『독일-프랑스 연보』를 발행하기 위해 부인 예니와 함께 파리로 간 마르크스는 맨체스터 방적공장주의 아들인 프리드리히 엥겔스Friedrich Engels를 만났다. 엥겔스는 마르크스가 죽을 때까지 경제적·정신적 후원을 아끼지 않았다. 마음이 잘 맞았던 두 사람은 사회주의자 모임에 가입했으며 1848년『공산당 선언Manifest der Kommunistischen Partei』을 발표하게 되었다.『공산당 선언』첫 문장은 "한 유령이 유럽을 떠돌고 있다, 공산주의라는 유령"이다. 마르크스는 프랑스에서 추방당한 뒤 브뤼

셸에서 거주하다가 1849년 영국 런던으로 갔다.

마르크스는 결혼 후 계속 가난하게 살았지만 영국 생활은 더 힘들고 고통스러웠다. 당시 가난한 사람들이 사는 동네인 런던 서남쪽의 첼시 지구에 살고 있었는데, 그곳마저 집세를 내지 못하여 내쫓기고 말았다. 노동자 거주지인 소호 지구에서 살기도 했는데 영국박물관이 10분 거리에 있었다. 마르크스는 이곳에서 정치와 경제학을 공부하면서 시간을 보냈다. 자녀를 6명 두었지만, 런던 거주 시기에 세 자녀가 사망했으며 딸 셋만 성인으로 성장했다. 이후 마르크스의 세 딸은 질병으로 사망하거나 자살했다. 당시 정치학자의 삶은 부유함과는 거리가 멀었고 엥겔스의 도움이 없었다면 마르크스는 더 힘들게 살았을 것이다.

1851년 6월 23일 마르크스가 아버지로 짐작되는 아이를 하녀 렌헨 Lenchen(헬레네 데무트Helene Demuth)이 출산한 일이 있었다. 이 사실을 알게 된 엥겔스는 자기 아들이라고 말했으며 아이에게 프리드리히 데무트라는 이름을 지어 주었고 영국 보통 가정에 입양시켰다. 아이의 친아버지가 마르크스인지 엥겔스인지는 알 수 없지만, 아이는 양부모 가정에서 교육을 받고 제련소 기사가 되었다고 한다. 이 불미스러운 일에 대해서 마르크스와 예니는 아무 말도 하지 않았다. 예니는 마르크스도 용서하고 친구 같았던 렌헨도 용서했던 것으로 보인다.

렌헨이라는 애칭으로 불렸던 헬레네 데무트는 시골 출신으로 1837년 베스트팔렌 가문 하녀로 들어와서 예니와 함께 살았다. 1845년 예니의 어머니는 브뤼셀에 살고 있던 마르크스 가족에게 렌헨을 보냈다. 렌헨은 프랑스어를 할 줄 알았으며 요리 솜씨도 좋은 완벽한 가사 도우미였다. 그녀는 마르크스가 사망한 뒤 엥겔스 가에서 살았으며 1890년

『자본론』은 제1권만 마르크스 생전에
출간되었고, 제2, 3권은 사후에
엥겔스의 편집을 거쳐 차례로 출간되었다.
레닌은 이 책이 사회주의에 과학적 토대를
마련한 가장 위대한 경제학 저서라고
했으며, 마르크스 자신은 부르주아지에게
위협적인 책이라고 했다.
이 책은 20세기 전 세계에 불어닥친
사회주의 운동에 결정적 영향을 끼쳤다.
사진은 1867년판 표지다.

장암으로 사망했다. 마르크스 부인 예니가 죽기 전에 렌헨을 마르크스
일가 묘지에 합장해 달라고 유언을 남겼고 그 유언은 실현되었다.

　　마르크스의 최고 저작 『자본론Das Kapital』 제1권은 1867년 출판되었
으며, 미완성 상태였던 제2, 3권은 엥겔스의 편집을 거친 뒤 제2권은
1885년, 제3권은 1894년에 발행되었다. 『자본론』은 자본을 중심으로
자본주의 경제가 어떻게 운영되고 있는지를 밝히면서 자본주의가 내
적 모순에 의해 붕괴될 수밖에 없음을 말하고 있다. 소련의 초대 서기
장 블라디미르 레닌은 『자본론』이 사회주의에 과학적 토대를 마련한
가장 위대한 경제학 저서라고 말했다. 마르크스 자신도 『자본론』이 부
르주아지에게 위협적인 책이라고 말했다.

영국 런던의 하이게이트 공동묘지에 있는 카를 마르크스 묘소.
비석 위쪽에는 "만국의 노동자여, 단결하라"라는 문구가,
아래쪽에는 "철학자들은 그저 세상을 다양한 방법으로 해석하기만 했다.
하지만 중요한 건 세상을 바꾸는 것이다"라는 문구가 새겨져 있다.

마르크스는 자본주의를 혹독하게 비판하면서 새로운 사회인 공산주의 사회를 건설해야 한다고 주장했다. 그의 주장은 착취당하고 있던 노동자와 젊은 지식인에게 큰 호응을 얻었고, 새로운 사회를 건설하려는 시도가 19~20세기에 일어났다. 많은 자본주의 국가에서는 마르크스의 비판에 공감하면서 그에 따른 수정 대책을 마련하기도 했다.

1883년 사망한 마르크스는 2년 전 세상을 떠난 예니가 묻혀 있는 런던 하이게이트 공동묘지Highgate Cemetery에 안장되었다. 그의 묘비에는 『공산당 선언』의 마지막 문장인 "만국의 노동자여, 단결하라"가 새겨져 있다.

1895년 마르크스에게 많은 도움을 주었던 엥겔스도 암으로 사망했다. 그는 평생 정식 결혼을 하지 않았기 때문에 그의 재산은 마르크스의 세 딸들에게 상속되었다. 엥겔스의 유언에 따라 묘지는 따로 만들지 않았다고 한다.

오늘날 독일 베를린 슈프레 강 근처의 녹지대에 가면 1986년 제작된 마르크스와 엥겔스 청동상을 볼 수 있다. 동상을 실제로 보면 사상가라기보다는 인자한 할아버지 같은 느낌을 받게 된다.

2018년 마르크스 탄생 200주년을 맞아 중국 정부는 대대적인 기념행사를 했으며, 마르크스의 고향 트리어에 마르크스 동상을 기증했다. 2018년에 개봉한 영화 〈청년 마르크스〉를 보면 마르크스의 사회주의 이론과, 엥겔스와 나눈 우정을 살펴볼 수 있다.

만국박람회는 1851년 영국 런던에서 처음 열린 뒤 프랑스에서도 개최되었다.
1889년 프랑스 혁명 100주년으로 기획된 파리 만국박람회는 선진 기술과
수준 높은 파리 문화를 전 세계에 알리는 기회가 되었다.
특히 행사 직전에 완성된 에펠 탑은 행사장을 찾은 많은 사람들의 눈길을 끌었다.
에펠 탑은 이후 프랑스 파리를 대표하는 건축물이 되었다.
장 베로, <1889년 만국박람회장 입구>, 1889~1890년, 캔버스에 유채,
파리, 카르나발레 박물관Musée Carnavalet.

32

파리 만국박람회가 열리고
살롱 문화가 꽃피다
⟨1889년 만국박람회장 입구⟩

1851년 런던 만국박람회가 개최된 지 4년 만인 1855년 프랑스도 첫 만국박람회를 열었다. 이때 발전한 프랑스를 전 세계에 알렸다. 이후 1867년, 1878년, 1889년, 1900년에도 프랑스에서 만국박람회가 열렸다. 특히 1889년 프랑스혁명 100주년을 기념하는 목적으로 개최된 파리 만국박람회는 5월부터 10월까지 성황을 이루었다. 1870년 보불전쟁의 치욕적인 패배와 파리 코뮌 시기의 공포는 기억에서 점점 잊혔고 파리는 다시 활기찬 도시로 변해 갔다.

특히 귀스타브 에펠Gustave Eiffel의 설계로 만국박람회 직전에 완성된 에펠 탑Tour Eiffel은 많은 이들의 관심을 받았다. 1851년 런던 박람회 때 수정궁이 했던 역할을 1889년에는 에펠 탑이 한 것이다. 에펠 탑을 세울 때 많은 지식인들이 "흉물스럽다"는 이유로 격렬히 반대했다. 소설가 기 드 모파상Guy de Maupassant은 집 창문을 에펠 탑 반대편으로 냈으며, "에펠 탑이 안 보이는 유일한 장소"라며 에펠 탑 안의 식당을 자주 이용했다고 한다. 오늘날 에펠 탑은 전 세계 사람들이 보고 싶어 하는 프랑스 대표 건축물이 되었다. 19세기 말~20세기 초 벨 에포크belle époque(좋은 시절) 시대의 파리를 그린 프랑스 인상주의 화가 장 베로Jean Béraud는 에펠 탑이 보이는 <1889년 만국박람회장 입구L'entrée de l'Exposition Universelle de 1889>를 그렸다.

프랑스에서는 세 번의 혁명이 일어났는데, 바로 1789년 프랑스 혁명, 1830년 7월 혁명, 1848년 2월 혁명이다. 1789년 혁명은 앞에서 이미 언급했고, 남은 두 혁명을 살펴보겠다.

1814년 나폴레옹이 러시아 원정 실패로 엘바 섬으로 유배를 떠나자 루이 16세 동생인 루이 18세Louis XVIII가 망명에서 돌아와 왕위를 계승했다. 루이 18세는 프랑스 혁명 이전의 옛 체제로 돌아가기를 희망했다. 교회는 다시 세금을 면제받았고 옛 귀족들은 예전처럼 고위 관직을 차지하고 호화롭게 살았다.

나폴레옹이 엘바 섬을 탈출해 돌아오자 루이 18세는 벨기에로 도망갔다가 다시 돌아왔다. 매사에 무능했던 루이 18세는 1824년 사망하고 동생 샤를 10세Charles X가 왕위를 이어받았다. 루이 18세처럼 망명자였던 샤를 10세는 자신이 부르봉 왕조의 왕이라는 것을 알리기 위해 랭스 대성당에서 즉위식을 거행했다. 교회와 귀족의 이익만 생각했던 샤를 10세에게 불만을 가진 파리 상인들과 학생, 노동자가 1830년 7월 혁명을 일으켰다.

낭만주의 화가 외젠 들라크루아는 <민중을 이끄는 자유의 여신La Liberté guidant le peuple>이라는 제목으로 7월 혁명을 묘사한 그림을 그렸다. 죽어 있는 사람 뒤로는 노트르담 대성당을 배경으로 삼색기를 들

프랑스 혁명 사상을 대표하는 그림들 중 가장 유명한 작품이다.
자유의 여신이 혁명 정신인 자유, 평등, 박애를 상징하는 삼색기를 들고 민중을 이끌고 있다.
장총을 든 남자는 이 그림을 그린 화가 자신으로 알려져 있다.
외젠 들라크루아, <민중을 이끄는 자유의 여신>, 1830년, 캔버스에 유채,
260×325cm, 파리, 루브르 박물관.

고 있는 여성의 모습이 보인다. 백년전쟁의 잔 다르크를 연상시키는 젊
고 강인한 여성이다. 여성 앞으로는 실크 헤트를 쓴 총 든 신사와 구두
닦이 소년도 보이는데, 총 든 신사는 화가 들라크루아 자신이라고 알
려져 있다. 변변한 무기 하나 갖추지 못한 사람들이 혁명에 용감하게

뛰어든 모습이 잘 묘사되어 있다. 프랑스 혁명 사상을 대표하는 이 그림은 2012년 12월 개관한 루브르 박물관 랭스 분관에서 3개월간 특별 전시를 했다. 지금은 루브르 박물관 드농관에 소장되어 있다.

7월 혁명으로 샤를 10세는 쫓겨나고 앙리 5세에 이어 루이 필리프 1세Louis-Philip I가 왕위에 올랐다. 시민의 왕 루이 필리프 1세는 루이 13세 차남인 오를레앙 공작 가문으로 아버지는 프랑스 혁명 당시에 처형당했다. 오랜 망명 생활로 인해 지독한 현실주의자가 된 루이 필리프 1세는 평화주의자였지만 루이 18세와 샤를 10세처럼 무능한 왕이었다. 1840년 12월 민심을 달래기 위해 영국의 협조를 받아 세인트 헬레나 섬에 있던 나폴레옹 유해를 옮겨오기도 했다. 당시 프랑스는 산업혁명 시기였고 폭발적으로 증가한 노동자는 점점 빈곤해져 갔다. 1845~1846년에는 흉작으로 인하여 살기가 더 어려워졌고 사회는 다시 불안해졌다.

1848년 2월 22일 시민들은 무능한 정부에 반대하는 혁명을 일으켰다. 이것이 2월 혁명이다. 루이 필리프 1세는 왕위를 손자에게 물려주겠다고 선언한 뒤 퇴위했다. 하지만 의회는 왕정을 폐지하고 제2공화정을 선택했다. 다시 공화국이 된 프랑스는 보통선거로 대통령을 선출할 것을 결정했고, 세 후보가 나섰다. 시인이었다가 외교관으로 활동했던 알퐁스 드 리마르틴, 2월 혁명 시위 진압 때 활약한 장군 루이외젠 카베냐크, 그리고 나폴레옹의 계승자임을 내세운 루이 나폴레옹이었다.

조제핀 황후의 딸 오르탕스 드 보아르네의 아들인 샤를 루이 나폴레옹 보나파르트Charles Louis Napoléon Bonaparte는 나폴레옹 1세의 의붓손자이자 조카이기도 했다. 나폴레옹 1세가 의붓딸 오르탕스와 동생 루이 보나파르트를 결혼시켰기 때문이다. 루이 나폴레옹은 아버지 루이 보나파르트가 네덜란드 왕에서 물러난 뒤 이혼한 어머니와 함께 망명 생활을 했다. 그는 로마 왕 나폴레옹 2세가 사망한 후 왕위계승자가 되었으며, 보나파르트라는 성을 자랑스럽게 생각하고 있었다.

개표 결과 루이 나폴레옹은 누구도 상상하지 못한 압도적인 승리를 거두고 대통령에 당선되었다. 대통령 임기는 4년에 단임이었다. 종신 집권을 원했던 루이 나폴레옹은 임기가 끝날 무렵인 1851년 쿠데타를 일으켰다. 날짜가 12월 2일이었는데, 이는 나폴레옹 1세에게도 의미 있는 날이었다. 1804년 같은 날 대관식을 거행했으며, 1805년 같은 날 오스트리아·러시아 연합군을 맞아 아우스터리츠 전투에서 대승했기 때문이다.

쿠데타에 성공한 루이 나폴레옹은 국민투표에 의해 황제 나폴레옹 3세가 되었다. 이렇게 다시 왕정이 부활하고 제2제정이 시작되었다. 나폴레옹 3세는 비만한 체형에 콧수염과 턱수염을 길렀다. 특히 수염은 보나파르트 가문을 돋보이게 하려는 목적이었는데, 당시 많은 사람들이 따라 했다고 한다.

1853년 나폴레옹 3세는 외제니 드 몽티조Eugénie de Montijo와 결혼했다. 외제니는 에스파냐 그라나다 출신의 귀족 딸이었고 나폴레옹 3세보다 18세 연하였다. 당시 나폴레옹 3세는 내연녀와 두 아들을 두고 있었지만 젊고 아름다운 외제니에게 반하고 말았다. 외제니 황후는 마리 앙투아네트처럼 값비싼 보석으로 치장하는 것을 굉장히 좋아했다. 독일 화가 프란츠 빈터할터Franz Xaver Winterhalter가 그린 그림을 보면 외제니 황후는 묘하게 마리 앙투아네트와 닮아 보인다. 외제니 황후는

나폴레옹의 계승자임을 내세워 대통령에 당선된 루이 나폴레옹은 임기가 끝날 무렵
종신 집권을 꿈꾸고 쿠데타를 일으켰다. 황제 나폴레옹 3세가 된 그는 수염을 길렀는데,
이는 보나파르트 가문을 돋보이게 하려는 목적이었다고 한다.
작가 미상, <나폴레옹 3세Portrait of Napoleon III>, 1855년, 캔버스에 유채,
240×155cm, 로마, 나폴레옹 박물관Museo Napoleonico.

나폴레옹 3세의 황후 외제니는 마리 앙투아네트처럼 보석으로 치장하는 것을 좋아했다.
예술에 관심이 많아서 당시 예술 정책에 많은 영향을 미쳤는데,
루브르 박물관의 확장 공사도 이 시기에 이루어졌다.
프란츠 빈터할터, <대례복을 입은 외제니 황후Empress Eugénie in Court Dress>, 1853년,
캔버스에 유채, 파리, 오르세 미술관Musée d'Orsay.

나폴레옹 3세가 퇴위한 뒤 남편, 아들과 영국으로 망명해 살다 1920년 사망했다.

나폴레옹 3세는 크림 전쟁에 관여해 러시아 남하 정책을 막았고 이탈리아 사르데냐 왕국과 연합하여 오스트리아에 대항했다. 또한 아시아, 아프리카, 오세아니아 식민지 전쟁에서 승리하여 영국 다음으로 최대 식민지를 확보했다. 외교적인 성과로 인해 프랑스 사람들은 나폴레옹 3세가 프랑스의 영광을 되찾아 줄 인물이라고 생각하게 되었다.

제2제정 시기를 연 나폴레옹 3세는 루브르 박물관을 세계 최대 박물관으로 확장하려는 생각을 가지게 되었다. 1863년 신관 시공을 시작했으며 1868년 완공했다. 루브르 박물관은 1871년 파리 코뮌 시기에 화재를 당했다가 1884년 재개장해 오늘에 이르고 있다. 사실 나폴레옹 3세는 예술을 모르고 관심도 없었다. 반면에 외제니 황후는 예술을 좋아했다. 당시 예술 정책은 외제니 황후에 의해 이루어졌다. 제2제정 시기에 프랑스 수도 파리는 수준 높은 예술과 문화를 꽃피우면서 유럽 문화의 중심지가 되었다. 독일 사상가 발터 벤야민이 파리를 두고 "19세기의 수도"라고 말할 정도였다.

특히 정기적으로 열린 미술대전인 《살롱전Salon》은 19세기 무명 화가들에게 주어진 공식 등용문이었다. 루브르 궁의 '살롱 카레Salon Carré'에서 열린 전시에서 유래했으며, 루이 14세의 재상으로 예술에 조예가 깊었던 콜베르가 구상하여 1667년부터 시작했다.

초기에는 아카데미 학생들만 전시에 참여했지만 프랑스 혁명 이후에는 모든 사람들에게 개방되었고 상금과 메달도 수여되었다. 《살롱전》은 주로 3~6월에 개최되었으며 200년간 지속되었다. 심사위원들의

19세기 파리는 수준 높은 예술과 문화를 꽃피우면서 유럽 문화의 중심지가 되었다.
특히 《살롱전》은 무명 화가들에게 주어진 공식 등용문으로,
아직 신인인 많은 이들에게 유명해질 기회를 주었다.
앙리 제르벡스, <살롱전의 심사 회의Une séance du jury de peinture>,
1885년 이전, 캔버스에 유채, 300×419cm, 파리, 오르세 미술관.

허락을 받아야만 전시가 가능했기 때문에 이름이 알려지지 않은 화
가들은 까다로운 심사 기준에 맞추려고 노력했다. 앙리 제르벡스Henri
Gervex의 그림을 보면 《살롱전》 출품작들을 심사하는 열띤 분위기를
느낄 수 있다.

　1863년에는 무려 5,000여 점이 출품되었고 3,000여 점 이상 낙선했
다. 왕립미술학교 출신의 심사위원들은 신화 속 이야기나 역사적인 주

제로 그린 고전적인 전통 회화를 좋아했다. 당시 《살롱전》 심사에 통과하기 위해 화가들은 자기 작품을 눈에 잘 띄는 곳에 걸려고 치열한 자리다툼을 해야 했다. 《살롱전》에 입선하면 초상화 주문을 많이 받게 되고 화가로서 성공한 삶을 보장받았기 때문이다. 낙선한 화가들은 그림을 그릴 재료비뿐 아니라 생계까지 걱정해야 했다. 화가들의 불만이 높아지자 나폴레옹 3세는 낙선된 작품을 모아서 처음으로 《낙선전 Salon des Refusés》을 개최했다. 《낙선전》은 《살롱전》에 탈락한 화가들이 파리 시민들에게 자신의 그림을 재평가받는 계기가 되었다.

《낙선전》에서 가장 많이 주목받은 작품은 에두아르 마네Edouard Manet의 〈풀밭 위의 점심Le Déjeuner sur L'herbe〉이었다. 말이 좋아 주목이었지, 사실은 온갖 비난과 조롱이 쏟아졌다. 퐁텐블로 숲에 소풍 나온 사람들을 그린 그림으로, 옷을 잘 차려입은 부르주아 남성들과 옷을 벗고 있는 여성이 함께 앉아 있다. 이들 뒤에는 속옷 차림의 여인도 있다.

이 여성들은 신화 속 인물이 아니라 현실에서 볼 수 있는 여자였고, 심지어 한 명은 관람객을 뚫어져라 바라보고 있었다. 전통적으로 누드는 이상적인 아름다움을 표현하는 방법이었기 때문에, 관객들은 마네의 작품에 그려진 평범한 여성들에게 불쾌감을 느꼈다. 그림에 등장하는 부르주아 남자들은 파리 사교계에서 잘 알려진 사람이었다. 관람자가 보는 방향에서 오른쪽은 마네의 동생이고 왼쪽은 마네의 처남이라고 한다.

마네가 부르주아 계층이 감추고 싶은 욕망을 드러낼 수 있었던 것은, 역설적이게도 자신이 생활비 걱정이 없던 부르주아 계층이었기 때문이다. 마네의 아버지는 법관이었고 어머니는 외교관 딸로 당시로는

이 그림이 《낙선전》에 전시되자 관객들의 비난과 야유가 쏟아졌다.
원래 누드는 이상적인 아름다움을 표현하는 방법이었는데,
이 그림에 등장하는 누드 여성들은 평범하기 그지없는 현실 속 인물들이었기 때문이다.
이때부터 사람들의 미의식에 변화가 생기기 시작했고 근대 미술이 탄생했다.
에두아르 마네, <풀밭 위의 점심>, 1863년,
캔버스에 유채, 208×264.5cm, 파리, 오르세 미술관.

높은 신분이었다. 마네는 인상주의 화가들의 지도자로 활약했지만, 단
한 번도 《인상주의 전시회》에 참여하지 않았다. 《인상주의 전시회》보
다는 《살롱전》에 입상해서 인정받기를 바랐기 때문이다. 마네의 화풍
은 인상주의보다는 사실주의에 가깝다. 사람들은 이름이 비슷해서 마

마네는 인상주의자들의 지도자였지만, 《인상주의 전시회》에 참여하지 않았다.
그는 전통적인 《살롱전》에서 입선해서 사람들의 인정을 받기 원했다.
말년에 이 그림으로 《살롱전》에서 은상을 수상하고 레지옹 도뇌르 훈장을 받았다.
하지만 오늘날 사람들이 높이 평가하는 마네의 그림들은 《살롱전》에서 낙선했던 것들이다.
에두아르 마네, <사자 사냥을 하는 페르튀제>, 1882년,
상파울루, 상파울루 미술관Museu de Arte de São Paulo.

네와 모네를 헷갈리지만, 두 사람의 화풍은 전혀 다르다. 마네는 그림 주제가 명확하며 인상주의 화가들이 기피한 검은색을 많이 썼다. 모네는 평범한 파리 시민들의 일상과 풍경화를 많이 그렸으며 검은색은 거의 쓰지 않았고 다양한 색채를 사용했다. 마네는 모네보다 8살 연상이었지만 두 사람은 동료 화가로 친하게 지냈다.

마네는 사망하기 1년 전인 1882년 〈사자 사냥을 하는 페르튀제 Portrait de M. Pertuiset, le chasseur de lions〉라는 작품으로 《살롱전》에서 은상을 수상하고 레지옹 도뇌르 훈장Legion d'Honneur을 받았다. 레지옹 도뇌르 훈장은 1802년 나폴레옹 1세가 전쟁에서 공을 세운 군인에게 주기 위해 만든 것으로, 정치, 경제, 문화, 종교, 학술, 체육 등 각 분야 사람들에게 수여되었다. 이로써 마네는 죽기 전에 평생 간직했던 꿈을 이룰 수 있었다.

마네의 그림 중에는 정치적 목적을 지닌 것도 있다. 나폴레옹 3세는 멕시코에 유럽인 황제를 세워 가톨릭 라틴 제국을 수립하고 싶어 했다. 그는 오스트리아 황제 프란츠 요제프 1세의 동생 막시밀리안 대공이 적합한 인물이라고 생각하고 그를 만나러 이탈리아 트리에스테로 향했다. 당시 막시밀리안 대공은 롬바르디아-베네치아 총독 자리에 있었다. 막시밀리안 대공은 멕시코 황제 제안을 즉시 수락했다. 황제가 되겠다는 과욕은 불행으로 가는 지름길이었다. 1864년 멕시코 황제가 된 막시밀리안 황제는 멕시코 내전을 수습하려 애썼지만 실패했다. 3년간 꼭두각시 황제로 살다가 멕시코 영웅 베니토 후아레스의 군사들에 의해 1867년 35세 나이로 총살당하고 말았다.

마네는 고야의 작품 〈1808년 5월 3일 마드리드〉에서 영감을 받아 막

나폴레옹 3세는 멕시코에 유럽인 황제를 세우기로 결심하고 막시밀리안 대공에게
멕시코 황제직을 제안했다. 제안을 수락하고 황제가 된 막시밀리안은
꼭두각시 황제로 살다가 멕시코 군인들에 의해 총살당했다.
그림에서는 처형자가 프랑스군으로 그려져 이 사건의 책임이 프랑스에 있음을 고발하고 있다.
에두아르 마네, <막시밀리안 황제의 처형>, 1868년, 캔버스에 유채, 252×305cm,
만하임, 만하임 미술관Kunsthalle Mannheim.

시밀리안 황제의 죽음을 폭로해야겠다고 결심했다. 마네에게 이런 역
사의식이 없었더라면 우리는 막시밀리안 황제의 죽음에 대해 잘 몰
랐을 것이다. 화가는 주문자의 취향에 맞는 그림만 그리는 것이 아니

라 올바른 역사의식도 가지고 있어야 한다. 〈막시밀리안 황제의 처형 Exécution de l'Empereur Maximilien du Mexique〉을 보면 총살 집행자가 멕시코인이 아니라 프랑스 군복을 입은 사람들인데, 이 사건의 책임이 나폴레옹 3세 즉 프랑스 사람에게 있다는 점을 나타내고 있는 것이다. 그림 오른쪽에 있는 총 든 군인은 나폴레옹 3세를 많이 닮았다. 이 그림은 정치적인 이유로 프랑스에서 전시되지 못하고 1879년 미국 뉴욕에서 처음 전시되었다.

외교에서 자신감을 가진 나폴레옹 3세는 파리 시장에 오스만 남작 Baron Georges-Eugène Haussmann을 임명하고 파리 환경 문제를 개선하는 작업에 착수했다. 16년에 걸친 개발 사업으로 오물과 쓰레기가 넘쳐 나던 파리는 깨끗한 도시로 바뀌었다. 이때 파리 외곽으로 나가는 철도가 생겨났으며, 화가들은 이젤을 메고 파리 외곽으로 나가서 그림을 그리게 되었다. 인상주의 화가 귀스타브 카유보트Gustave Caillebotte의 〈비 오는 파리 거리Rue de Paris, temps de pluie〉에는 19세기 새롭게 변화한 파리 풍경이 잘 묘사되어 있다. 도심 개발 이후 귀족과 노동자 계층의 남자들은 낮에는 카페에 모여 담소를 나누고 밤에는 몽마르트르 언덕에 있는 물랭 루주Moulin Rouge에서 파리의 밤을 즐겼다. 프랑스 수도 파리는 점점 더 향락적이고 퇴폐적인 도시로 변해 갔다.

1870년에 이르러 프랑스는 최대 위기를 맞게 된다. 나폴레옹 3세는 프로이센이 힘이 약한 제후국들 중 하나에 불과하다고 생각하고 있었다. 당시 프로이센은 비스마르크의 강력한 지도력에 힘입어 통일 전쟁을 치르고 있었다. 1866년 프로이센과 오스트리아의 전쟁에서 7주 만에 오스트리아가 패하자 나폴레옹 3세는 위협을 느꼈다. 1870년 프로

나폴레옹 3세 시기에 더러운 파리를 깨끗하게 정비하는 작업이 시작되었다.
그 결과 파리는 19세기 유럽인들이 사랑하는 도시가 되었다.
전 세계의 많은 예술가들이 파리로 와서 자신들의 작품 세계를 화려하게 꽃피웠다.
귀스타브 카유보트, <비 오는 파리 거리>, 1877년, 캔버스에 유채, 212×276cm,
시카고, 시카고 아트 인스티튜트.

이센과 프랑스 사이에 보불전쟁이 일어났다. 유인 작전에 휘말린 황제
는 포로가 되어 버렸다.

보불전쟁에서 승리한 프로이센은 알자스와 로렌 지방을 넘기고 배
상금 50억 프랑을 지급하라고 요구했다. 격분한 파리 시민들은 강화조
약 내용을 인정하지 않았고 노동자가 중심이 된 혁명파는 파리 코뮌

을 선포했다. 정부군에 저항하던 파리 코뮌은 두 달여 만에 진압당했다. 프랑스 작가 알퐁스 도데Alphonse Daudet의 『마지막 수업La Dernière Classe』은 독일 영토가 된 알자스 지방에서 프랑스어 수업을 더 이상 하지 못하는 상황을 다루고 있는데, 바로 보불전쟁을 배경으로 한 것이다.

보불전쟁이 일어나자 인상주의 화가들은 참전하거나 영국으로 피난을 떠났다. 부유한 집안 출신 화가인 프레데리크 바지유Frédéric Bazille는 국민의 도리라고 생각하고 참전을 했다가 1870년 29세의 젊은 나이로 사망하고 말았다. 바지유는 생활 형편이 안 좋은 모네, 르누아르에게 자신의 화실을 빌려주기도 하고 작품을 구매해 주는 등 많은 도움을 주던 동료 화가였다. 모네는 형편이 좋았던 바지유에게 종종 도와달라는 편지를 보내고 답장이 없으면 화를 내기도 했다. 바지유의 그림 대부분은 고향 몽펠리에에 있는 파브르 미술관에 소장되어 있다.

보불전쟁 당시 가족과 함께 영국으로 피난 갔던 피사로와 모네는 런던에서 풍경화 그리는 작업에 몰두했고 미술관과 화랑을 자주 방문하면서 시간을 보냈다. 보불전쟁이 끝나기를 기다리던 두 화가는 런던에서 인상주의 대표 화상 뒤랑뤼엘Paul Durand-Ruel을 만났다. 뒤랑뤼엘은 1872년 런던에서 전시를 열어 인상주의 화가들의 작품을 영국 비평가들에게 알렸지만, 팔린 그림은 거의 없었다. 경제적인 어려움에 시달리던 뒤랑뤼엘은 런던 화랑의 문을 닫았다. 화상이라는 강력한 후원자를 잃은 상실감에 대안을 모색하던 인상주의 화가들은 독립적으로 그림을 전시하고 판매할 계획을 세웠다. 뒤랑뤼엘은 인상주의 화가들의 반대에도 불구하고 프랑스와 런던, 독일, 미국에서도 전시를 했다. 미국 수집가의 도움으로 많은 빚을 청산했으며 1922년 파리에서 사망했다. 그 후손들은 뒤랑뤼엘의 소장품을 모아서 미술관 건립을 추진하고 있다.

보불전쟁 후 파리에서 다시 모인 화가들은 1873년 12월 27일 '무명 화가, 조각가, 판화가 협회Société anonyme coopérative des artistes peintres, sculpteurs, graveurs'를 창립했다. 규정에 따르면 《살롱전》과 달리 심사위원도 없고 상도 주어지지 않으며 회원들 마음대로 작품을 전시할 수 있었다. 무명 화가, 조각가, 판화가 협회 회원들은 1874년 첫 전시를 열었다. 이것이 제1회 《인상주의 전시회》였다. 나다르Nadar 사진 작업실에서 열렸으며 30명의 회원들이 165점의 작품을 전시했다.

클로드 모네Claude Monet가 르 아브르 항구의 일출을 그린 〈인상, 해돋이Impression, soleil levant〉도 이때 출품되었다. 이 그림을 본 비평가 루이 르루아Louis Leroy는 "마음대로 대충 그린 인상에 불과하다. 벽지 밑그림도 이 바다 풍경보다 완성도가 높을 것이다"라고 비판하면서 인상주의라는 말을 처음 사용했다. 비평가들뿐 아니라 관람객들도 노골적으로 경멸감을 표현했다. 심지어 임산부는 관람하지 말라는 말까지 했다. 혐오스러운 그림을 보면 태아에게 안 좋은 영향이 갈 수 있다는 것이다. 르루아가 조롱하는 의미로 사용한 인상주의라는 단어는 오늘날에 와서 근대 미술의 시작을 알린 사조의 정식 명칭이 되었다.

인상주의 화가들의 모임은 해체되었지만 마지막 인상주의 전시인 제8회 《인상주의 전시회》가 1886년 개최되었다. 이때 서양 미술사에 길이 남을 작품이 등장했는데, 조르주 쇠라Georges Pierre Seurat의 〈그랑드자트 섬의 일요일 오후Un dimanche après-midi à l'Île de la Grande Jatte〉다. 붓으로 면을 칠한 게 아니라 수많은 점을 찍어서 그림을 완성했다.

이 그림을 본 비평가 루이 르루아는 "마음대로 대충 그린 인상에 불과하다"고 비판하면서
인상주의란 말을 처음 사용했다. 이후 인상주의는 근대 미술의 시작을 알린 사조의
정식 명칭이 되었고, 이 그림은 인상주의의 대표작이 되었다.
클로드 모네, <인상, 해돋이>, 1873년, 캔버스에 유채, 48×63cm,
파리, 마르모탕 모네 미술관Musée Marmottan Monet.

무수한 점들이 모여 환상적인 조화를 이루고 있다. 작품 크기가 세로
207cm, 가로 308cm이므로 수백만 개의 점을 찍었으리라 짐작된다. 쇠
라가 2년 동안 매달려서 완성한 이 그림은 1924년 미국 수집가 프레더
릭 클레이 바틀릿Frederic Clay Bartlett에게 2만 달러에 팔려 갔고 시카고

아트 인스티튜트에 소장되었다. 쇠라의 그림이 미국으로 간 것을 알게 된 프랑스 예술계는 그림값의 20배인 40만 달러를 제시하면서 다시 팔라고 했지만, 최고 걸작을 획득한 사실을 알고 있던 미술관은 단호하게 거절했다.

이 그림은 당시 인기 장소였던 그랑드자트 섬에서 한가한 일요일 오후를 즐기는 파리 사람들을 묘사하고 있다. 또한 이 그림은 당대 풍속을 보여 주기도 한다. 당시 파리에는 고급 매춘부가 많았는데, 특히 매춘 장소로 유명한 곳이 그랑드자트 섬이었다. 그림에서 혼자 있는 여성들은 매춘부일 가능성이 높다. 오른쪽에는 원숭이가 그려졌는데, 암컷 원숭이를 뜻하는 프랑스어 singesse는 속어로 매춘부를 가리킨다.

〈그랑드자트 섬의 일요일 오후〉는 1958년 뉴욕 현대미술관MoMA의 쇠라 회고전에 대여 전시되었는데, 이때 화재가 일어났다. 다행히 작품에는 피해가 없었지만 이후로는 시카고를 절대 떠나지 않는다고 한다. 시카고 아트 인스티튜트의 상징이자 보물인 쇠라의 작품을 보기 위해 시카고행 비행기를 타야만 한다.

1874년부터 1886년까지 총 8번 개최되었던 《인상주의 전시회》는 참여 화가들이 비용을 부담하고, 판매 수익금 중 일부를 적립금으로 냈으며, 분쟁을 막기 위해 그림이 걸릴 위치를 추첨으로 결정했다. 인상주의 화가들 중에는 성공을 보지 못하고 일찍 세상을 떠난 화가들이 많다. 마네는 매독으로 1883년에, 카유보트는 1894년에, 몇 안 되는 여성 동료인 베르트 모리조Berthe Morisot는 1895년에, 풍경화만 줄곧 고집했던 알프레드 시슬레Alfred Sisley는 1899년에 사망했다. 모네와 르누아르는 자신의 작품이 고가로 거래되는 것을 지켜보았고 안정된 생활을

수백만 개 점으로 그려진 이 그림은 그랑드자트 섬에서 한가한 일요일 오후를 즐기는
파리 시민들을 묘사하고 있다. 또한 이 그림은 당대 풍속을 보여 주기도 한다.
당시 파리에는 고급 매춘부가 많았는데, 특히 매춘 장소로 유명한 곳이 그랑드자트 섬이었다.
그림에 혼자 있는 여성들은 매춘부일 가능성이 높다. 오른쪽에는 원숭이가 그려졌는데,
암컷 원숭이를 뜻하는 프랑스어 singesse는 매춘부를 가리키기도 한다.
조르주 쇠라, <그랑드자트 섬의 일요일 오후>, 1884~1886년, 캔버스에 유채,
207×308cm, 시카고, 시카고 아트 인스티튜트.

할 수 있었다. 모네는 86세까지 인상주의 화가들 중에서 가장 오래 살
면서 동료 화가들이 사망하는 것을 지켜보았다. 인상주의가 전혀 인정
받지 못하던 시절에 괴로움도, 즐거움도 같이 나누었던 동료 화가의 죽
음을 받아들이는 것은 고통이었을 것이다.

18세기 영국 귀족들 사이에서 중국 차, 도자기, 비단이 엄청난 인기를 끌고 있었다.
영국은 무역을 확대하려 했지만, 자급자족이 가능했던 청나라는 소극적 태도를 보였다.
무역 불균형으로 영국의 많은 은이 중국으로 빠져나가자, 영국은 은을 되찾기 위해
비열하지만 효과적인 방법을 생각해 냈다. 바로 중독성 강한 아편을 판매하는 것이었다.
중국에서 아편 중독자가 늘어나자 청나라는 단속을 강화했고, 1840년 아편전쟁이 일어났다.
리처드 심킨Richard Simkin, <아편전쟁: 전장鎮江 시의 공격>, 19세기,
앤 S. K. 브라운 군사 컬렉션Anne S.K. Brown Military Collection.

33

중국이 서양 열강에
침략당하다
〈아편전쟁〉

1839년 청나라 흠차대신 임칙서林則徐가 아편 단속 임무를 맡고 광저우廣州에 도착했다. 아편을 팔던 영국 상인들이 뇌물을 썼지만, 강직한 관리였던 임칙서에게는 통하지 않았다. 임칙서는 항구에 있던 영국 동인도회사 선박에서 아편 2만 상자를 몰수해 바다에 버렸다. 영국 정부는 영국 재산을 폐기했다며 청나라에 손해배상을 청구했고 거절당하자 전쟁을 결정했다. 1840년 6월 15일 영국 해군이 광저우 앞바다에 모습을 드러냈다. 아편전쟁阿片戰爭, Opium War(제1차 1840~1842, 제2차 1856~1860)의 시작이었다.

기원전 2500년경 황허 유역에서 일어난 황허 문명은 고대 왕조인 상商 왕조와 주周 왕조를 거치면서 발전했다. 기원전 770년경 여러 제후들이 각지에 나라를 세우고 힘을 겨루는 춘추 전국春秋 戰國 시대가 시작되었다. 작은 나라들이 다투다 보니 정치·사회적으로 혼란스러웠지만, 사상적으로는 유가, 도가, 묵가, 법가 등이 등장해 중국 사상의 기초를 다진 철학적인 시대였다. 공자, 노자, 맹자, 묵자, 한비자와 같이 우리가 잘 아는 사상가들이 이때 쏟아져 나와 '스승이 백여 명이나 된다'는 뜻의 제자백가諸子百家라고 불렸다.

기원전 221년 시황제가 세력을 다투던 제후국들을 모두 굴복시키고 중국 최초의 통일 국가 진秦나라를 세웠다. 만리장성, 아방궁, 진시황릉 등 무리한 토목공사로 인하여 진나라가 멸망하고, 206년 농부 아들 유방이 한漢나라를 세웠다. 여러 나라로 다시 분열한 위·진·남북조 시대를 거쳐, 581년 수隋나라가 중국을 재통일했다. 이후 넓은 영토를 가진 제국으로 성장한 당唐나라, 문인을 우대해 국력이 약해진 송宋나라가 차례로 등장했다. 북방 민족의 침입에 시달리다 강남까지 밀려났던 송나라(남송)는 결국 1279년 몽골 제국에 멸망당했다. 이후 중국 땅에 위치한 몽골 제국은 원元나라로 이름을 바꾸었다. 이때 고대부터 이용된 동양-서양 간 무역 길인 실크 로드Silk Road가 더욱 활기를 띠었다. 원나라 말기에 몽골족의 나라를 타도하려는 홍건적의 난이 일어났다. 결국 주원장이 원을 멸망시키고 1368년 한족의 명明나라를 세웠다. 하지만 명은 1644년 멸망하고 여진족(만주족)의 나라 청淸으로 이어졌다.

중국 역사를 짧게 정리해 보았지만, 이것으로 5,000년 긴 역사를 다 이해하기는 부족할 것이다. 중국에 대한 자세한 설명은 다음 기회로 넘기고, 이 책에서는 중국 마지막 왕조 청나라가 몰락해 가는 전환점이 된 아편전쟁을 살펴보려 한다.

18세기 서양 열강들은 아프리카와 아메리카 대륙을 식민지로 만든 이후 아시아 침략을 노리게 된다. 당시 유럽에서는 중국의 차, 도자기,

비단이 부유한 사람들의 사치품으로 소비되었는데, 특히 중국 차는 영국 귀족층에서 대단한 인기를 누렸다. 당시 중국 대륙을 다스리고 있던 나라는 청나라였다. 청나라는 영국과의 무역에 소극적이었다. 서양 문물이 가져다줄 급격한 변화를 원하지 않았던 것이다. 사실 청나라는 서양과 다르게 무역으로 사야 할 것이 없는 풍족한 나라였다. 영국은 중국과의 무역에서 손해를 보았는데, 무역 적자는 갈수록 늘어났다. 영국의 은이 중국으로 끊임없이 빠져나가자, 영국은 비열하지만 효과적인 방법을 생각해 냈다. 바로 중독성 강한 아편을 중국에 판매하는 것이었다.

양귀비꽃의 열매에서 추출되는 아편은 무굴 제국 시기부터 인도에서 재배되었다. 영국은 이 아편을 가져다가 청나라에 팔았다. 아편이 중국에 들어오면서 아편 중독자가 늘자 청나라는 세 차례나 아편 수입을 금지했다. 하지만 아편은 밀수입으로 계속 들어왔다. 아편 수요가 급증하자 미국도 터키에서 아편을 수입해서 청나라에 몰래 팔기 시작했다.

1830년대 들어서자 매년 1,400만 톤의 아편이 수입되었고, 당시 청나라 남성들의 1/4이 아편에 중독되어 있었다. 청나라에서 아편은 부유함의 상징이었는데, 관료, 상인, 여자, 노비, 승녀 등 다양한 계층에서 아편을 흡연하기 시작했다. 아편은 한 번 중독되면 죽기 전에는 끊기 어려운 향정신성 약물이다.

아편 중독의 심각성을 알게 된 청나라 황제 도광제는 1839년 임칙서를 광저우 항에 파견했다. 이 장 처음에 소개한 대로, 임칙서는 군대를 동원하여 영국 동인도회사 선박에 있던 아편 2만 상자를 몰수해

아편 중독자가 늘어나자 청나라 정부는 세 차례나 아편 수입을 금지했다.
하지만 아편은 계속 밀수입되었고, 1839년 청나라 황제는 임칙서를 광저우 항에 파견했다.
임칙서는 군대를 동원해 영국 동인도회사 선박에 있던 아편 2만 상자를 몰수해 폐기했다.
영국 정부는 이것을 빌미 삼아 아편전쟁을 일으켰다.
작가 미상, <호문(후먼)에서 아편을 폐기하다虎門銷煙>, 19세기,
후먼진虎門鎮, 아편전쟁박물관鴉片战争博物馆.

폐기했다. 영국 무역 총감독관 찰스 엘리엇Charles Elliot이 영국 상인에게서 넘겨받은 아편을 순순히 내놓았다는 설도 있다. 교활한 엘리엇은 청나라가 800만 파운드에 해당하는 영국 정부의 재산을 없앴다고 영국 의회에 보고했다.

당시 영국 외무장관이었던 파머스턴 자작 헨리 존 템플Henry John Temple은 청나라 관리가 아편을 몰수해서 버린 행동을 문제 삼았다. 아편은 밀수품이 아니라 엄연한 영국 재산이며 영국 재산을 파괴한

청나라에 대해 마땅히 보복해야 한다는 것이다. 영국 상인들은 파머스턴 자작의 말에 동조했고, 1840년 4월 영국 의회에서 청나라 전쟁 예산안이 통과되었다. 영국 빅토리아 여왕은 동방의 마지막 땅을 개발시킬 책임이 있다면서 중국을 다른 나라에 빼앗기면 안 된다고 전쟁을 찬성하는 쪽에 힘을 실어 주었다.

2개월 후인 1840년 6월 16일 영국은 인도, 호주, 남아프리카 식민지에서 징집한 군사 4,000명과 함선 48척을 가지고 청나라로 쳐들어왔다. 영국은 전투를 시작하기 전에 최후통첩으로 아편에 대한 손해배상을 요구했지만 청나라는 단호하게 거절했다. 청나라는 목재로 된 범선을 타고 구식 대포로 전투를 치렀다. 반면에 영국은 증기 엔진을 갖춘 철갑선을 타고 화력이 센 대포를 가지고 있었다.

아편전쟁이 일어나자 대쪽 같은 성품의 임칙서는 파면당하고 기선琦善이 사태 해결을 위해 파견되었다. 기선은 돈으로 영국군의 환심을 사려고 했지만 통할 리가 없었다. 연전연승을 하던 영국은 양쯔 강을 지나 상하이를 점령하고 난징을 공격할 준비를 했다. 청나라는 전쟁이 계속되면 수도 베이징이 함락될 것을 두려워하여 결국 항복했다.

1997년 영화 〈아편전쟁〉은 개봉 당시 중국 영화사상 최고 제작비 1,500만 달러가 들어갔다. 영화에서 가장 유명한 장면은 초록색 덩어리로 된 아편을 쪼개서 바다에 버리고 석회 가루를 들이붓는 장면이다. 가장 추악한 전쟁으로 기록되는 아편전쟁에서 청나라 군사들은 많은 사망자를 냈지만 아무도 항복하지 않았다고 한다.

1842년 8월 29일 영국과 맺은 난징조약南京條約은 청나라 최초의 불평등 조약이었다. 조약의 주요 내용은 '광저우 항 외에 추가로 4개 항

제1차 아편전쟁에서 패한 청나라는 1842년 영국과 난징조약을 맺었다.
이것은 불평등 조약으로, 무역을 마음대로 하고 싶던 영국에 유리한 내용을 담고 있었다.
특히 이 조약으로 홍콩은 영국 땅이 되었다가 150여 년 후인 1997년에야 중국에 반환되었다.
존 플랫John Platt, <난징조약Treaty of Nanking>, 1846년, 앤 S. K. 브라운 군사 컬렉션.

구를 개항할 것, 관세를 적절한 수준으로 유지할 것, 아편 손해 배상
금 600만 달러와 전쟁 비용 1,200만 달러를 지불할 것, 홍콩을 영국에
제공할 것'이다. 홍콩은 아편전쟁 이후 157년이 지난 뒤인 1997년 7월
1일 중국에 반환되었다.

　난징조약으로 욕심이 채워지지 않았던 영국은 다시 핑곗거리를 찾
기 시작했다. 종이 호랑이로 전락한 청나라를 마음대로 착취하고 싶었
던 영국은 제국주의의 전형적인 행태를 보였다.

　1856년 영국이 기다리던 기회가 찾아왔다. 해적선으로 짐작되는 애
로Arrow호가 광저우 항에 정박하고 있었는데, 청나라 관헌이 승선하여
중국인 선원 12명을 해적 혐의로 체포하는 일이 벌어졌다. 영국인 소

유인 애로호는 영국기를 달고 있었다. 체포 과정에서 청나라 관헌이 영국기를 훼손했다는 구실로 영국은 광저우 항을 공격했다. 제2차 아편전쟁이었다. 여기에는 프랑스도 참가했다. 프랑스 선교사가 청나라에서 포교 활동을 하다가 살해당했다는 이유였다. 영국과 프랑스 연합군에 의해 광저우 항은 순식간에 함락되었다. 청나라는 전쟁을 마무리하기 위해 1858년 6월 톈진조약天津條約을 맺었다. 톈진조약의 주요 내용은 '베이징에 영국, 프랑스, 러시아, 미국 공사관을 설치할 것, 10개 항구를 추가로 개항할 것, 외국인의 자유로운 내륙 여행을 보장하고, 영국과 프랑스에 전쟁 비용을 지불할 것'이다. 전쟁도 하지 않았던 미국과 러시아가 조약에 들어간 이유는 청나라가 그들과 맺은 개별 조약 때문이었다. 오랑캐는 오랑캐로 다스린다는 '이이제이以夷制夷' 원칙에 따른 것으로 보인다.

한 번 무너지기 시작한 청나라는 외세의 물결에 온몸을 맡겨 버리고 점점 추락해 가고 있었다. 톈진조약 이후 영국과 프랑스는 자국민을 보호한다는 구실로 군대를 이끌고 베이징으로 들어왔다. 청나라는 수도에 군대가 들어오는 것에 반대했지만, 영국과 프랑스 연합군은 청나라의 말을 무시하고 베이징을 점령해 버리고 말았다. 충격을 받은 청나라는 1860년 10월 베이징조약北京條約을 체결하게 된다. 조약의 주요 내용은 '톈진 항을 추가로 개항할 것, 주룽 반도九龍半島 일부를 영국에 넘겨줄 것, 중국 내 종교의 자유를 인정할 것, 영국과 프랑스에 전쟁 배상금을 지불할 것'이다.

제1, 2차 아편전쟁으로 청나라에서는 태평천국太平天國의 난과 양무洋務 운동이 일어났지만 모두 실패로 돌아갔다. 메이지 유신 이후 급성

일본은 아편전쟁으로 쇠락하던 중국을 상대로 1894년 청일전쟁을 일으켰다.
이 전쟁에서 승리를 거두면서 일본은 아시아 최강자 자리를 차지했다.
반면에 전쟁에서 진 중국은 서양 열강들의 이해 관계에 따라 만신창이 신세가 되었다.
삽화에서 영국, 독일, 러시아, 프랑스, 일본이 중국이라고 쓰인 파이를 제멋대로 나누고 있다.
작가 미상, 『르 프티 주르날Le Petit Journal』, 1898년 1월 6일자 신문 삽화.

장하고 있던 일본은 아편전쟁의 결과에 대해 자세히 알고 있었지만, 당시 조선은 안일하게도 청나라를 통한 정보만 겨우 알고 있었다. 일본은 서양 열강에 맥없이 당하고만 있는 청나라를 바라보면서 전쟁을 준비하기 시작했다. 야심만만한 일본은 청일전쟁에서 승리한다면 아시아 최강자가 될 수 있을 것이라고 생각했던 것이다. 1894년 벌어진 청일전쟁에서 일본이 승리하면서 다음에는 러시아를 노리기 시작했다.

일본은 러시아와의 전쟁을 준비하면서 1902년 제1차 영일동맹을 맺었다. 일본과 영국이 동맹을 맺은 이유는 러시아를 견제하고, 동시에 동아시아를 나누어 차지하려는 속셈 때문이었다. 모든 전쟁 준비를 마친 일본은 1904년 선전포고도 없이 러시아를 공격했다. 러일전쟁이 시작된 것이다. 전쟁 준비가 전혀 되지 않았던 러시아는 속수무책으로 당할 수밖에 없었다.

1905년 7월 러일전쟁이 계속되던 가운데 미국 대통령 특사였던 윌리엄 태프트William Taft(후일 제27대 대통령)가 일본을 방문했다. 이때 일본 내각 총리대신인 가쓰라 다로桂太郎와 가쓰라-태프트 밀약The Katsura-Taft Agreement을 맺었다. 그 내용은 미국이 필리핀을 통치하며 일본은 한반도 지배권을 갖는다는 것이다. 당시에는 이 밀약의 내용이 전혀 알려지지 않다가 1924년 미국 외교사가에 의해 처음 세상에 공개되었다.

1905년 일본은 제2차 영일동맹을 맺고 러일전쟁에서 이긴 뒤에 포츠머스 조약Treaty of Portsmouth을 체결했다. 이로써 일본은 한반도를 식민지하는 데 영국, 미국, 러시아의 동의를 얻었다. 제국주의 열강들이 자국의 이익을 위해 약소국을 침탈하는 행위가 용납되던 시기였다. 일

제2차 세계대전에 참전한 미국은 일본의 두 도시에 원자폭탄을 떨어뜨렸다.
일본은 무조건항복을 선언했고, 이에 따라 1945년 8월 15일 우리나라는 독립을 맞았다.
당시 미군 홍보 포스터에는 "일본, 이제 네 차례다. 이 전쟁을 끝내겠다"라는 말이 쓰여 있다.
제임스 플래그James Montgomery Flagg, 1941~1945년 사이,
메릴랜드, 콜리지 파크의 아카이브 ‖ National Archives at College Park.

본은 대한제국을 식민지로 만들기 위한 계획을 노골적으로 추진해 가기 시작했다. 청나라와 러시아를 물리쳤으며 강대국의 동의도 받은 마당에 거칠 것이 없었다. 1905년 11월 17일 을사늑약으로 우리나라를 보호국으로 만들었고, 1910년 8월 29일 우리나라 주권을 빼앗고 일본 제국에 합병시켰다.

일본은 한반도 식민지를 발판 삼아 군비를 증강하여 1931년 만주사변과 1937년 중일전쟁을 일으켰다. 제2차 세계대전이 일어나자 처음에는 개입하지 않았으나, 1940년 결국 독일, 이탈리아와 삼국동맹을 맺고 전쟁에 뛰어들었다. 1945년 8월 미국은 히로시마와 나가사키에 원자폭탄을 떨어뜨렸고, 일본은 무조건항복을 선언했다. 이에 따라 8월 15일 우리나라는 독립을 맞았다.

34

제국주의가 탄생하고
제1차 세계대전이 일어나다
〈사라예보 암살 사건〉

1914년 6월 28일 오스트리아-헝가리 제국 황태자 부부가 보스니아-헤르체
고비나Bosnia and Hercegovina의 수도 사라예보Sarajevo에 도착했다. 자기 제
국의 식민지에서 열리는 군사훈련을 참관할 예정이었다. 황태자 부부는 자동
차로 이동하던 도중 수류탄으로 1차 암살 공격을 당하지만 다행히 무사했다.
황태자 프란츠 페르디난트 대공은 주변의 반대에도 불구하고 다친 수행원이
있는 병원에 병문안을 가기로 했다. 이것은 잘못된 선택이었다. 병원으로 가
는 길에 황태자 부부는 암살자의 총에 맞았고, 둘 다 사망하고 말았다.

1914년 6월 28일 오스트리아-헝가리 제국 황태자 부부가
식민지인 보스니아-헤르체고비나의 수도 사라예보에서 암살당했다.
암살자는 19세 세르비아 청년으로, 배후에는 범슬라브주의 테러 단체 흑수단이 있었다.
황태자가 슬라브 민족의 통일에 방해가 된다고 생각하고 테러를 벌인 것이었다.
이 사건으로 오스트리아는 세르비아에 굴욕적인 조건들을 제시했고 거부당하자
선전포고를 했다. 이것이 제1차 세계대전의 시작이었다.
아킬레 벨트라메Achille Beltrame, <사라예보 암살 사건Assassination of Sarajevo>, 이탈리아 신문
『도메니카 델 코리에레Domenica del Corriere』, 1914년 6월 28일자에 실린 삽화.

하필 이날은 1389년 세르비아 왕국이 오스만 제국에 멸망당한 성 비투스의 날(비도브단Vidovdan)로, 세르비아인들의 애국심이 최고에 달하던 시기였다. 당시 세르비아를 비롯한 발칸 반도 국가들 사이에는 슬라브 민족의 통일을 이루자는 범슬라브주의가 거세게 일고 있었다. 그런데 황태자가 각 민족에 자치권을 주는 오스트리아 합중국 제도를 주장하면서, 슬라브 통일운동에 제동을 걸었다. 이를 문제 삼은 세르비아 비밀 테러 단체인 흑수단The Black Hand이 암살 사건을 일으킨 것이다.

암살 사건 후 오스트리아는 세르비아에 굴욕적인 조건들을 제시했고 거부당하자 선전포고를 했다. 오스트리아 편에는 독일이, 세르비아 편에는 러시아, 영국, 프랑스가 가담했다. 천만 명의 군인들이 목숨을 잃은 제1차 세계대전의 시작이었다.

19세기 말에 산업혁명으로 급성장한 민족 국가들이 제국주의 imperialism 정책을 실행하기 시작했다. 제국주의란 강대국이 힘이 약한 나라를 침략하여 군사적·경제적으로 지배하는 것을 말한다. 식민지는 원료를 값싸게 공급하는 장소이자 완성된 상품을 비싸게 구입하는 시장으로 전락했다. 이런 거래로 돈을 벌 수 있는 쪽은 오직 강대국뿐이었다. 강대국은 식민 정책을 사회진화론과 인종주의로 합리화했다. 강자가 약자를 지배하는 것은 당연하며 우수한 민족이 열등한 민족에게 문명의 혜택을 전하는 것은 신이 내려 준 의무라고 생각했다.

영국과 프랑스는 지리적으로 유럽과 가까운 아프리카 대륙에서 식민지 쟁탈전을 벌였으며, 이후 아시아로 눈을 돌렸다. 뒤늦게 통일을 이룬 독일과 미국, 러시아도 식민지 경쟁에 나서게 되었다. 영국, 프랑스,

독일은 1884년 베를린 회의를 통해 자국 군대를 주둔시켜야만 식민지로 인정받는다는 원칙에 합의했다. 독일은 이때 카메룬, 탄자니아, 나미비아를 획득했다. 아프리카 대륙 식민지 정책에서 영국은 3C 정책(인도의 캘커타, 이집트의 카이로, 남아프리카의 케이프타운을 연결한 삼각형 지역을 식민지화하려는 정책), 독일은 3B 정책(독일의 베를린, 발칸 반도의 비잔티움, 중동의 바그다드를 연결하는 지역을 식민지화하려는 정책), 프랑스는 횡단 정책(아프리카 대륙을 가로 방향으로 식민지화하려는 정책)으로 식민지를 건설했다. 아프리카 대륙에서 라이베리아와 에티오피아를 제외한 모든 나라가 식민지화되었다.

1908년 러시아는 남하 정책의 일환으로 오스트리아-헝가리 제국과 합의해 다르다넬스 해협 항해권을 얻으려 했다. 이때 오스트리아가 내세운 조건은 자신들의 보스니아-헤르체고비나 병합을 러시아가 승인하라는 것이었다. 러시아는 영국의 반대로 결국에는 다르다넬스 해협 항해권을 얻지 못했다. 한편, 1912년 발칸 전쟁에서 승리한 세르비아는 오스트리아-헝가리 제국의 방해로 세력을 넓힐 수 없었다. 이에 오스트리아를 슬라브 민족 통일의 방해꾼이라고 생각하게 되었다. 당시 오스트리아는 독일의 지원을 받고 있었고, 세르비아는 러시아의 지지를 받고 있었다. 즉 독일·오스트리아를 중심으로 한 범게르만주의와 러시아·세르비아를 중심으로 한 범슬라브주의가 충돌하게 된 것이다.

유럽의 화약고인 발칸 반도에서 긴장감이 고조되던 1914년 6월 28일, 오스트리아 황태자 부부가 사라예보에서 암살당했다. 암살범은 흑수단 소속의 19세 세르비아 청년 가브릴로 프린치프Gavrilo Princip였다. 프린치프는 당시 미성년자였기 때문에 처형되지 않고 징역 20년을 선고받았다. 4년 후인 1918년 체코 테레지엔슈타트에 있는 감옥에서 결핵으로 병사했다.

암살 사건 후 오스트리아는 세르비아에 굴욕적인 조건들을 제시했고 받아들여지지 않자 선전포고를 했다. 오스트리아가 세르비아에 최후통첩을 보낼 수 있었던 것은 전쟁이 일어나면 독일이 지원해 줄 것을 약속했기 때문이다. 오스트리아 편에는 강력한 독일이 있었다. 반대편에서는 독일과 경쟁 관계였던 영국과 프랑스가 손을 잡았고 여기에 러시아도 가세했다. 결국 모든 유럽인이 독일 편 아니면 영국·프랑스 연합군 편이 되어서 전투를 벌이게 되었다. 이탈리아는 처음에는 독일과 동맹 관계였지만 연합군 편이 되었다. 청일전쟁과 러일전쟁에서 승리한 일본은 영일동맹을 맺고 독일에 선전포고를 했으며, 이때 영국군과 이탈리아군과 연합해 독일령 칭다오를 점령했다. 이로써 천만 명에 달하는 사망자를 낸 제1차 세계대전(1914~1918)이 시작되었다. 동맹국은 독일 제국, 오스트리아-헝가리 제국, 오스만 제국(터키), 불가리아 왕국이었고, 이에 대항하는 연합국(협상국)은 대영 제국, 프랑스, 러시아, 일본, 세르비아, 벨기에 등이었다.

독일 황제 빌헬름 2세는 비스마르크를 사임시키고 나서 식민 정책을 활발하게 추진하고 있었다. 제1차 세계대전이 일어나자 전 유럽을 지배하고 싶은 야욕을 드러냈다. 1914년 8월 프랑스와 러시아에 선전포고한 빌헬름 2세는 이렇게 연설했다.

"마침내 때가 왔습니다. 이제 우리도 무기를 들어야만 합니다. 조금의 망설임이나 의심이 있다면 이는 조국에 대한 반역입니다."

전쟁이 시작되자 유럽인들은 나라에 충성하는 길이 참전하는 것이

제1차 세계대전이 일어나자 독일 황제 빌헬름 2세는 유럽을 지배하려는 야욕을 드러냈다.
러일전쟁의 패배를 교훈 삼아 군대를 현대화했던 독일은 분당 600발을 쏘는 기관총을 앞세워
전쟁에 뛰어들었다. 사진 속 인물들은 제1차 세계대전을 이끌었던 독일 황제와 장군들로,
맨 앞에 혼자 앉아 있는 남자가 황제 빌헬름 2세다.
<빌헬름 2세와 그의 장군들 Wilhelm II and His Generals>, 1914년, 미국 의회도서관.

라고 여겼고, 전쟁에 나가지 않으면 비겁한 사람이라고 생각했다. 전쟁
은 성탄절 전에는 끝날 것이며 이 기회에 유럽을 정화시킬 수 있을 것
이라는 생각도 가졌다. 당시 유럽 청년들은 전쟁을 따분하기만 한 일
상의 도피처로 가볍게 생각했던 것이다. 특히 이탈리아의 젊은 예술가
집단인 미래주의자들은 전쟁이 낡은 전통을 파괴하고 새로운 질서를
만들 기회라고 생각하고 자원입대했다. 하지만 주요 인물들이 전쟁터
에서 전사하면서 미래주의는 흐지부지되고 말았다.

20세기 초 이탈리아에서 형성된 미래주의는 낡은 전통을 거부하고
도시 생활과 기계 문명을 찬미한 예술 사조였다. 주요 인물인 움베르토 보초니Umberto Boccioni는
조각 작품에 시간과 공간, 연속적 움직임을 담아내기도 했다.
하지만 전쟁을 찬양한 나머지 제1차 세계대전에 참전했다가 훈련 중 사고로 사망했다.
움베르토 보초니, <공간에서 연속적인 단일 형태들Unique Forms of Continuity in Space>,
1913년, 청동, 111.2×88.5×40cm, 뉴욕, 뉴욕 현대미술관.

에리히 레마르크Erich Maria Remarque의 소설을 1930년 영화로 만든 〈서부전선 이상 없다〉는 당시 상황을 잘 묘사하고 있다. 김나지움을 졸업한 폴과 알버트, 프란츠, 뮐러, 벤은 교사의 연설에 감동받아서 제1차 세계대전에 자원입대한다. 친구들은 하나둘 죽어 가고 마지막까지 남은 주인공 폴도 결국 사망한다. 철없는 젊은이들을 전쟁터로 내모는 어른들의 이기심을 잘 묘사한 반전 영화다.

산업혁명으로 급성장한 독일은 사라예보 사건이 터지자 전쟁을 미리 준비하고 있었다. 1905년 러일전쟁의 패배를 교훈 삼아 군대 현대화를 이룬 독일은 참호 구축과 기관총의 위력을 활용했다. 기관총은 분당 600발이라는 발사 속도로 단시간에 많은 적을 죽일 수 있었다. 전쟁 초기에는 참호와 주변을 둘러싼 철조망, 기관총이 주로 사용되었다.

독일군 총사령관 알프레트 폰 슐리펜Alfred von Schlieffen이 고안한 슐리펜 작전은 중립국 벨기에를 차지하고 나서 6주 내로 프랑스 파리를 점령하는 것이었다. 1914년 8월 벨기에를 침략한 독일은 생각보다 격렬히 저항하는 벨기에군에게 고전하고 있었다. 벨기에 교육도시 루뱅 Leuven을 점령한 독일군은 어느 날 밤 독일군에게 가해진 총격이 벨기에 민간인의 짓이라고 믿었다. 그 보복으로 민간인 380여 명을 처형하고 23만 권 고서가 보관되어 있던 루뱅 중세 도서관을 불태우는 등 루뱅을 폐허로 만들고 말았다. 루뱅에서 벌어진 잔혹 행위는 유럽인들을 충격에 빠뜨렸다.

제1차 세계대전은 동부전선(동유럽과 러시아 일부)보다는 서부전선(프랑스 북동부와 벨기에) 싸움이 치열했다. 독일은 병력 대부분을 서부전선에 투입했다. 하지만 러시아군이 동프로이센으로 갔다는 소식을 들은 독일은 2개 사단을 동부전선으로 이동시켰다. 1914년 8월 27일부터 31일까지 폴란드 땅에서 일어난 타넨베르크 전투Battle of Tannenberg에서 러시아군 7만 명이 사망하거나 부상당했고 10만 명이 포로가 되었다. 독일군의 완벽한 승리였지만 전략적으로는 실패한 전투였다. 2개 사단이 빠진 서부전선에서 독일군은 고전을 면치 못했고 6주 내로 파리를 점령한다는 계획은 실패로 끝났다. 타넨베르크 전투에서 활약한 독일 사령관 파울 폰 힌덴부르크와 참모장 에리히 루덴도르프는 국민 영웅이 되었다.

1914년 9월 마른 전투Battle of Marne에서 독일군의 공격에 맞선 프랑스의 전략은 한 치의 땅도 빼앗기지 않도록 무조건 공격한다는 것이었다. 하지만 프랑스군은 독일군의 기관총에 속수무책으로 당하고 말았다. 마른 전투에서 양측의 사상자 수는 50만 명에 이른다.

벨기에의 중세 요새 도시 예페르Ieper는 전략적으로 중요한 곳으로, 독일군은 이곳을 통과하면 칼레나 됭케르크까지 쉽게 진격할 수 있었다. 예페르에서는 다섯 차례나 전투가 벌어졌다. 1914년 10월 독일과 영국이 맞선 제1차 예페르 전투에서는 훈련받지 않은 학도병으로 구성되어 있던 영국군이 10만 명 전사했다. 예페르 전투부터 참호전이 시작되었고, 발트 해에서 스위스 국경까지 이어진 참호는 제1차 세계대전 동안 계속 유지되었다.

독일군의 참호는 깊고 견고한 데 비해 연합군의 참호는 대단히 허술했다. 특히 장시간 참호 속에 있는 병사들은 굶주림과 쥐떼, 병사들의 시신에서 나는 악취로 이중 삼중으로 고통받아야 했다. 또한 병사들은 젖은 양말을 신은 채 군화를 신고 있었으므로 참호족이라는 병에 시

벨기에의 중세 요새 도시 예페르는 전략적 요충지로,
독일군이 이곳을 통과하면 칼레나 됭케르크까지 쉽게 진격할 수 있었다.
그러다 보니 제1차 세계대전 당시 예페르에서는 다섯 차례나 전투가 벌어졌다.
리처드 잭Richard Jack, <제2차 예페르 전투The Second Battle of Ieper>, 1919년.

달렸다. 처음에는 발이 붓다가 결국에는 발가락 신경이 손상되어 발을
잘라 내야 했다.

　1914년이 끝나 갈 무렵 독일군 74만 7,000명, 프랑스군 85만 4,000명
이 전사하거나 부상당했으며 영국 식민지에서 파견한 병사들은 거의
전멸했다. 영국군은 1914년까지 100만 명이 입대했고 지원자가 바닥나
자 1916년부터는 18~41세 남성을 징집 대상으로 삼았다. 영국 정부가

1915년 영국 여객선 루시타니아호가 독일군에게 격침되는 사건이 발생했다.
희생자 중에는 미국인 128명이 포함되어 있었다. 이 사건으로 미국에서 반독일 정서가 퍼졌고,
2년 뒤인 1917년 미국은 방관 입장에서 벗어나 결국 제1차 세계대전에 뛰어들게 되었다.
작가 미상, <루시타니아호의 침몰Untergang der Lusitania>, 1915년,
독일연방 문서보관소Bundesarchiv.

전사한 병사 가족에게 보낸 통지서에는 고통 없이 전사했다는 내용이
의례적으로 들어갔지만 고통 없이 전사한 병사는 거의 없었다. 1915년
이 되자 독일군과 연합군은 서부전선에서 언제 끝날지 모르는 전투를
계속하고 있었고 사망자는 날이 갈수록 늘어 갔다.

독일의 무제한 잠수함 작전으로 인해 1915년 5월 7일 뉴욕을 떠나
영국으로 오던 여객선 루시타니아호Lusitania가 격침되는 사건이 일어났
다. 여객선 안에는 미국에서 영국으로 가는 전쟁 무기가 실려 있었다.
이 사건으로 배에 타고 있던 1,957명 중 1,198명이 사망했는데, 그중에

는 미국인 승객 128명이 포함되어 있었다. 이때부터 미국에서 반독일 정서가 퍼지게 되었다.

1915년이 끝나 갈 무렵 서부전선에서 전사하거나 부상당한 연합군의 수는 200만 명을 넘었고 독일군도 90만 명에 이르게 되었다. 1916년 프랑스 국경선에서 벌어진 솜 전투Battle of the Somme에서는 하루에 6만 명이 죽는 등 당시에 하루 사망자 수 최고를 기록했다. 그 결과 영국군 48만 명, 프랑스군 25만 명, 독일군 53만 명이 사망했다. 1916년 2월부터 12월까지 10개월간 계속된 베르됭 전투Battle of Verdun에서는 프랑스군 30만 명, 독일군 33만 명이 사망했다.

2016년 7월 1일 솜 전투 100주년 기념식에는 영국 찰스 황태자 부부를 비롯해 황실 가족들이 참석했으며, 같은 해 베르됭 전투 100주년 기념식에는 독일 메르켈 총리와 프랑스 올랑드 대통령이 참석했다. 영국, 프랑스, 독일 대표들이 모여 전사자들을 추모한 것이다.

루시타니아호 침몰 사건이 일어나고 2년 뒤인 1917년 치머만 전보 Zimmermann Telegram 사건이 발생했다. 1917년 독일 외무장관 아르투르 치머만이 멕시코 주재 독일 대사에게 보낸 전보 내용은 "독일과 미국이 전쟁을 할 경우 멕시코가 독일 편에서 싸워 준다면 대가로 미국의 텍사스와 뉴멕시코, 애리조나를 주겠다"는 것이었다. 전보를 해독한 영국은 즉시 이 내용을 미국에 알렸고, 이는 1917년 4월 미국이 참전을 결정한 결정적 계기가 되었다.

이 시기 독일 정부는 스위스에 망명 중인 공산주의자 레닌에게서 독일을 통과할 수 있는 비자를 발급해 달라는 요청을 받게 된다. 독일은 필요하다면 러시아까지 호위해 주겠다고 말했는데, 독일의 속셈은 러시아가 물러나면 동부전선에 신경 쓸 필요가 없어지니 이때 병력을 서부전선에 집중시키려는 것이었다. 독일의 비밀첩보 작전으로 스위스를 떠나 독일을 지나 스톡홀름에 도착한 레닌 일행은 적국 독일로부터 500만 마르크를 받았다. 1917년 러시아 페트로그라드(오늘날의 상트페테르부르크)에 무사히 도착한 레닌은 4월 테제 연설을 통해 두 번째 단계의 혁명이 필요하다고 강조했다. 1945년 이후 공개된 독일 문서에는 1918년 러시아에 2,600만 마르크가 지불되었다고 기록되어 있다. 오늘날 화폐 가치로 환산하면 7,500만 유로(한화 972억 원)에 해당하는 엄청난 금액이다. 하지만 레닌과 볼셰비키 당원들은 이런 사실을 숨겨야만 했고 모든 관련 서류를 없애 버렸다.

볼셰비키가 주도한 10월 혁명이 성공한 이후 러시아는 1918년 독일과 브레스트-리토프스크 조약Brest-Litovsk Treaties을 체결했다. 이 조약으로 러시아는 독일에 핀란드를 비롯한 발트 3국, 폴란드, 우크라이나를 양도하고 전쟁에서 즉각 철수하기로 결정했다.

미국은 참전을 결정한 후 1년 만에 많은 병사를 모았고 최신 장비를 갖춘 미군을 서부전선에 투입했다. 1918년 9월 연합군이 독일 영토로 침입하는 것을 염려한 루덴도르프 참모장은 패전을 시인하고 항복 선언서 작성에 들어갔다. 그는 군대의 명예를 보호하기 위해 빌헬름 2세에게 퇴위를 권유했다. 이때까지도 독일 국민은 독일군이 계속 승리하고 있는 줄 알고 있었다. 1918년 11월 3일 킬 군항에서 해군 폭동이 일어났으며, 폭동은 베를린까지 파급되어 11월 혁명으로 이어졌다. 11월 9일 빌헬름 2세는 퇴위를 선언하고 망명지 네덜란드로 황급히 떠났다.

1918년 11월 11일 파리 근교 콩피에뉴 숲Compiègne Forest의 열차 객

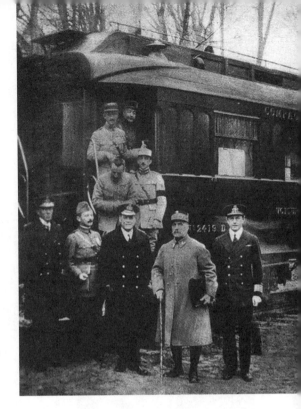

제1차 세계대전은
1918년 11월 11일 파리 근교
콩피에뉴 숲의 열차 객실 안에서
맺은 종전 합의로 끝났다.
사진의 앞줄 오른쪽에서 두 번째가
연합군 총사령관이었던
페르디낭 포슈다.

실 안에서 종전 합의가 이루어졌다. 합의문 내용은 다음과 같았다. 첫째, 독일군은 2주 안에 벨기에와 프랑스 영토에서 완전히 철수한다. 둘째, 라인란트는 연합군이 점령한다. 셋째, 독일이 점령한 식민지는 포기한다. 넷째, 함대와 잠수함을 연합국에 넘긴다. 독일 대표단은 합의 문서에 서명하는 것밖에는 다른 길이 없었다. 대표단의 일원이었던 마티아스 에르츠베르거Matthias Erzberger는 2년 뒤 극우 장교에게 암살당했다. 기차가 오가던 콩피에뉴 숲은 오늘날 산책하기 좋은 공원으로 조성되어 있으며 박물관도 세워졌다. 주변에서는 연합군 총사령관이었던 페르디낭 포슈Ferdinand Foch의 동상도 만나 볼 수 있다.

제1차 세계대전에서 승리한 연합국은 베르사유 조약으로 독일에 배상금을 부과했다.
이것은 훗날 불씨로 남아 나치 세력들이 제2차 세계대전을 일으키는 핑계가 되었다.
윌리엄 오펜William Orpen, ＜1919년 6월 28일 베르사유 궁 거울의 방에서 있었던
평화협정 서명The Signing of Peace in the Hall of Mirrors, Versailles, 28th June 1919＞,
1919년, 런던, 제국전쟁박물관Imperial War Museum.

1919년 1월 황제가 퇴위한 독일에서는 총선이 열렸고 프리드리히 에베르트Friedrich Ebert가 중심인 중도 좌파 연합이 이겼다. 그해 2월 바이마르 공화국 초대 대통령이 된 에베르트는 바이마르 헌법에 서명했다.

1919년 1월 파리에 모인 연합국 대표들은 독일에 부과할 배상금 문제를 협의했으며 배상금이 지불되지 않을 때에는 독일 영토를 재점령하기로 했다. 이때 연합국 대표는 미국의 윌슨 대통령, 영국의 조지 수상, 프랑스의 클레망소 장관이었다. 대표들은 6개월 동안 새로운 유럽 질서를 만들고 아프리카와 중동, 발칸 반도의 소유권에 대해 논의했다. 그 결과로 폴란드와 발트 3국이 독립을 보장받았으며 오스트리아-헝가리 제국은 해체되었다. 이탈리아는 영토 획득에 대한 불만으로 파시즘을 지지하게 되었고, 일본은 한반도를 식민지로 계속 소유할 수 있게 되었다.

1919년 6월 최종 평화협정인 베르사유 조약Treaty of Versailles이 베르사유 궁 거울의 방에서 체결되었다. 베르사유 조약에 따라 독일에는 배상금이 부과되었는데, 이는 제2차 세계대전의 불씨가 되기도 했다.

윌슨 미국 대통령은 제1차 세계대전 같은 전쟁을 방지하기 위해 국제연맹League of Nations 창설에 앞장섰지만, 정작 미국은 의회 승인을 받지 못해 불참하게 되었다. 건강이 나빠진 윌슨 대통령은 재선을 포기했고 1924년 사망했다.

제1차 세계대전은 역사상 유례없는 대규모 전쟁이었다. 연합국(협상국)에서는 프랑스에서 860만 명 참전에 130만 명 사망, 영국(대영 제국)에서 880만 명 참전에 90만 명 사망, 러시아에서 1,200만 명 참전에 170만 명 사망이 기록되었다. 대영 제국 식민지군은 300만 명, 미군은

제1차 세계대전의 주요 참전국과 참전군인 수, 사망자 수.
파란색이 연합국(협상국), 빨간색이 동맹국이다.
이 전쟁으로 군인 938만여 명, 민간인은 그 두 배인 1,918만여 명이 목숨을 잃었다.

12만 명, 벨기에인은 1만 3,000명, 세르비아인은 45만 명 사망했다.

　　동맹국에서는 독일에서 1,300만 명 참전에 200만 명 사망, 오스트리아-헝가리 제국에서 780만 명 참전에 120만 명 사망, 오스만 제국(터키)에서 300만 명 참전에 32만 명 사망이 기록되었다.

총 사망자 수는 군인 938만여 명, 민간인은 그 두 배인 1,918만여 명이었다. 많은 사상자가 난 이유는 지뢰, 화염방사기, 기관총, 독가스, 폭격기, 탱크 등 대량 살상 무기가 개발된 데다 이 무기들을 적절하게 사용할 새로운 군사 전략을 짜지 못했기 때문이다.

제1차 세계대전으로 참전한 남자들 대신에 여자들의 활동이 많아지면서 1918년 영국에서는 만 30세 이상 여성에게 처음으로 참정권이 주어졌다. 이후 여성 참정권은 전 유럽으로 확대되었다.

1917년 러시아 2월 혁명으로 니콜라이 2세가 물러나고 임시정부가 들어섰다.
새 시대가 시작되었지만 삶은 나아지지 않았고 임시정부는 전쟁을 끝낼 생각이 없었다.
사회는 점점 더 불안해져 갔고 매일 무장봉기가 일어났다.
이때를 기회라고 여긴 레닌은 볼셰비키를 이끌고 1917년 10월 임시정부 주요 기관을 장악했다.
볼셰비키 혁명의 시작이었다. 이로써 러시아에는 최초의 사회주의 국가가 들어섰다.
그림에서는 볼셰비키를 상징하는 거인이 붉은 깃발을 들고 인민들을 이끌고 있다.
보리스 쿠스토디예프Boris Kustodiev, <볼셰비키|The Bolsheviki>, 1920년, 캔버스에 유채,
101×141cm, 모스크바, 트레티야코프 국립미술관Gosudarstvennaya Tret'yakovskaya Galereya.

35

최초의 사회주의
국가가 탄생하다
〈볼셰비키〉

제1차 세계대전의 여파는 러시아 땅에도 들이닥쳤다. 물가는 날이 갈수록 오르고 생활고는 심해졌다. 병력으로 일할 사람들이 빠져나가면서 농촌에서도 도시에서도 노동력이 부족했다. 1917년 2월 세계 여성의 날을 맞아 군중들이 봉기했다. 2월 혁명으로 천여 명의 사상자가 발생했고 결국 황제 니콜라이 2세Nikolai II는 물러나게 되었다. 임시정부가 들어섰지만, 혼란을 수습하기에는 역부족이었다.

이를 기회라고 생각한 레닌은 10월 자신이 이끄는 다수당 볼셰비키를 이끌고 혁명을 일으켜 무능한 임시정부의 주요 기관들을 장악했다. 10월 혁명 혹은 볼셰비키 혁명으로 불리는 사건이었다. 이 혁명으로 1922년 러시아에서는 최초의 사회주의 국가인 소비에트연방사회주의공화국Union of Soviet Socialist Republics(소련)이 들어섰다.

러시아 로마노프Romanov 왕조의 알렉산드르 3세Aleksandr III는 러시아 황제, 즉 차르tsar 자리에 욕심이 없던 인물이었다. 그러나 황위계승자였던 형이 결핵으로 죽으면서 황태자가 되었다. 1881년 아버지 알렉산드르 2세가 폭탄 테러로 비참하게 사망하자 황위에 오르면서 전제 정치를 강화했다. 이 시기에 많은 자유주의자들이 억압당했으며, 시베리아로 유배를 떠났다.

러시아 화가 일리야 레핀Ilya Yefimovich Repin의 〈예기치 못한 방문객Unexpected Visitors〉은 유배지로 추방당했다가 돌아온 가장을 묘사하고 있다. 모진 고생 끝에 가족에게 돌아온 남자의 행색은 너무 초라하다. 하지만 더 비극적인 것은 남자가 없는 삶에 익숙해진 가족이다. 어머니는 놀라 의자에서 벌떡 일어나고 있으며, 문을 열어 준 (아마도 하녀인 듯한) 여자는 어리둥절한 표정을 짓고 있다. 식탁 앞에 앉아 있는 (아마도 딸인 듯한) 여자아이는 불안한 눈빛으로 남자를 쳐다보고 있다. 이 그림은 당시 러시아의 불안했던 사회 상황을 잘 말해 주고 있다.

1887년 황제 암살 음모가 적발되었다. 명단에는 페테르부르크 대학교 학생인 알렉산드르 울리야노프Aleksandr Ulyanov도 포함되어 있었다. 그에게는 17세 동생이 있었는데, 후일 레닌Lenin으로 불리는 블라디미르 일리치 울리야노프Vladimir Ilyich Ulyanov였다. 본명 대신에 레닌으로 불리게 된 것은 위조 여권 때문이라고 한다. 수공업자 출신 가문인 레닌의 아버지 일리야 울리야노프는 지방 교사였다가 교육감이 되었던 성공한 인물이었다. 1887년 겨울 알렉산드르가 교수형으로 처형되자 가족은 심비르스크Simbirsk(오늘날에는 레닌의 성을 따서 울리야놉스크라고 불린다)를 황급히 떠났다.

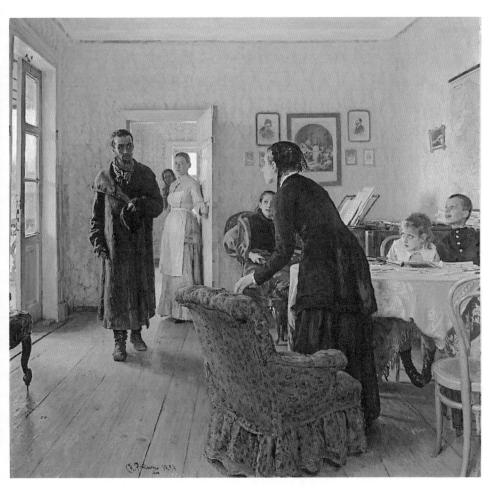

러시아의 마지막 왕조 때에는 많은 자유주의자들이 시베리아 유배을 떠났다.
이 그림은 당시 러시아의 불안했던 사회·정치 상황을 잘 보여 주고 있다.
유배지에서 돌아온 남자는 초라한 행색이지만, 더 슬픈 건 가족의 반응이다.
남자가 없는 삶에 익숙해진 가족들은 다양한 표정을 짓고 있다.
하녀로 보이는 여자는 문을 열어 주면서도 어리둥절한 표정을 짓고 있으며,
식탁 앞에 앉아 있는 딸은 불안한 눈빛으로 아버지를 쳐다보고 있다.
일리야 레핀, <예기치 못한 방문객>, 1884~1888년 사이, 160.5×167.5cm,
모스크바, 트레티야코프 국립미술관.

레닌은 1892년 페테르부르크 법대를 졸업한 뒤 변호사 자격증을 얻지만 형의 죽음에서 영향을 받아 혁명가가 되기로 결심했다. 1895년 노동계급해방투쟁동맹을 결성했다가 체포되어 5년간 시베리아 유배형에 처해졌다. 레닌이 시베리아에 있을 때인 1898년 러시아사회민주노동당이 결성되었고, 레닌은 차르의 탄압을 피해 1900년 유럽 망명길에 올랐다.

당시 러시아 지식인들은 유럽 다른 나라들에 비해 후진적인 조국의 현실에 안타까워하고 있었다. 1836년 철학자 표트르 차다예프Pyotr Yakovlevich Chaadaev는 『철학 서간Philosophical Letters』에서 "러시아는 동양 문화도 서양 문화도 아니며 세계 문화에 기여하지 못했다"고 주장했다. 이 시기 차르였던 니콜라이 1세는 차다예프를 정신병자 취급을 했다. 하지만 실제로 러시아는 1237년부터 1480년까지 200여 년간 몽골의 지배를 받으면서 유럽에서 멀어졌다. 16세기 루터의 종교개혁, 17세기 과학혁명, 18세기 계몽주의의 영향을 전혀 받지 않았던 것이다. 1917년 혁명으로 로마노프 왕조가 무너지기 전까지 러시아는 철저한 전제 군주의 나라였다. 유럽에서는 16세기에 폐지되었던 농노제가 1861년까지 존재하고 있었던 후진국이 러시아였다.

여기서 잠시 러시아 역사를 살펴보겠다. 러시아 혁명을 제대로 알기 위해서는 종교와 사회 구조를 먼저 이해하는 게 필요하기 때문이다.

러시아의 기원은 9세기에 형성되어 350여 년간 유지되었던 키예프 공국Kievskaya이다. 987년 키예프 공국의 블라디미르Vladimir 공은 비잔티움 황제 바실리우스 2세에게 군사 원조를 요청받았다. 그 보답으로 988년 황제의 누이 안나 공주와 결혼하게 되었다. 결혼식 전에 세례를 받은 블라디미르 공은 로마 제국 계승자임을 자처했다. 989년 그리스도교, 더 정확히는 그리스 정교를 국교로 정했다. 술을 좋아하는 러시아인의 음주를 금하는 이슬람교나, 나라 없이 떠돌아다니는 유대인의 종교보다는 그리스도교가 러시아인에게 더 어울린다고 생각했기 때문이다. 독실한 그리스도교 신자가 된 블라디미르 공은 키예프와 노브고로드 주민들에게 세례를 강요했고, 키예프 공국 전 지역에 성당을 건립했다. 그리스도교가 국교화되면서 키릴로스 신부가 발명한 키릴 문자도 사용할 수 있는 계기가 마련되었다.

이때 받아들인 그리스도교는 로마에서 전해진 것이 아니라 비잔티움 제국에서 전해진 것이었다. 교황의 우위를 강조하는 로마 가톨릭과 달리, 그리스 정교는 황제의 권한을 더 인정하고 있었다. 키예프는 그리스 정교회의 대주교가 상주하는 도시가 되었고, 그리스 정교는 후일 러시아 정교로 발전하게 되었다.

발전하던 키예프 공국은 13세기 몽골의 침략으로 무너졌고, 몽골족의 지배에 긴 세월 저항하게 되었다. 이 시기에 러시아 명맥을 이어 갔던 왕조가 류리크 왕조Rurikids다. 류리크 왕조의 이반 1세Ivan I는 '돈주머니공Kalita'이라는 별명처럼 재정 능력이 뛰어난 황제였다. 정치력도 좋아서 몽골 제국 칸의 신뢰를 얻어 냈다고 한다. 러시아 왕조의 중심 도시였던 키예프와 블라디미르를 떠나 정착한 모스크바를 러시아 정교회 중심지로 만들었다.

모스크바 대공 바실리 2세의 차남으로 왕위에 오른 이반 3세Ivan III의 시기에는 몽골족과 타타르족의 지배에서 벗어났다. 이런 업적으로 러시아에서는 '성스러운 이반'이라고 불린다. 이반 4세Ivan IV는 러시

칭기즈 칸의 손자 바투 칸은 몽골군을 이끌고 러시아 남쪽 땅을 점령했다.
이후 몽골 지배가 200년간 이어졌는데, 이는 러시아가 유럽식 발전에 뒤처지는 결과를 낳았다.
<1238년 2월 수즈달Suzdal을 약탈하는 바투 칸>, 16세기 필사본 삽화.

아 최초로 차르tsar라는 호칭을 사용했는데, 차르는 카이사르의 러시아식 발음으로 군주를 뜻하는 용어다. 1598년 이반 4세의 아들 표도르 1세Fyodor I가 후계자 없이 사망하면서 류리크 왕조는 단절되었다. 이후 러시아는 가짜 왕위계승자들이 나타나는 등 동란 시대Cmytnoe vremya로 접어들었다. 이 시기에 대기근이 발생하여 전체 인구의 30%가 넘는 200만 명이 굶어 죽었다.

1613년 미하일 로마노프Mikhail Romanov(미하일 1세)가 전국회의(젬스키 소보르zemskii sobor)에서 차르로 선출되면서 동란 시대를 끝내고 로마노프 왕조를 열었다. 1682년 표트르 대제(또는 표트르 1세Pyotr I)가 통치를 시작하던 시기에 러시아에는 여러 문제가 많았다. 러시아인 대다수가 속하는 농민들은 농노제로 핍박받고 있었으며 종교 분쟁도 심각했다. 더구나 그리스 정교회가 교육을 독점하고 있었기 때문에 모스크바인 100명 중 3명만이 글을 읽고 쓸 수 있었다. 이렇듯 낙후되어 있었던 러시아에 비해 당시 다른 유럽 나라들은 발전되어 있었다. 네덜란드는 중계무역으로 번성하고 있었고, 영국은 산업혁명을 준비하고 있었으며, 프랑스는 루이 14세 절대왕정 시기였다.

표트르 대제는 러시아를 강력한 문명국가로 만들기로 결심하고 자신이 먼저 서양 문물을 배워야겠다고 생각했다. 그는 대규모 유럽 사절단을 이끌고 네덜란드, 스웨덴, 프로이센, 오스트리아, 영국에 다녀왔다. 특히 네덜란드의 최대 조선 기지인 잔담Zaandam에서는 황제가 아닌 유학생 신분으로 조선 기술을 직접 배우기도 했다. 네덜란드에서 5개월을 머물면서 의료 시설이나 학교, 군사 시설을 돌아보기도 했다. 호기심이 많았던 대제는 구체적인 질문을 마구 퍼붓곤 했다. 오늘날

표트르 대제는 낙후된 러시아를 발전시키기 위해 직접 서양 문물을 경험했다.
네덜란드 최대 조선 기지인 잔담에서는 유학생 신분으로 조선 기술을 배우기도 했다.
한 나라의 황제가 외국에 가서 직접 공부한 경우는 아마도 표트르 대제가 유일할 것이다.
사진은 잔담에 세워진 동상으로, 표트르 대제가 배를 건조하는 모습을 묘사한 것이다.

잔담에 가면 배를 건조하고 있는 표트르 대제 동상을 볼 수 있다. 한 나라의 황제가 외국에 가서 직접 공부한 경우는 세계사를 통틀어 표트르 대제가 유일할 것이다.

표트르 대제는 러시아로 귀국해 개혁을 실시했지만 러시아인들이 느끼기에는 너무 급진적이었다. 반란이 일어나자 이를 잔인하게 진압한 뒤 개혁을 가혹하게 추진해 나갔다. 남자들은 서양식 양복을 입게 했으며 러시아 남자의 자존심인 긴 수염도 자르게 했다. 수염을 계속 기르고 싶으면 비싼 수염세를 내야 했다. 당시 러시아인들이 얼마나 당황스러웠을까 싶다.

표트르 대제는 키가 2m를 넘는 강인한 체력의 소유자로, 잔인하고 야만적인 행동도 곧잘 했다. 표트르 대제의 잔인성은 이복형제들과 왕권을 다투는 과정에서 생겨났을 것이다. 1700년에는 영토를 넓히기 위해 스웨덴과 전쟁을 시작했다. 이 전쟁에서 참패한 뒤 군비를 늘려서 결국 스웨덴과의 전쟁에서 승리를 쟁취하는 집요함도 보였다.

1712년 800년간 수도로 있던 모스크바에서 네바 강 하구인 상트페테르부르크Saint Petersburg로 수도를 옮겼다. 표트르 대제는 상트페테르부르크를 완전한 유럽 도시로 만들어서 러시아 역사를 새로 쓰고 싶었다. 이 도시는 독일식 명칭으로는 '성스러운 베드로 도시'이며 러시아식 명칭으로는 '표트르의 신성한 도시'를 뜻한다. 이후 시대에 따라 페테르부르크와 레닌그라드로 바뀌었다가 1991년 소련 붕괴 후 상트페테르부르크라는 예전 명칭으로 돌아왔다.

1718년 정통 황위계승자인 아들 알렉세이가 반란 음모에 의해 체포되는 사건이 일어났다. 황태자인 알렉세이는 국사에는 관심이 없었을

뿐더러 아버지와의 관계가 좋지 못했다. 표트르 대제는 반역자들을 직접 취조하고 고문했고, 알렉세이는 고문 후유증으로 사망했다. 아들이 죽자 슬퍼하기보다는 후계자 문제를 더 걱정하는 냉혹한 면을 보였다.

1725년 표트르 대제가 사망한 뒤 그다지 내세울 것 없는 황제들이 즉위했다. 40년이 지나고 나서야 러시아 역사에 이름을 남기는 여제 예카테리나 2세Ekaterina II가 등장한다. 예카테리나 2세는 원래 황위계승자가 아니었고 심지어 독일 출신이었다. 그런 그녀가 차르에 오른 데에는 극적인 사연이 있었다.

표트르 대제의 딸인 여제 엘리자베타 페트로브나Elizaveta Petrovna는 후계자가 없자 언니의 아들인 표트르에게 황위를 넘겨주려고 했다. 표트르는 안나 페트로브나와 홀슈타인 공작의 아들로 태어났으며, 생후 몇 주가 안 되어 어머니가 사망하자 아버지 손에 양육되었다. 14세 나이인 표트르는 장차 차르가 되기 위해 상트페테르부르크로 왔다. 황위계승 수업을 받았지만 학문에는 관심이 없었다. 엘리자베타는 표트르에게 실망했고, 똑똑한 신붓감을 찾기 시작했다. 신부는 독일 귀족의 딸 소피 프리데리케 아우구스테Sophie Friederike Auguste였다. 소피는 프랑스인 가정교사에게 공부를 배웠으며 프랑스 계몽 사상에 심취해 있었다. 당시 16세였던 소피는 그리스 정교로 개종하고 예카테리나로 이름을 바꾸었으며, 1745년 표트르와 성대한 결혼식을 올렸다.

1762년 엘리자베타 여제가 사망하자 표트르는 황위를 계승했으며 표트르 3세Pyotr III가 되었다. 그는 러시아인이었지만 독일에서 성장해서 러시아어를 할 줄 몰랐으며 심지어 러시아인들을 멸시했다. 표트르 3세와는 다르게 예카테리나는 진정한 러시아인이 되기 위해 러시아어

1762년 표트르 황태자는 러시아 황제가 되었지만 기간은 겨우 6개월이었다.
러시아어를 모르고 러시아인을 멸시했던 그는 독일인 아내 예카테리나에게 황위를 빼았겼다.
새로 황위에 오른 예카테리나 2세는 러시아 영토를 넓혔고, 문화와 학문을 발전시켰다.
게오르크 크리스토프 그로트Georg Cristoph Grooth, <표트르 황태자와 아내 예카테리나>,
1745년경, 캔버스에 유채, 126.5×100cm, 오데사, 오데사 미술관Odesa Fine Arts Museum.

를 공부했다. 너무 열심히 공부하다가 급성 폐렴에 걸리기도 했다. 러시아 국민들은 표트르 3세보다 이방인 예카테리나를 더 좋아하게 되었다.

표트르 3세와 예카테리나 황후는 달라도 너무 다른 기질을 가지고 있었다. 표트르는 고집 세고 멍청했으며 병약한 체질이었는 데 반해 예카테리나는 진지하고 똑똑하고 활기 넘쳤다. 매력이라고는 찾을 수 없었던 표트르 3세는 즉위하자 귀족들에게 특권을 부여했고 친독일적인 정책으로 러시아 황제로서 권위를 점차 잃었다.

1762년 예카테리나 황후는 자신을 지지하는 세력을 모아 여제로 즉위했으며, 표트르 3세는 스스로 물러났다. 표트르 3세가 황위를 계승한 지 6개월이 조금 지난 시점이었다. 황위에서 물러난 표트르 3세는 그해 7월 17일 죽고 말았는데 예카테리나 2세가 관련되었다는 소문이 돌았다. 남편에게서 황위를 빼앗은 예카테리나 2세는 34년간 황위에 있었다.

정열적인 예카테리나 2세는 1796년 사망할 때까지 21명의 애인이 있었다고 한다. 나이 60세에 22살 청년을 애인으로 삼기도 했다니 사랑 없이는 한순간도 살기 어려웠던 여제였던 것 같다.

예카테리나 2세는 표트르 대제의 후계자를 자처했으며 과감한 결단력을 가지고 러시아를 통치했다. 폴란드를 세 번이나 분할했으며 터키와의 전쟁에서 승리해 크림 반도를 획득하기도 했다. 예카테리나 2세 시기에 러시아 영토는 더 늘어났으며 인구도 2배 증가했다. 1775년에는 효율적인 지방 통치를 위해 행정 개혁을 실시하기도 했다.

특히 볼테르를 비롯한 계몽 사상가들과 교류했으며, 『백과전서』 편집자 디드로가 생활고를 겪고 있다는 소식을 듣고 매년 지원금을 보내주기도 했다. 디드로가 1773년 러시아를 방문해 예카테리나 2세를 만났을 때 "클레오파트라의 매력과 브루투스의 영혼"을 가진 여제라고 칭송했다고 한다.

계몽 군주라고 자처했지만 예카테리나 2세는 귀족의 특권을 축소하지도, 농민들의 상황을 개선하지도 않았다. 1793년 프랑스 루이 16세의 처형 소식을 들은 예카테리나 2세는 충격을 받았다. 계몽 사상을 좋아했지만 입헌군주제를 수용하고 싶지는 않았을 것이다. 1796년 예카테리나 2세가 사망하자 아들인 파벨 1세Pavel I가 황위를 계승했다.

파벨 1세는 어머니 예카테리나 2세와는 다르게 통치자의 자질을 갖추지 못했다. 검열을 강화했고 폭압적인 통치를 했다. 이 시기에 러시아는 전쟁의 소용돌이에도 휘말려 들었다. 무능했던 파벨 1세는 결국 암살당하고 말았다.

파벨 1세의 뒤를 이어 황위에 오른 황제는 장남 알렉산드르 1세Aleksandr I였다. 1812년 6월 24일 나폴레옹이 60만 대군을 이끌고 러시아로 쳐들어왔지만, 알렉산드르 1세는 두려워하지 않았다. 그는 러시아의 매서운 추위가 자신들을 도와줄 것이라는 사실을 알고 있었다. 전쟁이 일어난 지 6주가 지나자 나폴레옹 군인들은 러시아의 함정에 걸려들고 말았다. 세 차례나 평화 제의를 거절한 알렉산드르 1세는 나폴레옹 군인들이 후퇴하기만 기다렸다. 추위와 배고픔에 쓰러져 가던 나폴레옹 군대는 후퇴를 결정했다. 이때 살아남아 고국 프랑스로 돌아간 숫자는 60만 명 중에 겨우 3만 명에 불과했다. 알렉산드르 1세는 후퇴하는 나폴레옹 군대를 뒤쫓아 1814년 파리에 입성했다. 나폴레옹의 정

러시아 황제 알렉산드르 1세는 나폴레옹의 60만 대군을 두려워하지 않았다.
고국의 매서운 추위가 자신들을 도와줄 것이라고 생각했기 때문이다.
겨울이 되자 모스크바를 점령한 나폴레옹 군대는 추위와 굶주림에 후퇴하기 시작했다.
알렉산드르 1세는 그들을 뒤쫓아 1814년 파리로 입성했다. 러시아 전술이 승리한 것이다.
작가 미상, <러시아 군대의 1814년 파리 입성Russian Army Enters Paris in 1814>.

치적 생명은 러시아 원정 실패로 끝나게 되었다.

　나폴레옹을 물리친 알렉산드르 1세가 사망하고 나서 동생 니콜라
이 1세Nikolai I가 황위에 올랐다. 니콜라이 1세는 파벨 1세의 셋째 아들
로 전제정치를 고집했으며 크림 전쟁에서 패한 뒤 사망했다.

　니콜라이 1세의 장남인 알렉산드르 2세Aleksandr II는 크림 전쟁 패
배로 인해 조국의 후진성을 깨닫고 있었다. 그래서 러시아 어느 황제도
시도한 적 없었던 농노해방령을 발표하게 된다. 농노해방령으로 인신매

인구 대부분이 농민이었던 러시아에서 농노제는 심각한 사회 문제를 일으켰다.
알렉산드르 2세는 농노해방령을 내렸고 농민들이 재산을 소유할 수 있게 해 주었다.
하지만 토지는 시세보다 비싼 값에 아주 적은 양만 살 수 있었고, 이자 부담도 지게 되었다.
결국 농노해방령은 농민을 위한 정책이 아니었던 것이다. 농민들의 불만은 쌓여 갔다.
러시아 사회의 모순을 담은 이 그림에서 당시 사람들의 비참한 현실을 엿볼 수 있다.
일리야 레핀, <볼가 강에서 배를 끄는 사람들>, 1870~1873년, 캔버스에 유채,
131.5×281cm, 상트페테르부르크, 국립러시아박물관.

매가 금지되었으며 농민들은 재산을 소유할 수 있게 되었다. 하지만 농
민이 진정으로 원하는 것은 토지였는데, 원래 경작하던 것보다 적은 양
의 토지를 시세보다 비싼 값에 사야 했다. 농민들은 국가에서 받은 토
지 대금에 이자를 붙여서 49년간 갚아야 하는 부담을 지게 되었다. 결
국 농노해방령은 농민을 위한 정책이 아니었던 것이다. 농민들의 불만
은 쌓여 갔다.

러시아 화가 일리야 레핀은 러시아 사회의 모순을 그림에 잘 담아냈

다. 1870~1873년에 제작한 〈볼가 강에서 배를 끄는 사람들Barge Haulers on the Volga〉을 보면 당시 러시아 사람들이 어떤 삶을 살았는지 짐작해 볼 수 있다.

1881년 알렉산드르 2세가 폭탄 테러로 사망하고 나서 차남 알렉산드르 3세가 황위에 올랐다. 그는 1866년 형 니콜라이의 약혼녀였던 덴마크 공주 마리 소피 프레데리케 다그마르Marie Sophie Frederikke Dagmar 와 결혼했다. 덴마크 공주는 결혼 전 개종하고 마리야 표도로브나 Maria Feodorovna라고 개명했다. 뛰어난 미모의 소유자인 마리야 황후는 4남 2녀를 두었다.

알렉산드르 3세는 독일, 오스트리아와 맺은 삼국동맹을 해체하고 프랑스와 동맹을 맺었다. 1894년 파리에서 동맹이 체결되었으며 1917년 까지 이어졌다. 동맹을 기념하기 위한 알렉산드르 3세 다리는 알렉산드르 3세가 죽은 뒤 착공되었고 1900년 파리 만국박람회 시기에 완공 되었다. 알렉산드르 3세 다리는 파리에서 가장 아름다운 다리로 알려져 있다.

알렉산드르 3세는 열차 사고를 당한 후 건강이 안 좋아졌으며 휴양을 하던 중 사망하고 말았다. 1894년 황위는 장남인 니콜라이 2세에게 계승되었다.

니콜라이 2세는 아버지를 닮아서 신앙심이 투철하고 가정적인 사람이었다. 그는 사랑하던 애견이 죽던 날 하루 종일 울었고, 산책을 할 때면 애견이 그립다고 일기에 적어 놓기도 했다. 니콜라이 2세는 앞으로 불어 닥치게 될 엄청난 폭풍을 감당하기에는 나약한 성격을 가지고 있었다. 첫 위기는 1904년 러일전쟁이었다. 1905년에는 노동자와 농민의

1905년 1월 9일 비참한 생활을 하던 러시아 노동자들이 평화행진을 시작했다.
아버지로 생각하는 차르에게 간청하기 위해서였는데, 그들을 맞은 건 궁전 경비대였다.
경비대는 광장에 모인 사람들을 향해 총을 쏘았고 심지어 대포까지 발사했다.
피의 일요일이라고 불리는 이날에 800명이 사망했으며 3,000여 명이 부상당했다.
보이치흐 코사크Wojciech Kossak, <1905년 피의 일요일Bloody Sunday in 1905>, 1905년.

혁명도 일어났다.

　　이 시기 토지는 한정되어 있었는데 농촌 인구는 70% 증가했다. 점점 살기 어려워지자, 농민 반란이 빈번하게 일어났으며 1907년까지 계속되었다. 도시 노동자들은 하루에 12시간 일했으며 여성들은 출산휴가도 없었다. 이 시기 태어난 영아 중 2/3가 사망했다.

　　1905년 1월 9일 운명의 일요일에 10만 명 노동자들이 가족과 함께 평화행진을 시작했다. 그들은 황제가 살고 있는 겨울궁전Zimnij dvorets으로 몰려갔다. 아버지로 생각하고 있는 차르에게 간청하기 위해서였는데, 그들을 맞은 것은 차르가 아니라 궁전 경비대였다. 차르는 이때 궁전에 없었다고 한다. 경비대는 광장에 모인 사람들을 향해 총을 쏘았고 심지어 대포까지 발사했다. '피의 일요일Krovávoye voskresén'e'로 불리는 이날에 800여 명이 그 자리에서 사망했으며 3,000여 명이 부상당했다.

피의 일요일 사건을 계기로 노동자들은 대규모 파업에 들어갔다. 1905년 10월 수도 상트페테르부르크에서 소비에트Soviet(노동자 대표회의)가 처음 결성되었고, 활동 영역을 전국으로 넓혀 갔다. 정국이 혼란에 빠지자 니콜라이 2세는 10월 선언을 발표했다. 두마Duma(의회)를 설치해서 앞으로는 두마의 승인 없이는 어떤 법도 제정하지 않겠다고 발표했다. 이는 전제정치를 포기한다는 의미로, 잘 실행되었다면 입헌군주국 형태로 나아갈 수 있었을 것이다. 그동안 특권을 누리던 계층에서는 새 정책이 위험하다고 생각했다. 이 시기에 유대인 학살이 벌어졌다. 이때 학살당한 유대인 수는 876명이며 많은 이들이 부상당했다.

1913년 러시아에서 로마노프 왕조 300주년 기념행사를 거행하고 있을 때, 발칸 반도에서는 전쟁의 위험이 나타나고 있었다. 1914년 제1차 세계대전이 일어났고, 러시아에서는 800만 명의 사상자와 250만 명의 전쟁 포로가 발생했다. 제1차 세계대전이 없었다면 러시아의 공산주의와 독일의 국가사회주의(나치즘)가 승리하지 못했을 것이다. 러시아는 군대만 많으면 승리할 줄 알고 엄청난 병력을 동원했다. 전쟁으로 병력이 빠져나가자 공장에서도, 농장에서도 노동력 부족으로 허덕이게 되었다.

1916년에는 배급 제도가 도입되었지만 물가는 날이 갈수록 올라가고 심각한 생활고가 닥쳤다. 전쟁이 언제 끝날지 모르는 상황에서 러시아인들은 매일 지쳐 갔다. 1917년 2월 23일(오늘날의 달력으로는 3월 8일) 세계 여성의 날을 맞아 2월 혁명이 시작되었다. 시위 군중은 날이 갈수록 늘어 갔다. 니콜라이 2세는 시위자들을 향해 발포 명령을 내렸지만 병사들은 발사 명령에 불복종했다. 로마노프 왕조의 마지막 황제 니콜라이 2세는 1917년 3월 15일 퇴위하고 말았다. 2월 혁명으로 1,300여 명의 사상자가 발생했고 구체제는 급속도로 붕괴되어 갔다.

차르가 퇴위하고 난 뒤 임시정부가 출범했으며 소비에트도 의욕적으로 활동했다. 러시아 혁명이 일어날 당시 국민의 70%가 글을 몰랐으며 대학 졸업자는 국민의 1%도 되지 않았다. 레닌을 비롯한 마르크스주의 신봉자는 주로 부유한 지식인들이었다. 레닌은 1903년 런던에서 개최된 러시아사회민주노동당 제2차 전당대회에서 주목받은 인물이었다. 레닌을 중심으로 한 다수파는 노동자에 의한 사회주의 혁명을 주장했으며, 마르토프를 중심으로 한 소수파는 부르주아 민주주의 혁명을 주장했다. 이때 다수파를 볼셰비키Bolsheviki, 소수파를 멘셰비키Mensheviki라고 부르게 되었다.

1917년 2월 혁명 당시 스위스 취리히에 있던 레닌은 오랜 망명 생활을 끝내고 러시아로 돌아오고 싶었다. 레닌은 독일이 비밀리에 제공해 준 열차를 타고 발트 해까지 간 뒤 스톡홀름과 핀란드를 거쳐 페트로그라드(오늘날의 상트페테르부르크)에 도착했다. 레닌은 급진적인 새 전략인 4월 테제를 발표했다. 그는 노동자, 농민, 병사 소비에트 외에 어떤 정부도 필요 없으며 우리에게 필요한 것은 프롤레타리아 독재뿐이라며 기필코 국제 혁명을 시작해야 한다고 강조했다.

레닌이 스몰니 학원Smol'niy institut 앞에 서 있는 모습을 묘사한 그림이다.
상트페테르부르크에 있는 스몰니 학원은 1917년 볼셰비키 혁명의 중심이 되었던 장소다.
이곳에서 레닌은 볼셰비키 혁명의 성공을 공포했으며, 이후 자신의 임시 집무실을 두었다.
이사크 브로드스키Isaak Brodsky, <스몰니 학원 앞의 레닌Lenin in front of Smolny>, 1925년 전.

사회는 점점 더 불안해져 갔고 매일 무장봉기가 일어났다. 임시정부는 알렉산드르 케렌스키Aleksandr Fyodorovich Kerenskii 총리가 세력을 잡고 있었다. 이 시기 레닌이 독일에 매수당했다는 소문이 나자 레닌은 서둘러 핀란드로 도망갔다. 케렌스키 총리가 경쟁 관계에 있던 코르닐로프 장군을 해임하자 반란이 일어났다. 반란 진압을 위해 동원된 소비에트는 이를 계기로 2만 5,000명에 이르는 부대로 커지게 되었다. 아마 이때 반란이 일어나지 않았다면 볼셰비키는 권력을 잡을 기회가 없었을지도 모른다.

혁명을 일으킬 절호의 기회를 포착한 볼셰비키는 1917년 10월 24일 주요 기관을 점령했다. 다음 날인 10월 25일 혁명이 성공했음을 공포했다. 임시정부는 막을 내리고 1922년 소비에트연방사회주의공화국(소련)이 세워지게 되었다. 인민위원회 의장이 된 레닌은 평화 포고령과 토지 포고령을 동시에 발표했다. 레닌은 토지 국유화 정책을 실시하고 싶었지만, 토지를 농민에게 나누어 주는 것으로 바꾸었다. 권력을 장악하기 위한 수단으로 농민을 회유할 필요가 있었던 것이다.

1917년 11월 제헌의회 선거에서 볼셰비키는 멘셰비키에 비해 낮은 지지율을 얻자 두마를 해산해 버렸다. 두마는 70년 이상 지나서 입법의회로 다시 부활하게 되었다. 그해 12월 비밀경찰 체카Cheka를 설치했고 모든 권력은 레닌을 중심으로 한 볼셰비키가 장악하게 되었다.

1918년 3월 3일 소비에트 정부는 제1차 세계대전에서 빠지는 조건으로 독일과 브레스트-리토프스크 조약을 체결했다. 이 조약으로 러시아는 많은 영토를 양보해야 했다. 레닌은 정권을 안정시키기 위해 시간이 필요했고, 무리해서라도 전쟁에서 발을 빼기로 결심했던 것이다. 유럽에서 사회주의 혁명이 성공한다면 이 조약을 무효로 만들 수 있다는 생각도 하고 있었다. 이 조약에 불만을 가지고 있던 프랑스, 영국, 일본, 미국은 러시아로 쳐들어왔다. 이들 국가는 왕당파인 백군을 지원했고 볼셰비키 적군과 3년간 내전을 벌이게 되었다. 레닌은 식량이 부족하자 식량징발령을 발표했고 배급제를 실시하는 등 전시 공산주의 체제에 들어갔다. 내란 시기에 700만 명이 사망했는데 그중 500만 명은 굶주림과 질병으로 죽은 것이었다.

데이비드 린 감독의 1965년 영화 〈닥터 지바고Doctor Zhivago〉에는 제1차 세계대전과 러시아 혁명, 러시아 내전 상황이 자세히 나오니 참고하면 좋을 듯하다. 1978년 재개봉 때 영화관에서 보았는데, 가장 흥미로웠던 장면은 우랄 산맥으로 가는 열차 장면이다. 제작 당시에는 소련에 들어갈 수 없었으므로 핀란드에서 촬영되었다고 한다.

내전 중에 체코 군단 반란이 일어나자, 니콜라이 2세 황제가 도움을 받을 것을 염려한 볼셰비키는 예카테린부르크에 억류 중이던 니콜라이 2세 가족을 총살했다. 암매장되었던 니콜라이 2세 가족들은 유전자를 통해 유해가 확인되었고 1998년 상트페테르부르크 페트로파블롭스크 요새에 안치되었다. 이들은 2000년 8월에 수난자로 인정받아 러시아 정교회의 성인으로 추대되었으며, 처형된 집터에는 '피의 사원'이 건립되었다.

내전은 러시아 국민들의 지지를 받고 있던 볼셰비키의 승리로 끝을 맺었다. 1922년 내전이 끝나자 레닌은 제10차 전당대회에서 '신경제 정책'을 발표하게 된다. NEP라고 부르는 새로운 정책은 전시 공산주의 체제를 중단하고 자유상거래를 허용하는 것이었다. 경제는 조금씩 안정

러시아 내전 때 왕당파인 백군 측에서 만든 프로파간다(선전선동) 포스터다.
백군은 백마를 탄 십자군 기사로 표현되었으며, 볼셰비키군은 붉은 용으로 묘사되었다.
러시아를 하나로 단결시킬 세력은 자신들뿐이라는 주장을 담고 있다.
하지만 내전은 러시아 국민들의 지지를 받고 있던 볼셰비키의 승리로 끝을 맺었다.
작가 미상, <단결된 러시아를 위해For a United Russia>, 1919년.

되어 갔다.

레닌은 소련이 발전되는 것을 보지 못하고 1924년 1월 21일 사망했다. 후계자를 정해 놓지 않았던 볼셰비키당에서는 레온 트로츠키Leon Trotskii와 이오시프 스탈린Iosif Stalin 사이에 권력 투쟁이 일어났다.

레닌이 후계자로 생각하고 있던 트로츠키는 1879년 우크라이나 헤르손Kherson에서 태어났다. 어린 시절 유대인 출신 부농이었던 아버지가 소작료를 내지 못한 소작농을 홀대하는 것을 보았다. 트로츠키는 아버지 개인이 잘못된 것이 아니라 아버지를 그렇게 만든 체제에 문제가 있다고 생각했다. 혁명가로 살기 바랐던 그는 본명인 레프 다비도비치 브론시테인Lev Davydovich Bronstein 대신에 신분을 감추기 위해 위조 여권의 가명을 사용했다. 레온 트로츠키는 오데사 감옥의 간수 이름이라고 한다.

1902년 시베리아 유배지에서 탈출한 그는 런던에서 망명한 러시아 혁명가들과 어울리게 되었다. 이때 만난 인물이 자신보다 9살 많은 레닌이었고, 둘은 처음에는 가까운 사이였다. 1903년 러시아사회민주노동당이 나누어졌을 때 트로츠키는 멘셰비키에 합류했다. 1년 뒤인 1904년부터는 독립적 사회주의자로 활동했기 때문에 레닌과 사이가 멀어지게 되었다. 트로츠키는 레닌이 원하든 원하지 않았든 결국 독재자가 되리라는 사실을 알았던 것으로 보인다. 대중을 사로잡는 명연설가였던 트로츠키는 대중적 인기가 정치 생명에는 도움이 되지 않았던 경우에 속하는 인물이다. 레닌이 죽은 뒤 스탈린과 권력 다툼을 하던 그는 1925년 전쟁위원직에서 사퇴했으며 4년 뒤인 1929년에는 러시아에서 영구 추방되고 말았다. 여러 나라를 떠돌던 트로츠키는 1937년

레닌이 죽자 볼셰비키당에서는 트로츠키와 스탈린의 권력 투쟁이 벌어졌다.
이 싸움에서 진 트로츠키는 당에서 쫓겨났고 러시아에서 영구 추방을 당했다.
여러 나라를 떠돌다 멕시코 화가 디에고 리베라의 초대로 멕시코에 가게 되었고,
리베라의 아내 프리다 칼로와도 친분을 쌓게 되었다.
리베라가 그린 벽화에는 마르크스, 엥겔스와 함께 있는 트로츠키가 그려져 있는데,
흰 머리에 안경을 쓴 인물이 트로츠키이고, 수염을 기른 남자들이 각각 엥겔스, 마르크스다.
디에고 리베라, <교차로에 선 남자El hombre en el cruce del camino> 중 부분, 1934년,
프레스코화, 전체 160×43cm, 멕시코 시티, 멕시코 예술궁전Palacio de Bellas Artes.

공산주의자였던 멕시코 화가 디에고 리베라Diego Rivera의 도움으로 멕
시코로 갔다. 디에고 리베라와 별거 상태였던 프리다 칼로Frida Kahlo는
혁명가에 매료되어서 자화상을 그려서 한 점 주었다. 하지만 트로츠키

는 이사를 가면서 그림은 두고 갔다고 한다.

트로츠키는 1940년 8월 무장 특공대에 의해 폭탄 공격을 당했고 나흘 뒤 암살되고 말았다. 암살자는 에스파냐 공산당원이며 소련 비밀경찰에게 훈련받은 27세 라몬 메르카데르였다. 암살범은 멕시코 감옥에서 20년형을 복역한 후 석방되어서 소련에서 최고 훈장을 받았다.

멕시코 예술궁전에 가면 디에고 리베라가 그린 벽화 중에 마르크스, 엥겔스와 같이 있는 트로츠키의 모습을 찾아볼 수 있다.

1929년 트로츠키를 추방한 스탈린은 권력을 장악했으며 50세 생일을 성대하게 맞았다. 1879년 조지아의 시골 마을 고리Gori에서 구두 수선공의 아들로 태어난 스탈린은 프롤레타리아 출신이었다. 15세에 입학한 신학교에 적응하지 못해 퇴학당하면서 혁명가의 길로 들어서게 된다. 러시아 혁명가들이 그렇듯 스탈린도 체포되고 유배되는 일을 반복했다. 그러다가 1905년 레닌을 만났다. 레닌은 이때 강철이라는 의미의 스탈린이라는 이름을 지어 주었다. 레닌의 신임을 얻은 스탈린은 1922년 공산당 서기장에 임명된다. 서기장의 임무는 분과위원회의 업무를 담당하고 감독하는 것으로 보잘것없었다. 몇 년 뒤 서기장이라는 직책이 공산당 최고 자리로 부상하게 되었다는 것은 참 아이러니하다.

레닌이 죽기 전에 작성한 유서를 보면 스탈린은 축적된 힘을 슬기롭게 사용하지 못하는 예의가 없는 사람이라고 평가했고, 트로츠키는 공산당 내에서 가장 유능한 사람이라고 적었다.

권력을 장악한 스탈린은 레닌에 의해 시행되고 있던 신경제 정책을 버리고 1928년부터 제1차 경제개발5개년계획(1928~1932)을 실시했다. 국가 계획에 따라 운영되는 계획경제 체제로 비약적인 경제 성장을 이루었다. 1962년 박정희 정권에 의해 시작되고 김영삼 정권에서 끝난 우리나라 경제개발 정책도 스탈린이 계획한 이 정책에서 가져온 것이다.

소련이 경제개발에 전념하던 1929년 뉴욕 증시가 폭락하는 세계 대공황이 찾아왔다. 미국은 자유경제에 국가가 관여하는 방법으로 경제를 되살려 냈고, 영국은 식민지들과 파운드 블록 경제를, 프랑스는 프랑 블록 경제를 통해 간신히 경제 위기에서 벗어났다.

제1차 경제개발5개년계획이 시행되던 시기에 소련 중공업은 비약적인 발전을 했지만 농업 분야는 오히려 퇴보하고 있었다. 넓은 경작지를 트랙터 없이 가축과 인력에 의해서만 농사를 지어야 했다. 국민 1인당 곡물 생산량과 육류 생산량은 차르 시절보다 떨어졌으며 국민 생활은 점점 힘들어졌다. 1930년부터 농업 생산량이 늘지 않자 스탈린은 집단농장화 정책을 실시했다. 재산이 많지 않은 평범한 농민을 쿨라크kulak(부농)라고 규정짓고 모든 재산을 몰수했다. 집단농장에 가지 않은 농민은 총살되거나 시베리아 강제수용소로 보내졌다. 농민들은 토지와 재산을 빼앗기고 강제로 쫓겨나서 콜호즈kolkhoz라는 집단농장으로 들어갔다. 집단화 계획으로 농촌 주민 500만 명이 사망했다. 1932~1933년 대기근 때 굶주림으로 죽은 사람이 750만 명에 이르렀다. 식량을 모조리 빼앗긴 농민들은 이삭을 주워 먹으면서 살았는데 지옥 같은 삶이었다. 아내를 죽인 뒤 자신의 두 아이에게 인육을 먹였다는 남자가 체포되었지만 무죄로 풀려난 일도 있었다고 한다. 1932년에 완공된 수력발전소는 죄수들의 노동력으로 건설되었다. 이런 건설에 동원된 죄수들은 굶주림과 추위 속에서 고통스럽게 죽어 갔다고 한다.

스탈린은 제1차 경제개발5개년계획을 성공리에 끝내고 제2차 경제

1935년 광부 스타하노프가 하루에 석탄 102톤을 채굴했다는 뉴스가 나왔다.
102톤은 보통 광부의 일일 채굴량보다 14배나 많은 양이었다.
이때부터 소련 정부는 여러 분야에서 노동생산성 향상 운동인 스타하노프 운동을 벌였다.
사진은 스타하노프가 자신의 작업 방식을 동료 광부에게 설명하는 모습이다.
1943년.

개발5개년계획(1933~1937)을 다시 시작했다. 이번에 내세운 것은 속도
전이었다. 1935년 9월 일간지 『프라우다Pravda』에 돈바스에서 알렉세이
스타하노프라는 광부가 하루 만에 석탄 102톤을 채굴했다는 뉴스가
보도되었다. 102톤은 보통 광부의 일일 채굴량보다 14배나 많은 양이
었다. 이때부터 소련 정부는 노동생산성 향상 운동인 스타하노프 운동
Stakhanovite을 벌였고, 노동자들이 일한 분량에 따른 차등임금제를 도
입했다. 석탄 채굴 영웅에 이어서 트랙터 영웅, 사탕수수 영웅이 나왔
다. 이후에는 섬유공장과 가구공장까지 확대되었다.

북한의 경우 1957~1962년 동안 인민경제발전5개년계획을 추진하면서 주민을 총동원해서 생산을 늘리고 경제 건설을 앞당기기 위해 천리마 운동을 시작했다. 천리마를 타는 것처럼 쉬지 않고 열심히 일하자는 것이다. 처음에는 효과를 거두었지만 결국 주민을 통제하기 위한 수단으로 악용되었다.

소련의 도시 노동자들에게 엄격한 규율이 적용되었으며 반감을 가진 노동자는 강제수용소로 보냈다. 이 시기 노동자들을 착취하여 우랄 산맥에는 제철소를 건설했고 트랙터 공장, 자동차 공장이 연달아 세워졌다. 스탈린이 많은 희생에도 불구하고 무리하게 경제개발 계획을 추진한 것은 또 전쟁이 일어날지 모른다는 생각 때문이었다.

스탈린의 생각은 결국 선견지명이 되었다. 제2차 경제개발5개년계획이 마무리되고 2년 후 제2차 세계대전이 일어났기 때문이다. 전쟁 기간에 24시간 교대 근무로 제철소에서 무기를 만들고 트랙터 공장에서는 부지런히 탱크를 만들었다. 1942년 당시 독일은 전투기를 1만 대 정도 가지고 있었는데, 소련은 2만 대를 보유하고 있었다.

제2차 경제개발5개년계획이 끝나 가는 시점인 1937년 대대적인 숙청 작업이 일어났다. 이 무렵 1917년 볼셰비키 혁명 당시 볼셰비키 당원이었던 이들 다수가 숙청되었고, 무고한 시민들도 아무 이유 없이 죽임을 당했다. 심지어 스탈린의 최측근도 같은 처지였다. 대숙청 작업은 1940년 트로츠키 사망으로 끝이 났다.

제2차 세계대전이 일어나자 식량 사정은 악화되었고 주거 환경도 열악해졌다. 공동주택에서 3~4가구가 함께 거주하면서 화장실과 주방을 공동으로 사용하는 경우가 많았다. 오늘날 러시아에는 사생활 보호가 전혀 안 되는 이런 공동주택이 아직도 남아 있다.

1945년 연합국의 승리로 제2차 세계대전이 끝났다. 독일군은 700만 명이 사망한 데 비해 소련군은 3,000만 명이 사망했다. 전쟁이 끝난 후 대다수 사람들의 생활은 나아지지 않았고 매일 비밀경찰의 공포 속에 살았다.

제2차 세계대전이 끝나고 난 뒤인 1946년 3월 영국 총리 윈스턴 처칠은 의미 있는 연설을 한다. 발트 해와 아드리아 해에 걸친 철의 장막에 대처하려면 미국과 영국이 협력해야 한다고 했다. 스탈린 공산주의의 확대를 막아야 한다는 것이었다. 이 연설을 기점으로 냉전Cold War이 시작되었다. 냉전이란 실제 전쟁은 일어나지 않았지만 미국 진영과 소련 진영이 나뉘어서 팽팽하게 대치하던 상태를 말한다. 이후 냉전 시기는 40여 년간 지속되었다.

1953년 1월 소련 정부는 테러리스트라는 죄목으로 스탈린 주치의를 포함해 9명의 의사를 체포했다. 의사들이 의학적 지식을 이용하여 당핵심 인사를 암살하려는 계획을 세웠다는 것이었다. 이 시기에는 군장교와 공산당원도 조직적인 박해를 당해 강제수용소에는 240만 명에 달하는 죄수가 수감되었다. 2개월 뒤인 1953년 3월 5일 스탈린이 죽지 않았다면 다시 대대적인 숙청이 일어났을 것이다.

집권 초기부터 공포정치를 통해 권력을 장악해 온 스탈린도 죽음을 피해 가지는 못했다. 스탈린의 사인은 뇌출혈이지만 비밀경찰 국장 라브렌티 베리야Lavrentii Beriya에 의해 암살되었다는 설도 있다. 자신이 스탈린을 살해했다고 주장한 베리야는 '인민의 적'이 되어 총살형을 당했다. 소련 국민들은 스탈린의 죽음을 그다지 슬퍼하지 않았다고 한다.

스탈린 이후 니키타 흐루쇼프Nikita Khrushchyov가 권력을 장악하면서 스탈린 격하 운동이 일어나게 된다. 격하 운동의 하나로 강제수용소의 죄수들 대부분이 석방되었고 무고한 시민들이 명예 회복되었다. 레닌과 나란히 묻혀 있었던 스탈린 묘는 따로 떨어져 재매장되었다.

사회를 비판하던 작가들도 출판의 자유를 얻게 되었지만, 『닥터 지바고』를 쓴 보리스 파스테르나크Boris Pasternak는 예외로 자신의 소설을 소련에서 출판할 수 없었다. 1958년 받게 된 노벨문학상도 소련 정부의 압력에 의해 수상 거부를 하게 되는데, 이것은 최초의 노벨상 수상 거부로 기록되었다. 보리스 파스테르나크가 사망한 이후 1987년 복권되어 아들이 상을 대신 받았다고 한다.

2010년 스탈린의 고향이었던 조지아 공화국 고리에 있던 스탈린 동상이 철거되었다.

베를린의 노이에 바헤(전쟁 희생자 추모관)에 있는 이 작품은
전쟁과 독재정권에 의해 희생된 모든 사람들에게 바치는 것이다.
어머니가 죽은 아들의 몸을 끌어안고 있는 모습이다.
작가 콜비츠가 막내아들을 제1차 세계대전에서 잃은 뒤 제작했다.
이후 콜비츠는 제2차 세계대전에서 손자까지 전사하는 슬픔을 겪었다.
전쟁의 고통을 몸소 느낀 작가의 심정이 작품을 통해 절절하게 전해진다.
바닥에는 독일어로 "전쟁과 독재정치의 희생자들을 기리며"라고 새겨져 있다.
케테 콜비츠, <피에타>, 1937~1938년, 38×28.5×39cm, 베를린, 노이에 바헤. ⓒ 릴리스

36

히틀러가 등장하고
제2차 세계대전이 일어나다
〈피에타〉

베를린에 있는 노이에 바헤Neue Wache(전쟁 희생자 추모관) 안에는 케테 콜
비츠Käthe Kollwitz의 조각 〈피에타Pietà〉가 전시되어 있다. 아들의 시신을 부
둥켜안고 있는 어머니를 묘사한 작품이라 〈죽은 아들을 안고 있는 어머니
Mutter mit totem Sohn〉라고도 불린다. 콜비츠가 막내아들을 전쟁에서 잃고 나
서 제작했다. 필자는 비 오는 날 이곳을 찾았는데, 어머니로 상징되는 콜비츠
가 눈물을 흘리고 있는 것처럼 느껴졌다. 두 차례 세계대전으로 숨져 간 수많
은 사람들을 기억하게 하는 조각상이다.

독일 예술가 케테 콜비츠는 1867년 동프로이센 수도였던 쾨니히스베르
크Königsberg에서 태어났다. 이곳은 철학자 칸트의 고향이기도 한데, 역사적
으로는 시련의 땅이었다. 제2차 세계대전 때는 격전지였고, 전쟁 후에는 연합
군의 보복 조치로 독일 동프로이센 지역을 해체할 때 소유권이 소련으로 넘
어가 오늘날에는 칼리닌그라드Kaliningrad로 불리는 도시다.

콜비츠는 루터교 목사였던 할아버지의 영향으로 어려서부터 사회 문제에 관심이 많았다. 여성 노동자를 만나면서 그들의 고통에 공감했고 1894년 슐레지엔Schlesien 지방에서 일어난 직공들의 반란을 주제로 판화를 제작했다. 이 판화 연작은 1898년 전시되어 금상 후보로 추천되었지만 프로이센 정부의 반대로 탈락했다. 콜비츠는 1898~1903년 베를린 예술가협회Vereins der Berliner Künstlerinnen의 여성 아카데미Damenakademie에서 학생들을 가르쳤다. 의사인 남편도 가난한 사람을 돌보는 빈민 구호 활동을 했다.

1914년 제1차 세계대전이 일어나자 콜비츠의 두 아들은 자원입대했는데, 막내아들이 10월 벨기에 예페르 전투에서 사망하고 말았다. 콜비츠는 슬픔과 고통 속에서 판화와 조각 작품을 제작했다. 1919~1925년 전쟁과 그 후유증을 주제로 판화 연작 <전쟁Krieg>을 작업했다. 1933년 선거에서 이긴 나치당은 콜비츠를 예술 아카데미에서 해임시켰다. 이 시기에 콜비츠는 <죽음Tod> 연작을 제작했다. 1942년 제2차 세계대전 때 동부전선에서 손자까지 전사하는 아픔을 겪었다. 베를린을 떠난 콜비츠는 1945년 4월 22일 사망했다.

40여 년 뒤인 1986년 베를린 쿠담Ku'damm 거리 뒤편에서 케테 콜비츠 미술관Käthe Kollwitz Museum이 문을 열었다. 콜비츠가 50여 년간 살면서 작업했던 집을 개조한 곳으로, 콜비츠의 작품을 가장 많이 소장하고 있다.

이탈리아에서는 통일된 1870년 이후 농업이 중심인 남부와 공업이 중심인 북부 간의 소득 격차가 점점 벌어졌다. 제1차 세계대전에서는 승전국이었지만 희생자만 많을 뿐 소득은 없었고 높은 실업률과 인플레이션으로 사회는 혼란스러웠다. 어느 시대 어느 나라이든 사회가 혼란하면 강력한 지도자를 원하게 되는데 이때 등장한 인물이 베니토

베를린 쿠담 거리 뒤편에 가면 케테 콜비츠가 50여 년간 살던 집을 개조한
케테 콜비츠 미술관을 만날 수 있다. 입구에서는 콜비츠의 사진이 관람객을 맞이하고 있다.
ⓒ 릴리스

무솔리니Benito Mussolini다. 초등학교 교사 출신이었던 무솔리니는 사
회주의 혁명가로 두각을 나타내고 있었다. 제1차 세계대전에 참전했고
1919년 3월 밀라노에서 '파시 디 콤바티멘토Fasci di Combattimento(전투자
동맹)' 조직을 만들고 활동했다. 이 단체 이름인 파시에서 파시즘fascism
이라는 용어가 만들어졌다.

　무솔리니가 1921년 창당한 국가파시스트당은 의회 진출이 좌절되자
폭력적인 행동을 했는데, 추종자가 하나둘 늘기 시작했다. 1922년 10
월 무솔리니는 쿠데타를 일으켜 로마로 진군했고 국왕 비토리오 에마

무솔리니는 자신이 이끌던 국가파시스트당이 의회에 진출하지 못하게 되자 1922년
쿠데타를 일으켰다. 로마로 진군하여 수상직을 맡고 세계 최초의 파시즘 국가를 세웠다.
사진 가운데에서 넥타이를 맨 채 허리에 양손을 얹고 있는 남자가 무솔리니다.
<로마로 진군하는 무솔리니Benito Mussolini, durante la marcia su Roma>, 1922년 사진.

누엘레 3세Vittorio Emanuele III는 비상사태를 선포했다. 하지만 전세는 이
미 기울어진 상태였다. 국왕은 무솔리니가 정부를 구성하고 수상직을
맡는 걸 허락할 수밖에 없었다. 이로써 세계 최초의 파시즘 정부인 무
솔리니 내각이 세워졌다.

무솔리니는 두체Duce(총통)가 된 뒤 로마 영광을 재현하고자 했지만
절대적인 권력은 잡지 못했다. 그는 검은 셔츠, 로마식 경례, 원수 군복
과 화려한 말솜씨로 이탈리아인들을 사로잡았다. 1929년 로마 교황 피

우스 11세와 라테라노 협정Patti lateranensi을 맺고 바티칸 독립을 인정했다. 교황은 보답으로 무솔리니가 에티오피아를 침공하는 것과 에스파냐 내란을 지원하는 것을 옹호해 주었다.

무솔리니는 국제연맹에서 탈퇴했으며 식민지 획득을 위해 에티오피아를 침공하고 알바니아를 병합했다. 이런 해외 원정은 동맹국 영국의 반발을 불러왔고, 무솔리니는 어쩔 수 없이 아돌프 히틀러Adolf Hitler와 동맹하게 되었다. 무솔리니는 처음에는 히틀러를 싫어했지만 히틀러는 무솔리니를 좋아했다. 뮌헨의 히틀러 저택에는 무솔리니의 흉상이 있었고 무솔리니처럼 자신도 일인자를 뜻하는 총통이 되었다. 무솔리니는 이탈리아 통일 영웅 가리발디의 붉은 셔츠를 모방한 검은 셔츠를 입었고, 히틀러는 무솔리니를 모방한 갈색 셔츠를 입었다. 원수 군복과 로마식 경례, 화려한 말솜씨에서 두 사람은 묘하게 비슷했다.

히틀러는 강력한 권력을 가지게 되자 무솔리니를 함부로 대했다. 히틀러의 요구로 소련 전선에서 싸우던 10만 명의 이탈리아군은 추위에 동사하고 말았다. 무솔리니는 히틀러의 환심을 사기 위해 1937년 반유대인 정책을 실시했다. 하지만 유대인이 국외로 추방당한 것은 1943년이었고 사망한 유대인 수도 독일보다 적었다. 다소 신경질적이고 예민하고 아이가 없던 히틀러에 비해, 무솔리니는 5명의 아이를 두었으며 여자를 좋아했다. 제2차 세계대전의 패배로 도망가던 무솔리니가 유격대에 의해 피살되었을 때도 애인과 함께 있었다. 무솔리니가 묻혀 있는 묘소는 오늘날 이탈리아 참배객이 많이 찾는다고 한다.

제1차 세계대전 후 1919년에 맺은 베르사유 조약이 발효되자 독일인들은 분노하기 시작했다. 독일군이 아직 패배하지 않았는데 바이마르

공화국이 미리 항복을 했다는 것이었다. 독일인들은 사회주의자와 유대인에게 배신당했다고 생각했다.

1920년 3월 우익 세력이 바이마르 공화국을 전복시키기 위해 카프 폭동을 일으켰고, 1922년 6월 24일 외무장관이자 아인슈타인 친구였던 발터 라테나우Walther Rathenau가 암살당했다. 그는 베르사유 조약으로 결정된 배상금을 줄이는 데 성공했던 독일계 유대인이다. 라테나우를 죽인 세 명의 암살범은 도주하다가 사망했는데, 이후 나치당에 의해 순교자가 되었다.

베르사유 조약으로 독일이 물게 된 전쟁 배상금은 1919년 기준 1,320억 금 마르크였다. 특히 배상금으로 정한 금 마르크란 당시 독일에서 쓰던 파피어마르크papiermark가 아니라 금 보유량에 기준을 둔 단위였다. 이 금액은 국민총생산 4년치로, 당시 경제학자들이 계산한 독일의 지불 가능액의 13배에 달했다(존 케인스는 이 배상금이 결국 전쟁을 불러올 것이라고 예언했는데, 제2차 세계대전이 일어나면서 예언은 현실이 되었다).

1923년 독일 물가는 살인적으로 뛰어 빵 한 조각이 800억 마르크, 소고기 한 조각이 9,000억 마르크였다. 빵을 사기 위해 수레에 돈을 싣고 다닐 정도였다.

나치당은 바이마르 정부를 유대인 정부라고 규정하고, 모든 사태가 유대인의 잘못에서 비롯되었다고 선전하고 다녔다. 수많은 공화주의자들이 폭행당하거나 암살되었다. 나치당은 굴욕적인 베르사유 조약과 배상금으로 인한 경제 위기를 교묘하게 이용했던 것이다.

상상을 초월한 초인플레이션의 원인은 독일 정부의 과도한 화폐 발

제1차 세계대전 종전 직후 독일인들은 베르사유 조약에 불만을 가졌으며, 전쟁 배상금이 과하다고 생각했다. 배상금에 짓눌린 독일을 표현한 미국 카툰은 당시 분위기를 잘 보여 준다. 나치당은 조약을 체결한 바이마르 정부를 유대인 정부라고 규정하면서 모든 책임을 유대인에게 돌렸다. 1921년 카툰.

행에 있었다. 배상금으로 부족해진 재정을 메우기 위해 돈을 지나치게 많이 찍었던 것이다. 제1차 세계대전으로 발생한 부상병과 유가족에게 지급한 보조금도 국가 예산의 1/5을 넘는 금액이었다. 1923년 11월 파피어마르크 대신 새로운 화폐인 렌텐마르크rentenmark(1조 파피어마르크 =1렌텐마르크)를 발행하면서 인플레이션은 점차 사라지게 되었다.

1923년 히틀러는 나치당원 600여 명을 데리고 바이에른 지도자들이 모여 있던 뮌헨의 맥주홀을 습격했다(맥주홀 폭동Bürgerbräu-Putsch 또는 뮌헨 폭동). 즉각 체포되어 5년형을 선고받은 히틀러는 감옥에서 『나의 투쟁Mein Kampf』을 집필했고 성탄절 특사로 운 좋게 풀려났다. 히틀러는 『나의 투쟁』에서 독일은 영국의 도움을 받아 프랑스를 파멸시켜야 한다고 주장했다. 맥주홀 폭동은 비록 성공하지 못했지만 히틀러를 알리는 계기가 되었다.

히틀러는 제1차 세계대전이 일어나자 오스트리아군 징집을 피하기 위해 1913년 뮌헨으로 왔으며 슈바빙Schwabing 지구에서 살았다. 당시 뮌헨 슈바빙 지구는 제2의 몽마르트르와 같은 곳이었고 예술가들이 많이 살고 있었다. 우리나라 작가 전혜린도 독일 유학 시절 이곳에서 살았다고 한다. 뮌헨은 히틀러에게 많은 의미가 있는 곳으로 1923년 맥주홀 폭동, 1938년 뮌헨 회담이 열린 곳이기도 하다. 뮌헨은 히틀러 제국의 도시였다.

특히 루트비히 1세가 아테네의 아크로폴리스를 본떠 조성한 뮌헨 쾨니히 광장Königsplatz은 나치의 군중집회 장소로 사용되었다. 광장 주변에는 나치가 사용했던 건물들이 있었지만, 현재는 고대 조각 미술관인 글리프토테크Glyptothek, 고대 미술관인 안티켄잠룽Antikensammlung, 현대 미술관인 렌바흐하우스 미술관Lehnbachhaus Stadtische Galerie이 있다.

1923년 배상금 지불이 제대로 되지 않자 프랑스가 루르Ruhr 지방을 점령했다. 충격에 빠진 독일에 미국은 도스 안Dawes Plan을 제안했다. 미국 은행가 찰스 도스가 고안한 것으로, 배상금 총액과 지불 기간을 정하지 않고 향후 5년간 지불 금액만 정하는 안이었다. 이로써 독일이

뮌헨 쾨니히 광장의 과거와 현재. 한때 나치가 군중집회 장소로 사용했던 쾨니히 광장은 오늘날에는 많은 문화 시설들로 채워져 있다.
위: 작가 미상, 아래: ⓒ 릴리스

미국에서 금융 지원을 받아 영국과 프랑스에 배상금을 지불하면, 두 나라는 독일에서 받은 돈으로 미국에 진 빚을 갚고 미국은 받은 돈을 다시 독일에 빌려주는 식이었다. 전쟁 배상금에 대한 압박이 없어진 독일은 미국 자본을 도입해 산업 발달에 더욱 힘쓰게 되었다.

1925년 제1차 세계대전의 영웅 파울 폰 힌덴부르크Paul von Hindenburg가 제2대 대통령에 당선되면서 독일 경제는 안정되어 갔다. 임금은 인상되었으며 먹을 것도 충분했고 걱정 없는 날들이 이어졌다.

1928년 프랑스 외무장관 아리스티드 브리앙Aristide Briand은 정치적인 목적으로 전쟁을 일으키지 말자는 내용의 켈로그-브리앙 조약 Kellogg-Briand Pact을 내놓았다. 프랑스와 독일을 비롯한 15개국이 여기에 서명했다. 하지만 평화 시기는 불행하게도 오래가지 못했다.

1929년 10월 24일 미국 월가 주식시장이 폭락하면서 대공황이 일어났다. 대공황으로 인해 미국이 독일에 대한 금융 지원을 끊어 버리자 독일 경제는 하루아침에 무너지고 말았다. 1930년 1월 한 달 동안 실업 인구가 급증했다. 이에 따라 중산층은 몰락하고 일자리를 잃은 노동자들은 거리를 방황하게 되었다. 1933년에 이르자 실업자 수는 600만 명으로 늘어났다.

대공황 이전까지 국가사회주의독일노동자당Nationalsozialistische Deutsche Arbeiterpartei(일명 '나치당Nazis')의 세력은 아직 미비한 수준이었다. 1929년 여름 나치당 당원은 12만 명 정도였는데 1930년이 되자 100만 명으로 늘어났다. 갈색셔츠단으로 불리던 나치 돌격대는 나치 지도자들에게 제복과 간식(맥주와 소시지)을 제공받던 실업자 모임이었다. 나치 돌격대에서는 계급이 존재하지 않았는데, 이것이 자존감을 높여 주었을 것이다. 나치 돌격대원 가운데는 목사 아들, 판사 아들, 의사 아들도 있었고 실업자 아들도 있었다. 그들은 신분 차별이 없이 똑같은 제복을 입고 거리를 활보하고 다녔다.

1932년 대통령 선거에서 힌덴부르크가 재선에 성공하면서 히틀러는 패배했지만 많은 지지자를 확보했다. 몇 달 후 프란츠 폰 파펜과 쿠데타를 도모한 히틀러는 다시 선거전에 나서게 되었다. 1933년 나치당은 제1당이 되었고 히틀러는 총리 자리에 올랐다. 힌덴부르크는 처음에는 반대했지만 결국 히틀러를 총리에 임명하고 말았다. 이 치명적인 실수로 인해 국민적 영웅이라는 명예로운 이미지에 타격을 입었다. 당시 베를린 사람들은 히틀러가 정권을 잡으리라는 것을 몰랐지만, 상황 판단이 빠른 사람들은 이때부터 독일을 떠나기 시작했다. 유대인 과학자 알베르트 아인슈타인은 미국으로 갔으며, 독일 여배우 마를레네 디트리히Marlene Dietrich는 프랑스 파리로 갔다. 디트리히는 전쟁 중에 최전선에서 연합군 위문 공연을 했으며, 파리에서 사망한 뒤 60년 만에 독일로 돌아왔다.

독일 화가 게오르게 그로스George Grosz도 조국을 떠난 사람들 중 하나다. 미국으로 가서 뉴욕에서 학생들을 가르쳤고 1938년 시민권을 획득했다. 1959년 베를린으로 다시 돌아왔으며, 몇 달 뒤 사망했다. 그로스는 전쟁을 일으킨 사회 지도층과 부르주아 계급, 히틀러와 나치당을 신랄하게 비판하는 그림을 많이 그렸다. 그가 떠난 뒤 독일에 남아 있던 작품들은 나치당에 몰수되었으며, 1937년 《퇴폐미술전Ausstellung der entarteten Kunst》에서 전시된 뒤 불태워졌다.

그로스는 〈일식The Eclipse of the Sun〉에서 군복 입은 남자가 머리 없는

독일 화가 그로스는 전쟁을 일으킨 사회 지도층과 부르주아 계급,
히틀러와 나치당을 비판하는 그림을 많이 그렸다. 이 그림에는 군복 입은 남자가
머리 없는 남자들과 회의하는 장면이 묘사되어 있는데, 당시 독일 정부와 미국 자본의 결탁을 비판하고 있다.
게오르게 그로스, <일식>, 1926년, 캔버스에 유채, 210×184cm,
뉴욕, 헥셔 미술관Heckscher Museum of Art.

남자들과 회의하는 장면을 그렸다. 부르주아로 보이는 남자는 팔에 무기를 안은 채 군복 입은 남자를 조종하고 있다. 피 묻은 칼과 십자가, 눈을 가린 당나귀, 해골도 보인다. 이 그림은 당시 독일 정부와 미국 자본 사이의 결탁을 비판하고 있는데, 제목 '일식'은 어둠의 시기로 들어선 독일을 가리키고 있다.

1933년 2월 27일 네덜란드 공산주의자 마리누스 반 데어 루베Marinus van der Lubbe가 독일 의회의사당 방화 사건을 일으켰다. 히틀러는 이 기회에 공산주의자들을 없애 버리기로 결정했다. 공산주의자들이 무차별적으로 체포되었다. 5명이 재판을 받았지만, 루베만 사형에 처해지고 나머지는 무죄로 풀려났다.

1933년 정권을 잡은 히틀러는 비밀경찰인 게슈타포Gestapo를 만들고 뮌헨에 다하우 강제수용소Konzentrationslager Dachau를 세웠다. 다하우 강제수용소에서는 수감자를 대상으로 생체실험을 하기도 했다. 수용소를 방문하면 수감자들이 사용한 침대와 나무로 만든 교수대, 생체실험을 하고 찍은 많은 사진 등을 볼 수 있다.

1933년 5월 나치 학생들은 히틀러 선전장관인 파울 괴벨스Paul Joseph Goebbels의 선동을 받아 서적 화형식을 거행했다. 나치의 이상과 맞지 않은 서적 중에는 반전소설을 쓴 레마르크, 시인 하인리히 하이네Heinrich Heine, 마르크스, 아인슈타인의 책들이 포함되어 있었다. 화형식은 베를린 중심에 있는 베벨 광장Bebelplatz에서 이루어졌다. 오늘날 베벨 광장에 가면 기념비를 볼 수 있는데, 1821년 하이네가 희곡에서 쓴 대사가 새겨져 있다. "책을 불사르는 것은 단지 시작일 뿐이다. 책을 불태우면 결국 인간까지 불태우게 될 것이다." 시인의 예언대로 나치의 무

1933년 5월 나치 학생들은 베를린 베벨 광장에서 나치의 이상에 어긋나는 책을
불태우는 화형식을 거행했다. 베벨 광장에는 기념비가 있는데,
거기에는 시인 하인리히 하이네가 쓴 다음 대사가 새겨져 있다.
"책을 불사르는 것은 단지 시작일 뿐이다. 책을 불태우면 결국 인간까지 불태우게 될 것이다."
시인의 예언대로 나치의 무분별한 행동은 곧 유대인 학살로 이어졌다.
ⓒ Zymurgy

분별한 행동은 600만 명에 달하는 유대인 학살로 이어지게 된다.

나치 친위대와 나치 돌격대는 경찰 지위를 인정받고 제멋대로 행동
하기 시작했다. 1934년에 가서는 나치 돌격대 숫자가 400만 명에 이르
렀다. 그들이 행한 폭력과 테러로 인해 10만 명 이상 되는 사람들이 죽
거나 육체적인 고통을 받았다.

히틀러는 자신을 도와준 돌격대를 포함해 나치 반대 세력들을 모두

제거하면서 최고 자리에 올라가게 된다. 히틀러는 연설에서 "우리 앞에는 독일이 있고, 우리 안에는 독일이 움직이며, 우리 뒤로는 독일 전체가 뒤따른다"고 말하면서 독일 국민을 선동하기 시작했다. 그는 반인종적 정책도 발표했다. 독일에 사는 유대인은 학교와 공직에서 물러나며 어떤 일도 갖지 못한다는 것인데 제1차 세계대전의 패배와 인플레이션, 실업의 원인이 모두 유대인 때문이라는 것이다.

히틀러의 나치당은 1935~1937년에 600만 명에 달하는 실업자를 구제했는데 이때부터 독일은 전 세계의 주목을 받게 되었다. 독일의 발전상을 널리 알린 대표적 사례가 1936년 베를린 올림픽으로, 우리에게는 손기정 선수가 마라톤에서 금메달을 받은 대회로 기억된다.

이 무렵 나치당은 인종적 순수성을 강조하기 시작했으며 1939년 안락사 프로젝트를 도입했다. 정신질환자들을 빠르게 죽이기 위해 가스가 처음 사용되었으며, 유대인 집단학살에도 안락사 프로젝트가 그대로 적용되었다.

히틀러는 1933년 국제연맹을 탈퇴했고 1934년 힌덴부르크 대통령의 임명으로 총통에 취임했다. 독일인들의 정신을 재무장하려면 미술에서도 퇴폐를 청산해야 한다고 생각하고, 1937년 뮌헨에서 《퇴폐미술전》을 개최했다. 전시실을 가득 채운 1만 7천여 점의 그림은 주제에 따라 분류되었는데, 여기에 포함된 유대인 화가는 몇 명뿐이었다. 빈 예술대학교 입학을 간절하게 원했던 히틀러가 생각하는 퇴폐미술가는 독일 표현주의 화가들, 케테 콜비츠, 유대인이었던 마르크 샤갈 등이었다. 전시가 끝난 뒤 퇴폐미술가들 작품 4천여 점이 소각되었다. 일부는 전쟁 자금을 마련하기 위해 스위스 루체른 미술품 경매시장에 보내졌다. 퇴

히틀러는 독일인의 정신을 재무장하려면 미술에서도 퇴폐를 청산해야 한다고 보고 1937년 뮌헨에서 《퇴폐미술전》을 열었다. 사진에서 밝은색 코트 차림의 인물이 선전장관 괴벨스다.
© Bundesarchiv, Bild 183-H02648/CC BY-SA 3.0 DE

폐미술가로 지목된 화가들은 작품 제작이 금지되었고 작품은 몰수당했다. 에른스트 루트비히 키르히너Ernst Ludwig Kirchner는 나치의 탄압을 못 이기고 자살했으며, 나치에 동조했던 에밀 놀데Emil Nolde마저 작품성 때문에 자유롭게 활동할 수 없었다. 히틀러는 레오나르도 다 빈치, 요하네스 페르메이르, 카스파르 프리드리히의 작품을 특히 좋아했으며, 나치 공인 화가였던 아돌프 비셀Adolph Wissel의 그림을 구입해 총통 관저에 걸기도 했다. 평화롭고 행복한 독일 가정의 모습을 묘사한 그림이어서 히틀러의 마음에 들었을 것이다.

히틀러는 굴욕적인 베르사유 조약을 파기하기 위해서는 전쟁이 반드시 필요하다고 생각했다. 1938년 3월 오스트리아를 점령하는데 오스트리아인은 독일군에게 열광적인 지지를 보냈다. 비스마르크 재상이 주장한 소독일주의를 반대하고 오스트리아가 포함된 대독일주의를 강력하게 원하고 있었던 것이다. 오스트리아를 합병한 나치는 오스트리아 국민 가운데 공산주의자, 유대인 은행가를 비롯한 반나치주의자 약 2만 명을 체포했다. 나치는 전문직에 종사했던 유대인들을 끌고 와서 수세미로 길바닥 청소를 시켰다. 빈 시민들은 아무런 죄의식 없이 이들을 보면서 즐거워했다. 2015년 제작한 영화 〈우먼 인 골드〉를 보면 빈 시민들이 청소하고 있는 유대인을 조롱하는 장면이 나온다.

〈우먼 인 골드〉의 실제 주인공인 마리아 알트만은 독일이 오스트리아를 점령했을 때 오페라 가수였던 남편과 함께 빈을 탈출하여 미국에서 살고 있었다. 클림트가 그린 미술품 반환을 위해 탈출 후 처음으로 빈을 방문한 마리아는 호텔에서 독일어 대신 영어로 말했다. 유대인을 핍박한 오스트리아인들이 쓰는 독일어를 사용하기 싫었던 것이다.

독일이 오스트리아를 합병하고 난 뒤 오스트리아에 살던 유대인 중 탈출한 사람은 많지 않았다. 정신분석학자 지그문트 프로이트Sigmund Freud는 나치가 요구한 내용의 진술서를 쓴 뒤 오스트리아를 떠날 수 있었다. 1938년 영국으로 간 프로이트는 1년 뒤 사망했다.

오스트리아를 합병하고 난 뒤, 히틀러는 체코슬로바키아의 주데텐란트Sudetenland 지방을 욕심내고 있었는데, 이곳은 독일인들이 많이 거주하고 있는 지역이었다. 전쟁을 피하고 싶었던 영국과 프랑스는 1938년 뮌헨 협정Munich Agreement으로 독일의 주데텐란트 합병을 승인했고, 문제가 평화적으로 해결되었다고 생각했다. 두 나라는 이때까지도 히틀러의 속셈을 전혀 눈치채지 못했다. 뮌헨 협정을 할 때 에스파냐 내전에 대한 논의도 함께 진행되었다. 이때 유럽 국가들은 에스파냐 내전에 간섭하지 않는다는 약속을 했다.

에스파냐 내전(1936~1939)은 2년 전에 시작되었다. 1936년 2월 에스파냐의 총선거로 인민전선 내각이 세워지자 프란시스코 프랑코 Francisco Franco 장군을 중심으로 하는 우파 군인들이 쿠데타를 일으켰다. 인민전선 정부군과 우파 군부 사이에 에스파냐 내전이 벌어졌다. 몇몇 나라들이 불간섭 협정을 어기고 이 전쟁에 끼어들었다. 프랑코를 지원한 나라는 독일, 이탈리아 등이었고 인민전선 정부군을 지원한 나라는 소련이었다. 1939년 3월 프랑코 장군의 반정부군이 승리하면서 내전은 끝났다. 이후 프랑코는 10만 명의 반대파를 살해하는 등 무자비한 숙청 작업에 들어갔다. 에스파냐 내전으로 35만 명 이상이 사망했다고 한다.

주데텐란트를 차지한 히틀러는 몇 개월 뒤에 체코슬로바키아 전 지역을 점령했다. 오스트리아와 체코슬로바키아를 손에 넣은 히틀러의 다음 목표는 폴란드였다. 먼저 히틀러는 제1차 세계대전과 같은 패배를 막기 위해 1939년 8월 소련과 불가침 조약을 맺었다. 소련은 조약을 체결한 뒤 히틀러에 대한 호의로 수백 명의 유대인과 반파시스트를 독일로 돌려보냈다. 1990년에 밝혀진 자료에 따르면 당시 독일과 소련은 유럽 나라들을 자기들 마음대로 차지하려는 의도를 가지고 있

유럽 나라들을 마음대로 차지할 생각이었던 독일과 소련은 불가침 조약을 맺고
1939년 폴란드로 쳐들어간다. 이후 폴란드는 독일과 소련에 의해 분할 정복당했다.
폴란드가 점령당하면서 제2차 세계대전이 본격적으로 시작되었다.
사진은 1939년 히틀러가 폴란드에서 행군 중인 독일 군사들을 바라보고 있는 장면이다.
ⓒ Bundesarchiv, Bild 183-S55480/CC-BY-SA 3.0

었다. 조약을 맺고 한 달 후인 1939년 9월 독일과 소련은 폴란드로 쳐
들어가 분할 정복해 버렸다. 폴란드가 점령당하면서 제2차 세계대전
(1939~1945)이 본격적으로 시작되었다. 추축국은 독일, 이탈리아, 일본
이고, 이에 대항하는 연합국은 영국, 프랑스, 미국, 소련, 중국 등이었다.

독일이 폴란드를 점령하자 영국과 프랑스는 즉각 선전포고를 했지만
독일은 상관하지 않고 덴마크와 노르웨이까지 침공했다. 이어서 네덜
란드 로테르담에 폭격이 시작되었는데, 이 폭격으로 약 900명의 로테
르담 시민이 사망했다. 제1차 세계대전의 충격으로 폭격을 두려워했던

벨기에는 독일에 대항하지 않고 항복했다.

독일군의 다음 목표는 소련과 프랑스였다. 프랑스는 국방성 장관 앙드레 마지노André Maginot의 계획으로 10년 공사 기간을 걸려 스위스 바젤에서 룩셈부르크까지 720km 장벽을 완성한 뒤였다. 이 장벽으로 만들어진 요새선을 마지노 선Maginot Line이라고 부른다. 공사비는 160억 프랑으로, 한화로 약 20조 원에 해당했다. 중립국 벨기에의 반대로 마지노 선은 아르덴 숲 아래까지였고 북해까지는 연결되지 못했다. 히틀러는 마지노 선에 대응하기 위해 지그프리트 선Siegfried Line을 구축했고, 우회 작전과 전투기 투입으로 마지노 선을 무력화했다.

1940년 5월 15일 독일 기갑사단은 마지노 선 장벽이 없는 아르덴 숲을 지나 프랑스 국경인 스당Sedan으로 진격했다. 프랑스군은 독일군이 탱크를 몰고 아르덴 숲으로 들어올 것을 예상하지 못했다. 독일군은 1940년 6월 14일 파리에 입성했으며 프랑스 정부는 보르도로 급하게 피신했다. 며칠 뒤 휴전협정을 맺기 위해 파리에 온 히틀러는 참모들과 함께 파리 곳곳을 둘러보면서, 제1차 세계대전 때는 4년을 싸웠지만 파리 점령을 못 했는데 이번에는 6주 만에 파리를 점령했다고 자랑스러워했다. 이때 히틀러는 참모들과 함께 에펠 탑을 배경으로 기념사진을 찍었다.

휴전협정에 따라 프랑스는 자유지구와 점령지구로 나누어졌다. 자유지구 정부는 비시Vichy에 자리를 잡아 비시 정부라고 불렸다. 1940년 7월 10일 국민의회를 통해 앙리 페탱Henri Philippe Pétain 원수가 비시 정부의 수반으로 임명되었다. 제1차 세계대전 베르됭 전투의 영웅이었던 페탱 원수는 당시 84세 고령이었다. 종전 후 페탱은 나치에 동조한 혐

1940년 프랑스 파리를 점령한 히틀러는 자랑스러워하면서 에펠 탑을 배경으로
참모들과 기념사진을 찍었다. 가운데 콧수염을 기른 남자가 히틀러다.
1940년 6월 23일 사진, 독일 외교부 아카이브.
ⓒ Bundesarchiv, Bild 183-H28708/CC BY-SA 3.0 DE

의를 받아 사형 선고를 받았고 종신형으로 감형되었다. 대서양의 외딴
섬에서 고립되어 지내다가 1951년 95세로 사망했다.

비시 정부 시절의 프랑스에는 나치에 반대하는 지하조직인 레지스
탕스résistance가 활동하고 있었다. 규모가 커지자 비시 정부는 레지스
탕스를 소탕하기 위해 3만 명에 달하는 프랑스 민병대Milice française를
조직했다. 민병대에 의해 약 3만 명의 레지스탕스가 처형되었고 약 6만
명이 강제수용소로 끌려갔다.

오랜 시간 역사 속에 가려져 있던 참혹한 사건이 제2차 세계대전 막

바지인 1944년 6월 10일에 일어났다. 프랑스 중서부 작은 마을인 오라두르쉬르글란Oradour-sur-Glane에서 벌어진 주민 대학살 사건이다. 남자들은 총에 맞아서 사망했고 여자와 어린아이들은 교회에 갇힌 상태로 불에 타서 죽었다. 나이가 가장 많은 사람은 90세였고 가장 어린 아이는 만 3개월이었다. 나치 친위대가 대학살을 벌인 이유는 오라두르쉬르글란을 레지스탕스가 많이 사는 동네 오라두르쉬르베르Oradour-sur-Vayres로 착각한 것으로 추측하고 있다. 이때 생존자는 여섯 명뿐이었다. 2013년 프랑스 대통령 올랑드와 독일 대통령 요아힘 가우크는 이 마을을 찾아 참배하고, 당시 19세였던 생존자를 위로한 뒤 기념사진을 남겼다.

1940년 5월 영국 총리로 임명된 윈스턴 처칠Winston Churchill은 1938년 뮌헨 협정 이전부터 전쟁을 대비하고 있었다. 당시 영국 비밀 정보국은 독일 공군의 동향을 파악하고 있었지만 본격적인 대비는 하지 않고 있었다. 프랑스 정부는 뮌헨 협정 이후 경제학자인 장 모네Jean Monnet를 미국에 보내 루스벨트Franklin Roosevelt 대통령을 만나게 했다. 루스벨트는 히틀러가 전쟁을 확대할 것에 대비해 1940년 가을부터 1,000대의 전투기와 트럭, 지프, 탱크를 생산하기 시작했다.

1940년 8월부터 9월까지 독일군은 영국에 있는 비행장과 군 시설을 폭격하고 있었지만, 수도인 런던만은 피하고 있었다. 그런데 한 조종사의 실수로 런던을 폭격하고 말았다. 처칠은 영국 공군 폭격기 80대를 독일 수도 베를린으로 보내서 런던 폭격에 대한 보복을 지시했다. 이후 2주에 걸쳐 영국 공군은 베를린을, 독일 공군은 런던을 교대로 폭격하기 시작했다. 이때 6,000명의 런던 시민이 사망했다.

히틀러는 확전을 막기 위해 영국 런던의 공격을 막고 있었다.
그런데 1940년 8월 한 조종사의 실수로 런던을 폭격하고 말았다.
이후 영국 공군은 베를린을, 독일 공군은 런던을 교대로 폭격했고, 많은 시민들이 사망했다.
사진에서는 런던 템스 강변이 폭격으로 연기에 휩싸여 있다.
1940년 9월 7일, 워싱턴 국립공문서관National Archives and Records Administration.

　　프랑스가 함락되자 샤를 드 골Charles De Gaulle 장군은 런던으로 가
서 임시정부인 '자유프랑스La France Libre'를 만들고 레지스탕스 운동을
지원하는 일을 하고 있었다. 처칠은 드 골을 좋아했기 때문에 지원을
아끼지 않았지만 미국 대통령 루스벨트는 처음부터 드 골을 낮게 평가
하고 무시했다. 루스벨트는 드 골 장군보다는 북아프리카 전선 사령관
이 된 앙리 지로Henri Honoré Giraud 장군을 신뢰하고 있었다. 루스벨트
와 처칠은 1943년 1월 카사블랑카 회담에서 드 골과 지로 장군을 초대
해서 프랑스 해방을 위해 같이 노력하자고 협의했다.

1944년 6월 5일 루스벨트와 처칠은 사전에 아무런 상의도 없이 노르망디 상륙 작전Normandy Invasion을 시행하기 하루 전에야 드 골에게 알렸다. 연합군이 자신의 조국인 프랑스 노르망디로 상륙하는 것을 뒤늦게 알게 된 드 골은 굉장히 당황스러웠을 것이다. 제2차 세계대전이 끝난 후에도 드 골은 영국과 미국에게 당한 치욕을 결코 잊지 않았다. 1963년 영국이 유럽경제공동체(EEC)에 가입하는 것을 막았으며, 1966년 북대서양조약기구 통합군에서 탈퇴를 선언하고 프랑스에 주둔하고 있는 미군 철수를 주장했던 것이다.

영국군은 1941년 침몰된 독일 잠수함 안에서 습득한 암호기를 해독하면서 독일 작전 계획을 정확하고 상세히 알 수 있게 되었다. 루스벨트 대통령은 영국이 전쟁 무기와 군수물자를 살 수 있도록 지원을 아끼지 않았다. 인도적인 입장에서 영국을 도와준 것이 아니라 히틀러를 패배시킬 목적으로 처칠을 도왔던 것이다. 제2차 세계대전이 끝난 후 영국은 미국이 빌려준 전쟁 비용을 장기간에 걸쳐 갚아야 했다.

나치 독일은 1941년 6월 22일 독일-소련 불가침 조약을 파기하는 바르바로사 작전Operation Barbarossa으로 소련을 침공했다. 히틀러는 넓은 영토를 가진 소련을 점령해서 독일 영토를 넓히고 싶어 했는데, 특히 우크라이나 곡창 지대를 욕심내고 있었다. 독일군이 레닌그라드, 모스크바, 키예프 세 방향으로 공격을 개시하자 스탈린은 절대 항복하지 않겠다고 하면서 초토화 작전으로 공격에 대응했다. 독일군은 기아 작전으로 맞섰고 소련 주민 700만 명을 아사시키고 말았다. 하지만 독일군도 대가를 치러야 했다. 11월 영하 40도의 혹한 속에서 모스크바로 진군하던 독일군은 굶주림과 추위로 죽어 나갔다. 나치군 사령부는 4개

1941년 12월 7일 새벽 일본이 미국 해군 기지 주둔지인 진주만을 공격했다.
이전까지 미국은 제2차 세계대전에 중립적 입장이었다. 하지만 진주만이 공격당하자
미국은 전쟁에 합류하게 되었다. 미국의 참전으로 전쟁은 연합군에 유리하게 진행되었다.
사진은 1941년 12월 7일 일본군이 어뢰로 진주만을 공격하는 모습이다.
ⓒ Official U.S. Navy photograph/Wikimedia Commons/CC-BY 3.0

월 안에 소련을 항복시킬 계획을 세우면서, 군인이 입을 방한복도 준
비하지 않았다. 나폴레옹처럼 살인적인 추위를 전혀 생각하지 못했던
것이다.

한편, 추축국 중 하나인 일본 제국은 아시아 침략을 노리고 1933년
국제연맹을 탈퇴했다. 이때 대동아공영권大東亞共榮圈이라는 슬로건을
내세웠는데, 아시아가 일본을 중심으로 하나로 뭉쳐야 한다는 뜻이었
다. 1937년 중일전쟁을 일으켜 승리를 거두었다. 1941년에는 미국 해군

히틀러는 소련과 맺은 불가침 조약을 어기고 소련 땅을 침공했다.
하지만 나폴레옹이 했던 실수를 그대로 반복했는데,
영하 40도까지 내려가는 소련의 살인적인 겨울 추위를 생각하지 않은 것이다.
1942~1943년 스탈린그라드 전투에서 독일군은 치욕적인 패배를 했으며,
포로가 된 독일군은 굶주린 상태에서 발진티푸스로 거의 사망했다.
사진은 스탈린그라드 전투 후의 모습으로 폐허가 된 건물과 분수대, 그 위로 쌓인 눈이 보인다.
세르게이 스트루니코프Sergey Strunnikov, 1943년.

기지 주둔지인 진주만을 공격했는데, 이를 계기로 독일이 미국에 선전
포고를 했다. 이전까지 미국은 영국의 참전 요청에도 중립적인 입장을
취했으나, 이 일로 결국 참전을 결정하게 되었다. 미국의 참전으로 전쟁
은 연합군에게 유리하게 진행되었다.

　일본이 미국에 집중하기 위하여 시베리아 사단을 불러들이자 스탈
린은 게오르기 주코프Georgy Konstantinovich Zhukov 장군을 총사령관으

로 임명하여 독일군 반격에 나섰다. 이때 포로가 된 독일군 수천 명이 시베리아로 보내졌다.

1942년 8월 독일군의 스탈린그라드 공습을 시작으로 스탈린그라드 전투Battle of Stalingrad가 시작되었다. 스탈린그라드 주민들은 도시를 지키기 위해 용기 있게 싸웠으며 소련군도 반격을 시작했다. 당시 스탈린그라드 전투에는 독일군 외에도 수만 명의 이탈리아군, 루마니아군 등 30만에 달하는 병력이 투입되어 있었다. 1943년 1월 소련군의 막바지 공세가 시작되었다. 독일군은 추위와 배고픔에 시달렸으며, 탄약과 연료마저 떨어져 가고 있었다. 패전이 가까워지자 히틀러는 선전장관 괴벨스의 제안으로 사령관 프리드리히 파울루스Friedrich Paulus에게 육군 원수 칭호를 내렸다. 육군 원수 계급장과 부착물, 임명장은 항공편으로 신속하게 파울루스에게 전달했다. 히틀러는 파울루스가 비겁하게 포로가 되는 것보다 명예롭게 자결하기를 원했던 것이다. 1월 31일 파울루스는 히틀러의 명령에 복종하지 않고 부하들을 이끌고 항복했다. 포로가 된 9만 명의 독일군은 굶주린 상태에서 발진티푸스로 거의 사망했다. 10년간 소련에 억류당한 후에 독일로 돌아간 사람은 5,000명 정도라고 한다.

파울루스는 종전 후에 열린 뉘른베르크 재판 법정Nuremberg Trials Courtroom에서 소련 측 증인으로 출두했으며 1953년 석방되었다. 뉘른베르크 재판이란 제2차 세계대전 후 연합국 측이 나치 전범들을 처벌하기 위해 만든 국제 재판을 말한다. 파울루스는 석방된 후 드레스덴에서 동독군사역사연구소장으로 지내다가 1957년 세상을 떠났다. 파울루스는 죽는 순간까지도 히틀러의 명령에 따라 스탈린그라드로 진격하여 많은 부하들을 죽게 했다는 죄책감에 시달렸다고 한다. 시신은 드레스덴의 묘지에 묻혔다가 파울루스의 유언에 따라 서독 바덴바덴 중앙묘지에 있는 부인 콘스탄체 묘역 곁으로 이장되었다. 콘스탄체는 나치의 이혼 압박에도 굴복하지 않았고 남편 파울루스가 석방되기 전인 1949년 사망했다. 파울루스가 남긴 중요한 기록들은 독일 통일 후 그의 손자에 의해 빛을 보기 시작했다.

제2차 세계대전으로 인해 사망한 소련군은 800~900만 명이며 소련 민간인 피해자도 1,600~1,900만 명에 이른다. 소련의 총 사상자 수는 독일보다 5배나 많았다고 한다.

1943년 2월 18일 독일이 스탈린그라드 전투에서 항복했다는 소식이 전해지자 괴벨스는 독일 국민에게 총력전을 개시하자고 선동했다. 베를린에 있는 대규모 실내 공연장인 슈포르트팔라스트Sportpalast에 모인 독일인들은 "독일, 세계에 군림하는 독일. 이 세상 최고의 나라"라는 가사로 된 노래를 우렁차게 불렀다. 괴벨스는 또한 16세부터 60세까지의 남자를 대상으로 국민돌격대를 조직하여 전투에 참가하도록 독려했다.

나치 정권의 탁월한 선동가였던 파울 요제프 괴벨스는 직물공장 노동자 아들로 태어났다. 다리에 장애가 있었지만 명석한 두뇌의 소유자였다. 1921년 하이델베르크 대학교에서 철학 박사학위를 받았고 1925년 나치당에 입당했다. 나치 선전장관을 지냈으며 히틀러 추종자였던 마그다와 결혼하여 1남 5녀를 두었다. 부인 마그다는 독신이었던 히틀러의 퍼스트레이디 역할도 했다. 1945년 봄 독일이 패배하자 히틀러가 자살한 다음 날인 5월 1일 마그다는 여섯 아이를 독살하고 권총

연합군 총사령관 아이젠하워 장군은 노르망디 상륙 작전을 감행했다.
이때 연합군은 노르망디가 아닌 칼레에 상륙할 것처럼 거짓 작전을 펼쳤고,
독일군을 속이는 데 성공했다. 이 전쟁에서 승리하면서 1944년 파리는 해방되었다.
사진은 노르망디 상륙 작전을 수행하는 미군의 모습이다.
로버트 F. 사전트Robert F. Sargent, <사지로 들어가며Into the Jaws of Death>, 1944년 6월 6일.

으로 남편 괴벨스와 동반 자살했다. 히틀러 총통과 같이 죽을 수 있어
서 영광이라는 마지막 말을 남긴 마그다 괴벨스는 잘못된 사상이 어떻
게 파멸에 이르는지를 잘 보여 준다.

1943년 가을 영국 공군 폭격기 사령관 아서 해리스Arthur Harris는 독
일 심장부인 베를린을 폭격하기로 결심했다. 11월 18일 밤 450대 폭격
기가 베를린을 폭격했다. 다음에는 750대, 그다음에는 1,000대로 폭격
기가 늘어났다. 1944년 봄이 되자 낮에는 미군이, 밤에는 영국군이 베

를린에 무자비한 폭격을 퍼부었다. 폭격은 쾰른, 드레스덴, 함부르크, 마인츠, 뉘른베르크 등 독일의 다른 주요 도시에도 떨어졌다. 폭격으로 인해 중세 건축물이 파괴되었지만 다행히 600년 공사 기간을 걸려 완공한 쾰른 대성당은 피해를 입지 않았다. 폭격에 의해 뜨겁게 달구어진 방공호도 결코 안전하지 않았고 많은 희생자가 나왔다.

연합군의 폭격은 독일 군수공장이 아니라 인구가 많은 도시에 집중되었다. 그 이유는 최대한 많은 독일인들이 사망하면 독일군 사기가 떨어져서 전쟁을 빨리 끝낼 것이라는 계산 때문이었다. 무차별 폭격으로 민간인 사망자 수는 6만 명, 부상자 수는 9만 명에 이르렀다.

이 시기에 연합군 총사령관 자리에 오른 미국의 드와이트 아이젠하워Dwight Eisenhower 장군은 영불해협 송유관 부설 공사를 하는 등 노르망디 상륙 작전을 준비하기 시작했다. 1944년 6월 6일 연합군은 노르망디 상륙 작전을 개시했다. 이때 연합군은 노르망디가 아니라 영불해협의 칼레에 상륙할 것처럼 거짓 작전을 펼쳤고, 마침내 독일 사령부를 속이는 데 성공했다. 이 전쟁에 바친 수많은 연합군의 희생으로 그해 8월 파리는 해방되었다.

파리 해방 소식을 들은 히틀러는 파리 방위 사령관 디트리히 폰 콜티츠Dietrich von Choltitz에게 파리를 불태우라고 명령했다. 1944년 8월 25일 콜티츠는 히틀러 명령에 불복종하고 17,000명의 부하들과 함께 연합군에 항복했다. 뉘른베르크 재판에서 콜티츠는 히틀러의 배신자가 될지언정 인류의 죄인이 될 수는 없었다는 유명한 말을 남겼다. 그는 순순히 항복한 점과 파리를 폭파하지 않았다는 점이 인정되어 비교적 가벼운 3년형을 받았다.

미국은 제2차 세계대전 동안 군수산업을 발달시켜 초강대국이 되었다. 미군 1,100만 명 이상이 전쟁에 참전했다. 미군 주둔 지역은 프랑스, 이탈리아, 북아프리카, 아시아였다. 노르망디 상륙 작전 후 연합군은 계속 진격했고 네덜란드 동부 아른헴Arnhem에서 독일군과 전투를 벌이게 되었다. 전투로 인해 도시 대부분이 파괴되었으며 민간인 희생자도 많았다.

1944년 7월 20일 늑대 굴로 불리던 동프로이센 총통 본부에서 히틀러 암살 음모가 일어났다. 클라우스 폰 슈타우펜베르크Claus von Stauffenberg 대령은 서류 가방에 든 시한폭탄을 책상 밑에 두었다. 회의장이 갑자기 바뀌면서 히틀러 암살은 실패로 돌아갔다. 히틀러는 5,000명의 용의자를 체포했으며 200명을 사형시켰다. 총살형을 당한 슈타우펜베르크 대령의 장남은 서독 육군 장군까지 진급했으며 38년간 군 생활을 한 후 퇴역했다. 2004년 자신의 70세 생일에 히틀러 암살 미수사건 60주년 기념행사에 초대받아서 아버지가 폭탄을 터뜨렸던 장소를 방문하기도 했다. 오늘날 슈타우펜베르크 대령은 독일 군인 정신의 표상이자 반나치 저항 조직의 상징이 되었다.

히틀러는 북아프리카 군단을 이끌며 연전연승하여 '사막의 여우'로 불렸던 에르빈 롬멜Erwin Rommel 장군이 히틀러 암살 음모 작전에 도움을 요청받은 사실을 알게 되었다. 히틀러는 사람을 보내 가족이 연금을 받게 하는 방법은 자살뿐이라고 협박했다. 롬멜이 약을 먹고 자살하자 히틀러는 국가장으로 장례를 치렀다. 이때부터 히틀러의 망상증이 더 심해졌으며 대규모 유대인 학살을 저질렀다.

1945년 1월 동프로이센에 입성한 소련군이 독일 여성들을 대규모로

드레스덴에서는 제2차 세계대전 당시 공습으로 부서진 건물들 잔해를 볼 수 있다.
종전 후 동독에 속하면서 재정 부족으로 보수를 하지 못한 사정도 있지만,
전쟁의 상처를 고스란히 보존해야 한다는 의도도 있었다.
사진은 프라우엔 교회 옆에 있는 잔해물이다. ⓒ 릴리스

강간하는 일이 벌어졌다. 당시 일을 기록한 독일 여성의 일기가 이후 발견되었는데, 거기에는 공습보다 더 두려운 것은 소련군의 강간이라고 적혀 있었다. 소련군 지도부는 이런 사실을 알고 있었지만 아무런 제재도 하지 않았다.

1945년 2월 13일 영미 연합군은 독일 최고 산업도시 드레스덴에 대규모 공습을 가했다. 도시는 초토화되었고, 약 3만 명이 희생되었다. 오늘날 드레스덴에 가면 폭격으로 인해 불에 탄 흔적을 가진 교회들을

히틀러가 최후 순간까지 머물렀던 지하 벙커.
소련군이 베를린을 포위했을 때 히틀러는 이곳에서 참모들과 전략회의를 하고 있었다.
결국 패배를 인정한 히틀러는 에바 브라운과 결혼한 다음 날 여기서 아내와 동반 자살했다.
1947년 사진, 독일 외교부 아카이브. ⓒBundesarchiv, Bild 183-V04744/CC-BY-SA 3.0

볼 수 있다. 종전 후 동독에 속하면서 재정 부족으로 보수를 하지 못한 사정도 있지만, 제2차 세계대전의 상처를 고스란히 보존해야 한다는 의도가 더 컸다.

베를린으로 진군하던 미군과 소련군은 1945년 4월 25일 독일 엘베Elbe 강에서 만나 역사적인 포옹을 했다. 이제 히틀러가 있는 베를린으로 들어갈 일만 남았다. 미국의 조지 패튼 장군은 소련군보다 먼저 베를린에 들어가려고 했지만 한 발 늦었다. 소련군이 먼저 도착해

제2차 세계대전이 끝나고 전후 문제를 논의하기 위해 포츠담 회담이 열린 장소다. 독일 제국 황태자비가 살던 체칠리엔호프 궁전으로, 별 모양으로 꾸민 정원이 인상적이다. 이 회담에서 우리나라 독립도 논의되었다. ⓒ 릴리스

베를린을 포위했다. 이때 히틀러는 지하 벙커Führerbunker에서 참모들과 전략회의를 하고 있었다. 히틀러는 독일이 패배했다는 것을 인정하지 않았다. 다시 군대를 동원하면 승리할 수 있다고 착각하고 있었다. 개인 비서였던 트라우들 융에Traudl Junge의 자서전을 바탕으로 만들어진 영화 〈다운폴〉을 보면 히틀러와 참모들의 긴박했던 당시 상황이 잘 나타나 있다.

4월 29일 더는 희망이 없다고 생각한 히틀러는 정부 에바 브라운과 결혼식을 올렸고, 다음 날 두 사람은 동반 자살했다. 히틀러가 마지막

순간을 보낸 지하 벙커 자리는 현재 사진으로만 남아 있다.

제2차 세계대전이 끝난 직후인 1945년 7월 26일 미국, 영국, 소련 대표가 포츠담Potsdam에 모였다. 대표들은 항복한 독일의 이후 처리 문제, 항복하지 않는 일본에 대한 대응 방법, 한국 독립 등에 대해 논의했다. 일본은 3월 9일 도쿄 공습으로 6만 명이 사망하고 100만 명이 집을 잃었지만 항복하지 않았다. 광신적인 일본군은 항복이 곧 종말이라고 생각했다. 결국 8월 미국은 히로시마와 나가사키에 원자폭탄을 투하했다. 일본은 무조건항복을 선언했고, 9월 2일 항복문서에 서명하면서 제2차 세계대전은 비로소 끝났다.

포츠담 회담을 한 장소는 독일 제국 황태자비가 살던 체칠리엔호프 궁전Schloss Cecilienhof으로, 별 모양으로 꾸민 정원이 매우 인상적이다. 별은 한때 이곳을 점령했던 소련을 상징한다고 한다. 궁전 내부에는 세 정상이 회담했던 테이블도 보존되어 있다.

나치는 독일 제국과 점령지에서 유대인, 정치인, 동성애자, 집시 등 1,100만 명을 학살했는데, 그중 유대인은 600만 명에 달한다. 순수한 아리아족 혈통을 보존하는 데 방해가 되는 집단은 지구상에서 없어져도 된다고 생각했던 것이다. 독일군은 유대인을 강제 격리 구역인 게토 ghetto에 수용한 후 화물열차에 실어 100여 개 강제수용소로 나누어 보냈다. 수용소 공간이 부족해지자 강제노동을 할 체력이 안 되는 사람부터 가스실로 보냈다. 연합군이 강제수용소를 해방했을 때 대부분의 사람들은 굶주림으로 죽음 직전에 몰려 있었다.

1970년 겨울 빌리 브란트Willy Brandt 서독 총리는 폴란드 바르샤바에 있는 유대인 위령탑 앞에 무릎을 꿇고 용서를 구했다. 전 세계는 브란

베를린 유대인 박물관의 '추방과 이민의 정원'에는 49개의 사각 기둥이 들어서 있다.
기둥 사이를 걷다 보면 길이 좁아지거나 비탈져 있거나 막혀 있어 당황하게 된다.
관람객에게 불안감과 불편함을 주어 희생자들이 실제로 겪은 상황을 체험하게 하는 것이다.
손이 닿지 않는 높은 곳에는 인내와 영광을 뜻하는 올리브 나무가 자라고 있다. ⓒ 릴리스트 총리의 용기에 찬사를 보냈으며 독일과 폴란드 국교가 정상화되었다. 독일이 부끄러운 과거를 인정하고 사죄한 것과는 달리, 일본은 과거사를 반성하지 않고 있다. 1937년 12월 13일 30만 명이 희생된 난징대학살과 일본군 성노예 문제를 부정하고 있다. 하지만 명백한 사실은 한국을 포함한 점령지의 많은 여성들이 전장으로 끌려가 일본군에게 비참하게 유린당했다는 것이다.

베를린 린덴슈트라세Lindenstraße 14번지에 있는 유대인 박물관 Jüdisches Museum Berlin은 폴란드 유대인 건축가인 다니엘 리베스킨트 Daniel Libeskind에 의해 2001년 9월 준공되었다. 이 박물관은 일반적인 박물관과는 많이 다르다. 관람객에게 불안감과 불편함을 직접 느끼게 해서 희생자들이 실제로 겪어야 했던 참혹한 현실을 몸소 체험하게 한다.

보안 검색대를 지나서 입구로 들어서면 어두운 조명의 복도에 유대인 사진들이 걸려 있다. '홀로코스트 타워'는 천장의 작은 창을 통해 빛이 간신히 들어오는 구조로 만들어져 가스실을 연상시킨다. 폐쇄공포증을 불러일으키기 때문에 1분 이상 버티기 힘들다.

야외에 있는 '추방과 이민의 정원'은 49개의 사각 기둥이 빽빽하게 들어서 있는 공간이다. 기둥 사이를 통과하다 보면 길이 좁아지거나 비탈져 있거나 막혀 있어 당황하게 된다. 하지만 희망을 포기한 건 아니다. 손이 닿지 않는 높은 곳에는 인내와 영광을 상징하는 올리브 나무가 자라고 있다.

특히 유대인 박물관에서 꼭 봐야 하는 것은 이스라엘 조각가 메나셰 카디시만Menashe Kadishman의 설치 작품 〈낙엽〉이다. 쇠로 만든 1만 개의 각기 다른 표정의 얼굴들 위를 밟고 지나가다 보면 유대인이 억울하게 당해야만 했던 고통이 절절히 느껴진다. 또한 일본 제국 시대에 독립운동을 하다 희생된 이들의 고결한 저항정신도 되새겨 보는 계기가 되기도 한다.

포츠담 회담으로 폴란드 국경이 다시 정해졌고 동프로이센의 수도였던 쾨니히스베르크는 소련에 합병되었다. 예술가 케테 콜비츠의 고향인 쾨니히스베르크는 소련 영토가 되면서 독일인들은 강제 추방되었다. 도시 이름도 칼리닌그라드로 개명되었다.

제2차 세계대전으로 5,000만 명의 희생자가 발생했으며 이 중에는 민간인 사망자도 많았다. 비극적인 전쟁이 다시는 일어나지 않기 위해 1945년 군사력을 동원할 수 있는 국제연합United Nations(유엔UN)이 만들어졌다. 우리나라를 비롯한 대부분의 주권국가는 유엔 회원국에 속하며, 안전보장이사회 상임이사국은 강대국인 미국, 영국, 프랑스, 러시아(초기에는 소련), 중국으로 구성되어 있다.

전쟁을 일으킨 당사국인 독일은 1945년 포츠담 조약에 의해 4개로 분할되었다. 4개 지역을 각각 프랑스, 영국, 미국, 소련이 관할하기로 했던 것이다. 이후 독일을 통일하려는 협상이 여러 번 있었으나 미국과 소련의 의견 대립으로 무산되었다. 결국 독일은 세계적으로 불기 시작한 냉전 이데올로기에 의해 둘로 나뉘었다. 1949년 5월 23일 서부 지역에는 독일연방공화국Bundesrepublik Deutschland(서독)이, 동부 지역에는 독일민주공화국Deutsche Demokratische Republik(동독)이 세워졌다. 이렇게 독일은 1949년부터 1990년까지 40여 년간 민주주의를 선택한 서독과 공산주의를 선택한 동독으로 나뉜 분단국가가 되었다.

쾨니히스베르크는 철학자 임마누엘 칸트와 예술가 케테 콜비츠의 고향으로,
원래는 동프로이센의 수도였다.
1945년 포츠담 회담으로 소련에 합병되면서 이름이 칼리닌그라드로 바뀌었다.
사진은 쾨니히스베르크가 소련에 넘어가기 전인 1900년경에 찍은 것으로,
쾨니히스베르크 성의 예전 모습이다.

전 세계에 닥친 냉전 분위기에 따라 1949년 독일은 동독과 서독으로 나뉘었다.
동독인이 국경을 넘어 서독으로 가는 일이 잦아지자 1961년에는 베를린 장벽이 세워졌다.
이후 28년간 베를린 장벽을 넘어 탈출하려다 죽은 동독인들이 1,000여 명이나 되었다.
1989년 동독에서 민주화 시위가 확산되자, 동독 정부는 여행 자유화 조치를 발표했다.
이때 동독 대변인은 서독 여행이 '지체 없이 당장 자유화된다'는 말실수를 했다.
말실수가 생방송되자 동독인 수만 명이 베를린 장벽으로 몰려가 장벽을 부수기 시작했다.
이 일을 계기로 40년 동안 분단되었던 독일은 통일로 나아가게 되었다.
사진은 후대를 위해 남겨 둔 베를린 장벽 일부로, 표면에 그래피티가 그려져 있다.
ⓒ 릴리스

37

독일이 통일되고
소련이 해체되다
〈베를린 장벽〉

제2차 세계대전을 일으킨 독일은 패배한 뒤 연합국에 의해 4개국으로 분할되었다. 4개국은 각각 미국, 영국, 프랑스, 소련의 통치를 받게 되었다. 이후 독일 통일 문제가 여러 차례 논의되었지만, 미국과 소련이 충돌하면서 무산되었다. 1949년 독일은 결국 당시 냉전 분위기에 따라 동독과 서독으로 나뉘었다. 문제는 베를린이었는데, 도시 하나가 반으로 갈려 동베를린과 서베를린으로 구분되었다.

서독과 동독 사이에 경제 격차가 벌어지자, 동독 주민들이 서독으로 탈출하는 일이 잦아졌다. 정치적 자유를 위해 위험을 무릅쓰고 국경을 넘는 경우도 있었다. 베를린 장벽이 세워지기 전에 서독으로 넘어온 동독 인구가 350만 명이었다. 이를 막기 위해 동독 정부는 1961년 양국 사이에 베를린 장벽을 세웠다. 28년간 베를린 장벽을 넘어 탈출하다 죽은 사람들이 1,000여 명이나 되었다.

1989년 동독에서 민주화 시위가 확산되자, 동독 정부는 동서독 여행 자유화 조치를 발표했다. 여행 허가 절차를 약간 간소화한다는 내용으로, 예전과 크게 달라진 게 없는 회유책에 불과했다. 하지만 생방송에 나온 동독 대변인은 서독 여행이 '지체 없이 당장 자유화된다'는 말실수를 했다. 동독 주민들은 베를린 장벽으로 몰려갔고, 장벽을 부수기 시작했다. 이렇게 독일 통일이 시작되었다.

과거 장벽에 설치된 검문소였던 체크포인트 찰리Checkpoint Charlie는 현재 기념품 가게로 변신해 베를린 장벽 돌을 판매하고 있다. 베를린 장벽은 한때 냉전과 독일 분단을 상징했으나 독일이 통일된 오늘날에는 기념품이 된 것이다.

제4대 소련 공산당 서기장 니키타 흐루쇼프는 1894년 칼리놉카의 광부 아들로 태어났다. 1918년 공산당원이 되었고 스탈린 측근에 있게 되었다. 1956년 개최된 제20차 전당대회에서 스탈린의 잔혹한 행위를 상세하게 설명하여 모두를 충격에 빠뜨렸다. 스탈린 체제를 비판한 흐루쇼프는 1957년 정적들을 당에서 몰아냈다.

흐루쇼프는 정치적인 문제보다 경제 문제에 더 고심했다. 스탈린의 잘못된 정책으로 인해 소련은 유럽에 비해 뒤처져 있었다. 냉장고와 TV는 사치품에 속했고 대다수 국민들은 빈곤의 늪에서 허덕이고 있었다. 의욕적으로 추진한 토지 개간 사업은 실패하고 식량난은 해소하지 못했다. 미국보다 앞서 나가겠다고 생각한 소련은 1957년 무인 우주선 스푸트니크 1호Sputnik 1를 발사했다. 92일간 지구 궤도를 돌아서 대기권에 진입하는 데 성공했다. 미국은 이 소식을 접하자 우주개발에 관

체크포인트 찰리는 원래는 베를린 장벽에 설치된 국경 검문소였다.
오늘날에는 기념품 가게로 변신해 베를린 장벽 돌을 무게로 달아 판매하고 있다.
냉전과 독일 분단을 상징했던 장벽이 독일 통일 시대에는 기념품이 된 것이다. ⓒ 릴리스

심을 가지게 되었다. 1958년 미국, 1965년 프랑스가 인공위성 발사에 성공했다. 1961년에는 소련 우주 비행사인 유리 가가린Yurii Gagarin이 보스토크 1호Vostok 1를 타고 지구를 한 바퀴 도는 데 성공했다. 인류 최초의 우주인이 소련에서 나왔던 것이다.

이 일로 미국은 큰 충격을 받았고 우주개발에 적극적으로 뛰어들었다. 당시는 냉전 시대로, 소련과 미국은 전쟁을 치르지는 않았지만 경제적·외교적 수단으로 서로를 적대시했다. 유리 가가린의 비행 이후로 미국과 소련 사이에는 우주개발 경쟁이 벌어졌다.

1961년 소련 우주 비행사 유리 가가린이 최초로 우주 비행에 성공했다.
소련의 적대국이었던 미국은 큰 충격에 빠졌고, 미국과 소련 간 우주개발 경쟁이 벌어졌다.
사진은 유리 가가린의 우주 비행 10주년을 기념해 1971년 소련에서 발행된 우표다.

1962년 흐루쇼프는 무모한 대외 정책을 실시했다. 쿠바에 중거리 미사일 발사대를 설치했던 것이다. 이 사실을 알게 된 케네디 미국 대통령은 미사일 배치를 용납하지 않겠으며 쿠바를 봉쇄하겠다고 선언했다. 케네디 대통령의 협박에 흐루쇼프는 미사일 발사대를 철거했다.

1963년 흉작으로 많은 사람들이 고통을 받았고 흐루쇼프에 대한 불신도 깊어 갔다. 1964년 휴가를 보내던 흐루쇼프는 축출될 위기라는 사실을 알고 먼저 사임했다. 이후 소련 정부에서 지급하는 연금을 받으면서 비교적 편안하게 노후를 보냈다.

1969년 미국은 마침내 닐 암스트롱Neil Armstrong을 아폴로 11호에

1969년 미국 우주 비행사 닐 암스트롱이 인류 최초로 달에 도착했다.
이 장면은 전 세계에 중계방송되었고, 이후 미국은 우주개발에서 소련을 앞서게 되었다.
사진은 버즈 올드린Buzz Aldrin이 달에 있는 장면으로,
이 사진을 찍은 게 먼저 달에 도착했던 닐 암스트롱이다.
나사NASA, 1969년 7월 21일.

태워 달로 보냈다. 지구인이 달에 처음 도착한 장면은 전 세계에 중계
방송되었다. 필자는 초등학생 시절 부모님과 함께 감격스러운 이 장면
을 본 기억이 있다. 언젠가는 일반인들도 달에 갈 수 있다는 희망을 가
지게 되었지만, 이 희망은 아직 실현되지 않고 있다. TV를 통해 본 달

의 지표면은 우리가 그동안 상상하던 것과는 많이 달랐다. 미국은 달 탐사를 시작으로 우주개발을 처음 했던 소련을 앞지르게 되었다.

소련에서는 흐루쇼프 이후로 브레즈네프, 안드르포프, 체르넨코가 연달아 후계자 자리에 올랐지만 재임 기간은 길지 않았다. 강력한 지도력이 필요했던 시기인 1985년 공산당 서기장에 오른 인물은 미하일 고르바초프Mikhail Gorbachev다.

고르바초프는 1931년 트랙터 운전사의 아들로 태어났다. 그가 2세 때인 1933년 소련에 극심한 기근이 닥쳤고 누이동생 두 명이 사망했다. 집단농장에서 힘들게 살면서도 꿈을 버리지 않았던 고르바초프는 모스크바 대학교에 입학했다. 재학 시절 공산당에 입당했으며, 신중한 행동으로 인해 출세할 수 있었다.

고르바초프가 집권했던 6년 동안 소련 사회는 대단히 혼란스러웠고 강력한 지도자를 원하고 있었다. 개혁 정책을 실시하고자 했던 그에게 상상하지 못한 불행한 사건이 생긴다. 1986년 4월 26일 체르노빌Chernobyl 원자력 발전소에 설치된 원자로가 폭발한 것이다. 이 사고로 인체에 치명적인 요오드와 세슘이 다량으로 배출되었다. 폭발 당시에 인명 피해는 200여 명이었으며 이후에도 많은 사람들이 방사능에 노출되어 질병으로 사망했다. 체르노빌 원전 사고로 사망한 총 피해자 수는 수천 명에 이른다는 일부 보도도 있다. 소련 주변에 있는 20개 국가가 피해를 입었고, 섬나라 영국까지 영향이 확산되었다. 체르노빌은 우크라이나 수도인 키예프에서 한 시간 거리에 있는 도시다. 이곳에서 일어난 사고가 이후 소련 해체의 주요 원인이 된 것이 분명하다.

무엇보다도 고르바초프를 힘들게 했던 것은 경제 문제였다. 충분한 식량 공급이 되지 않았기 때문에 국민들의 불만은 높아져 갔다. 1985년 고르바초프는 글라스노스트Glasnost(개방)와 페레스트로이카 Perestroika(개혁)를 발표했다.

이 시기에 독일은 냉전의 상징인 베를린 장벽이 붕괴되는 조짐을 보이고 있었다. 독일이 동서로 분단되고 난 뒤 1,900만 명의 동독인 가운데 350만 명이 서독으로 넘어갔으며, 1961년 베를린 장벽이 설치된 뒤 서독으로 넘어가려다가 사망한 동독인 수는 1,000여 명에 이르렀다. 동독은 소련의 원조를 받지 못하고 서독의 경제 원조에 의지하고 있었다. 1963년부터 동독에 들어간 돈은 약 34억 도이치 마르크였으며 1983년에는 추가 금액이 원조되었다. 동독은 서독이 도와주지 않으면 언제라도 무너질 지경에 이르렀다.

1987년경 고르바초프는 독일이 통일되려면 50~100년은 기다려야 된다고 했다. 하지만 1989년 베를린 장벽이 거짓말처럼 무너졌다. 이 사건은 생방송으로 진행된 기자회견의 말실수 때문에 일어났다. 당시 독일사회주의통일당 중앙위원회 서기장 귄터 샤보브스키Günter Schabowski가 정부 대변인으로 나와 여행 자유화 조치에 대해 발표하고 있었다. 이때 한 기자가 언제부터 여행 자유화 조치가 시행되냐고 물었더니 그는 '지체 없이 당장' 시행된다고 말실수를 했다. 이 말이 동독 사람들에게는 베를린 장벽이 없어진다는 뜻으로 들렸던 것이다. 이렇게 베를린 장벽이 붕괴되면서 독일 통일도 시작되었다. 말실수에서 비롯되긴 했지만 당시 독일 통일을 위한 모든 조건이 이미 마련되었던 것으로 보인다.

독일은 통일을 이룬 뒤 잠시 주춤했지만, 곧 급속도로 발전하기 시작했다. 오늘날 유럽 나라 중에서 경제적으로나 정치적으로나 가장 안정된 나라가 아닐까 싶다. 지구상 유일한 분단국가로 남아 있는 우리나라도 통일되는 날을 염원해 보게 된다.

독일이 통일되면서 소련의 종속국이었던 동독, 폴란드, 루마니아, 헝가리, 체코슬로바키아, 불가리아가 소비에트 연방에서 탈퇴하고 독립국가를 선포했다. 공산주의를 없앤 나라들에 무력으로 대응하고자 했던 소련은 결국 포기하고 말았다.

고르바초프가 지도자를 맡은 지 5년째인 1990년 물가는 높았고 소비재는 구하기 어려웠다. 경제학자에게 자문을 구한 고르바초프는 국가가 주도하는 계획경제를 버리고 시장경제를 도입했다. 그리고 소련 지도자 누구도 하지 못한 일을 해냈다. 헌법을 개정해 권력을 공산당에서 정부로 넘기고, 고르바초프는 소련의 초대 대통령이 된 것이다. 그해 8월 고르바초프는 권력을 부통령에게 이양했고 결국 옐친에게로 넘어갔다.

1991년 12월 26일 보리스 옐친Boris Yeltsin 대통령은 소비에트 연방 해체를 발표했다. 1917년 러시아 혁명 이후 74년 만에 소비에트연방사회주의공화국(소련)이 무너진 것이다.

옐친의 후계자는 블라디미르 푸틴Vladimir Putin 대통령이다. 1952년 레닌그라드(오늘날의 상트페테르부르크)의 가난한 노동자 아들로 태어난 푸틴은 레닌그라드 국립대학교를 졸업했다. 첩보원이 되고 싶었던 그는 1975년 드레스덴 국가보안위원회(KGB) 지부에서 요원으로 활동하게 되었다. 베를린 장벽이 붕괴될 때 드레스덴에 있었던 푸틴은 소련의 몰락에 충격을 받고 KGB를 그만두었다. 이후 상트페테르부르크 부시

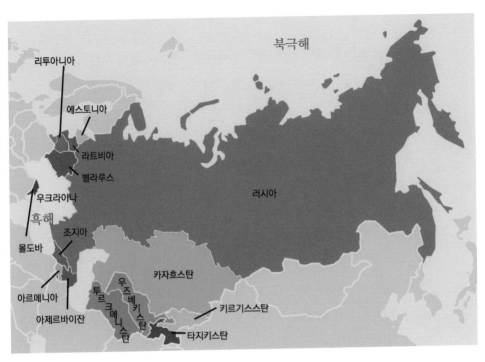

북극해

리투아니아

에스토니아

라트비아

벨라루스

우크라이나

흑해

러시아

조지아

몰도바

카자흐스탄

아르메니아

투르크메니스탄

우즈베키스탄

키르기스스탄

아제르바이잔

타지키스탄

1991년 소비에트 연방이 해체된 이후 독립한 국가들.

장으로 임명되어 활동하던 중 1999년 옐친 대통령에 의해 총리로 발탁되었다. 옐친 대통령이 1999년 12월 사임한 이후 대통령 권한대행직을 수행했다. 2000년 선거에서 제3대 대통령에 당선되었으며 2018년 4선 대통령이 되었다.

2008년 『타임』지에서 선정한 '세계에서 가장 영향력 있는 100명의 지도자 및 혁명가' 분야에 선정되기도 했다. 푸틴은 러시아의 위상을 높이기 위해 2014년 크림 공화국을 합병하고 그해 우크라이나 사태에 직접 개입했다. 구소련 영토였던 우크라이나는 지하자원도 많지만 곡창 지대로 더 유명하다. 특히 지리적으로 유럽과 아시아 흑해로 이어지는 전략적인 위치에 자리 잡고 있다. 무력으로 우크라이나 동부를 장악한 러시아는 미국을 비롯한 강대국의 압박에도 포기할 생각이 없어 보인다.

2019년 12월 프랑스에서 열린 러시아, 프랑스, 우크라이나, 독일의 4자 회담에서 푸틴과 볼로디미르 젤렌스키Volodymyr Zelensky 우크라이나 대통령은 5년간 이어진 우크라이나 분쟁의 휴전과 분쟁 과정에서 발생한 포로 교환에 합의했다. 이렇듯 합의와 양보로 세계 평화는 위태롭게 유지되고 있다.

21세기를 사는 우리는 빠르게 격변하는 국제 정세를 정확히 알고 대처해야 한다. 앞으로 세계가 어떻게 변화해 나갈지는 아무도 모른다. 우리가 지나간 역사를 공부하는 이유가 바로 여기에 있다. 역사를 정확히 알면 미래를 예측하게 된다. 결국 우리가 사는 세상을 좀 더 행복하게 만들 수 있을 것이다. 그 기대를 독자분들과 나누면서 이제까지 살펴본 세계 역사의 긴 여정을 끝맺겠다.

참고 문헌

나데주 라네리 다장, 『아틀리에의 비밀』, 이주영 옮김, 아트북스, 2007.

닐 맥그리거, 『독일사 산책』, 김희주 옮김, 옥당, 2016.

디트마르 피이퍼 · 에바-마리아 슈누어 엮음, 『1517 종교개혁 : 루터의 고요한 개혁은 어떻게 세상을 바꿨는가』, 박지희 외 옮김, 21세기북스, 2017.

디트마르 피이퍼 · 요하네스 잘츠베델, 『만들어진 제국, 로마 : 그들은 어떻게 세계의 중심이 되었는가』, 21세기북스, 2018.

로버트 거워스, 『왜 제1차 세계대전은 끝나지 않았는가』, 최파일 옮김, 김영사, 2018.

로베르 플라실리에르, 『고대 그리스의 일상생활 : 페리클레스 시대』, 우물이 있는 집, 2004.

르네 그뤼쉐, 『세계경영의 CEO 칭기즈칸』, 간디서원, 2011.

리처드 셍크먼, 『미국사의 전설, 거짓말, 날조된 신화들』, 이종인 옮김, 미래M&B, 2003.

마거릿 크로스랜드, 『권력과 욕망』, 이상춘 옮김, 랜덤하우스중앙, 2005.

마이클 하워드, 『제1차 세계대전』, 최파일 옮김, 교유서가, 2015.

만프레트 마이, 『세계사, 최대한 쉽게 설명해 드립니다』, 김태환 옮김, 이화북스, 2018.

맥세계사편찬위원회, 『독일사(맥을 잡아주는 세계사 8)』, 정유희 옮김, 느낌이있는책, 2015.

맥세계사편찬위원회, 『로마사(맥을 잡아주는 세계사 2)』 , 남은숙 옮김, 느낌이있는책, 2014.

맥세계사편찬위원회, 『미국사(맥을 잡아주는 세계사 9)』, 곽선미 옮김, 느낌이있는책, 2015.

맥세계사편찬위원회, 『이집트사(맥을 잡아주는 세계사 3)』, 송은진 옮김, 느낌이있는책, 2014.

맥세계사편찬위원회, 『프랑스사(맥을 잡아주는 세계사 7)』, 최옥영 옮김, 느낌이있는책, 2015.

메리 홀링스워스, 『세계 미술사의 재발견』, 제정인 옮김, 마로니에북스, 2009

베아트리스 퐁타넬, 『살림하는 여자들의 그림책 : 중세부터 20세기까지 인테리어의 역사』, 심영아 옮김, 이봄, 2012.

시오노 나나미, 『로마인 이야기 2 : 한니발 전쟁』, 김석희 옮김, 한길사, 2003.

시오노 나나미, 『십자군 이야기 1~3』, 송태욱 옮김, 문학동네, 2012.

앙드레 모루아, 『영국사』, 신용석 옮김, 김영사, 2013.

앙드레 모루아, 『프랑스사』, 신용석 옮김, 김영사, 2016.

앨프리드 W. 크로스비, 『콜럼버스가 바꾼 세계』, 김기윤 옮김, 지식의숲, 2006.

에른스트 곰브리치, 『곰브리치 세계사』, 박민수 옮김, 비룡소, 2010.

에릭 클라인, 『고대 지중해 세계사 : 청동기 시대는 왜 멸망했는가?』, 류형식 옮김, 소와당, 2017.

웨인 바틀릿, 『십자군전쟁 : 그것은 신의 뜻이었다!』, 서미석 옮김, 한길사, 2004.

에이브러햄 애셔, 『처음 읽는 러시아 역사』, 김하은 · 신상돈 옮김, 아이비북스, 2012.

이시카와 야스히로, 『마르크스는 처음입니다만』, 홍상현 옮김, 나름북스, 2016.

조르조 바사리, 『르네상스 미술가 평전 1~6』, 이근배 옮김, 한길사, 2018~2019.

존 파먼, 『유머러스 영국역사』, 권경희 옮김, 가람기획, 2007.

찰스 피츠로이, 『18세기 오스만 제국의 수도 이스탄불을 가다』, 우진하 옮김, 시그마북스, 2014.

피에르 뒤랑, 『마르크스의 사랑』, 신대범 옮김, 두레, 2013.

하인리히 슐리만, 『하인리히 슐리만 자서전 : 트로이를 향한 열정』, 김병모 옮김, 일빛, 2004.

허버트 조지 웰스, 『H. G. 웰스의 세계사 산책 : 세계 대문호와 함께 인류 문명의 위대한 역사를
　　　　걷다』, 김희주·전경훈 옮김, 옥당, 2017.

헤이르트 마크, 『유럽사 산책 1, 2』, 강주헌 옮김, 옥당, 2011.

구학서·김경묵, 『이야기 세계사 1: 고대 오리엔트로부터 중세까지』, 청아출판사, 1990.

구학서, 『이야기 세계사 2: 르네상스 시대부터 제2차 세계대전까지』, 청아출판사, 2006.

김경임, 『약탈 문화재의 세계사 1, 2』, 홍익출판사, 2017.

김광우, 『레오나르도 다 빈치의 과학과 미켈란젤로의 영혼 1, 2』, 미술문화, 2004.

김세연, 『칼 마르크스, 자본주의를 말하다』, 글라이더, 2016.

김종법·임동현, 『이탈리아 역사 다이제스트 100』, 가람기획, 2018.

김진경, 『고대 그리스의 영광과 몰락』, 안티쿠스, 2009.

김형곤, 『조지 워싱턴 : 초대 대통령』, 선인, 2011.

박노자, 『러시아 혁명사 강의 : 다른 미래를 꿈꾸는 사람들에게』, 나무연필, 2017.

송동훈, 『세계사 지식향연 : 영국과 에스파냐, 제국의 엇갈린 운명』, 김영사, 2016.

유한준, 『하루에 따라잡는 세계사』, 미래타임즈, 2017.

이종호, 『세계사를 뒤흔든 발굴』, 인물과 사상사, 2004.

이지은, 『귀족의 은밀한 사생활 : 탐미의 시대 유행의 발견』, 지안, 2006.

이진숙, 『시대를 훔친 미술 : 그림으로 보는 세계사의 결정적 순간』, 민음사, 2015.

이희철, 『이스탄불』, 리수, 2005.

전국역사교사모임, 『처음 읽는 미국사』, 휴머니스트, 2010.

정진국, 『제국과 낭만 : 19세기 화가는 무엇을 그렸을까? : 침략과 수탈로 얼룩진 19세기의 풍요』,
　　　　깊은나무, 2017.

주경철, 『대항해시대 : 해상 팽창과 근대 세계의 형성』, 서울대학교출판부, 2008.

주경철, 『주경철의 유럽인 이야기 1 : 중세에서 근대의 별을 본 사람들』, 휴머니스트, 2017.

주경철, 『주경철의 유럽인 이야기 2 : 근대의 빛과 그림자』, 휴머니스트, 2017.

최용식, 『미국문화 500년 로마를 훔치다』, 로마의 꿈, 2013.

찾아보기

ㄱ

가가린, 유리 Yurii Gagarin 571, 572

가리발디, 주세페 Giuseppe Garibaldi 415~417, 419, 533

가쓰라-태프트 밀약 The Katsura-Taft Agreement 475

간다라 미술 Gandhara art 112, 113

간석기 21, 22

게르만족 Germanic peoples 175, 177, 191~199, 228, 246, 402, 428, 481

경제개발5개년계획 (러시아) 522~525

고르바초프, 미하일 Mikhail Gorbachev 574~576

고야, 프란시스코 데 Francisco de Goya 393, 458

　　<1808년 5월 3일 마드리드 El 3 de mayo de 1808 en Madrid> 393, 458

공포정치 La Terreur 383~385, 526

괴벨스, 파울 요제프 Paul Joseph Goebbels 541, 544, 556~557

<95개조 반박문을 교회 문에 붙이는 루터 Luther hammers his 95 theses to the door> 286~287

국가사회주의독일노동자당 Nationalsozialistische Deutsche Arbeiterpartei '나치당'을 참조

국제연합 United Nations (=유엔UN) 566

그로스, 게오르게 George Grosz 539~541

　　<일식 The Eclipse of the Sun> 539~541

<길가메시 서사시 Gilgamesh Epoth> 24~27

ㄴ

나치당 Nazis 9, 85, 492, 514, 530, 534, 535, 536~537, 538~545, 548~550, 552~558, 559, 563

나폴레옹 3세 Napoléon III (=루이 나폴레옹 Louis-Napoléon) 397, 448~452, 454, 457~460

나폴레옹 보나파르트 Napoléon Bonaparte (=나폴레옹 1세 Napoléon I) 60~61, 209, 254, 361,
　　384~385, 386~399, 401, 413, 414, 419~421, 424, 425, 435, 438, 446, 448, 449, 450, 457,
　　509, 510, 553, 554

《낙선전 Salon des Refusés》 454~455

난징조약 南京條約 471~472

낭트 칙령 Édit de Nantes 329, 330, 339

냉전 Cold War 526, 566, 568, 569, 570, 571, 575

네로 Nero 150, 151, 157~160

네바문 Nebamun 63~65

네부카드네자르 2세 Nebuchadnezzar II 39, 74

<네페르티티 Nefertiti 흉상> 55, 57

노르만 왕조 Norman dynasty 229, 230
노르망디 상륙 작전 Normandy Invasion 552, 557~559
노예해방 Emancipation 358, 359, 361, 362
뉘른베르크 재판 Nuremberg Trial 555, 558
뉴턴, 아이작 Isaac Newton 436~437
니콜라이 2세 Nikolai II 496, 512~515, 518

ㄷ

다리우스 1세 Darius I 73, 76, 106
다비드, 자크루이 Jacques-Louis David 103,104, 105, 130, 132, 378, 386~388, 389, 391
    <나폴레옹 대관식 Le Sacre de Napoléon> 391
    <사비니 여인들의 중재 The Intervention of the Sabine Women> 130, 132
    <알프스 산을 넘는 나폴레옹 Napoleon Crossing the Alps> 386~388
    <테니스 코트의 서약 Serment du Jeu de Paume> 378
    <테르모필레 전투의 레오니다스 Léonidas aux Thermopyles> 104, 105
당통, 조르주 Georges Jacques Danton 382, 383, 384, 385
델로스 동맹 Delian League 109, 111
도편추방제 Ostrakismos 98~100, 102
독일민주공화국 Deutsche Demokratische Republik '동독'을 참조
독일연방공화국 Bundesrepublik Deutschland '서독'을 참조
동독 (=독일민주공화국) 555, 560, 561, 566, 568, 569~570, 575, 576
동인도회사 East India Company 305, 320, 321, 340, 341, 349, 467, 469, 470
『둠즈데이 북 Domesday Book』 229, 230
드 골, 샤를 Charles De Gaulle 254, 551~552
드가, 에드가 Edgar De Gas 114, 115~116
    <알렉산드로스와 부세팔루스 Alexander and Bucephalus> 114, 115~116
드레이크, 프랜시스 Francis Drake 306, 312~313, 317~318
들라크루아, 외젠 Eugène Delacroix 278, 279, 446, 447
    <민중을 이끄는 자유의 여신 La Liberté guidant le peuple> 446, 447
    <콜럼버스의 귀환 The Return of Christopher Columbus> 278, 279
디드로, 드니 Denis Diderot 369, 370, 509
뗀석기 16, 22

ㄹ

라마수 Lamassu 36, 37~38
<라스코 동굴 벽화 Lascaux> 17, 19
<라오콘 군상 Laocoön> 86~88, 124

라파엘로 산치오 Raffaello Sanzio 77, 251, 252, 261~265
  <로렌초 데 메디치 Portrait of Lorenzo de' Medici> 252
  <시스티나 성모 Sistine Madonna> 263~265
  <아테네 학당 Scuola di Atene> 77, 261~263
람세스 2세 Ramses II 58~59
러일전쟁 475, 482, 483, 485, 512
레닌 Lenin (=블라디미르 일리치 울리야노프Vladimir Ilyich Ulyanov) 441, 489~490, 496, 497,
  498, 500, 515~521, 522, 527
레오 10세 Leo X 288, 291, 407, 410, 411
레오나르도 다 빈치 Leonardo da Vinci 251, 253~255, 256, 263, 265, 325, 403, 544
  <모나리자 Mona Lisa> 255, 256
  <최후의 만찬 The Last Supper> 255
레핀, 일리야 Ilya Yefimovich Repin 498~499, 511~512
  <볼가 강에서 배를 끄는 사람들 Barge Haulers on the Volga> 511~512
  <예기치 못한 방문객 Unexpected Visitors> 498~499
로댕, 오귀스트 Auguste Rodin 233~234
  <칼레의 시민 Les Bourgeois de Calais> 233~234
로물루스 Romulus 126~131
로베스피에르, 막시밀리앙 드 Maximilien de Robespierre 382~383, 385
<로제타석 Rosetta Stone> 34, 60~62, 390
롬바르디아 전쟁 Guerre di Lombardia 403
루벤스, 페테르 파울 Peter Paul Rubens 126, 128, 332~333
  <마르스와 레아 실비아 Mars and Rhea Silvia> 126, 128
  <마리 드 메디시스의 생애 Marie de Médicis Cycle> 332~333
루스벨트, 프랭클린 Franklin Roosevelt 550, 551, 552
루이 14세 Louis XIV 322~324, 334~339, 365, 366, 367, 379, 414, 433, 452, 503
루이 15세 Louis XV 338, 339, 365~373, 376, 388
루이 16세 Louis XVI 338, 365, 373~374, 376~384, 392, 395, 446, 509
루터, 마르틴 Martin Luther 286~298, 325, 429, 500, 530
르네상스 Renaissance 163, 179, 191, 213, 225, 245~247, 249~252, 255, 257, 261~262,
  265~267, 287, 325, 403, 412
리베라, 디에고 Diego Rivera 521, 522
  <교차로에 선 남자 El hombre en el cruce del camino> 521, 522
링컨, 에이브러햄 Abraham Lincoln 358, 359, 361, 363

ㅁ
마네, 에두아르 Edouard Manet 454~459, 464

<막시밀리안 황제의 처형 Exécution de l'Empereur Maximilien du Mexique> 458~459
　<풀밭 위의 점심 Le Déjeuner sur L'herbe> 454~455
마르크스, 카를 Karl Marx 429, 432, 438~443, 521, 522, 541
　『공산당 선언 Manifest der Kommunistischen Partei』 439, 443
　『자본론 Das Kapital』 441
마치니, 주세페 Giuseppe Mazzini 415~416, 419
마키아벨리, 니콜로 Niccolò Machiavelli 259, 265, 407~409
　『군주론 Il principe』 265, 407~409
만국박람회 The Great Exhibition of the Works of Industry of All Nations (=엑스포EXPO) 430~432,
　444~446, 512
<만국의 문 Gate of All Nations> 72~73
메디치 가문 Medici family 248~249, 251, 253, 257, 288, 325, 329, 402, 406, 407
메리 1세 Mary I (=피의 메리Bloody Mary) 306~309, 314
메소포타미아 문명 Mesopotamia 22, 25, 27, 29~32, 35, 36~38, 41, 48, 64, 68, 77, 86
메이플라워 서약 Mayflower Compact 344~346
면죄부 286~291, 301
모네, 클로드 Claude Monet 457, 461, 462~463, 464, 465
　<인상, 해돋이 Impression, soleil levant> 462~463
모헨조다로 Mohenjo-Daro 66~70
몽골 제국 (=예케 몽골 울루스Yeqe Mongol Ulus) 109, 213, 215, 216, 221, 223, 224, 468, 501
무솔리니, 베니토 Benito Mussolini 195, 419, 530~533
무적함대 Armada Invencible 304, 305, 306, 311, 317~319
무함마드 Muhammad 181, 182~187, 189, 204
미국 독립선언서 United States Declaration of Independence 352, 353, 358, 380
미국 독립전쟁 American Revolutionary War 340, 341, 350, 353, 354, 355, 375, 377
미케네 문명 Mycenaean civilization 78~79, 84, 85, 88, 92
미켈란젤로 부오나로티 Michelangelo Buonarroti 244~247, 251, 255~261, 263, 265
　<다비드 David> 259~261
　<천지창조 Genesis> 중 <아담의 창조 The Creation of Adam>　244~247
　<최후의 심판 The Last Judgment> 245, 247
　<피에타 Pietà> 257~258
<밀로의 비너스 Vénus de Milo> 124~125

ㅂ
<바벨 탑 Tower of Babel> 39~41, 74~75
바스티유 감옥 Bastille 364, 365, 380~381
『백과전서 Encyclopédie』 369, 370, 508

백년전쟁 Hundred Years' War 226, 227, 231, 232~241, 243, 246, 249, 324, 326, 447

베르됭 조약 Treaty of Verdun 197

베르사유 조약 Treaty of Versailles 492~493, 533~535, 545

베를린 장벽 Berlin Wall 568~571, 575, 576

베스트팔렌 조약 Peace of Westfalen 301, 319, 335

베스파시아누스, 티투스 플라비우스 Titus Flavius Vespasianus 150~151, 159~160

베이징조약 北京條約 473

보르자, 체사레 Cesare Borgia 407~409

보름스 협약 Concordat of Worms 202

보불전쟁 Franco-Prussian War (=프로이센-프랑스 전쟁) 425, 445, 460~462

보스턴 차 사건 Boston Tea Party 340~341, 349, 351

부르주아 계급 bourgeoisie 437, 438, 441, 454, 515, 539, 540, 541

브란트, 빌리 Willy Brandt 429, 563, 565

브레스트-리토프스크 조약 Brest-Litovsk Treaties 490, 517

브뤼헐 1세, 피터르 Pieter Bruegel the Elder 39~40

<블루 모스크 Blue Mosque> (=술탄 아흐메드 모스크 Sultan Ahmed Mosque) 182~184

비스마르크, 오토 폰 Otto Eduard Leopold von Bismarck 419, 422, 424~426, 428~429, 459, 482,
    545

비잔티움 Byzantium (=콘스탄티노플 Constantinople=이스탄불 Istanbul) 35, 45, 85, 165, 166,
    169, 171, 173, 178, 180, 182, 183, 202, 204, 206, 209, 210, 402

비제 르 브룅, 엘리자베트 Élisabeth Vigée Le Brun 375

    <마리 앙투아네트와 그 자녀들 Marie Antoinette and her Children> 375

비토리오 에마누엘레 2세 Vittorio Emanuele II 416~419

빌럼 1세, 오라녜 공 Willem I, Prince of Orange 316~317, 318

<빌렌도르프의 비너스 Venus of Willendorf> 12~14

빌헬름 1세 Wilhelm I 85, 425~428

빌헬름 2세 Wilhelm II 428, 482~483, 490

<빗살무늬토기> 20~21

ㅅ

사두체제 Tetrarchia 164~166, 168~169

사라예보 암살 사건 Assassination of Sarajevo 478~480, 481~482, 485

<사자의 서 Book of the Dead> 46~48

산업혁명 Industrial Revolution 430~431, 432~437, 480, 485, 503

30년 전쟁 Thirty Years' War 301~303, 335, 414

살라미스 해전 Battle of Salamis 108

《살롱전 Salon》 452~454, 455~457, 462

상트페테르부르크 Saint Petersburg (페테르스부르크Petersburg=페트로그라드Petrograd=레닌그라드Leningrad) 490, 505, 506, 511, 514, 515, 516, 518, 552, 576
샤를마뉴 대제 Charlemagne '카롤루스 대제'를 참조
서독 (=독일연방공화국) 421, 556, 559, 563, 566, 568, 569, 570, 575
성 바르톨로메오 축일 학살 Massacre de la Saint-Barthélemy 327~328
소비에트 연방 해체 (=소련 해체) 576, 577, 505
소비에트연방사회주의공화국 Union of Soviet Socialist Republics (=소련) 497, 517, 576
솔론 Solon 100~101
솜 전투 Battle of the Somme 489
쇠라, 조르주 Georges Pierre Seurat 462~465
　　<그랑드자트 섬의 일요일 오후 Un dimanche après-midi à l'Île de la Grande Jatte> 462~465
<쇼베 동굴 벽화 Chauvet> 18, 19
수메르인 Sumer 24~32
스탈린, 이오시프 Iosif Stalin 520, 521, 522~523, 525~527, 552, 570
스파르타 Sparta 86, 93, 95~97, 102, 104, 105, 106, 111, 134
스핑크스 Sphinx 49
10월 혁명 (러시아, =볼셰비키 혁명Bolshevik Revolution) 490, 496, 497, 516, 525
십자군 전쟁 (=십자군 원정) Crusades 165, 166, 204~210, 241, 402
쐐기문자 27~29, 31, 32, 38, 77

ㅇ

<아가멤논의 황금 가면 Mask of Agamemnon> 78, 79, 86
아리아인 Aryan 67, 69, 70, 71
<아부심벨 신전 Abu Simbel Temples> 51, 58, 59
아비뇽 유수 Avignonese Captivity 241
아시리아인 Assyrian 37, 38
아야소피아 Ayasofya (=하기아 소피아Hagia Sophia=성 소피아) 179, 180
아우구스투스 Augustus (=가이우스 옥타비아누스Gaius Octavianus) 140, 144, 147, 148, 149, 151, 152, 153, 154, 161
아크나톤 Akhnaton (=아멘호테프 4세Amen-hotep I) 53, 54, 55, 57
아테네 Athenae 78, 79, 80, 88, 91, 93, 94, 95, 96, 97, 99, 100, 101, 102, 103, 104, 105, 106, 107, 109, 110, 111, 116, 536
아편전쟁 阿片戰爭, Opium War 466, 467, 468, 470, 471, 472, 473, 474, 475
안토니우스, 마르쿠스 Marcus Antonius 143, 144, 146, 147, 148
알렉산드로스 대왕 Alexandros the Great 73, 107, 112, 113, 114, 116, 117, 118, 119, 120, 121, 122, 124, 125, 134, 206, 388
알렉산드르 1세 Aleksandr I 396, 509, 510

<알타미라 동굴 벽화 Altamira> 16, 18, 19

암스트롱, 닐 Neil Armstrong 572, 573

앙투아네트, 마리 Josèphe-Jeanne-Marie-Antoinette 373, 375, 377, 380, 382, 395, 449, 451

앵그르, 장 오귀스트 도미니크 Jean Auguste Dominique Ingres 227, 256

에드워드 3세 Edward III 230, 231, 232, 233, 234, 235

에스파냐 독립전쟁 (=반도전쟁 Guerra peninsular) 395

엔히크, 항해왕자 Infante Dom Henrique, o Navegador 272, 273, 274, 275

엘긴 마블스 Elgin Marbles' 109, 111

엘리자베스 1세 Elizabeth I 299, 304, 305, 306, 309, 311, 312, 313, 318, 342

엥겔스, 프리드리히 Friedrich Engels 439, 440, 441, 443, 521, 522

<여왕을 알현하는 콜럼버스 Columbus Before the Queen> 268

영국 국교회 Church of England (=성공회) 243, 299, 300, 305, 312

예카테리나 2세 Ekaterina II 506, 507, 508, 509

오고타이 Ogotai, 高潤台 215, 216, 221, 222, 223

<오벨리스크 Obelisk> 52, 53, 61

오스트랄로피테쿠스 Australopithecus 14, 15

오스트리아 왕위계승전쟁 371, 372

옥타비아누스, 가이우스 Gaius Octavianus '아우구스투스'를 참조

『우르 남무 법전 Code of Ur-Nammu』 32

우마이야 왕조 Umayyad dynasty 187

워싱턴, 조지 George Washington 351, 354, 355, 356, 357, 358, 359

<원반 던지는 사람 Discobolus> 90, 91, 92

위그노 Huguenot 298, 325, 326, 327, 328, 329, 330, 339

윌리엄 1세 William I (=정복왕 윌리엄 William the Conqueror) 229, 230

유대인 박물관 Jüdisches Museum Berlin (베를린) 564, 565

유스티니아누스 1세 Justinianus I 172, 173, 174, 175, 179, 180, 181

유엔 UN '국제연합'을 참조

이사벨 1세 Isabel I 268, 269, 275, 276, 277, 278, 279, 282, 291, 299

이소스 전투 Battle of Issos 118, 119, 120, 121

이슈타르 문 Ischtar Tor 41, 43, 45

이슬람 Islam 48, 73, 109, 180, 182, 183, 184, 185, 186, 187, 188, 189, 190, 191, 193, 194, 197, 202, 204, 206, 207, 213, 218, 224, 225, 277, 278, 501

2월 혁명 (러시아) 496, 497, 515

2월 혁명 (프랑스) 421, 446, 448

이집트 문명 23, 46, 47, 48, 61

이탈리아 독립전쟁 401, 414

이탈리아 전쟁 405~407, 409~412

인더스 문명 23, 66, 67, 68, 69, 70

인디언 이주법 360

《인상주의 전시회 L'Exposition des impressionnistes》 455, 456, 462, 464

임칙서 林則徐 467, 469, 470, 471

<잉글랜드의 엘리자베스 1세 Portrait of Elizabeth I of England> (=아르마다 초상화 Armada Portrait) 304, 306

ㅈ

잔 다르크 Jeanne d'rc 227, 228, 236, 237, 238, 239, 447

제1차 세계대전 479, 482~495, 497, 514, 517, 518, 530, 531, 533, 535, 536, 538, 543, 546, 547, 548

제2차 세계대전 85, 476, 477, 492, 525, 526, 528, 529, 530, 533, 534, 547~563, 566, 569

제국주의 imperialism 31, 35, 52, 472, 475, 479, 480

제롬, 장레옹 Jean-Léon Gérôme 139

　　<클레오파트라와 카이사르 Cleopatra and Caesar> 139

ㅊ

처칠, 윈스턴 Winston Churchill 550, 551, 552

<1889년 만국박람회장 입구 L'entrée de l'Exposition Universelle de 1889> 444, 445

청교도 혁명 Puritan Revolution 432

청일전쟁 474, 475, 482

7년 전쟁 Seven Years' War 371, 372, 373

칭기즈 칸 Chingiz Khan, 成吉思汗 (=보르지긴 테무친Borjigin Temüjin=원나라 태조) 213, 214, 215, 216, 218, 220, 221, 222, 224, 225, 254, 502

ㅋ

카노사의 굴욕 Humiliation at Canossa 201, 202, 203

카롤루스 대제 Carolus Magnus (=샤를마뉴 대제Charlemagne) 190, 191, 195, 196, 197, 198, 336, 387, 388, 392, 402

카롤링거 르네상스 Carolingian Renaissance 197

카를 5세 Karl V (=카를로스 1세Carlos I) 291, 293, 294, 299, 307, 312, 314, 317, 324, 325, 403, 410, 411, 412

카스트 제도 caste 67, 70, 71

카유보트, 귀스타브 Gustave Caillebotte 459, 460, 464

　　<비 오는 파리 거리 Rue de Paris, temps de pluie> 460

카이사르, 율리우스 Gaius Julius Caesar 139, 140, 141, 142, 143, 144, 145, 146, 147, 149

카토-캉브레지 조약 Peace of Cateau-Cambrésis 326, 327, 413

<카피톨리나의 암늑대상 Lupa Capitolina> 129
칼로, 프리다 Frida Kahlo 521
칼뱅, 장 Jean Calvin 298
콘스탄티누스 대제 Constantine the Great 163, 164, 168, 169, 170, 171, 173
콜럼버스, 크리스토퍼 Christopher Columbus (=크리스토포로 콜롬보Cristoforo Colombo) 268, 269, 275, 276, 278, 279, 282, 283, 284, 342
<콜로세움 Colosseum> (=플라비우스 원형경기장Amphitheatrum Flavium) 150, 151, 152, 160, 161
콜비츠, 케테 Käthe Kollwitz 528, 529, 530, 531, 543, 566, 567
    <피에타Pietà> (=죽은 아들을 안고 있는 어머니Mutter mit totem Sohn) 528
크노소스 궁전 Palace at Knossos 80, 81, 82, 83
크레타 문명 Creta 79, 80, 82, 84, 88
크롬웰, 올리버 Oliver Cromwell 321, 432
크세르크세스 1세 Xerxes I 72, 104, 105, 106, 108
<클라우디우스 수도교 Aqua Claudia> 154, 155
클레오파트라 7세 Cleopatra VII 122, 139, 140, 143, 144, 146, 147, 148, 509
키루스 대왕 Cyrus the Great (=키루스 2세) 43, 74, 76
<키루스 칙령 The Edict of Cyrus> 74, 75, 76

ㅌ
테르모필레 전투 Battle of Thermopylae 104, 105, 107
테르미도르 반동 Réaction thermidorienne 385
톈진조약 天津條約 473
《퇴폐미술전Ausstellung der entarteten Kunst》 539, 543, 544
투탕카멘 Tutankhamun 56, 57, 58
튜더 왕조 Tudor dynasty 243, 305
트로이 전쟁 Trojan War 78, 84, 85, 86, 87, 88, 127
트로츠키, 레온 Leon Trotskii 520, 521, 522, 525
트리엔트 공의회 Council of Trient 301

ㅍ
파피루스 papyrus 47, 62, 63
팍스 로마나 Pax Romana 149
페르세폴리스 Persepolis 29, 72, 73, 76, 107, 121
페르시아 전쟁 Greco-Persian Wars 100, 104, 105, 108, 109, 110
페리클레스 Perikles 100, 110, 111
펠로폰네소스 동맹 Peloponnesian League 111

펠리페 2세 Felipe II 285, 308, 309, 312, 313~318, 327, 412

포에니 전쟁 Punic Wars 133, 136, 140

포츠담 회담 Potsdam Conference 562, 563, 566, 567

포츠머스 조약 Treaty of Portsmouth 475

폴란드 계승전쟁 371~372

폴리스 polis (고대 그리스 도시국가) 92, 95, 97, 109

퐁파두르 후작부인 Madame de Pompadour (=잔 앙투아네트 Jeanne-Antoinette) 366, 368, 369, 370, 371, 376

표트르 대제 Pyotr Velikiy (=표트르 1세 Pyotr I) 503, 504, 505, 506

푸생, 니콜라 Nicolas Poussin 130, 131, 339

    <사비니 여인들의 납치 The Abduction of the Sabine Women> 130, 131

프랑수아 1세 François I 254, 256, 265, 298, 324~326, 410, 411, 412

프랑스 인권선언 (=인간과 시민의 권리 선언 Déclaration des droits de l'homme et du citoyen) 352, 353, 365, 380

프랑스 혁명 Révolution française 338, 352, 364, 365, 370, 371, 373, 374, 376, 378, 380, 381, 382, 385, 392, 393, 419, 421, 444, 445, 446, 447, 448, 452

프랑코, 프란시스코 Francisco Franco 546

프랑크 왕국 Frankenreich 190, 191, 192, 193, 194, 195, 196, 197, 401, 402

프랭클린, 벤저민 Benjamin Franklin 353, 358, 377

프렌치-인디언 전쟁 French and Indian War 348, 373

프롤레타리아 계급 Proletariat 437

프리드리히 빌헬름 3세 Friedrich Wilhelm III 420, 421

프톨레마이오스 1세 Ptolemaios I 122, 123

플랜태저넷 왕조 Plantagenet Dynasty 230

피라미드 Pyramid 47, 49, 50, 51

피사로, 카미유 Camille Pissarro 430, 461

    <런던의 수정궁 The Crystal Palace, London> 430, 431

피의 일요일 Krovávoye voskresén'e (러시아) 513, 514

ㅎ

한니발 Hannibal 133, 134, 135, 136, 137, 387, 388

『함무라비 법전 Code of Hammurabi』 32, 33, 34, 35

헨리 6세 Henry VI 236, 242, 243

헨리 8세 Henry VIII 243, 298, 299, 300, 305, 306, 307, 309, 310, 410, 411

호메로스 Homeros 84, 102, 103, 114

    『오디세이아 Odysseia』 102, 103

    『일리아스 Ilisa』 84, 102, 103

호모 네안데르탈렌시스 Homo neanderthalensis 14, 15

호모 사피엔스 Homo sapiens 14, 15

호모 에렉투스 Homo erctus 14, 15

황허 문명 23, 467

흐루쇼프, 니키타 Nikita Khrushchyov 527, 570, 572, 574

히에로글리프 hieroglyph (이집트 상형문자) 61, 62

히틀러, 아돌프 Adolf Hitler 57, 71, 529, 533, 535, 536, 539~549, 550~552, 554~559, 561~562

인류 탄생부터 소련 해체까지
역사를 바꾼 300장면을 만나다
그림 쏙 세계사

초판 1쇄 발행 | 2020년 2월 24일
초판 6쇄 발행 | 2022년 7월 1일

지은이 릴리스(김순애)
발행인 강혜진·이우석

펴낸곳 지식서재
출판등록 2017년 5월 29일(제406-251002017000041호)

주소 (10909) 경기도 파주시 번뛰기길 44
전화 070-8639-0547
팩스 02-6280-0541

블로그 blog.naver.com/jisikseoje
네이버 포스트 post.naver.com/jisikseoje
페이스북 www.facebook.com/jisikseoje
트위터 @jisikseoje
이메일 jisikseoje@gmail.com

ISBN 979-11-90266-01-7(03900)

• 잘못된 책은 구입하신 곳에서 바꾸어 드립니다.
• 책값은 뒤표지에 있습니다.

연대표: 기원후

(고대, 중세, 근대, 현대의 구분은 지역에 따라, 또 학자들에 따라 다르기 때문에 절대적인 기준은 아니다.)

고대				
0	100년	200년	300년	400년
			313년 로마의 콘스탄티누스 대제가 그리스도교를 인정하다	476년 서로마 제국이 멸망하다
			395년 로마가 동서로 나뉘다	481년 프랑크 왕국이 세워지다

중세				르네상스
1100년	1200년	1300년	1400년	1500년
1122년 보름스 협약이 맺어지다	1206년 칭기즈 칸이 몽골족을 통일하다	1337~1453년 백년전쟁이 이어지다	1431년 프랑스의 잔 다르크가 화형당하다	1517년 루터가 95개조 반박문을 발표하다
	1271년 몽골 제국이 원으로 나라 이름을 바꾸다	1347~1353년 유럽에 흑사병이 퍼지다	1453년 동로마 제국(비잔티움 제국)이 멸망하다	1534년 잉글랜드의 헨리 8세가 수장령을 발표하다
		1368년 명나라가 세워지다	1455~1485년 장미전쟁이 이어지다	1588년 잉글랜드가 에스파냐 무적함대를 격파하다
			1492년 콜럼버스가 서인도 제도에 도착하다	

중세					
500년	600년	700년	800년	900년	1000년
570년 무함마드가 태어나다	622년 무함마드가 메디나로 피신하다(헤지라)		800년 카롤루스 대제가 서로마 황제의 관을 받다		1077년 카노사의 굴욕이 일어나다
581년 수나라가 중국을 재통일하다					1096~1272년 십자군 전쟁이 이어지다

근대			현대		
1600년	1700년	1800년	1900년	2000년	현재
1616년 후금이 세워지다	1773년 미국에서 보스턴 차 사건이 일어나다	1804년 프랑스의 나폴레옹이 황제 자리에 오르다 (제1제정)	1914~1918년 제1차 세계대전이 이어지다	2000년 러시아에서 푸틴이 대통령에 오르다	
1618~1648년 30년 전쟁이 이어지다	1764년 증기기관이 발명되다	1808~1814년 에스파냐 독립전쟁이 이어지다	1917년 러시아 혁명이 일어나다		
1636년 후금이 청으로 나라 이름을 바꾸다	1775~1783년 미국 독립전쟁이 이어지다	1840~1860년 아편전쟁이 이어지다	1922년 이탈리아에서 무솔리니가 집권하다		
1640~1660년 영국에서 청교도 혁명이 이어지다	1776년 미국 독립선언서가 발표되다	1861~1865년 미국 남북전쟁이 이어지다	1929년 세계 대공황이 일어나다		
1643년 프랑스 루이 14세가 왕위에 오르다	1789년 프랑스 혁명이 일어나다	1863년 미국 링컨 대통령이 노예 해방령을 발표하다	1934년 독일에서 히틀러가 총통에 오르다		
1646년 명나라가 멸망하다	1793년 프랑스의 루이 16세가 처형되다	1867년 마르크스가 『자본론』 제1권을 출간하다	1937~1945년 중일전쟁이 이어지다		
		1871년 독일 제국이 세워지다	1939~1945년 제2차 세계대전이 이어지다		
			1990년 독일이 통일되다		
			1991년 소비에트 연방이 해체되다		